協力・抵抗・沈黙

―汪精衛南京政府のイデオロギーに対する比較史的アプローチ―

柴田哲雄　著

成　文　堂

目次

第二部　陳公博の思想的変遷と汪政権の経済政策構想

第三部　汪政権とヴィシー政府との比較

はじめに

本書の目的は、一九四〇年三月に日本軍占領下の南京で成立した汪精衛南京政府（以下、汪政権）下のイデオロギー状況について分析を行なうことにある。本書が対象とするイデオロギーの定義についてであるが、差し当たって「政治・道徳・宗教・哲学・芸術等における、歴史的、社会的立場に制約された考え方」としておく。本書ではこの定義に従って、汪精衛、陳公博等の首脳個人や汪政権の機関紙が表明し、かつ同政権の各機関が実行に移そうとした諸政策の構想をイデオロギーとして取り上げるのみならず、占領下の中国人大衆の間で流行した文学作品や歌謡曲等に込められた社会の支配的情緒をもイデオロギーとして扱うこととする。

1　はじめに

先行研究

汪政権に関する先行研究についてであるが、日本では、個々の研究者によって政権の成立過程、外交、経済、行政、官製国民運動、教育等に関する学術論文が相次いで発表されている(1)。しかし専著については、汪精衛の経歴、汪政権の成立、並びにその諸施策等を概略した小林英夫、林道生『日中戦争史論：汪精衛政権と中国占領地』、及び汪精衛の戦前までの政治思想や政治活動の道程を跡付けた土屋光芳『汪精衛と民主化の企て』、同『汪精衛と蔣汪合作政権』(2)が公刊されているばかりである。日本での汪政権研究は米国や中国よりも後れを取っており、近年になってようやく隆盛を迎えつつあるという状況にある。

戦後、本格的な汪政権研究の先鞭をつけたのは、米国人研究者ボイルの著作、*China and Japan at war, 1937-1945: the politics of collaboration* である。汪政権に対して戦時中から枕詞のように冠されてきた「傀儡（puppet）」といった評価に対して、同書は汪政権の成立過程に主として焦点を当て、実証を積み重ねて、より客観的な実像を求めようとする最初の試みであった。ボイルの著作と同時期に出版されたバンカーの研究書も、汪政権の成立過程を検証したものである。近年になると、米国における汪政権とその周辺に関する研究は、ボイルの視点を受け継ぎつつ、より個別の側面を明らかにしようとする傾向が強くなっている。在米華人学者の王克文は英語や中国語で発表した論文をまとめ、『汪精衛　国民党　南京政府』を刊行した。同書の冒頭で、王克文は汪精衛に対する「漢奸」という一方的な評価に疑問を投げかけた上で、汪精衛の戦前の政治的遍歴や汪政権の政軍関係及び政経関係等を実証的に論じた。またウェイクマンの *The Shanghai Badlands: wartime terrorism and urban crime, 1937-1941* は戦時中の上海租界を舞台としたテロ活動と犯罪に焦点を当てて、その実態を明らかにしようとしたものである。ブルックの *Collaboration Japanese Agents and Local Elites in Wartime China* は中国、日本、米国の資料を用いて、汪政権成立前夜における長江流域の地方エリートによる対日協力の実態を客観的に明らかにしようとしたものである。(3) 総じて米国における汪政権研究は量的にも限られており、同政権の諸政策の構想や大衆の支配的情緒といったイデオロギーに関する研究も本格的にはなされていない状況である。

中国では依然として戦時中と同様に「偽政権」、「傀儡」という評価そのものに変化がないながらも、一九八〇年代から汪政権に関する実証的な研究書、並びに史料集が多数刊行されている。中国における汪政権に関する代表的かつ総合的な研究書としては、復旦大学歴史系中国現代史研究室編『汪精衛漢奸政権的興亡』、蔡徳金『歴史的怪胎』、余子道、曹振威、石源華、張雲『汪偽政権全史（上、下巻）』を挙げることができる。(4) これらの研究書は時期的には汪政権の成立から終末まで、また分野的には政治、経済、軍事、教育、官製国民運動等に至るまで網羅的に取り扱っている。また中国ではやはり「漢奸」という評価は不変であるが、汪精衛、陳公博、周仏海に関する評伝も多数出版されている。[5]中国においては、汪政権の政策構想等のイデオロギーに関して、汪政権史の観点から、また汪精衛や陳公博等の個人史の観点から研究が行なわれてきたが、依然として「占領地域の中国人民を毒し、奴隷化する麻酔剤」として捉える枠組みに基づいているために、一次史料を用いながらも、その複雑性を十分に把握し切れていないと言わざるを得ないのである。

本書の分析枠組み

本書は、汪政権研究の嚆矢とも言うべきボイル、及びブルックが提起した「コラボレーター（collaborator）」という概念を継承するものである。ボイルの「コラボレーター（collaborator）」という概念は、具体的には日本軍政当局における目標や権威にまつわる分裂や対立を利用して、言わば「夷を以て夷を制する」やり方で、巧みに中国側独自の政策目標を達成しようとする行為者を指しており、当時の親日政権の要人は程度の差こそあれ、おおよそこの「コラボレーター（collaborator）」の範疇に入るとした。ボイルがあえて中国側で用いられる「傀儡（puppet）」という用語を避けたのは、例えば戦時中には日本も蔣介石に対して西洋帝国主義の「傀儡（puppet）」、あるいはソ連や中国共産党の「傀儡（puppet）」とレッテル貼りを行なったりしており、特にアジアにおいてこの用語の使用には慎重にならざるを得ないからであるとした。また完全な「傀儡（puppet）」、すなわち何もかも主人の要求通りに事を運び、自らの発言権は一切なかったという例は、満州国の溥儀のみであったからでもあるとした。[6]近年では、ブルックが「コラボレーター（collaborator）」の概念に関して、ナチス・ドイツ占領下の西欧諸国の事例をも包含させたより普遍的な定義、すなわち「占領軍の駐留によって生み出される圧力の下で、持続的に権力を行使する者」を提起した。(7) 占領下で「コラボレーター（collaborator）」の道を選んだ者は、自ら手にした権力を占領軍の支配に対する幇助のために用いることを余儀なくされながらも、時として自らの最低限の政策目標のために占領軍への抵抗の手段としても用いるというわけである。

次いで、汪政権の成立について概観した上で、上述の「コラボレーター（collaborator）」の概念に基づき、汪政権のイデオロギー状況について見てみよう。一九三七年七月七日に盧溝橋事件が勃発すると、戦線は即座に華北のみならず華中にも拡大し、日中間の全面戦争となった。同年九月に第二次国共合作が成立し、翌年一〇月には日本軍は広州、武漢を占領したものの、重慶の国民政府（以下、重慶政権）や延安の中国共産党の抵抗によって、戦線が膠着するようになった。その間、日本軍は内蒙古で蒙古聯合自治政府を、華北で中華民国臨時政府を、華中で中華民国維新政府を設立した。また同時に日中間では和平の試みが複数のチャネルで行なわれたが、蔣介石に次ぐ地位にあった汪精衛が日本側と和平原則に関して秘密裏に合意に達し、ついに一九三八年一二月に側近の陳公博や周仏海等とともに重慶を脱出して、ハノイに渡り、和平運動を開始した。汪精衛は和平運動を発展させて、日本軍占領下の華中に、臨時政府と維新政府を形式的に統合した上で、国民政府の還都という形式をとったものの、事実上超法規的に新たに中央政府を樹立することとした。しかし汪政権は重慶脱出前の日中間の合意案とは異なって、日本の背信と謀略により、主権に様々な制約を課された状態での出発を余儀なくされ、それは同年一一月の日華基本条約に集約されることとなった。汪政権がいわゆる日本の傀儡と目されてきた所以である。

汪精衛や陳公博等にとって、汪政権の傀儡的状況は当然ながら不本意であった。また汪政権は当然ながら、占領下の中国各階層の積極的な支持を得られなかったばかりか、上海租界ではなおも抗日・反汪政権活動が続行されるという状況にあった。もとより汪政権は日本軍の占領下で発足したが故に、必然的に対日「協力」を余儀なくされながらも、中国社会の各階層の積極的な支持を得るためには、傀儡状況から脱却することを意図して、その諸政策の構想に対日「抵抗」の要素を盛り込むことが必要となったであろう。こうして汪政権の諸政策の構想には常に「協力」と「抵抗」という二つの和音が鳴り響くことになったのである。汪政権の諸政策の構想における対日「抵抗」、すなわち傀儡的状況の解消要求は、一九四三年より実施に移された日本の対華新政策に反映されることとなった。ただし対華新政策では汪政権のより一層の対日「協力」の強化も求められており、二つの和音が一つに収斂されることはついになかったのである。一方、太平洋戦争開戦に伴う日本軍の上海租界占領によって、抗日・反汪政権活動は終息をみたが、中国人大衆の多くは汪政権の諸政策の構想にほとんど共鳴を示すことはなく、「沈黙」を守った。そして大衆は政治的に「沈黙」を保ちつつも、その支配的な情緒を汲み込んだ文学、流行歌等に熱を上げていったのである。

本書は上述の「コラボレーター（collaborator）」の概念に基づき、汪政権のイデオロギー状況を明らかにするに当たって、以下の三つの視角から分析を進めることとする。第一に、汪政権の具体的な諸施策に即して、同政権の「協力」と「抵抗」、及び占領下の中国社会の「沈黙」が織り成す実態を解明する。すなわち官製国民運動、青年運動、学校教育、博覧会、経済政策構想における汪政権の「協力」と「抵抗」の諸相を実証的に究明しつつ、動員の対象となりながらも「沈黙」を保った中国の社会各層の心理状況をも文学、歌謡曲、インタビュー、手記等を通して明らかにする。第二に、汪精衛や陳公博の生涯の各時期において提起された諸政策の構想の変遷を時系列的にたどることで、汪政権時期に両者が唱えた諸政策構想の通時的位相を究明する。汪精衛の場合には東亜聯盟運動に結実した外交、政治体制に関する見解の通時的位相を、陳公博の場合には主として経済政策に関する構想の通時的位相を、それぞれ分析する。第三に、ヴィシー政府の国家主席フィリップ・ペタン、及びヴィシー政府とは一線を画した過激な対独協力主義者の代表的人物ジャック・ドリオと比較することによって、汪精衛や陳公博が主唱した諸政策の構想の共時的位相を考察する。汪精衛とペタンにはともに政府のトップを務めたという共通点があり、陳公博とドリオはともに中仏の共産党の創立メンバーになりながらも、後に離党して反共主義者となり、大戦中に占領軍に協力した結果、戦後に売国奴という汚名を負ったという共通性を有している。

本書の構成

本書の構成であるが、第一部では汪政権下の大衆をめぐるイデオロギー状況について論じることとする。第一章では、代表的な官製国民運動である東亜聯盟運動と新国民運動を取り上げ、両運動の時間的・思想的な関係について、また両運動が日本の対中国政策に対して有した意義について考察する。第二章では、東亜聯盟運動の理念に結実する汪精衛の外交観と政治体制観の連続性と非連続性について分析するが、それに際しては、戦前の中国民主化の旗手としての汪精衛像と戦中の漢奸としてのそれとのギャップを埋めることをも意図している。第三章では、新国民運動の一環として、一九四三年に汪政権の統一的な青年運動団体として設立された中国青少年団を取り上げる。第四章では、中国青少年団の成立に関連して、汪政権の中学における政治教育を中心とした学校教育政策に関して論じることとし、末尾には資料として、汪政権下の学校教育経験者に対するインタビューを付した。第五章では、一九四二年に南京で開催された大東亜戦争博覧会に焦点を当て、その大衆に対するプロパガンダの媒体としての機能について究明する。第六章では、日本軍占領下の上海で流行した歌謡曲を取り上げ、歌詞に反映された社会の支配的情緒を解明し、また李香蘭等のスターの受け止められ方を考察する。

第二部では、陳公博の政策構想の変遷と汪政権の経済政策構想について論じることとする。陳公博は汪政権では汪精衛に次ぐ地位にあり、汪精衛の死後には主席代理を務めた。他方で、汪政権成立前の経歴を見ると、中国共産党の創立メンバーの一人として、第一回全国代表大会に出席し、しばらくして離党すると、国民党左派の汪精衛の側近として頭角を現し、国共分裂後には反蔣介石・反中国共産党の立場を取る改組派の指導者となった。満州事変後に蔣介石と汪精衛の合作政権（以下、蔣汪合作政権）が樹立されると、同政権で実業部長を務め、独自の経済政策構想を披瀝し、さらには汪政権期になってもその経済政策構想を引き続き唱えていた。第七章では、陳公博の中国共産党員時期前後の思想の変遷を明らかにし、第八章では、共産党離脱後の渡米から改組派結成の時期にかけての、その反共主義の確立について論じ、第九章では、改組派時期から蔣汪合作政権時期にかけての対外認識と対内政策構想をめぐる諸連関について分析する。そして第一〇章で、汪政権の経済政策構想について考察することとし、特に上海租界という「孤島」に依拠した民間資本家層への施策に着目する。またその施策と関連して、陳公博が蔣汪合作政権期と汪政権期において、それぞれ提起した経済政策構想を比較し、その連続性について確認する。さらには一九四三年の対華新政策実施以降に、汪政権が民間資本家層と対立するに至った要因を改めて討究することとする。

第三部では、汪政権とヴィシー政府との比較を論じることとする。第一一章では、汪精衛とヴィシー政府の国家主席であるフィリップ・ペタンを比較し、外政観、体制観、新たな国民精神のあり方をめぐる異同やその背景について分析を試みる。第一二章では、陳公博とジャック・ドリオについて、占領軍に対する協力と反共主義の関係をめぐって比較を行なう。その際、両者の転向の契機、及び戦前期における両者の対ソ連・共産党観や日独の脅威への対処策に関しても、それぞれ言及し、考察を加えるものとする。

（1）　近年発表されてきた主だった論文のみを挙げておく。小笠原強「汪精衛政権行政院からみた政権の実態について―機構・人事面から」、『専修史学』第三八号、二〇〇五年三月。同「汪精衛政権の水利政策―安徽省淮河堤修復工事を事例として」、『中国研究月報』Vol. 61 No. 10（No. 716）、中国研究所、二〇〇七年一〇月。佐藤尚子「汪兆銘傀儡政権下の教育」、『大分大学教育学部研究紀要』第一六巻第二号、一九九四年一〇月。同「日本植民地時代における上海市政府下の教育」、『広島大学大学院教育学研究科

紀要　第三部　教育人間科学関連領域』五四号、二〇〇五年。曽支農「汪政権における教育事業の回復整頓のプロセスに関する考察」、『近きに在りて』第三六号、一九九九年一二月。同「汪政権の中央組織の運営メカニズム―『党治』、『五権』及び行政効率促進をめぐって」、『東瀛求索』第一一号、中国社会科学研究会、二〇〇〇年四月。同「汪兆銘南京政府の地方政権に関する一考察―華中地域行政システムの再建過程をめぐって」、『近きに在りて』第四〇号、二〇〇一年一二月。高橋久志「汪兆銘南京政権参戦問題をめぐる日中関係（日中戦争から日英米戦争へ）」、『国際政治』第九一号、一九八九年五月。土屋光芳「汪精衛と『和平運動』―高宗武の視点から」、『政経論叢』第五七巻第一・二号、明治大学政治経済研究所、一九八八年八月。同「汪精衛と『政権樹立の運動』」、『政経論叢』第五七巻第五・六号、一九八九年三月。同「汪精衛の『和平運動』と『大亜洲主義』」、『政経論叢』第六一巻第二号、一九九二年一二月。同「汪精衛政権の対日合作と他の合作政権との比較考察」、『政経論叢』第七三巻第五・六号、二〇〇五年三月。古厩忠夫「日中戦争と上海民族資本」、葉山禎作、古島敏雄編『伝統的経済社会の歴史的展開　下巻（外国編）』、時潮社、一九八三年。同「日本軍占領地域の『清郷』工作と抗戦」、池田誠編著『抗日戦争と中国民衆』、法律文化社、一九八七年。同「汪政権はカイライではなかったか」、藤原彰他編『近代史の虚像と実像　三』、大月書店、一九八九年。同「『漢奸』の諸相―汪精衛政権をめぐって―」、大江志乃夫他編『岩波講座近代日本と植民地　第六巻　抵抗と屈従』、岩波書店、一九九三年。同「日中戦争と占領地経済」、中央大学人文科学研究所編『日中戦争　日本・中国・アメリカ』、中央大学出版部、一九九三年。同「日中戦争末期の上海社会と地域エリート」、日本上海史研究会編『上海―重層するネットワーク』、汲古書院、二〇〇〇年。同「戦後地域社会の再編と対日協力者」、姫田光義編著『戦後中国国民政治史の研究』、中央大学出版部、二〇〇一年。（なお以上の古厩忠夫の汪政権に関する一連の論稿は死後に、古厩忠夫『日中戦争と上海、そして私』、研文出版、二〇〇四年に収録された。）同「対華新政策と汪精衛政権―軍配組合から商統総会へ―」、中村政則、高村直助、小林英夫編著『戦時華中の物資動員と軍票』、多賀出版、一九九四年。堀井弘一郎「汪精衛政権の成立と中華民国維新政府の解消問題」、『現代中国』第八一号、日本現代中国学会、二〇〇七年。同「汪精衛政権下の民衆動員工作―『新国民運動』の展開」、『中国研究月報』Vol. 62 No. 5 (No. 723)、二〇〇八年五月。同「汪精衛政権下、総動員体制の構築と民衆」、『日本大学大学院総合社会情報研究科紀要』No. 9、二〇〇九年二月。同「日中戦争期、汪精衛国民党の成立と展開」、『中国21』Vol. 31、愛知大学現代中国学会、二〇〇九年五月。

（2）　小林英夫、林道生『日中戦争史論：汪精衛政権と中国占領地』、御茶の水書房、二〇〇五年。なお同書を一般向けに書き改めたものとして、小林英夫『日中戦争と汪兆銘』、吉川弘文館、二〇〇三年がある。土屋光芳『汪精衛と民主化の企て』、人間の科学新社、二〇〇〇年。同『汪精衛と蒋汪合作政権』、人間の科学新社、二〇〇四年。

（3）John Hunter Boyle, *China and Japan at war, 1937-1945 : the politics of collaboration*, Stanford University Press, 1972. Gerald E. Bunker, *The peace conspiracy : Wang Ching-wei and the China war, 1937-1941*, Harvard University Press, 1972. 王克文『汪精衛　国民党　南京政府』、国史館、二〇〇一年。Frederic Wakeman, Jr., *The Shanghai Badlands : wartime terrorism and urban crime, 1937-1941*, Cambridge University Press, 1996. Timothy Brook, *Collaboration Japanese Agents and Local Elites in Wartime China*, Harvard University Press, 2005.

（4）復旦大学歴史系中国現代史研究室編『汪精衛漢奸政権的興亡』、復旦大学出版社、一九八七年。蔡徳金『歴史的怪胎』、広西師範大学出版社、一九九三年。余子道、曹振威、石源華、張雲『汪偽政権全史（上、下巻）』、上海人民出版社、二〇〇六年。

（5）近年における代表的な評伝のみを挙げておく。林闊編著『汪精衛全伝（上下）』、北京文史出版社、二〇〇一年。石源華『陳公博全伝』、稲郷出版社、一九九九年。蔡徳金『朝秦暮楚的周佛海』、河南人民出版社、一九九二年。

（6）John Hunter Boyle, *op. cit.*, pp. 9-12.

（7）Timothy Brook, *op. cit.*, pp. 1-2.

第一部　大衆をめぐるイデオロギー状況

第一章　官製国民運動——東亜聯盟運動と新国民運動——

序

本章では、汪政権下での代表的な官製国民運動である東亜聯盟運動と新国民運動の以下の諸問題に関して考察する[1]。両運動の時間的・思想的な関係はどのようなものだったのだろうか。また両運動は日本の対中国政策に対してどのような意義をもったのだろうか。ことに太平洋戦争下での両運動の結合は、日本の対中国政策にどのような意義をもつものだったのだろうか。当時においても、汪政権により両運動の結合が発表された後、「尚ほ未だ…(新国民運動)と昨年二月発起せられ成立間もない東亜聯盟中国総会とは如何なる関係に立つものであるか等の点に就いて審らかにすることができなかった」という声が聞かれていた[2]。これらの課題に加えて、両運動に動員された汪政権下の中国人の反応がどのようなものであったのかについても留意しておきたい。

本章の構成は、以下の通りである。第一節では、東亜聯盟運動を取り上げ、汪政権下で同運動が展開されるに至った背景を確認した上で、同運動が一九四〇年後半に発起され、翌年の前半に衰退するまでの期間の同運動の諸側面を考察する。第二節では、新国民運動を見ることとし、一九四一年一一月に清郷工作の一環として新国民運動が発動された状況について明らかにし、さらに太平洋戦争の勃発を受けて、新国民運動がどのように展開されたかを解明する。第三節では、一九四二年七月の両運動の結合、及びそれと日本の対中国政策との関係について論じることとし、まず結合と同時に日本から寄せられた批判の背景にある、東条英機首相グループの対中国政策との関係について分析を加え、さらに一九四三年より実施されるに至った重光葵の対華新政策との関係について考察する。

第一節　東亜聯盟運動

汪精衛の和平運動の挫折

一九三七年七月七日に起こった日中両軍の衝突は全面戦争に発展した後、日本軍の圧倒的な勝利のうちに進展したにもかかわらず、中国側の粘り強い抗戦活動により、戦闘は泥沼化していった。日本側は、思いがけぬ規模に戦線の拡大した戦争の早期終結を目指して、さまざまな和平の試みを行なった。なかでも駐華独大使トラウトマンの和平の仲介工作は、日本軍の南京占領を挟んで進められ、もう少しで成功というところまでいった。しかし、日本が和平条件として当初の華北制圧に追加して、中国中枢部の華中制圧をも要求したために、失敗に終わった。トラウトマン工作が不調に終わった後、一九三八年一月一六日に日本政府は第一次近衛声明を発表した。それは「帝国政府ハ爾後国民政府ヲ対手トセズ」というもので、日中の国交の断行を意味した。

第一次近衛声明を受けて、日中両国の有志が蔣介石に代わり、新たに汪精衛を対象とする和平交渉を開始した。

「爾後国民政府ヲ対手トセズ」とは一体どういう意図を孕んでいるのか。このあたりを探るべく、一九三八年二月に国民政府日本科長董道寧が、同年七月には元亜州司局長高宗武が、相次いで来日した。高宗武来日の結果、蔣介石を対象とした和平の見込みのないことが判明し、汪精衛を対象とした和平工作が始まった。そして同年一一月には、上海の土肥原公館重光堂において、本格的な協議に入った。日本側からは、参謀本部支那班長の今井武夫、陸軍省軍務課長の影佐禎昭、逓信省参与官の犬養健、中国側からは、高宗武、中央宣伝部香港特派員の梅思平が、それぞれ交渉の任に当たった。この間の一一月三日には、日本政府から第二次近衛声明が発表された。それは「固ヨリ国民政府ト雖モ従来ノ指導政策ヲ一擲シ、ソノ人的構成ヲ改替シテ更生ノ実ヲ挙ゲ、新秩序ノ建設ニ来リ参ズルニ於テハ敢テ之ヲ拒否スルモノニアラズ」という内容であった。

この重光堂会談の結果、一一月二〇日に「日華協議記録」及び「日華諒解事項」の調印をみた。「日華協議記録」の概要は、①日華防共協定の締結、内蒙地方の防共特殊地域化　②満州国の承認　③日本人の中国内地での居住・営業の自由、在華治外法権の撤廃、在華租界返還の考慮　④互恵平等の日華経済提携、華北資源開発利用に関する日本への特別の便利供与　⑤在華日本居留民への損害補償、ただし日本への戦費賠償は不要　⑥治安回復後二年以内での協約外日本軍の撤兵である。なお「日華諒解事項」では、防共駐兵を内蒙及び北京・天津地方に限定していた。中国側は北京・天津駐兵を認めさせられたものの、長城以南の日本権益を最小限にとどめた上に、二年以内撤兵・租界返還・賠償放棄等を取り付けることができ、日本側の条件は受諾し得ると考えた。

一方、日本側は謀略を企図して、「日華協議記録」調印の一〇日後の一一月三〇日に、それとは内容が大きく異なる「日支新関係調整方針」を、御前会議において決定した。この「日支新関係調整方針」では、日本の長城以南の権益設定を華北にとどまらず、華中や華南にも拡張していた。軍隊の駐屯地も、華北や南京・上海・杭州三角地帯にまで拡大しており、華南を含む沿岸一帯には艦隊駐屯を設定し、撤兵期限等を盛り込まなかった。また中央政府やその他の機関には、顧問を配置することを決定していた。

一九三八年一二月一八日に汪精衛が重慶を脱出した後、日本側からは重光堂会談の約束通りに、同年一二月二二日に第三次近衛声明が発表された。しかしながら同声明には、「日華協議記録」や「日華諒解事項」に明記されていたところの、二年以内の撤兵という文言がなく、駐屯地域も曖昧にされてしまっていた。第三次近衛声明は、日満支三国の共同目的として、東亜新秩序の建設を設定し、そのために次の三点の実現を求めた。①善隣友好、すなわち抗日政策の放棄、満州国の承認と国交樹立　②共同防共、すなわち日支防共協定の締結、特定地点の防共駐屯及び内蒙地方の特殊防共地域化　③経済提携、すなわち日本人の居住・営業の自由の承認、華北及び内蒙の資源開発における積極的便宜の供与である。そして領土不割譲、戦費不賠償、中国主権の尊重、治外法権撤廃、及び租界返還の可能性について言及していた(3)。

次に、重慶脱出後の汪精衛の動向を見てみよう。脱出当初、汪精衛は新政権を樹立するつもりなどなかった。重慶政権の対日政策を抗戦から和平へと路線転換させる言論活動に力点を置いていたのである。汪精衛は脱出先のハノイにおいて、同年一二月二九日、第三次近衛声明に基づき、重慶政権に宛てて和平通電（「艶電」）を発した。しかし重慶の国民党は汪精衛の党籍の永久剝奪という決定によって、それに報いた。やがて汪精衛は言論による和平運動の行き詰まりから、一時的なヨーロッパへの逃避行を考えるようになった。ところがその矢先の一九三九年三月に、秘書の曾仲鳴が重慶政権側のテロ行為により殺害されてしまった。曾仲銘の死を直接の契機として、汪精衛の和平運動は新政権樹立の活動へと方向転換するに至った(4)。身辺に迫る危険を避けるために、同年四月に影佐禎昭等の手引きにより、汪精衛はハノイを脱出した。汪精衛は新政権樹立に向けて活動を開始し、撤兵を含意させつつ、第三次近衛声明を前提にして、新政権の樹立を構想した。新政権の構想は、第一に中華民国国民政府の正式な継承、第二に国民党外の諸勢力との提携という内容から成っていた(5)。

一九三九年六月に汪精衛は、新政権の樹立に関して日本政府と協議するために渡日した。一方、日本政府は汪精衛との会談に先立って、六月六日に五相会議を開き、「中国新中央政府樹立方針」を決定した。「中国新中央政府樹立方針」は「日支新関係調整方針」に準拠していた点で[6]、汪精衛が第三次近衛声明に託している新政権樹立のための前提条件を大きく裏切っていた。平沼騏一郎首相を始めとする日本政府首脳たちと汪精衛との会談は、ごく儀礼的なものに終わった。

日本側の新政権樹立構想に関する真意があらわになるのは、一九三九年一一月より上海で開始された「内約」交渉においてであった。日本側からは、影佐、犬養のほかに、海軍少将の須賀彦次郎、陸軍大佐の谷萩那華雄、外務書記官の矢野征記及び清水董三が交渉に参加した。中国側からは、梅思平のほかに、陶希聖、周仏海、林柏生等が参加した。交渉の叩き台となった興亜院起草の原案は、従来の基本線の上に、各省庁の権益的要求が盛り込まれており、影佐自身驚きを禁じ得ない程であった[7]。汪派にあって、「内約」交渉を積極的に推進したのは周仏海であった。交渉決裂の危機を幾度か乗り越え、ようやく同年一二月三〇日に「日支新関係調整に関する協議書類」が調印された。ちなみに重光堂会談の中心者であった高宗武と陶希聖はともに調印に反対し、翌一九四〇年一月に上海から香港に逃れ、興亜院原案の公表という挙に出た。

「日支新関係調整に関する協議書類」に基づき、一九四〇年三月三〇日に、汪政権は南京還都という形式を踏んで発足した。しかしながら条約締結による日本の汪政権の承認は、八ヶ月後の一一月三〇日にまで延期された。その理由は、日本が汪工作と並行して進めていた重慶政権との直接和平交渉、すなわち桐工作を同年一〇月まで続行したからである。桐工作は汪政権の樹立を妨害するために、重慶政権が仕掛けたものであった。日本の謀略は、汪政権との間で同年一一月三〇日に日華基本条約が調印されたことにより完成した。汪政権の独立性を著しく侵害すると見られた条項は「秘密協約」、「秘密協定」及び「秘密交換公文」に盛り込まれた。例えば、日華基本条約第五条の「艦船部隊ヲ中華民国領域内ニ於ケル特定地域ニ駐留セシメ」という内容の詳細は、「秘密協約」第一条で、「所要ノ艦船部隊ヲ揚子江沿岸特定地点竝ニ華南沿岸特定嶋嶼及之ニ関連スル地点ニ駐留セシム」と規定された。(8)

汪政権下における東亜聯盟運動の消長

満州事変から日中戦争にかけての日本の日中関係観において、東亜聯盟運動のユニークな点とは、中国ナショナリズムを一定程度評価する枠組みを備えていたことである。東亜聯盟運動は石原莞爾の指導下に展開され、満州国協和会の「民族協和」のイデオロギーに源流をもっていた。「民族協和」とは、漢・満・蒙・日・朝の五民族が、一律平等に共存共栄を図っていくことである。「民族協和」のイデオロギーは、満州国の建設において指導的役割を果たすべきであるのみならず、全アジアの民族の関係をも律するべきであるとされた。アジア諸民族の理想的な関係こそ、「東亜聯盟」にほかならなかったのである。それは日本政府及び関東軍の露骨な満州国植民地化に対する批判でもあった。また対ソ戦準備のため、極力中国ナショナリズムとの衝突を避けようという配慮からでもあった。

日中戦争の勃発に際して、「東亜聯盟」の理念は石原等不拡大派の主張の論拠となった。石原は西安事件以後、中国の抗日ナショナリズムの高揚に注目していた。そして戦争の早期終結のためには、中国ナショナリズムの存在を容認した上で、日中の平等な立場からの国家連合を結成する必要があると考えた。こうして一九三八年半ば頃から東亜聯盟論が急速に整備されていき、(9)翌一九三九年一〇月には東京で東亜聯盟協会が発足した。東亜聯盟論の趣旨は、「国防の共同、経済の一体化、政治の独立」を条件とし、「王道」を指導原理として、日本・満州国・中華民国を結成の範囲とするというものであった。すなわち対ソ戦、「世界最終戦争」における対米戦に備えて、三国の軍事・経済の統合を図るとともに、それ以外の全領域については、加盟各国の主権を認めるというものであった。

東亜聯盟論は「政治の独立」を軍事的な観点と同様に重視するというユニークなスタンスを取っていたのである。

さて、汪精衛が東亜聯盟運動を受け入れ、発動する経緯を見ることにしよう。児玉誉士夫や上海領事館員であった岩井英一の回想によれば、石原と近い立場にあった辻政信が汪精衛に対して、大民会や興亜建国運動、共和党といった旧中華民国維新政府系大衆団体や政党を解散させる代わりに、中国側でも東亜聯盟運動を組織するように迫ったということである。(10) 当時、華中の支那派遣軍の首脳部は、石原に近い立場の軍人で固められていた。一九四〇年四月二九日には支那派遣軍総司令部が、辻が執筆したと言われる「派遣軍将兵に告ぐ」という訓示を、板垣征四郎総参謀長の名で発表したが、その一節には事変の解決には東亜聯盟結成以外にないという要旨が強調されていた。また桐工作、すなわち重慶政権との和平交渉に当たって、日本の幕僚間で日中の和平枠組みとして東亜聯盟構想が考慮されていた。(11) こうした事例からも明らかなように、華中の日本軍は東亜聯盟運動を積極的に推し進めようとしていたのである。

一方、汪精衛の側でも、日本側の押し付けに屈したというよりは、自ら進んで東亜聯盟運動を取り入れるような言動を見せた。当時、岩井は「侵略の前科者が、…国防の共同、経済の共通、政治の独立などときれいごとを並べた東亜連盟論など唱えてみても、汪主席はしかく簡単に同調することはなかろうと思った」そうだが、(12) 意外にも汪精衛はあっさりと受け入れた。汪精衛は日中戦争勃発以来、当時の日本側の戦争イデオロギーに関する「言論に注意していた」。その言論は「東亜共同体から東亜新秩序へと進み、さらに東亜聯盟の理論へと進んだ」として、東亜聯盟の理論を当時の日本側の戦争イデオロギーにおける「理想」と捉え、次のように述べた。「この理想は決してある人々からの干渉を受けてつくられたものではなく、環境や歴史や世界の大勢から生み出されたものである」(13) と。

汪精衛が東亜聯盟理論を「理想」視した理由は、「政治の独立」という条項のためであろう。「政治の独立」は、日本の内面指導の否定や中国の行政の一体的保全を提唱していた。それ故、そこに日中の和平と新政権の独立性との両立を主張し得る根拠を見出したのであろう。[14] 日本の東亜聯盟協会の一部においても、汪精衛が同運動を受容しやすいように配慮を示す動きがあった。[15] また一九四〇年五月一四日に北京で、新民会に不満を持つ繆斌や田村真作等が中国東亜聯盟協会を創設し、中国青年層の一定程度の支持を獲得したことも、汪政権の東亜聯盟運動への傾斜に拍車を駆けた。[16]

汪政権下における東亜聯盟運動着手の最初の具体的な動きは、一九四〇年九月九日に広州で中華東亜聯盟協会が結成されたことである。ただし中華東亜聯盟協会の活動は広東省内に限定されていた。この時期、日本軍の占領地経営の方針は、なおも「分地合作」であったために、東亜聯盟運動も地方的色彩の強いものであった。[17] 結成に当たっては、広東特務機関長の矢崎勘十大佐や日本の東亜聯盟協会本部員の淡谷悠蔵等が後押しした。会長には、汪精衛の秘書であり、当時広東省政府教育庁長兼広東大学学長であった林汝珩が、名誉会長には、広東省主席代理の陳耀祖がそれぞれ就任した。[18] 会員数は九月九日の協会設立までに八千人余り、その後二ヶ月ほどで三万人余りに達したという。[19] 協会は内部に出版社を設け、『東亜聯盟月刊』と『復興半月刊』を出版し、東亜聯盟運動の宣伝を行なった。[20] また協会内に「海外組」を設置し、東南アジア華僑に対して東亜聯盟運動の普及を図った。[21] さらに協会内に短期間で幹部の人材を育成することを目的に、「青年団幹部訓練班」を設置した。訓練の対象となったのは小学校長や警察局長等の二〇歳から三〇歳の数十名の男性であった。[22] 協会が結成された後、広東省各地に次々と支会・分会が設立されたが、なかでも汕頭分会が最も活発であった。[23]

東亜聯盟運動が全国統一的な組織を設立するに至る過程を見てみよう。一九四〇年一一月二五日、南京で東亜聯盟運動促進の中核体として、東亜聯盟中国同志会が発足した。中心人物は宣伝部副部長の周化人と満州国における東亜聯盟運動の推進者の中山優であった。周化人、周学昌等二三名が理事となり、汪精衛を指導者として仰いだ。

同年一二月一五日から一七日にかけて、国民党第六期三中全会が開催され、全国の意志と力量を集中するために、東亜聯盟運動の全国統一的な組織を設立するという決定がなされた(24)。第六期三中全会に相前後して、同年一二月一七日から一八日にかけて、興亜建国総部、大民会、共和党が相次いで解散宣言し、国民党に合流した(25)。これらの政党や団体は、各地に駐屯する日本軍特務機関の直接指揮下にあり、汪政権の支配が及ばなかった。汪精衛は先述の汪の要求に呼応するかのように、東亜聯盟運動の全国統一的な組織を設立する一方、これら政党・団体幹部の国民党中央委員会への登用と引き換えに、組織の解消を日本軍に求めたのである(26)。

東亜聯盟中国同志会が母体となり、一九四一年二月一日に南京で、全国統一的な思想団体として、東亜聯盟中国総会が結成された。総会は国民党の外郭団体として位置付けられ、政府や国民党の要職にある者等が総会の幹部に名を連ねた。会長には汪精衛が就任した。常務理事には陳公博、温宗堯、陳璧君、徐良等七名が任命された。理事会秘書長には周仏海が、同副秘書長には周学昌と周隆庠が就いた。常務監事には梁鴻志、褚民誼、江亢虎等六名が就任した。また総会の下には、指導、宣伝、文化、社会福利の各委員会が設置され(27)、それぞれ主任委員には、梅思平、林柏生、繆斌、丁黙邨が任命された(28)。そのほか政府の各部・委員会の長官や各省政府主席がいずれも理事もしくは監事に選ばれた。総会の所在地は南京市内の大民会旧址とされた(29)。同年五月七日の総会の第四次常務理事会では、南京、上海、湖北、漢口に分会を設置し、それぞれの常務理事兼書記長を任命した。例えば、南京分会の常務理事兼書記長には周学昌が、上海分会の同ポストには陳孚木が、それぞれ選ばれた。また機関誌として、『東亜聯盟月刊』や『特集号』の出版を決定した(30)。『東亜聯盟月刊』は、一九四一年七月から刊行が開始されたが、後に国民党中央宣伝部の機関誌『大亜洲主義』と合併されて、『大亜洲主義與東亜聯盟』となった(31)。東亜聯盟運動は組織上の整備を一応完了し、実践に着手することとなった。

次に、汪政権下における東亜聯盟運動の綱領の特徴について見てみよう。日本と中国の東亜聯盟運動の綱領には、両国を取り巻く状況の違いを反映して差異が見られた。汪政権側は「国防の共同、経済の一体化、政治の独立」という三条件に、新たに「文化交流」の一項を付け加えるように、日本の東亜聯盟協会に対して要求した。また東亜聯盟論の基礎を、協和会の「民族協和」の理念にではなく、孫文の「大亜洲主義」に求め、日本の運動が重視する石原の世界最終戦争論を採り入れたりしなかった。(32)

さて、汪政権は先述のように、「政治の独立」という条件を重視していたが、広州での中華東亜聯盟協会の発足に当たっては、この条件を意図的に他の条件の大前提として位置付けた。すなわち、「政治が独立し得ないならば、経済提携や軍事同盟は一切主従関係となり、平等・互恵・自由な協同を説く術がなくなるだろう」としたのである。「政治独立」に関して、各加盟国は立法、行政、外交、財政を統轄し、「農業、商工業、交通、司法、教育、国民保険、労働保護、社会公安等の一般国政」を管掌するべきであるとした。また中国の現状を、西洋帝国主義の不平等条約の拘束を被って、「政治独立」の主権を喪失していると分析し、次のように日本に呼びかけた。東亜の一部である日本は「東亜民族の共同利害の見地に立って」、中国の国際的な地位平等、及び行政における主権独立の回復に協力するべきである。それは具体的に第三次近衛声明における中国の主権の尊重、租界の返還、治外法権の撤廃を、日本が実行することにほかならないのであると。要するに「政治独立」には、汪政権の主権を侵害する日華基本条約の締結に対する一種の牽制効果が求められていたのであると言えよう。

「経済提携」に関しては、何よりも中国の工業化に寄与するべきであるとした。かつて中国は一次産品の輸出と工業製品の輸入という「不等価交換」によって、巨額の損失を被り、半植民地に陥った。工業化とはそこから離脱することであり、「中国の民族資本を発達させる」ことと、「買弁資本の欧米依存を一掃する」ことにほかならないのである。しかる後に経済において、中日両国の「平等な協同と自由な発展の機会」が得られるであろう。日本は決して「中国を農業国とし、日本を工業国として、中日両国の経済提携を企てる」べきではない。それは日本にとっても不利益なはずである。なぜなら「中国が工業化をなしとげられないなら、原料もやはり開発できず、供給する術がない」からである。また東亜聯盟は欧米帝国主義に中国における不正な政治・経済権益を撤回させるべきである。しかし、仮に欧米人の経済活動が「政治を背景としないで、東亜の建設に参加したい意向を含む」のならば、その正当な権益は保証を受けるだろう。このように汪政権側が、欧米の経済参加を条件付きながら認める背景には、「中国の実業計画の完成は、外国の資本や技術に俟たなければならない」という現実的な認識があった。こうした「経済提携」の主張には、第一〇章で触れるように、日本資本による経済独占に対する中国民間資本家層の危機意識が反映されていたと言えるだろう。

「軍事同盟」については、ソ連を第一の仮想敵に見なすべきであるとした。「第三インターナショナルが世界を赤化しようという野心」とは、すなわち「赤色帝国主義」にほかならないのである。欧米帝国主義も「人々や国家を滅ぼして、植民地政策を遂行する」が故に、現状では仮想敵と見なすべきである。ただ「経済提携」の条項にあるように、条件次第では「提携」も考慮されていた。東亜聯盟内の各国家は、「赤・白色帝国主義の侵攻に抵抗するために」、「統一方針の下に、各々の国情に適合した軍事力を建設し、分業・協同の効果を収める」ようにするべきである。中国自身の課題としては、「現代国家の軍隊を建設する」ことが挙げられよう。それは中国本国の国防強化の必要からだけではなく、日本一国の軍事力がソ連の極東配備の軍事力より劣勢にあるなかで、「軍事同盟」が「実際の効果を収める」必要からも求められるとした(33)。このように欧米帝国主義ではなくソ連を第一の仮想敵と見なすべきであると主張する背景には、後述するように、「防共」の解釈に反ソ連をも含ませることによって、日本軍を中ソ国境付近に集中させ、中国共産党掃討を名目とした華北地域へ軍事圧力を軽減する狙いがあったものと考えられる。

「文化交流」とは、東亜聯盟各国家間における文化の相互交流のことであった。「中日両国は各々数千年に亘る悠久の歴史をもち、その文化は光り輝いている」。両国は相互に「完全に理解し、友好を育み安定を図り、東方文化固有の精髄を発揚して、ただ両国の光栄に対してのみならず、世界に対しても十分に貢献するべきである」とした。[34]また文化の相互交流は、日中両国に各々独自な思想・文化があることを前提にしていた。すなわち日本には「皇室中心思想」があり、中国には「三民主義思想」があって、相互を結び付けるのは「亜洲中心」の思想とされた。[35]このように「中日両国は各々数千年に亘る悠久の歴史をもち」と述べて、中日の文化的な対等性を主張したり、日本の「皇室中心思想」に対置して、中国の「三民主義思想」を強調したりすることの背景には、日本の同化政策の実施に対する牽制を意図していたことは間違いなかろう。第四章で触れるように、当時日本軍政当局は中国占領地での日本語教育の普及を汪政権に押し付けようとしていたのである。

先述のように汪政権は東亜聯盟運動を孫文の「大亜洲主義」によって基礎付けていた。もともと「大亜洲主義」は、汪精衛が重慶を脱出して、中日両国の和平運動に携わることの正当性を証し立てるものとして唱導されていた。第二・三次近衛声明における中心的な理念である「東亜新秩序」は、「大亜洲主義」と結び付けられて解釈された。汪精衛の「大亜洲主義」解釈は、もとより孫文の意図を歪曲したものである。[36]しかるに汪精衛が「大亜洲主義」に託した中日関係観とは、中日ともに欧米帝国主義から見れば、弱小国であるという認識から出発して、対等な両国の関係の構築を希求するというものであった。[37]それは具体的には、汪政権樹立に当たっての「内約」交渉のなかで、新政権の完全従属化という日本の企てを牽制することを意図するものであった。[38]そして、「東亜新秩序」すなわち「大亜洲主義」、「大亜洲主義」すなわち「東亜聯盟」という操作の道を開くことにより、和平運動が「大亜洲主義」に託した中日の対等関係という理念を新政権樹立後に東亜聯盟運動に継承させようとしたのであると言い得るだろう。言わば東亜聯盟運動は「大亜洲主義」に結び付けられた上に、さらに「政治独立」を強調することによって、汪政権の対日従属化に終わった和平運動の挫折を克服するものとして登場したのである。

次に、東亜聯盟運動が中国国内に対して担った役割について見てみよう。東亜聯盟中国総会に課せられた使命とは、中国が当時最も切実に必要とした「中心勢力」を樹立することにほかならなかった。東亜聯盟中国総会は政党ではないが、「国民党を中心として、各党各派及び無党無派の人民が連合し、推進した国民組織」であるとされた。ここで言う「各党各派」は、日本側の息のかかる旧維新政府系の大民会や共和党等を指していた。そして「国民組織」としての東亜聯盟中国総会の発展は、「中心勢力の基礎組織の拡大と強化」を意味するとされた(39)。東亜聯盟中国総会に課せられた対内的な課題は、汪政権の権力基盤の脆弱さという実情に対する改善策の一環として捉えられるだろう。ことに地方において、汪政権の権力基盤の発展は、日本の軍関係機関の拘束を著しく受けることによって妨げられていたのである(40)。

最後に、汪政権下での東亜聯盟運動の衰退について見てみよう。東亜聯盟中国総会結成という、まさに隆盛に向けて歩み出した矢先に、運動は「急に気を抜かれて、挫折してしまった(41)」。衰退の契機となる事件は、大きく二つ挙げることができる。一つは、一九四一年一月一四日の日本政府閣議声明「興亜諸団体ノ指導理念統一要領」の発表であり、もう一つは、同年四月一三日の日ソ中立条約の締結である。

一九四一年一月一四日の日本政府閣議声明は、あくまでも活動禁止の対象を、日本の東亜聯盟協会に限定していたとはいえ、中国の東亜聯盟運動の帰趨にも大きな影響を与えた。閣議声明は、「興亜運動」が日満華共同宣言に基づくべきであり、したがって「皇国の主権を晦冥ならしめる惧れあるような」東亜聯盟論などは許されないというものであった(42)。さらに閣議声明以後になされた同時代人の、日本の東亜聯盟協会に対する非難を整理すると、日本の優越性を無視し、敗戦主義であり、マルキシズムの影響を被っているということが挙げられていた(43)。

一方、中国の東亜聯盟運動については、閣議声明は備考で「日満華共同宣言ニテ闡明セル趣旨ニ反セザル限リ之ヲ阻止スルコトナシ」として、事実上黙認の姿勢をとった(44)。しかし日本側の一部識者の間から、中国の東亜聯盟運動を批判する動きが出てきた。すなわち中国の東亜聯盟運動が依拠する孫文の「大亜洲主義」を、国際聯盟的発想として批判し、かつ汪政権側による第三次近衛声明の精神に対する理解の誤りを指摘した[45]。こうした批判が飛び交う空気のなかで、汪政権下の東亜聯盟運動は「日本側の積極的な同情と声援を期待し得られなかった[46]」。その結果、閣議声明以来、「東亜聯盟中国総会は設立後大なる活動を見せず各地支部設置の如きも計画は存すれども未だ大なる進捗を見ず」という状況に立ち至った[47]。さらに支那派遣軍における東亜聯盟運動推進派の板垣や堀場一雄、辻等が同年中に転出したことも、同運動の衰退に拍車を駆けた[48]。

一九四一年四月一三日の日ソ中立条約の締結は、東亜聯盟結成の前提である外交的枠組の崩れ去ったことを意味した。すなわち「軍事同盟」条項は、第三次近衛声明の「日支防共協定」に基づき、第一の仮想敵国にソ連を挙げていた。しかし日ソ中立条約調印の結果、「日支防共協定」の現実的基盤が失われてしまったのである。否、そもそも日本側は一九四〇年三月六日付け「新中央政府外交指導方針要綱」において、汪政権の対ソ外交方針として、対ソ協調路線をとらせるということを決定していた[49]。ただ汪政権側は対ソ協調の結果、「防共」の解釈が国内の中国共産党制圧に限定されることで、日本軍の華北駐兵地域・期間の無際限化を招き、ひいては中国共産党の勢力拡大につながるとして、反対していた[50]。日ソ中立条約の締結により、汪政権も公式に対ソ協調路線をとると同時に、「防共」の解釈の変容を余儀なくされた。すなわち「連ソ」を「外交政策の問題」とし、「反共」を「思想問題」として、両者を区別したのである。さらにソ連の国家体制の諸側面が、「国家社会主義体制に日増しに接近し、逆に共産主義とは日増しに疎遠になっている」という事態を指摘して、対ソ協調を正当化した。かくして汪政権も反共政策の対象を中国共産党に絞り込むと同時に、日本の南進の可能性が高まったことにより、日米の衝突を懸念するに至るのであった[51]。本節では東亜聯盟運動に関して論じてきたが、次節で新国民運動について見ることにしよう。

第二節　新国民運動

清郷工作と新国民運動

一九四〇年九月の日独伊三国同盟の成立に伴って、重慶政権に対する英米仏各国の援助が増大したために、日本と重慶政権との「全面和平」の可能性が遠のくに至った。そこで日本は桐工作の失敗を受けて、重慶政権に対する直接和平交渉を打ち切った後、一九四〇年一一月に日華基本条約を締結して、汪政権を正式に承認した。それと同時に、日本政府は「長期戦方略への転移を敢行し」て、「新中央政府に対しては一意帝国綜合戦力の強化に必要なる諸施策に協力せしむることを主眼」にするという決定を下した(52)。すなわち日本軍の長期戦に備えた現地自活主義の強化に伴う負担を、汪政権に担わせようとしたのである。一方、汪政権自体は主観的には、国家「建設」を進めることによって、日本軍の略奪的収奪を「建設」的収奪に変えていこうとしていた(53)。また汪政権側の国家「建設」を推進するという意向は、支那派遣軍の一部に支持されていた。その支持者たちは「(新支那)を建設しつつ戦争を遂行することを以て大持久方略の大本」とするという構想を抱いていた。しかしそれも、中央からの「物資取得を始め諸般の要求は愈々現地に加重」されるという状況のなかで、しばしば頓挫を余儀なくされていた。

汪政権の国家「建設」と日本軍の長期戦に備えた現地自活主義という、二つの要請に具体的に応えるために、汪政権と支那派遣軍当局は協議を重ねて、一九四一年七月より清郷工作を実施することとした(54)。汪政権は全国政権という建て前の下に樹立されながら、事実上上海、南京両市と江蘇、浙江、安徽三省を基盤とした地方政権に過ぎなかった。しかも実効的に支配が行き届いていたのは、日本軍の占領下にある都市部と鉄道沿線に限られていた。そこで農村部を中心に、江蘇、浙江両省の大部分、安徽、広東、湖北三省の一部で、清郷工作に着手し、後には散発的なテロ活動に悩む上海、南京という都市部郊外においても同工作を実施するに至った。同工作は日本の敗戦による汪政権の崩壊まで継続された。

汪政権は清郷工作の実施に当たって、国家「建設」の一環として「治安の確立、民生の改善」を掲げた。そして同工作を通して、重慶政権や中国共産党の勢力を一掃して、「局部和平」を実現し、漸次実効支配領域を拡大して、最終的に重慶政権の降伏を導き、「全面和平」を勝ち取ろうとした。(55) 一方、日本軍の現地自活主義に応えるという観点から、清郷工作の重点があえて華中に置かれた理由については、次のように言えよう。すなわち中国の他地域と比べて、華中占領地域は人口も多く、諸産業が発達していたために、そこから戦略物資や経済資源のより効率的な収奪が期待されていたからであると。

清郷工作の実施を担う行政組織として、一九四一年三月に清郷委員会が設置された。清郷委員会は行政院や軍事委員会と同列の地位を付与された。委員長に汪精衛、副委員長に陳公博、周仏海、秘書長に李士群、委員にその他の政府の要人一四人が就任した。清郷委員会は中央政府に対して半ば独立した行政組織とされた。実際の総責任者は秘書長の李士群であり、汪政権の最高軍事顧問である影佐が後援していた。しかし李士群は周仏海との派閥争いや日本軍当局との確執から活動を抑止され、後に暗殺されてしまった。その後、清郷工作の主導権は、清郷に指定された地域が属する各省の主席や上海、南京の各市長の手に移った。

清郷工作は軍事清郷、政治清郷、経済清郷、思想清郷の四段階に分けて実施された。こうした方式は、かつて蔣介石の国民政府軍が江西省での中国共産党との内戦において施行した「軍事三分、政治七分」という「清剿」作戦を基にして立案された。(56) 具体的な手順としては、日本軍、汪政権軍が軍事清郷によって、遮断壁に囲まれた部落の中に潜む重慶政権や中国共産党のゲリラを掃討する。その後、汪政権が政治清郷によって、有力者や知識人等を動員して訓練を施し、戸籍調査を行なって、連座制を伴う保甲制の整備強化を実施する。また経済清郷によって、汪政権の税収を確保し、重慶政権側に対する経済封鎖を徹底し、さらに日本軍の現地自活と後方支援の需要に応える。最後に思想清郷が行なわれ、様々なプロパガンダ活動を通して、汪政権に対する積極的な支持を調達する。[57] こうした思想清郷の諸活動において、新国民運動は中心的な役割を果たすとされた。[58] 汪精衛は軍事・政治・経済清郷と新国民運動との関係を、前者が「病人が薬を服用し、養生する」ことに相当し、後者が「病癒えた後、活力を養い、精神を強健に、身体を丈夫にする」ことであると説明していた。[59] ただし以上の四段階は、「匪区」、「半匪区」、「和平区」によって、比重を異にして実施された。[60] 新国民運動は主に「和平区」で実施されたと言えよう。

さて、新国民運動は、一九四一年一一月九日から一一日にかけて招集された、国民党第六期四中全会において、実施が決定された。第六期四中全会の宣言文は次のように述べていた。「国家の命運の危機」に当たって、求められるのは「ただ我々の堅忍にして沈着な精神」であり、「ただ我々の骨身を惜しまず労苦に耐える精神」である。一九三四、一九三五年より、国民政府が実施した新生活運動と国民経済建設運動は、それぞれ「精神に偏り」、「物質に偏り」、「動機が不純であり、不一致の方向をたどった」。そこで「新国民運動を開始して、精神建設と物質建設を合わせて一つにする」べきである。精神建設とは、「全ての人々に至誠、惻隠、自己犠牲、救世の素養を身につけさせる」ことを目的とする。また物質建設とは、「人々に身を粉にし、苦慮して、塵も積もれば山となるという習慣を身につけさせる」ことを目標とする。新国民運動の実施の手順としては、「まず国民党の同志一般に広めて先駆けとし、続いて同胞一般に普及させて中華民国の堅固な城郭となす」と。汪精衛はさらに第六期四中全会の宣言について、次のように述べた。新国民運動には消極的、積極的という各々二つの意義がある。消極的な意義とは、一九三七年以来の日中戦争という「大災害」において、顕在化した「国家民族の様々な弱点」に対して、「勇気を出して認め、かつ改める」ことである。他方、積極的な意義とは、「和平反共建国の責任を負担し、さらに世界の平和に貢献する」ということにほかならないのであると。(61)

ところで、宣言文において新国民運動が、新生活運動と国民経済建設運動を継承しつつ更生した運動であることが述べられていた。新生活運動は、満州事変後の一九三四年二月に「安内攘外」政策の下、対中国共産党の第五次「囲剿」戦勝利のさなかに開始された。第五次「囲剿」戦勝利により、「安内」がほぼ実現される見通しが立つと、「攘外」、すなわち対日戦に向けて、国民の精神面における準備の一環として実施された。(62)「礼儀廉恥」という儒教道徳を依りどころとしつつ、「国民生活の軍事化」を主たる目的としていた。(63)また国民経済建設運動は、新生活運動に引き続いて一九三五年一〇月に実施に移された。本格的な対日戦準備として、経済の多岐にわたる領域において発展を図ると同時に、国民各層の動員を目的としていた。(64)

新国民運動は、新生活運動と国民経済建設運動のどの側面を継承し、換骨奪胎したのであろうか。一例として、ナショナリズムの操作について見てみよう。新生活運動は満州国の王道に基づくとされる五族協和に対抗して、「礼儀廉恥」に基づき漢民族復興を強調した。(65)同様に新国民運動も、漢民族ナショナリズムを継承して、「中国固有の王道文化・道徳や政治哲学・知識を発揚するべきであるのみならず、中国固有の天然資源を開発し、固有の富強な地位を取り戻すべきである」とした。(66)すなわち新国民運動は、新生活運動以来の漢民族ナショナリズムを主張することによって、清郷工作における汪政権の国家「建設」という目標を強調して、世論の支持の調達を目論んだのであった。同時に、清郷工作における日本軍の長期戦体制確立を優先させるという方針に対する牽制も、含意されていたと言い得よう。また新生活運動は「安内攘外」政策の過程で、中国共産党のイデオロギーに対抗する意義をも付与されていた。同様に新国民運動も「中国固有の王道文化・道徳」を強調することにより、共産党新四軍の抗日ナショナリズムの影響力をそぎ落とそうとしたのであろう。(67)

太平洋戦争の勃発と新国民運動

汪政権は太平洋戦争勃発をどのように受け止めたのであろうか。そもそも汪精衛は日米交渉の見通しについて極めて楽観的であっただけに、真珠湾攻撃による日米の開戦は晴天の霹靂であった。その理由としては、汪政権側の情報不足はさておくとして、主に次の二つが挙げられよう。第一に、汪政権が日米合意を梃子にして、八方塞がりの重慶政権との合作の道を一気に開こうとしていたことから、日米交渉に対して非現実的なまでに過大な期待をかけていたことである。第二に、汪政権が日ソ中立条約の存在にもかかわらず、日本が北進すると予測していたからである(68)。

太平洋戦争開戦前後における日本政府の汪政権に対する政策を見てみよう。政策の根本的な方針は、一九四一年一一月一三日の第六八回大本営政府連絡会議において、「対支経済関係ニ於イテハ物資獲得ニ重点ヲ置キ之ガ為現行諸制限ニ合理的調整ヲ加フルモノトス」(第七項)と定められた。そして物資獲得を円滑にするためにも、「占領地内ニ於ケル支那側要人ノ活動ヲ出来得ル限リ誘導促進シ日支協力ノ下ニ民心ノ把握ニ力メ」ることが要請されていた。また翌年一月二〇日の第七九回大本営政府連絡会議では、日本側が接収する予定の敵性租界や権益の汪政権への返還については、「其ノ政治的効果ヲ大ナラシムル如ク措置スル」ことに主眼を置くべきであると決定された。日本側の真意は、「国民政府ヲシテ徒ラニ権益回収ニ趨ラシムルコトナク帝国ノ戦争完遂ニ欣然協力セシムル」というところにあったと言えよう。なお汪政権の参戦問題については、一九四一年一二月六日の第七五回大本営政府連絡会議において、「差当タリ国民政府ハ参戦セシメズ」という結論が打ち出された(69)。

汪政権自体は太平洋戦争への参戦問題について、いかなる態度をとったのであろうか。汪政権内ではしばらくの間、参戦・不参戦に意見が分かれていた(70)。しかし後になるにしたがい、参戦を望む声が大きくなった。その理由としては、参戦を「日本と主権を争い、物資を争うための一種の便宜的な手段」として見なしていたことが挙げられるであろう。[71]日本側にも、参戦要望の動機が「英米の権益を国民政府にて接収したきこと、一には戦后平和会議に議席の一つを占めんとする頗功利的の内心を包蔵するもの」というように、冷ややかに見抜かれていた。[72]そして当然のことながら、参戦の要望は日本側から承認されなかった。

汪政権は、日本に参戦を要求しながら受け入れられなかったために、代替措置を取ることを余儀なくされたことだろう。それは戦争協力に積極的であるという姿勢を示すことにほかならなかったのであり、特に新国民運動は格好なデモンストレーションと化したのである。新国民運動は太平洋戦争に対する支持や協力と直接関連付けられ、汪政権下の各階層の人々に対する精神総動員になったのである。[73]

汪政権の中央宣伝部は太平洋戦争の開戦を受けて、一九四二年一月一日に「新国民運動綱要」を発布すると同時に、「全国新国民運動推進計画」を策定した。「新国民運動綱要」は、一九四一年一一月二六日の中央委員会において討議に付され、同年一二月三一日の同会において採択され、翌年一月一日に発布された。[74]「全国新国民運動推進計画」では、新国民運動の推進に当たって、次のように時期を三区分していた。第一期は、全国で大々的に宣伝活動を繰り広げ、国民全般に「新国民」になる意義を理解させる。第二期は、各学校・機関・団体の優秀な分子を選抜し、集団訓練を実施して、彼等にいかにして「新国民」になるかを認識させる。第三期は、第二期の集団訓練を受けた分子を通して、一般民衆にあまねく普及させる。[75]なお第一期の宣伝段階は、一九四二年一月一日の「新国民運動綱要」の発布から、同年六月二日に新国民運動促進委員会の設置を決定したまでの間とされた。[76]

次いで、「新国民運動綱要」を詳細に見ることにしよう。「新国民運動綱要」の冒頭は、新国民運動が太平洋戦争の勃発を受けて、新たな展開を見せたことを端的に示していた。すなわち「戦争は国民の総検閲である」とした上で、「現在、四年有余の日支事変が東亜防衛の大戦争に転換した。この新しい瀬戸際において、新しい精神なくして、いかにしてこの責任を担い、この新しい使命を全うし得ようか」と説いたのである。そして「新しい精神」とは、「自己の欠点を確認し、矯正する勇気」、「特に悪い点は、徹底的に除く勇気」にほかならないとした。中華民国の国是である三民主義が実現され得ない原因も、実にその「欠点」や「悪い点」である「精神力の不足」に求められるとした(77)。

「新国民運動綱要」は冒頭の主張に続いて、八項目にわたる要求を掲げた。初めの三項目は三民主義の民族・民権・民生主義に関してのものだった。続く四項目は、「精神力の不足」に対する様々な側面からの克服の要求であった。そして最後の一項目に官僚・軍人の粛正を掲げた。

八項目のうち、太平洋戦争開戦の影響を最も反映していると思われるのは、最初に掲げられた民族主義に関してのものであり、太平洋戦争勃発以前の新国民運動の担ってきた漢民族ナショナリズムが、「東亜」ナショナリズムとも言うべきものに転換されていた(78)。まず「我々は何故に民族主義を実現し得ないのか」と問いを発して、民族主義の実現、すなわち「中国の自由、平等」の達成は、何より「東亜の解放に俟たなければならない」とした。そこで民族主義の発現である「中国を愛する」という心は、「東亜を愛する」心と一体とならなければならない。かくして「東亜諸国と相互に親愛し、団結して東亜を防衛する」ことができるであろう。またこのことは「大亜洲主義」の実践ともされた(79)。

以下、三民主義の残りの項目について見てみよう。第二の項目である民権主義の課題は、「民主集権の制度」を実現することであった(80)。そのためには「我々の団体は組織化され、行動は規律化されなければならない」とした。第三の項目である民生主義の課題は、「塵も積みて山となすという精神によって、国家資本を発達させる」ことであった。そうなれば、「個人資本は統制され、共匪は階級闘争をする口実を失い、英米の経済侵略もまたなす術がなくなる」であろうとした(81)。

三民主義を実施するためには、「精神力の不足」に対する克服が要求された(82)。そこで第四の項目で「滅私奉公の精神」を提唱した。「個人の国家に対する貢献を多くし、国家からの享受を少なくするべきである。平常では節約して国家を豊かにし、困難に臨んでは、一身を犠牲にして国家を救うべきである」とした。第五の項目では、「人と人の交際は、国家民族の力量を団結する要である」ということを挙げていた。つまり「話をするときは誠実であり、考えごとは私心なく、善きを用い、悪しきを取り除くべきである。そして人の善を聞けばすなわち喜び、人の過ちを聞けばすなわち悲しむという精神をもつべきである。人に善を行なうことを楽しみ、悪を行なうことを恥じ入らせるように仕向けるべきである」。第六の項目では、「がやがやと騒がしく、浅はかであることは、国家民族をだめにしてしまう要因となる」ということに言及した。我々の「最大の欠点」を改めるために、「今後、規律は個人から全体に及ぼし、科学は普及させるだけでなく、とりわけその研究を深化させせなければならないのである」。第七の項目は、「中国の大多数の人々は赤貧である」という状況の改善について触れていた。すなわち「生産の増加が最も当面の急務」であり、かつ「節約について言うと、それが適切であるならば、国の経済と民生の双方に対して、有益となるのである」。ことに後者の節約を強調し、経済的にも道徳的にも寄与するところが大きいとした(83)。

「新国民運動綱要」の発表に続いて二月一日に、汪精衛は「新国民運動與精神総動員」という題目のラジオ演説を行ない、次のように述べた。「このたびの大東亜戦争を東亜の生死の瀬戸際、すなわち中国の生死の瀬戸際であると認識し、ただちに精神の総動員によって、この責任を担わなければならない」。従来の中国の精神教育は、「総じて自修の側面が多く、団体訓練が少なかった」。新国民運動は個々人の能力の増進を図るとともに、それによって「組織化を行ない、全団体の力量になるようにする」べきである。同様に、「国家は単独行動では不十分である」から、「個々の国家が保持し、増進させた力量によって、組織化を行ない、集団国家の力量になるようにする」べきであると。

ここで、そのラジオ演説における平等という概念に注目することにしよう。汪精衛は、個人と団体の関係と同様、個々の国家と「集団国家」の関係においても、平等の概念の機能が同じであるとした。すなわち「地位の平等」の前提として「責任の平等」が、「責任の平等」の前提として「能力の平等」が、それぞれ求められるとしたのである。[84] このことを現実の中日関係に当てはめてみると、「集団国家」、すなわち大東亜共栄圏の形成に貢献するに当たって、中国と日本の間では「能力の平等」が成り立たないから、「責任の平等」も成り立ち得ず、よって「地位の平等」もあり得ないということになるだろう。新国民運動においては、日本に対する戦争協力を強調するあまりに、東亜聯盟運動に見られたような、「政治独立」を掲げて、中日両国の対等な関係を希求するといった主張は抑制されてしまったと言えよう。

ラジオ演説「新国民運動與精神総動員」が行なわれた後、「精神総動員」を実施するために、ナチス・ドイツにおけるヒトラーへの宣誓活動を模倣して、汪精衛に対する宣誓署名の活動が展開された。宣誓文は次のようなものであった。「至誠をもって最高指導者の指導を受け入れ、三民主義を心に刻み、新国民運動を励行し、中国革命を完成し、東亜解放を実現し、忠義を尽くし力を尽くしてすべてに貢献することを誓います。万が一、宣誓に違反することがあれば、あらゆる制裁を受けることを希望します」という文句で締めくくられた。[85] 最後は、一九四二年二月一一日の日本の紀元節に、大々的に宣誓署名活動が行なわれた。宣誓署名に動員された人々には、上海市各機関の職員、各学校の教職員・学生、各民衆団体の構成員等のほかに、清郷地区の住民も含まれていた。[86] そうした各グループに属する人々は、宣誓の署名に当たって、各々の責任者の指導に従うものとされた。[87] 汪政権の機関紙『中華日報』によると、上海特別市政府は五百万人分の宣誓署名を予定していたところ、実際の署名者はおよそ百万人だったとのことであるが、[88] こうした人数はかなり誇張されたものであると思われる。[89]

一方、汪精衛に対する宣誓署名に動員された人々は、新国民運動に対してどのような見方をしていただろうか。ここでは当時の流行作家の一人である蘇青のエッセーから、その心理状況を推察することにしよう。日本軍占領下の上海において、人々は社会不安や生活苦にあえぎながらも、活字に飢えており、太平洋戦争後、「孤島」であった租界が日本軍の侵攻を受けた後にも、こうした需要を満たすべく『古今』、『雑誌』、『春秋』等の文芸誌が相次いで創刊されるに至った。奥地に赴かず、上海に残留した文学者の多くが沈黙を守るなかで、蘇青は張愛玲と並んで当時の文壇に彗星のように現れ、上述の文芸誌に次々と小説やエッセーを発表していき、読書界から熱狂的に迎えられていた(90)。

さて、蘇青は「犠牲論」というエッセーで次のように述べていた。たとえ、たまたま人が自分の愛しているもののために、進んでわずかな利益を犠牲にしたとしても、そこにはさらに大きな代価を獲得しようという僥倖心があるものである。人には商売の天分があり、利益を得ることを度外視して投資をすることは極めてまれである。もし投資によって欠損し、全く利益を得損なっている者がいるとすると、それはその人の知識の不足故であり、犠牲を心から願うというのは、その人にとって照れ隠しの辞に過ぎないのである。子供が火の熱さを知らずに、灯火に手を触れ、火傷を負って、宇宙の光明を探求するために犠牲となったと言い張る様は、まさに自ら進んで犠牲になるという事態の最良の比喩である。真の犠牲とはやむを得ないものである。それ故に我々は犠牲を称賛するべきではなく、犠牲を逃れることを賛美するべきであると(91)。

ここで述べられているところの「犠牲」に対する拒否の論理は抽象的ながらも、言外の意味として、抗日派、親日派の双方で高唱されていた「犠牲」に向けられていたことは、戦後の一九四七年に発表されたエッセーの次のような一節を見れば、容易に推測がつくであろう。「当時、私は奥地に行こうとは全く思わなかった。…もし流行を追うようにして、奥地へ行ったとしても、やはり売文することになったであろうが、私が書ける文章は社会、人生、家庭、女性といったものについてだけで、抗戦意識が前面に出てくることはなかっただろう。まさに私が上海で投稿していても、大東亜とやらを讃えたことは終始なかったのと同じように」[92]。もっとも蘇青の立場は反汪政権ではなかったどころか、陳公博が当時発表したエッセー「上海的市長」や「了解」について、好意的批評を寄せていること[93]、及び戦後、漢奸作家として批判されたことからも明らかなように、少なくとも同政権に対する消極的な支持者であったと言うことができる。しかしながら、蘇青やその愛読者といった汪政権の消極的支持者と考えられる層でさえ、「新国民運動綱要」の求める「困難に臨んでは、一身を犠牲にして国家を救う」といった精神の強調に対しては、冷ややかな態度をもって臨んでいたと推測されるのである。

ところで、日本側の新国民運動に対する認識はどのようなものであったのだろうか。例えば、先述の上海領事館員の岩井は現地にあって、汪政権のとりまく情勢を熟知していたことから、新国民運動に過大な期待を寄せずに、次のように現実的な提言を汪政権の機関誌『政治月刊』に寄せていた。汪政権においては、汪精衛を筆頭とする少数の例外を除くと、和平に対して確固たる信念を欠いた者が多数に上る。そこで事情が意のままにならない時には、汪政権内に「和平抗日」の論調を見出すに至る。和平運動の指導者の地位にありながら、和平に対する信念がかくも薄弱とあっては、どうして民衆に和平に対して絶対的な信念を起こさせられようか。新国民運動の課題とは、民衆に対してというよりも、むしろまず国民政府の関係者に対して、その和平への断固たる信念を強めることでなければならないと[94]。すなわち岩井は新国民運動の大衆運動としての発展に対して、上海だけで百万人が動員されたと喧伝された宣誓署名活動にもかかわらず、汪政権内部の士気の低下故に、悲観的であったと言うことができよう。

第一期の宣伝段階に引き続いて、一九四二年六月二日の行政院第一一四次会議で、新国民運動促進委員会の設立が決定され、新国民運動は第二期の実施段階に入った。新国民運動促進委員会は行政院の下に設置され、同委員会の下にはさらに事務局、青年運動処、社会運動処、農業合作処等の機関が置かれた(95)。委員長には汪精衛が就任し、常務委員には周仏海、陳群、李聖五、梅思平、林柏生、丁黙邨、陳春圃が任命され、秘書長は林柏生が兼任した(96)。

新国民運動促進委員会は、第三章で詳述するように青年運動を重視し、その組織の設立と運動の実践を指導した。日本、ドイツ、イタリアが青年運動を重視したことに鑑みて、新国民運動の実践に当たり、青年層の組織化と訓練から出発して、一般民衆に拡大するという方策を採ったのである(97)。また第一一章で触れるように、ヴィシー政府の青年運動からも影響を受けていた。一九四二年七月四日に新国民運動促進委員会第一次全体委員会議が開催され、一六歳以上の男女を対象とした「青年団」、一五歳以下の男女を対象とした「童子軍」の設立が決定された(98)。さらにその後、新国民運動促進委員会の下に、汪精衛を校長とする中央青年幹部学校を設立して、南京や上海の大学から選抜した学生を中心に、集団訓練を実施した。集団訓練ではナチス・ドイツの青年運動を模倣して、学生に対し軍事教練を行なった。集団訓練を受けた学生は後の「中国青年模範団」の一員とされ、各出身校の「青年団」の活動を推進する役割を担わされた(99)。また後には汪政権の各レベルの官吏に対しても集団訓練が実施に移されるようになった(100)。

ここで、新国民運動の推進に当たって、対象を青少年に絞らざるを得なかった、中国の国内事情について触れることにしよう。上述の蘇青のエッセーを愛読する汪政権の消極的支持者と考えられる層でさえ、新国民運動の自己「犠牲」を強調する精神主義に対して冷淡であったことに端的に見られるように、「現在の中国住民の中一定年齢以上に達したものはまだ抗日共産思想の悪影響をうけて(101)」いるという大勢を踏まえて、白紙状態に近いとされた青年層に着目したのであろう。また官吏をも集団訓練の対象とした背景には、上述の岩井の指摘にあるような、汪政権内部における和平に対する信念の動揺を抑える意図があったと言えるだろう。本節では新国民運動について論じてきたが、次節では東亜聯盟運動と新国民運動の結合に関する諸問題を考察することにしよう。

第三節　東亜聯盟運動と新国民運動との結合をめぐって

東亜聯盟運動と新国民運動の結合

さて、新国民運動が第二期の実施段階に入ってからしばらくして、一九四二年七月九日に開催された中央政治委員会第一〇〇次会議は「国民実施訓練」案を採択した後、新国民運動と東亜聯盟運動を結合して推進するという決議文を発表した(102)。決議文は次のように述べていた。一九四二年一月一日、「東亜新秩序の建設の猶予ならざることと、大東亜戦争に対する協力の見地から、さらに当面の急務のために」、新国民運動を開始した。昨年一九四一年二月には東亜聯盟中国総会を発足させた。「聯盟の型式はなおも検討を待つが、聯盟の精神は実際に日華基本条約や日満華共同宣言を拠りどころとする」ものである。新国民運動は「対国内の革新に比重を置き」、東亜聯盟運動は「対国外の団結に比重を置く」とされる。しかし両運動の趣旨は「同じ出発点に起因し、以て同じ帰趨に到達することを望む」ものである。それ故に新国民運動は事実上、「東亜聯盟運動の具体的な国内革新運動」であると言うことができると(103)。

また、両運動の結合は、孫文以来の中国革命の再出発としても捉えられるとされ、中国革命の二大目標とその再出発は次のように説明された。すなわち①対内的には統一を完成し、封建的な残余勢力の完全な一掃を遂行する。すなわち再出発に当たっては、新国民運動を推し進めることによって、和平の障害（一切の反革命勢力を含む）を除去し、全体主義を基礎とする民主政権を樹立する。②対外的には反帝国主義の主張を貫徹し、中国の国際間における自由・平等の地位を獲得する。すなわち再出発に当たっては、東亜聯盟を規範として、東亜民族の団結を為し遂げ、英米勢力を一掃して、反帝国主義の活動を完遂するものであると。そして蔣介石は孫文の死後になると、独裁制を敷いた上に、一九二八年の北伐終了後には、軍閥等の封建的な勢力や英米等の帝国主義国と妥協を図ったとして、批判されるべきであるとした(104)。

東亜聯盟運動が再び推進されるに伴って、行政院に直属していた新国民運動促進委員会とは異なって、形式上、政府とは別組織となっていた東亜聯盟中国総会は急速に会員数を拡大していった。南京分会は一九四一年五月に正式に発足したが、翌一九四二年四月になってから、南京の各中学に指導員を派遣し、各校の学生会員の登録を進め、さらに同年一二月には、首都市商会に工商同志登記処を設置し、工商界からの会員登録に便宜を図った。その結果、一九四三年七月までに南京分会傘下の会員は一万人近くに達したということである。また上海分会は一九四二年六月に発足したが、同年五月から八月にかけての会員の一斉募集期間内に、普通会員四，七一六人、賛助会員三九四人の加入をみた。その後、一九四三年七月までに普通会員は五，二〇七人、賛助会員は四三四人にまで増加し、上海分会傘下の会員は総計五，六四一人に上ったということである(105)。

一方、東亜聯盟中国総会の会員の増加と軌を一にするように、統計上、国民党も党勢の裾野を拡大していった。党員総数は一九四〇年末には、三四，三四一人であり、翌一九四一年末には五七，一三七人に達し、さらに一九四二年末には七六，九五四人に上った。党員総数の増加率に目を向けると、一九四一年の方が一九四二年よりも高いと言える。だが、汪政権樹立後に新規に入党を受理された「新党員」の総数についてのみ見ると、一九四〇年末には一七，二七〇人であり、一九四一年末には二七，五三七人になり、一九四二年末には四一，六五八人にまで増加しており、「新党員」の増加率は一九四二年の方が一九四一年よりも高かったのである。なお一九四二年七月から同年一二月までの「積極徴収党員」期間内に入党した「新党員」一一，六五六人における職業の内訳は、次の表の通りである。このうち党、政、軍、教育、警を政府関係者として一括すると、「新党員」の半数が工、農、商などの民間から供給されたことになる。(106)

このように「新党員」の半数近くが民間から供給されるに至ったことは、東亜聯盟運動や新国民運動の所期の目的が実現しつつあると捉えることもできよう。そもそも東亜聯盟中国総会の設立の趣旨は、先述のように「国民党を中心として、各党各派及び無党無派の人民が連合し、推進した国民組織」の発展を通して、「中心勢力」を形成することにあるとされていた。そうした東亜聯盟中国総会の趣旨は「東亜聯盟中国協会設立要綱」という草案により具体的に示されている。「東亜聯盟中国協会設立要綱」は、汪政権下の東亜聯盟運動が「性格・目的・効果の点から、日本の新体制運動の大政翼賛運動に相応するべきである」とした。すなわち「国内の統一と団結を実現し、かつ民衆を組織し訓練して、大規模で広汎な国民運動を形成することにより、国民党の指導センターの全能の機構を強化し、党―政―民の一元化した状態を達成する」としていたのである。(107) さらに汪政権は太平洋戦争開戦後になると、新国民運動を本格的に発動し、「東亜聯盟運動の具体的な国内革新運動」と位置付け、先述のように宣誓署名運動を展開するなどして、汪精衛並びに国民党の権力基盤の拡大に努めた。このような二つの官製国民運動の発動を通して、民間から「新党員」の半数近くを獲得し得たのであろう。しかしながら前節で述べたように、汪政権を消極的ながらも支持していると考えられる層の心理状態から推し量っても、東亜聯盟運動や国民党に加入した人々の全てが、実際に汪政権の諸政策に理解を示して、積極的に活動に取り組んだとは言い難いであろう。

職　　業	人　　数
党	631
政	1,425
軍	988
工	1,754
農	1,708
商	1,133
学	659
教育	745
警	332
自由職業	82
失業	568
その他	1,631
総　　数	11,656

出典；『中国国民党中央執行委員会組織工作報告　中華民国三十一年十二月』、上海市档案館、R34-2-6。

東亜聯盟運動と新国民運動の結合に対する批判

東亜聯盟運動が新国民運動と結び合わされて、再び脚光を浴びたことに対して、日本側はどのように評価していただろうか。一九四二年七月に両運動の結合が発表された当時においても、一九四一年二月に東亜聯盟中国総会が結成された時と同様に、やはり日本側から手厳しい批判が寄せられた。ここでは批判の具体例を二つ挙げることにしよう。

批判の一つ目は次のようなものであった。新国民運動が東亜聯盟運動の「再出発」であるとする見方は、「国民運動としては問題があろう」。そもそも東亜聯盟運動は諸種の問題をはらんでおり、その「聯盟思想」は「指導原理として検討を要する」。ところが汪政権中央政治委員会の決議文においては、「聯盟の型式は検討を要するが、聯盟の精神は正しい」として、「思想的には一種の詭弁」がなされている。また新国民運動は「対国内の革新に比重を置き」、東亜聯盟運動は「対国外の団結に比重を置く」とされている。しかし「国民運動」が対内運動と対外運動に区別されるならば、指導原理の「二元化」を招き、「真の強力な国民運動となることはできない」のであると。さらに新国民運動そのものに対しても疑義を呈し、次のように指摘した。新国民運動は、「蔣介石のいわゆる新生活運動と経済建設運動」と同様に、「国内問題の桎梏」にとらわれたままである。だが汪政権下で期待されている「国民運動」とは、「東亜の諸問題を解決して行くに足る」運動、つまり「日本の国民運動とも同一の方面」をとる運動である。そのため現状では、「新国民運動の前途には充分の期待をかけながら、その将来性に疑問なきを得ないのである」[108]と。

次いで二つ目の批判を見ることにしよう。それは以下のように論を展開していた。新国民運動は東亜聯盟運動の「再出発」と見なされている。「東亜聯盟は大東亜団結の強化促進維持の方法として案出されたものである」が、

「聯盟なる呼称は、幾多の疑義と問題発生の危険を包蔵」している。その上、「事態の変化によって一層聯盟型式からは遥かに高く三国（日本・満州・中国）の結合型式は前進している」のである。新国民運動は「大東亜戦争勃発後の新事態に適応し、聯盟型式から一歩踏み出した思想、即ち大東亜戦を共同し、大東亜戦を勝ち抜くことを第一前提として日支協力の思想を支那に展開し、実践し、真の大東亜の軸心としての支那再建、これによる支那の安定と平和と繁栄とを招来すべき大使命を持つ」べきである。また新国民運動の「和平建国の思想」は、「国府成立当初」の「建国、和平、興亜という行き方」とは異なり、「興亜、和平、建国の行き方」に基づいている。つまり「和平によって建国するのではなく、大東亜戦に勝ち抜くことによって先づ大東亜興隆の基礎を確立し、興亜のための対日協力によって日支の和平を促進し、かくて真の支那の建国をはかる」べきであると。[109]

二つの批判の論点は若干ずれるものの、両者に共通した東亜聯盟運動への拒絶には、当時の東条首相グループの対中国政策観が反映していたと言えよう。東条首相グループの対中国政策観とは、太平洋戦争緒戦における日本軍の破竹の勝利を背景として、主観的には「支那などに対する我が関係は家長と家族との如し」とするものであった。[110] それは具体的には五号作戦の企図や大東亜省の設置という問題において顕在化したのである。

五号作戦とは、重慶に対する軍事侵攻作戦であり、太平洋戦争終結に先立ち、日中戦争を解決し、日本の不敗体制の確立を図るために企てられた。その構想は、日本軍の南方作戦が一段落した一九四二年五月頃より持ち上がった。また五号作戦は、畑俊六支那派遣軍総司令官の「全面和平即チ国民政府ト重慶政権トノ真ノ合作ハ不可能ニシテ、政治的、軍事的攻勢以外ニハ事変解決ノ途ナシ」という判断に基づいていた。ちなみに五号作戦はガダルカナル島における敗戦を契機として、結果的に一九四二年一二月に正式に中止が決定された。[111]

一方、汪政権側は五号作戦の発動により、重慶政権が崩壊し、日本に降伏した場合には、中国全土が植民地化されるのではないかという不安をもつに至った。そのために汪政権側から、五号作戦による「全面和平」の実現という構想に対して、牽制が行なわれた。例えば周仏海は「全面和平」の方法を、「消極的方法」と「積極的方法」の二種類に分け、「軍事と政治の圧力」を前者に分類し、後者として、日本が汪政権強化に協力し、かつ平等互恵の原則に基づいて中国の実業開発に協力することを挙げた。そして「軍事と政治の圧力」により、重慶政権を崩壊に追い込むことはできても、中国民衆の抗日意識まで壊滅させることはできないと強調したのである。(112)ここで、周仏海のいわゆる「積極的方法」が、東亜聯盟運動の綱領の一部と極めて近似していることが見て取れるだろう。東亜聯盟運動は言わば「全面和平」の「積極的方法」として、日本側の五号作戦発動による「全面和平」という構想を牽制する意図の下に、再び大きく採り上げられるに至ったと推測されるのである。

大東亜省設置問題をめぐっては、東条首相グループと外務省とが対立していた。東条首相グループを構成していたのは、主として陸・海軍、興亜院、企画院であった。それら諸官庁は一九四二年五、六月頃より満州国、中国、タイ、仏印等の大東亜共栄圏を新省の大東亜省の管轄下に置き、外務省の役割を「純外交」に限定しようという計画を立てた。「純外交」とは、「国際儀礼および条約締結の形式的手続き等」を指すとされた。一方、外務省は外交を「共栄圏内外交」と「共栄圏外外交」とに二分することに対して、容認し得ないという態度をとると同時に、さらに興亜院の廃止をも主張した。東条首相グループと外務省の対立は、省庁間の縄張り争いという側面もさることながら、より根本的には「大東亜共栄圏」構想に対する見解の相違に根差していた。東条首相グループは、「大東亜全域ノ総力ヲ戦力増強ニ集中発揮スル様大東亜建設ヲ適確且ツ敏速ニ遂行スル(113)」ためには、「大東亜諸国は日本の身内として他の諸外国と取扱いを異にする」必要があるとしていた。片や外務省は、大東亜省の設置が「東亜諸国の自尊心を傷け、延ては日本と此等諸国の協力関係の維持を不可能ならしむる」と批判したが、顧みられなかった。(114)そのために同年九月一日、ついに東条内閣の外務大臣東郷茂徳が辞職するに至った。

汪政権側は大東亜省設置問題に対して、どのように対応しただろうか。東郷辞任と同時に大東亜省設立の報に接して以後、汪政権の要人は日本の対中国政策に対して懸念を募らせるようになった。周仏海は「日本は大東亜省をすでに成立させたが、もし中国を植民地として支配するのであれば、日本は必ず失敗するに違いない」と日本軍関係者に対して、不安と批判の意を告げた。[115]ところで大東亜省の設立を直接の契機として、東亜聯盟運動が新国民運動と結び付けられて再登場したとは、時期的にも言えないであろう。しかし東亜聯盟運動が結果的に、大東亜省設立を通した東条首相グループの対中国政策遂行に対して、一定程度の歯止めの役割を果たしたとは言うことができよう。

対華新政策以後

日本政府は一九四二年末になると、ミッドウェー海戦の敗北を機とする太平洋方面での戦況悪化、及び欧州戦線におけるドイツの情勢悪化に伴い、対中国の政戦略の見直しを余儀なくされた。同年六月のミッドウェー海戦敗北に続いて、八月には米軍がガダルカナル島に上陸した。日本軍のたび重なる奪回作戦も空しく、ついに一二月末に大本営はガダルカナル島からの撤退を決定した。また同年五月に再開されたドイツ軍の対ソ攻撃は、秋のソ連軍の反攻によって次第にドイツ軍に不利な情勢となった。北アフリカの戦況も、ドイツ軍にとって思わしくないものであった。こうした状況下において、大本営は作戦の焦点を南太平洋方面と定め、ついに一二月になって既に述べたように、五号作戦の中止を決定した。[116]五号作戦の中止に伴って、従来の対中国政策の抜本的な見直しもなされ、いわゆる対華新政策に結実していくのであった。

対華新政策は外務省と軍部に主導されて、その実現をみた。[117]外務省は前述のように対東亜・中国政策について、「此の地域内の諸国に就いても主権の尊重と経済協力との基礎の上に善隣友好関係を樹立」するべきであるという主張をし、東条首相グループと対立していた。[118]ことに後に外相となり、一九四三年一一月の大東亜会議開催に尽力することになる重光葵は、駐華大使の職にあって、熱心に対中国政策の見直しを主張していた。すなわち治外法権撤廃や租界返還等を実施して、日本が汪政権と真の対等関係を築かなければ、中国問題の解決はままならないとしたのである。

ここで、重光についてもう少し詳しく触れることにしよう。重光は元来、石原等参謀本部に籍を置く「対ソ派」の立場に与しており、「対ソ軍備を如何にするかが、主要なる問題」であるという見地から、「日本は極力隠忍自重して、満洲以外に手出しすべきではなかった」という意見を抱いていた。ところが「対支派」の主張が主流となり、「政府の無力と、軍部の無思慮によって、北支工作を連鎖として、満洲事変が日支事変となり、日支全面戦争に拡大されてしまった」[119]。その後、日中戦争から太平洋戦争へと戦局が拡大し、日本の戦況が悪化するさなかにおいても、重光は「今日根本の病は支那事変の不解決より生ずる。日本は如何なる対償を以てするも之を解決し得たりとすれば成功である」という見解を持していた。そして日中間の戦争の収拾に当たっては、「支那人の希望を容れて日支の融和を根本的に計り」、「乱脈の基である支那征服の心理を徹底的に是正」することが必要であるとしていた[120]。

ここで言う「支那人の希望」が汪精衛のそれを指していることは、戦後の回想録においても、次のように政治家としての汪精衛を高く評価していることからも明らかであろう。すなわち汪精衛の「思想の根底は、アジアの解放にあり、その政策は、アジア人のアジアと云うアジア主義であって」、「日本とは何とかして妥協の途を発見し、共同の方針を樹てんことに腐心した」と。重光のこうした汪精衛に対する信頼感は、一九三二年の第一次上海事変後の日中間交渉において、汪精衛が重光の「停戦努力に対し、外交部長として熱心に協力した」ことに由来するものであった。それ故に、汪政権樹立後、重光は「支那の事情に通じているもの」として、「汪兆銘に対し、その多年抱懐している政策実現の機会を与え、その要望に沿って、支那民心を吸収せしむるために、自由手腕を振るわしめんことを主張」した。しかし「軍部及び興亜院を中心とする意見は、これに反して、純然たる満洲式傀儡政府を起こさんとする気持が大勢を制し、更にこの機会に、日本は支那に動かすべからざる権益を設定すべしと、云う議論が事実上勝を制した」のであった[121]。

それにもかかわらず、重光は粘り強く日中戦争を解決する方策を探った。ことに一九四二年初頭に大使として赴任して以降は、後に対華新政策という名の下に結実する諸政策を「一年有余唱導し、東京往復に当たりて各方面の要部に進言し注入し宣伝した」[122]。重光によれば、対華新政策の内容は「多年支那が日本に対して希望して得なかったもの」、すなわち「政治上、経済上の支那における指導を支那人に譲り、日本は一切支那の内政に干渉せず…支那を完全なる独立国として取扱わんとするにあった」。ここで「多年支那が日本に対して希望」していたところの、「完全なる独立国として取扱わん」という要求が、東亜聯盟運動の綱領に盛り込まれていたことは、既に見た通りである。すなわち汪政権成立以来、汪精衛の立場に一貫して同情的であった重光は、対華新政策の策定に当たっても、同政権の独立自主という主張を集約的に表現していた東亜聯盟運動の影響を受けていたと言うことができよう。また重光は、対華新政策が実施されれば、「蔣介石重慶政権は、日本と戦うの理由は存在しなくなるので、ここに蔣介石と汪兆銘との妥協問題も生じ、進んで蔣介石と日本との和平問題も生」じ、さらには「米英の希望し主張するところと異なるところのものがない」故に、「米英との間においても妥協の下地が出来る」と見込んでいた[123]。重光は、対華新政策の究極的な目的が日本と重慶政権との和平にあるとしたが、ここで一九四〇年の対重慶政権和平交渉の桐工作に際して、日本側の和平提案の枠組みが東亜聯盟構想であったことを想起するならば、重光が汪政権の東亜聯盟運動の主要な綱領を受容して、対華新政策を作成したということも、決して偶然ではなかったものと言えよう。

一方、対華新政策を推進した軍部の意図とは、中国における強制的な物資獲得が行き詰まったために、中国側の自立性の強化を交換条件として、自発的な協力を引き出し、それを補うことにあった[124]。その他に、太平洋方面での米英両国の本格的な反抗に備えて、支那派遣軍からの部隊の抽出、転用を余儀なくされたために、軍事的圧力以外の施策に期待が寄せられていたこともあった[125]。外務省が従来繰り返し主張してきたことや、軍部のこのような希望や期待が相俟って対華新政策の結実をみたものと言えよう。

次に、対華新政策が決定され、実施に至る過程について見てみよう。汪政権の参戦そのものが決定されたのは、一九四二年一〇月二九日の大本営政府連絡会議においてであった。一九四二年七月の周仏海来日以来、正式に提示されてきた汪政権の参戦の意向は、日本側の慎重論によって実現をみなかった[126]。しかし戦況の悪化を受けて、一〇月二九日の大本営政府連絡会議は、汪政権の「対日協力ヲ促進シ大東亜戦争ノ完遂ニ資ス」ために、同政権の参戦の意向を認めることとした。そして敵国資産については、日本が必要とする以外は、原則として汪政権に返還することとした。ただしこの時点では、参戦の時期は明らかではなく、参戦理由として、汪政権に対する世論の支持調達ということが主として挙げられていた[127]。

五号作戦中止後の一九四二年一二月二一日の御前会議では、従来の対中国政策の根本的な方針転換が打ち出された。新たな方針の要点は大きく二つに分けられ、一つは重光の主張に沿った「国民政府ノ政治力強化」であり、もう一つは軍部の要望を盛り込んだ「戦争完遂上必要トスル物資獲得ノ増大」であった。前者の「国民政府ノ政治力強化」とは、「極力其ノ自発的活動ヲ促進」することであり、「地方政府ニ対スル指導ヲ強化セシム」ることであった。そのために中国における租界、治外法権等を速やかに撤廃、調整し、「国民政府ノ充実強化」と「対日協力ノ具現」に照らして、日華基本条約等に必要な修正を加えるとした。一方、後者の「戦争完遂上必要トスル物資獲得ノ増大」とは、「日本側ノ独占ヲ戒ムルト共ニ支那側官民ノ責任ト創意トヲ活用シ其ノ積極的対日協力ノ実ヲ具現セシム」ることであった[128]。通貨・金融面における軍票の新規発行の停止と、それに伴う汪政権中央銀行の儲備銀行券への一本化、並びに物資流通面における軍配組合による統制の廃止と、それに伴う汪政権の全国商業統制総会による管理への移行は、経済的な対日協力の義務を付随させながらも、本来「国民政府ノ政治力強化」の一環でもあった。だが後述のように、日本側は圧力を加えて、なし崩し的にこの二つの施策における「国民政府ノ政治力強化」の趣旨を空洞化させ、専ら「戦争完遂上必要トスル物資獲得ノ増大」のみを図ったのである。

一九四二年一二月の御前会議の決定以後の動きを見てみよう。翌一九四三年一月九日に、汪政権は対米英宣戦布告を行ない、同日、戦争協力に関する日華共同宣言、租界還付及び治外法権撤廃等に関する日華協定が署名された。一方、二日後の一月一一日には、米英両国と重慶政権との間で治外法権の撤廃、租界の返還等を盛り込んだ新条約が締結された。四月には、対華新政策の積極的な推進者である重光が外相に就任した。七月三一日には、中国在留邦人に対する課税に関する日華条約が結ばれた。[129] そして一〇月三〇日には日華同盟条約が調印され、日華基本条約は破棄されるに至った。日華同盟条約の附属議定書第一条には、日中両国間の戦争状態の終結に伴って、「中華民国領域内ニ派遣セラレタル日本国軍隊ヲ撤去スベキコトヲ約ス」と明記された。[130]

では、東亜聯盟運動及び新国民運動は、対華新政策の実施という新たな状況に対して、どのような対応をしたのであろうか。汪精衛は東亜聯盟中国総会二週年記念大会で次のように述べた。「中国の参戦は、東亜を防衛するという義務を分担するものである。友邦の租界返還や治外法権撤廃は、中華復興の進展を援助するものである」。そしてそれらのことは、東亜聯盟運動の原理である「東洋道義精神」に完全に基づいており、「時局の進展によって、東亜聯盟の四大綱領は次第に推し進められている」のである。つまり対華新政策の実施によって、「東亜聯盟運動は、思想運動から進んで具体的な運動になった」のである以上、「東亜聯盟を目標とし、新国民運動の精神を奮い起こして、勇邁に前進するべきである」[131]と。当然のことながら、対華新政策の実施は、東亜聯盟運動の依拠する大亜洲主義も、理論から実践に進んだと捉えられ、汪精衛は「国父の希望であった、日本が中国を援助し、不平等条約を撤廃するということが、事実において現れている」と称えた。[132] また新国民運動に関しても、その精神の一層の奮起の要請に応じて、同運動の強化の方針が打ち出され、一九四三年一月九日の参戦後、新国民運動促進委員会の地位は国民政府に直属するように引き上げられた。[133] 東亜聯盟運動及び新国民運動は、租界返還や治外法権撤廃等を「国民政府ノ政治力強化」の実現と見なし、対華新政策を高く評価しており、同政策を積極的に擁護しようとしていたと言うことができよう。

では、対華新政策の本質とはどのようなものであったのだろうか。同政策の上述の二つの側面のうち、時間の経過とともに顕著になったのは、重光の長年の主張であった「国民政府ノ政治力強化」ではなく、軍部の意向であった「戦争完遂上必要トスル物資獲得ノ増大」の方であった。「国民政府ノ政治力強化」のための不平等条約の撤廃や日華基本条約の破棄といった諸措置に対する日本側の姿勢は、東条首相の「戦争ニ勝テ了エバ後ハ何トデモナル」[134]という台詞に象徴されるように誠実なものとは言えなかった。そのために当然ながら、汪政権の地盤強化のための様々な条約締結は、内実の伴わぬ形式的なものに終わったのである。

一方、「戦争完遂上必要トスル物資獲得ノ増大」の具体的な状況について見ると、日本軍は中央儲備銀行券を使って無制限に戦費を調達し、軍票の価値維持のために腐心するといった、かつての苦労から解放された。また経済封鎖実施のために排除されていた中国側の業者を動員することによって、太平洋における海上交通の主導権を喪失し、物資不足に陥った日本に対して、物資の大々的な供給を図った。[135] その上に、依然として日本側が物資統制に対して大きな権限を掌握しており、全国商業統制総会は「有名無実で、実権は日本人に握られ」[136]、「日本側が物資を買い漁る」ありさまだった。[137] その結果、「物価が高くなればなるほど、通貨の発行も多くなり、発行が多くなればなるほど、物価は更に高くなり、互いに因果をなして、経済は崩壊する勢いを示す」に至った。[138] 敗戦目前の一九四五年四月に、日本より金を現送して、中央儲備銀行からの金証券の発行を決定したが、[139] 焼け石に水であった。

結論的に述べるなら、東亜聯盟運動や新国民運動は、「戦争完遂上必要トスル物資獲得ノ増大」を目論む日本側の経済収奪に対する批判をあえて抑制し、上述のように「国民政府ノ政治力強化」のための形式的な諸措置を高く評価して、対華新政策を一貫して擁護したのである。こうして両運動は対華新政策以後、対日批判の要素を失い、日本の対中国政策を翼賛することにのみ終始して、結果的に新たな対日経済協力に寄与することになってしまったのである。換言すれば、次のようになろう。東亜聯盟運動発動のそもそもの趣旨は、「政治独立」を前面に掲げることによって、汪政権の主権を奪っていた日華基本条約を改定すること、及び歴史的に中国の主権を拘束してきた不平等条約を撤廃することにあった。そして対華新政策により、形式的であれ、その改廃に成功したことで、同運動は歴史的な使命を一応果たした格好となったのである。そうである以上、同運動では元々二義的な位置付けでしかなかった互恵的な「経済提携」の要求は、第一〇章で詳述するような汪政権をめぐる情勢の変化も相俟って、さほど重視されなくなったのであると。

小　結

東亜聯盟運動と新国民運動は、汪政権によりそれぞれ別個の官製国民運動として始められた。またその開始の時期や背景も相違していた。汪政権下の東亜聯盟運動は、一九四〇年九月に広東で発起され、翌年二月には全国的な規模にまで拡大した。しかし、一九四一年一月の日本政府による日本の東亜聯盟協会に対する弾圧の決定や同年四月の日ソ中立条約の締結等を契機として、東亜聯盟中国総会の活動は下火になった。一方、東亜聯盟運動が発起と同時に衰退してから数ヶ月後の一九四一年一一月に、新国民運動は着手された。新国民運動は、汪政権と日本軍の手によって実施された清郷工作における思想清郷の一環として位置付けられた。太平洋戦争が始まると、新国民運動は同政権下の各階層の人々を戦争協力に動員するために、より一層積極的に推進された。

東亜聯盟運動と新国民運動には、それぞれの時期的な背景や思想・スローガンの趣の相違にもかかわらず、共通点として、汪政権の対日従属化を緩和しようという契機が存在していたと言えよう。東亜聯盟運動は、日華基本条約に具体化された汪政権の対日従属に対して、「政治独立」を正面から押し出した。新国民運動は、清郷工作の主要な目的であった日本軍の長期戦体制確立への支援に対して、漢民族ナショナリズムの観点から、汪政権の地盤の拡大、強化という清郷工作のもう一つの目的を強調した。太平洋戦争後の新国民運動からは、漢民族ナショナリズムの観点が薄れ、日本の大東亜共栄圏構想に擦り寄って、日本の優位性を容認するかのような姿勢が見られるようになり、積極的な戦争協力が唱えられて、各階層の人々の戦争協力への動員が図られた。しかしそれも汪政権を同盟国として認知させることによって、日本側から様々な譲歩を引き出すための手段だったのである。

一見、無関係のようであった東亜聯盟運動と新国民運動が、太平洋戦争のさなかの一九四二年七月に結合されると発表されるに至った。両運動の関係は、東亜聯盟運動が対外団結に、新国民運動が対内革新に、それぞれ比重を置くとされ、かつ両運動は孫文以来の革命路線の再出発として位置付けられたのであった。東亜聯盟運動が再び取り上げられて、新国民運動と結合されるに至った背景には、当時の東条首相グループの対中国政策を牽制する意図があったのではないかと推測されるのである。太平洋戦争の緒戦の大勝利を受けて、一九四二年五月頃より五号作戦がにわかに浮上してきた。五号作戦がもしも成功裏に終わるならば、中国全土が日本に従属してしまうに違いないという汪政権側の切迫感が直接の契機となって、東亜聯盟運動の再起用となったのであろう。また東条首相グループは、アジア諸国に対する日本の絶対的優位性を前提として、外務省の反対を押し切って、後に大東亜省を設置した。こうした事情も、汪政権側に東亜聯盟運動の「政治独立」のもつ日本に対する牽制の側面について、認識を新たにさせたことであろう。

しかし戦局の悪化により、日本が重光のイニシアチブの下に対華新政策を打ち出してからは、東亜聯盟運動と新国民運動からは対日抵抗の姿勢が薄れてしまった。汪政権は形式的ながらも、租界の返還や治外法権の撤廃、及び日華基本条約に代わる日華同盟条約の締結をもって、東亜聯盟運動の主張の結実と見なしたので、両運動のスタンスは対華新政策の翼賛に終始するようになった。しかし対華新政策の主要な目的は、むしろ汪政権からの経済面を中心とする対日協力のより積極的な引き出しにあったのであり、両運動は結果的に対日経済協力の強化に寄与してしまったと言えよう。両運動は汪政権の形式的な主権回復をもって、その使命を終えたかのような観を呈したのである。逆に言えば、日本側は、汪政権の東亜聯盟運動の「政治独立」を逆手にとって、同政権からさらなる対日経済協力の引き出しに成功したということになろう。

（1）　日本の先行研究から整理することにしよう。中国の東亜聯盟運動を正面から取り上げた論文としては、八巻佳子「中国の東亜聯盟運動」、『伝統と現代』第三二号、伝統と現代社、一九七五年三月があるが、一九四一年までの同運動の展開を取り上げるのみで、新国民運動や後の両運動の結合について触れずじまいである。その他、中国の東亜聯盟運動について部分的に言及している論文としては、利谷信義「『東亜新秩序』と『大アジア主義』の交錯」、仁井田陞博士追悼論文集編集委員会編『仁井田陞博士追悼記念論文集　第三巻「日本法とアジア」』、勁草書房、一九七〇年。松沢哲成『日本ファシズムの対外侵略』、三一書房、一九八三年。桂川光正「東亜連盟運動史小論」、古屋哲夫編『日中戦争史研究』、吉川弘文館、一九八四年。新国民運動については近年、前掲、堀井弘一郎「汪精衛政権下の民衆動員工作―『新国民運動』の展開―」が同運動の全期間に渡る経緯、並びに日本側の関与や中央・地方の組織の実態について明らかにしている。中国の代表的な先行研究は、石源華「汪偽時期的『東亜聯盟運動』」、前掲、復旦大学歴史系中国現代史研究室編『汪精衛漢奸政権的興亡』。同「第三十章　〝東亜聯盟運動〟」、「第三十一章　〝新国民運動〟」、前掲、余子道、曹振威、石源華、張雲『汪偽政権全史（上、下巻）』。ただ石源華の諸論稿では、汪政権をあくまでも「偽政権」として評価しようとするあまりに、東亜聯盟運動や新国民運動の有した日本の対中国政策に対する牽制効果等の複雑な側面が掘り下げられておらず、また両運動を一体のものとして構造的に把握する視点も欠けているきらいがある。本章は、両運動が結合される以上、両運動をあくまでも一体のものとする視点に立ち、かつ時系列的に両運動の展開と日本の対中国政策とをつき合わせることによって、両運動の有する対日外交上の意義について分析するものである。

(2) 神尾茂「新国民運動に対する考察」、『支那』一九四二年九月号、東亜同文会、一～二頁。
(3) 外務省編『日本外交年表竝主要文書　一八四〇—一九四五（下）』、原書房、一九六六年、三八六～三八七、四〇一～四〇七頁。
(4) 前掲、土屋光芳「汪精衛と『和平運動』—高宗武の視点から」、一九六、二〇一～二〇二、二〇五～二〇六頁。
(5) 前掲、土屋光芳「汪精衛と『政権樹立の運動』」、七〇頁。
(6) 前掲、外務省編『日本外交年表竝主要文書　一八四〇—一九四五（下）』、四一二～四一三頁。
(7) 影佐禎昭「曾走路我記」、臼井勝美編『現代史資料⑬　日中戦争⑤』、みすず書房、一九六六年、三七六頁。
(8) 前掲、外務省編『日本外交年表竝主要文書　一八四〇—一九四五（下）』、四六七～四六九頁。
(9) 前掲、桂川光正「東亜連盟運動史小論」、三六九頁。
(10) 児玉誉士夫『児玉誉士夫著作集　風雲　下巻』、日本及日本人社、一九七二年、八四頁。岩井英一『回想の上海』、「回想の上海」出版委員会、一九八三年、二四一～二四五頁。
(11) ただし汪政権が東亜聯盟運動を発動するに際して、最も大きな動機となった「政治の独立」の条項については、「日、満、支三国ハ平等ノ立場ニ於テ聯盟ヲ構成ス」として、尊重の姿勢を示しつつも、但し書きとして、「天皇ヲ聯盟ノ盟主ト仰グコトハ不文ノ理想トシテ蔵スベク日本ガ対英、米、『ソ』聯戦争ニ快勝セル後ニ於テハ求メズシテ実現ス」という文言を付記していた。また東亜聯盟構想が議題に上るに至った契機は、中国側の要求等に対する配慮というよりは、主として次のような日本国内の世論対策にあった。「聖戦三年曠古ノ犠牲ヲ以テ購ハントスル成果ヲ権益的ニ見レバ寧ロ日清戦役ニ及バザルコト遥ニ遠シ。国内ノ現状ヲ見ルニ停戦協定ニ於テ聖戦ノ真義ガ東亜聯盟ノ結成ニアリシコトヲ宣明シ道義ガ権益ノ獲得ニ先行スベキヲ以テ国民ヲ指導セザル限リ講和条約ノ発表ト共ニ流血ノ変ヲ惹起スルコトアルヲ予期セザルベカラズ」と。すなわち桐工作による重慶政権との和平合意後に予期される、中国側から獲得した「権益」の乏しさに対する日本国内の強い不満を抑えるために、戦争目的として、東亜聯盟の結成という「道義」を持ち出したのだと言えるだろう。「停戦協定ニ於テ東亜聯盟ノ結成ヲ確約セシムルノ必要ニ就イテ　昭和十五、三、一五　総軍司令部（案）」、今井武夫『日中和平工作　回想と証言1937-1947』、みすず書房、二〇〇九年、三〇九～三一一頁。

(12) 前掲、岩井英一『回想の上海』、二四二頁。

(13) 汪精衛「東亜聯盟的理想」、東亜聯盟中国総会上海分会宣伝科編『東亜聯盟論文選輯』、東亜聯盟中国総会上海分会宣伝科、一九四二年、七頁。

(14) 前掲、桂川光正「東亜連盟運動史小論」、三八六頁。

(15) 汪精衛が正式に東亜聯盟運動に着手する以前の、一九三九年に出版された杉浦晴男『東亜聯盟建設綱領』では、日本側の綱領における「国防の共同」、「経済の一体化」、「政治の独立」というような優先順位とは異なり、「民国当面の急務」として、「政治の独立」を前二者よりも優越するとした。さらにはわざわざ「独立の完成」という小節を設け、「中華民国が東亜聯盟に加入せば日本は成るべく速に民国に於て所有するその政治的権益を撤去し、外国をして已むなくこれに追従するに至らしむべきである」と主張した。杉浦晴男『東亜聯盟建設綱領』、立命館出版部、一九三九年、八六～八九頁。

(16) 前掲、八巻佳子「中国における東亜連盟運動」、一二二～一二四頁。

(17) 前掲、石源華「汪偽時期的『東亜聯盟運動』」、二六七頁。

(18) 前掲、松沢哲成『日本ファシズムの対外侵略』、三五八～三五九頁。

(19) 「中華東亜聯盟協会籌組経過概況」、『東亜聯盟』創刊号、中華東亜聯盟協会東亜聯盟出版社、後に東亜聯盟広州分会出版社、一九四〇年一一月、一〇六頁。（以後、『東亜聯盟（広州）』と表記）

(20) 陳璞「中華東亜聯盟出版社籌備経過」、同上、一一一頁。

(21) 張伯蔭「海外組工作報告」、同上、一一〇頁。なお、「海外組」の下には、特に「海外設計委員会」を置き、海外帰国華僑の有力者数名を委員に任命し、海外華僑との連絡の任に当たらせた。

(22) 陳顕謨「青年団幹部訓練班籌備之経過」、同上、一〇七～一〇八頁。

(23) 前掲、石源華「汪偽時期的『東亜聯盟運動』」、二七〇頁。

(24) 同上　二七一、二七三頁。

(25) 蔡徳金、李恵賢編『汪精衛偽国民政府紀事』、中国社会科学出版社、一九八二年、九三頁。

(26) 前掲、石源華「汪偽時期的『東亜聯盟運動』」、二七三頁。

(27) 指導委員会は「東亜聯盟中国総会省市分会組織通則」等の組織法規を制定した。宣伝委員会は機関紙発行等の任に当たった。

文化委員会は文化団体・機関の調査や文化資料の収集を行なう以外に、東亜聯盟を宣伝する著作や資料を出版した。社会福利委員会は「平民教養所」、「首都貧民織布工場」、「大衆食堂」等の五事業を企画したが、経費の制約から実施に至らなかった。同上、二七五～二七六頁。

(28)　前掲、蔡徳金、李恵賢編『汪精衛偽国民政府紀事』、九九頁。

(29)　前掲、石源華「汪偽時期的『東亜聯盟運動』」、二七四頁。

(30)　前掲、蔡徳金、李恵賢編『汪精衛偽国民政府紀事』、一〇九頁。

(31)　前掲、石源華「汪偽時期的『東亜聯盟運動』」、二七五～二七六頁。

(32)　河原宏「石原莞爾と東亜連盟──『近代日本におけるアジア観』の一」、『政経研究』第二巻第二号、日本大学法学会、一九六五年一〇月、九六頁。

(33)　「中華東亜聯盟協会成立宣言」、『東亜聯盟（広州）』創刊号、四～八頁。

(34)　「東亜聯盟中国同志会宣言」、『東亜聯盟』第三巻第一号、東亜聯盟協会、一九四一年一月所収の「特輯中華版東亜聯盟運動（中国語文）」、三頁。（以後、『東亜聯盟（日本）』と表記）

(35)　羅君強「中日合作與東亜聯盟的結成」、中国国民党中央執行委員会宣伝部編『和平反共建国文献（第二輯　中国之部　論文）』、中国国民党中央執行委員会宣伝部、一九四一年、一四一頁。

(36)　汪精衛の「大亜洲主義」解釈が、孫文の意図を歪曲した結果であるという批判は、日中両国の研究者の間からなされている。例えば、前掲、利谷信義「『東亜新秩序』と『大アジア主義』の交錯」。蔡徳金『汪精衛評伝』、四川人民出版社、一九八七年。諸批判の共通した論点として、次のことが挙げられる。一九二四年に神戸で、孫文が行なった「大亜洲主義」講演では、日本の中国侵略に対する批判が婉曲になされていたのに対して、汪精衛の解釈では、対日批判の側面が切り落とされていることである。

(37)　汪精衛「民族主義與大亜洲主義」、前掲、中国国民党中央執行委員会宣伝部編『和平反共建国文献（第一輯　中国之部　重要声明　汪主席言論）』、一三九頁。

(38)　前掲、土屋光芳「汪精衛の『和平運動』と『大亜洲主義』」、一三二～一三三頁。

(39)　林柏生「関於東亜聯盟運動」、前掲、中国国民党中央執行委員会宣伝部編『和平反共建国文献（第二輯　中国之部　論文）』、九九頁。

(40)　「近衛公爵、陳公博会談要旨（一九四〇年五月二四日　清水書記官記）」、『阿部信行関係文書　II─7』、東京大学法学部近代

日本法政史料センター原資料部所蔵、三谷太一郎「独ソ不可侵条約下の日中戦争外交」、入江昭、有賀貞編『戦間期の日本外交』、東京大学出版社、一九八四年、三一七頁より引用。

(41) 西郷鋼作「中国の東亜聯盟運動」、『東亜聯盟（日本）』第五巻第三号、一九四三年三月、三〇頁。

(42) 防衛庁防衛研修所編『北支の治安戦①』、朝雲新聞社、一九六八年、四一五頁。

(43) 五百旗頭眞「東亜聯盟論の基本的性格」、『アジア研究』第二一巻第一号、アジア政経学会、一九七五年四月、二九頁。

(44) 前掲、防衛庁防衛研修所編『北支の治安戦①』、四一五頁。

(45) 神谷正男「中国の東亜国民運動を論ず」、『外交時報』No. 878、外交時報社、一九四一年七月、四九～五〇、五四～五五頁。

(46) 前掲、西郷鋼作「中国の東亜聯盟運動」、三〇頁。

(47) 「一九四一年五月五日総軍当局起案の文書　三、東亜聯盟の取扱」、堀場一雄『支那事変戦争指導史』、原書房、一九七三年、五八五頁。

(48) 前掲、桂川光正「東亜連盟運動史小論」、三八八頁。

(49) 『阿部信行関係文書　II—5』、前掲、三谷太一郎「独ソ不可侵条約下の日中戦争外交」、三一八～三一九頁より引用。

(50) 前掲、「近衛公爵、陳公博会談要旨（一九四〇年五月二四日　清水書記官記）」、『阿部信行関係文書　II—7』、同上、三二〇頁より引用。

(51) 徐蘇中「日俄中立条約的展望」、『大亜洲主義』第二巻第五号、大亜洲主義月刊社、一九四一年五月、二～四頁。他方で、汪精衛は日ソ中立条約の締結が「重慶の数年来の抗戦理論を破壊し、かつ我々の行動の正しさを証明している」と述べ、条約の成立によって、重慶政権内の親ソ派が国民の信頼を完全に失い、代わって和平派が台頭してくるだろうと予測した。さらにはソ連の援蔣の停止と国共の分裂の可能性にも言及した。このように日ソ中立条約の成立には、一概に汪政権にとってマイナス材料であったとは言い切れない側面も存していた。汪精衛「日蘇協定的成立」、『政治月刊』第一巻第五期、政治月刊社、一九四一年五月、一頁。

(52) 「一九四〇年一一月一三日御前会議決定支那事変処理要綱」、前掲、堀場一雄『支那事変戦争指導史』、四七六頁。

(53) 前掲、古厩忠夫「日本軍占領地域の『清郷』工作と抗戦」、一七八頁。

(54) 前掲、堀場一雄『支那事変戦争指導史』、五八三、六〇二頁。

(55) 余子道「汪精衛国民政府的『清郷』運動」、前掲、『文芸春秋』一九四一年八月号、一八三～一八六頁。復旦大学歴史系中国現代史研究室編『汪精衛漢奸政権的興亡』、三一一～三一二頁。田中香苗「局部和平と支那事変処理」、『文芸春秋』一九四一年八月号、一八三～一八六頁。

(56) 余子道、同上、三一三～三一五、三〇七頁。

(57) 前掲、古厩忠夫「日本軍占領地域の『清郷』工作と抗戦」、一八二～一八三頁。

(58) 費正、李作民、張家驥『抗戦時期的偽政権』、河南人民出版社、一九九三年、三一一頁。

(59) 前掲、石源華「汪偽時期的『東亜聯盟運動』」、二九三頁より引用。

(60) 前掲、古厩忠夫「日本軍占領地域の『清郷』工作と抗戦」、一八三～一八四頁。

(61) 桂良「復興新中国與新国民運動」、『東亜聯盟（広州）』一九四一年二月号、八三～八六頁。

(62) 石島紀之「国民政府の『安内攘外』政策とその破産」、前掲、池田誠編著『抗日戦争と中国民衆』、六八頁。

(63) 「蒋委員長講…新生活的意義和目的―民国二十三年三月十九日在南昌行営拡大紀念週演講」、中華民国重要史料初編編輯委員会編『中華民国重要史料初編：対日抗戦時期：緒編三：中国政府之決策與抗日準備』、中国国民党中央委員会党史委員会、一九八一年、八九～九七頁。

(64) 「蒋委員長発表…国民経済建設運動之意義及其実施―民国二十四年十月十日」、同上、九八～一〇四頁。

(65) 平島敏夫「新生活運動の理論と実際①」、『東亜聯盟（日本）』第三巻第一号、一九四一年一月、一〇三頁。

(66) 前掲、桂良「復興新中国與新国民運動」、八三頁。

(67) 武錦蓮「汪偽政権的『新国民運動』剖析」、『上海師範学院学報』一九八三年第三期、一〇八～一〇九頁。

(68) 前掲、高橋久志「汪兆銘南京政権参戦問題をめぐる日中関係」、五五～五七頁。

(69) 「十一月五日御前会議決定『帝国国策遂行要領』ニ関連スル対外措置」、「在支接収敵性権益ト国民政府トノ調整ニ関スル件」、「国際情勢ノ急転ノ場合支那ヲシテ執ラシムベキ措置」、参謀本部編『杉山メモ（上・下）』、原書房、一九六七年、上五二一、下一〇、上五六七頁。

(70) 前掲、高橋久志「汪兆銘南京政権参戦問題をめぐる日中関係」、五八頁。

(71) 「汪兆銘的『最後之心情』―民国三十三年十月」、中華民国重要史料初編編輯委員会編『中華民国重要史料初編：対日抗戦時期：第六編：傀儡組織四』、中国国民党中央委員会党史委員会、一九八一年、一五四七頁。

(72) 伊藤隆、照沼康孝編『続・現代史資料④　陸軍　畑俊六日誌』、みすず書房、一九八三年、三三〇頁。

(73) 邵銘煌『汪偽政権之建立及覆亡』、中国文化大学史学研究所博士論文（一九九〇年）、未刊行、一八八頁。

(74) 前掲、武錦蓮「汪偽政権的『新国民運動』剖析」、一〇七頁。
(75)「全国新国民運動推進計画」(一九四二年一月)、余子道、劉其奎、曹振威編『汪精衛国民政府「清郷」運動』、上海人民出版社、一九八五年、三七四頁。
(76) 前掲、石源華「汪偽時期的『東亜聯盟運動』」、二九四～二九六頁。
(77) 汪精衛「新国民運動綱要」(一九四二年一月一日)、『大亜洲主義』第四巻第一号、一九四二年一月、二頁。
(78) 汪政権国民党中央組織部副部長の戴英夫は、次のように指摘した。「大東亜戦争以前の新国民運動は、建国に重点を置き、建国を興亜の一環と見なすことで、両者を関連付けていた。一方、大東亜戦争勃発以降、大東亜戦争を支持し、それに協力しなければならないことから、新国民運動と興亜の工作は、直接関連付けられるようになった」と。前掲、石源華「汪偽時期的『東亜聯盟運動』」、二九四頁より引用。
(79) 前掲、汪精衛「新国民運動綱要」、二頁。
(80) ちなみに、汪政権の要人の一人である陳春圃は次のように述べていた。「民主集権制度」は、蔣介石の個人独裁とは根本的に異なる。「民主集権制度」そのものは、一九二〇年代にソ連から採り入れた政治制度である。「民主」とは政策決定過程における人民の平等な参加を意味し、「集中」とは政策実施に当たって、権力と責任を少数者に委任することにほかならない。そして人民が民権を運用するためには、組織化が求められている。なぜなら、中国の社会が今なお封建的な組織のままに停滞しているために、人民は散漫で、社会観念が希薄だからである。民権主義は全体の自由を求めるのであって、天賦人権説の個人の自由とは相容れないのであると。陳春圃「新国民運動與民主集権制度」、『大亜洲主義』第四巻第二期、一九四二年二月、七～九頁。
(81) 前掲、汪精衛「新国民運動綱要」、二、三頁。
(82) ちなみに陳公博は次のように述べていた。中国の復興は正しい人間になることから出発する。国家は人民に対して教育と訓練を施すべきである。中国は、数千年来の鎖国や有史以来の農業段階における停滞のために、国家観念の希薄化と社会組織の弛緩を招いてしまった。同時に、近代以降接触した強大な国家や堅固な組織の社会に対して、中国は適応し得なかったのであり、欠点をさらに暴露することになった。中国の長所と短所は紙一重であり、それは例えば、自尊心の強さ／浮つきと傲慢、忍耐の強さ／卑劣で臆病といった具合である。陳公博「我国国民之優点與欠点」、『大亜洲主義』第四巻第二期、一九四二年二月、四～六頁。
(83) 前掲、汪精衛「新国民運動綱要」、三頁。
(84) 汪精衛「新国民運動與精神総動員」、『東亜聯盟（広州）』第二巻第二期、一九四二年二月、八頁。ちなみに同ラジオ演説で、自由という概念について、汪精衛は次のように述べた。英米人が中国人に与えた自由は「堕落の自由と腐敗の自由」に過ぎない。それは「上海公共租界や香港を見さえすれば明らかとなろう」。大東亜戦争のさなかにあっては、その「堕落の自由と腐敗の自由」を抑制して、国家と「集団国家」に対する「協力の自由」に置換することが、目下中国人に望まれている。そして「どれくらいの自由を享受できるかを問うべきではなく、ただどれくらいの力量で貢献できるかを問うべきなのである」。なぜなら「貢献とは、耕作のようなものであり、自由とは、収穫のようなものであって、もし収穫が実り多いことを求めるなら、ただ勤勉かつ迅速に耕作しなければならない」からであると。同ラジオ演説は、次のように締めくくられた。個々人が国家において、同様に個々の国家が「集団国家」において、「責任の能力によって平等を求め、協力によって自由を求める」べきであると。同上、八～一〇頁。

(85)　「中央電訊社上海分社致市府函（一月一六日）」、上海市档案館編『日偽上海市政府』、档案出版社、一九八六年、九一九頁。

(86)　『中華日報』MF、一九四二年二月一二日付け。「市府秘書処致上海各機関函（二月九日）」、前掲、上海市档案館編『日偽上海市政府』、九二三～九二四頁。なお前掲、石源華「汪偽時期的『東亜聯盟運動』」、二九六頁には、宣誓署名活動が三月一一日に開始されたとあるが、誤りであると思われる。

(87)　『中華日報』MF、一九四二年二月一一日付け。

(88)　同上、一九四二年二月一二日付け。

(89)　南京市における宣誓署名運動の結果については、前掲、堀井弘一郎「汪精衛政権下、総動員体制の構築と民衆」、四四頁を参照。

(90)　蘇青については、櫻庭ゆみ子「蘇青論序説―『結婚十年』が書かれるまで―」、『東洋文化研究所紀要』第一二九冊、東京大学東洋文化研究所、一九九六年二月等を参照。

(91)　蘇青「犠牲論」、劉哲編『蘇青散文集』、安徽文芸出版社、一九九七年、二四九頁。なお初出誌は『宇宙風・乙刊』第四四期、一九四一年五月。

(92)　蘇青「関於我―『続結婚十年』代序」、同上、四六八頁。

(93)　蘇青「『古今』的印象」、同上、四三五～四三六頁。なお初出誌は『古今』週年紀念専号、一九四三年三月。

(94)　岩井英一「強化国民政府與新国民運動」、『政治月刊』第三巻第三期、一九四二年三月、一八～一九頁。

(95)　前掲、石源華「汪偽時期的『東亜聯盟運動』」、二九六頁。

(96)　前掲、蔡徳金、李恵賢編『汪精衛偽国民政府紀事』、一五七頁。なお王克文は、東亜聯盟運動と新国民運動との関係を、汪政権内の公館派とCC派との対立の観点から描いている。汪精衛は公館派の林柏生を中央党部宣伝部長兼行政院宣伝部長に任命し、汪政権のイデオロギー工作を管掌させようとしたところ、CC派指導者の周仏海は、東亜聯盟運動の秘書長に自ら就任して、汪精衛に対して宣伝部の解消を建議して、林柏生からイデオロギー工作の実権を奪おうと画策した。しかし汪精衛はその建議を容れなかったばかりか、新国民運動促進委員会秘書長に林柏生を任命し、CC派の依拠する東亜聯盟運動に対抗させた。王克文は、こうした汪精衛の措置を、部下の諸派閥に対する「分而治之」の実例として紹介している。前掲、王克文『汪精衛・国民党・南京政府』、三八〇～三八一頁。

(97) 前掲、石源華「汪偽時期的『東亜聯盟運動』」、二九六頁。
(98) 前掲、蔡徳金、李恵賢編『汪精衛偽国民政府紀事』、一六一頁。
(99) 前掲、費正、李作民、張家驥『抗戦時期的偽政権』、三一五頁。
(100) 前掲、石源華「汪偽時期的『東亜聯盟運動』」、二九八頁。
(101) 朝比奈策太郎談、『朝日新聞』一九四二年九月一日付け、朝日新聞東京本社。
(102) 前掲、蔡徳金、李恵賢編『汪精衛偽国民政府紀事』、一六二頁。
(103) 「中政会議通過　主席交議　推進新運東聯決議文」、『東亜聯盟（広州）』第二巻第六・七期合輯、一九四二年七月、一頁。
(104) 沈逸凡「国民革命再出発之中心課題」、『大亜洲主義與東亜聯盟』第二巻第五期、大亜洲主義與東亜聯盟月刊社、一九四三年五月、二四～二五頁。
(105) 中報年鑑社編『民国三十三年度　中報年鑑』、中報年鑑社、一九四四年、一一二六頁。
(106) 『中国国民党中央執行委員会組織部工作報告　中華民国三十一年十二月』、上海市档案館、R34-2-6。なお堀井弘一郎は一九四三年一二月段階における党員総数を一二万九千余人と見積もっている。前掲、堀井弘一郎「日中戦争期、汪精衛国民党の成立と展開」、二〇四頁。
(107) 「東亜聯盟中国協会設立要綱」、前掲、石源華「汪偽時期的『東亜聯盟運動』」、二九一頁より引用。
(108) 神谷正男「新国民運動の意義」、『支那』九月号、一九四二年九月、一一～一三頁。
(109) 田中香苗「国府新国民運動の促進」、『中央公論』一九四二年八月号、八四～八五頁。
(110) 深井英五『枢密院重要議事覚書』、岩波書店、一九五三年、二六〇頁。
(111) 防衛庁防衛研修所戦史室編『北支の治安戦②』、朝雲新聞社、一九七一年、二〇九～二一〇、二一四頁。

(112) 周仏海「どうして全面和平を実現するか?」、『東亜聯盟（日本）』第四巻第一〇号、一九四二年一〇月、二〇頁。
(113) 外務省百年史編纂委員会編『外務省の百年（下）』、原書房、一九六九年、七〇八、七〇〇～七〇二頁。
(114) 東郷茂徳『東郷茂徳外交手記』、原書房、一九六七年、三〇七、三〇五頁。
(115) 蔡徳金編、村田忠禧他訳『周仏海日記』、みすず書房、一九九二年、一九四二年九月一八日、金曜日、四八六頁。
(116) 前掲、防衛庁防衛研修所戦史室編『北支の治安戦②』、二一三～二一四頁。
(117) 前掲、外務省百年史編纂委員会編『外務省の百年（下）』、六三六頁。
(118) 前掲、東郷茂徳『東郷茂徳外交手記』、三〇四頁。
(119) 重光葵『重光葵著作集　①昭和の動乱』、原書房、一九七八年、二三四、七五、八六頁。
(120) 伊藤隆、渡邊行男編『重光葵手記』、一九八六年、中央公論社、一七〇頁。
(121) 前掲、重光葵『重光葵著作集　①昭和の動乱』、一〇五～一〇六頁。
(122) 前掲、伊藤隆、渡邊行男編『重光葵手記』、四二二頁。
(123) 前掲、重光葵『重光葵著作集　①昭和の動乱』、二二三～二二四、二二六～二二七頁。
(124) 前掲、外務省百年史編纂委員会編『外務省の百年（下）』、六三六頁。
(125) 戸部良一「対中和平工作　一九四二―四五」、『国際政治』第一〇九号、一九九五年五月、七頁。
(126) 前掲、高橋久志「汪兆銘南京政権参戦問題をめぐる日中関係」、六三頁。
(127) 「国民政府ノ参戦並ニ之ニ伴フ対支措置ニ関スル件」、前掲、『杉山メモ（下）』、一五六～一五八頁。
(128) 「大東亜戦争完遂ノ為ノ対支処理根本方針」、同上、三三一～三三二頁。
(129) 「対重慶工作ニ関スル件」、同上、四五九頁。
(130) 前掲、外務省編『日本外交史年表竝主要文書　一八四〇―一九四五（下）』、五九二頁。
(131) 「東亜聯盟中国総会二週年紀念大会　汪主席訓詞」、『東亜聯盟（広州）』第三巻第二期、一九四三年二月、一～二頁。
(132) 汪精衛「慶祝中日同盟」、『東亜聯盟（広州）』第三巻第一〇期、一九四三年一〇月、四頁。
(133) 前掲、蔡徳金、李恵賢編『汪精衛偽国民政府紀事』、一八七頁。
(134) 前掲、『杉山メモ（下）』、一五六頁。
(135) 前掲、古厩忠夫「日中戦争と占領地経済」、三五三頁。

(136)　前掲、蔡徳金編、村田忠禧他訳『周仏海日記』、一九四四年一二月七日、木曜日、七三一頁。
(137)　同上、一九四五年一月一六日、火曜日、七四七頁。
(138)　同上、一九四四年九月二九日、金曜日、七一〇頁。
(139)　前掲、蔡徳金、李恵賢編『汪精衛偽国民政府紀事』、二七一頁。

第二章　汪精衛の外交観・政治体制観の連続性と非連続性

――東亜聯盟運動の理念への結実をめぐって――

序

汪精衛の政治思想研究に関しては、一九八〇年代以来、内外で様々な成果が生み出されており、近年では、汪政権樹立以前の汪精衛の民主化論が高く評価されている。[1] 一方で、そうした戦前の中国民主化の旗手としての汪精衛像と中国等で一般に流布されている漢奸としての汪精衛像とのギャップが浮き彫りになっている。[2] 本章では、こうした汪精衛像のギャップを埋めることを課題として、土屋光芳等による汪精衛の民主化論に関する先行業績に学びつつ、汪政権樹立以前の各時期における外交観と政治体制観を概観し、東亜聯盟運動の理念に反映された汪政権時期の外交観と政治体制観との間の連続性と非連続性とは何かについて考察する。

第一章で触れたが、改めて汪政権が東亜聯盟運動に着手した経緯を振り返っておこう。東亜聯盟運動とは元々石原莞爾が提唱した運動であることから、汪政権が同運動を発動したことは、まさに日本の軍事占領下に置かれたが故に、意に染まないながら強制されたと見なすこともできよう。児玉誉士夫や上海領事館員であった岩井英一の回想によれば、石原と近い立場にあった辻政信が汪精衛に対して、大民会や共和党といった日本軍の息がかかった旧中華民国維新政府系の大衆団体や政党を解散させる代わりに、中国側でも東亜聯盟運動を組織するように迫ったとのことである。そもそも華中の支那派遣軍の首脳部は、石原に近い立場の軍人で固められていた。一九四〇年四月二九日には支那派遣軍総司令部が、辻が執筆したと言われる「派遣軍将兵に告ぐ」という訓示を、板垣征四郎総参謀長の名で発表したが、その一節では、事変の解決には東亜聯盟結成以外にないという主旨が強調されていた。また桐工作、すなわち重慶政権との和平交渉に当たって、日本の幕僚間で日中の和平枠組みとして東亜聯盟構想が考慮されていた。こうした事例からも見られるように、華中の日本軍は東亜聯盟運動を積極的に推し進めようとしていたのである。

一方、汪精衛の側でも日本側の押し付けに屈したというよりは、彼なりの思惑から、自ら進んで東亜聯盟運動を採り入れたようである。その理由の一つは「政治の独立」という条項のためであろう。「政治の独立」は、日本の内面指導の否定や中国の行政の一体的保全を提唱しており、日華基本条約に具現される新政権の対日従属化に対する異議申し立てを意味していた。汪精衛は東亜聯盟運動に、中日の和平と新政権の独立性との両立を主張し得る論拠を見出したのであろう。東亜聯盟運動が、当時の汪精衛にとって「環境や歴史や世界の大勢から生み出された」ところの「理想」と映ったのも、故なきことではなかったのである。

汪精衛が東亜聯盟運動に見出した「理想」、とりわけ同運動の外交観、政治体制観に示された「理想」と汪政権樹立以前の汪精衛の外交観、政治体制観の間には、どのような連続性、非連続性があるのだろうか。本章では第一節において汪精衛の外交観を、第二節においてその政治体制観を、それぞれ時系列的に考察することとしよう。

第一節　東亜聯盟運動の外交観の起源

ここではまず東亜聯盟運動に結実する汪精衛の外交観の連続性について、次のような仮説を提示することから論を起こすことにしたい。第一には、国民革命のさなかの連ソ容共時代における対ソ観を除くと、いかなる国家も国益に基づいて行動すると認識していることであり、かつ各国の国益を調整することによって得られるとされる勢力均衡は、諸国家間の不断の衝突故に、常に不安定なものたらざるを得ないと観じていたことである。第二には、上述の勢力均衡に基づいた不安定な国際関係を克服する方策として、諸国家間の相対立する国益を共通化するために、超国家的組織を設立するという構想を抱いていたことである。

辛亥革命前夜からワシントン体制にかけての勢力均衡と超国家的組織

辛亥革命前夜における汪精衛の国家観の事例として、米国の門戸開放政策についての彼の評価を見ることにしよう。一般に門戸開放政策は、米国の道徳主義的アプローチの典型的な例として見なされているが、汪精衛は「中論革命決不致召瓜分之禍」という論文で、次のように同政策を立案した米国の動機について分析を加えた。元来、米国は「モンロー主義を守り、各国が中国に勢力の扶植を競っている際も……超然として利害の外に立っていた」。だが農工業が発展を遂げ、国力が充実するにつれて、中国との経済的関係を重視するようになった。その際、諸列強が「要地をおさえ、各港を占領し、貿易上の特別な利権」に基づいて、他国の経済的享受を妨げるならば、他国の対中国商業政策の利益にならないことは明らかである。すなわち「分割が米国に利益をもたらさないことは言うまでもない」。それ故に、米国は「奮然として中国の門戸開放を各国に提起した」。その提案の趣旨は、「各国が中国において勢力範囲もしくは租借の名義で、特別の利権を獲得するのはもとより妨げないが、その権益内の各港において、各国が通商上平等に利益を得ることができるようにすることにある」と。

つまり、汪精衛は米国の門戸開放政策に道徳的な契機を認めてはおらず、同政策を国益に基づく対中国アプローチの一環と見なしていたのである。それ故に、汪精衛は門戸開放政策の中国に与える影響について、次のように述べた。「侵略主義を持する者の狙いは土地の均分にあるが、門戸開放を持する者の狙いもまた財の均分にあることから、両者はともに中国の自立を許さない」(3)と。米国の門戸開放政策に一片の倫理的要素をも見出さぬほど、いかなる国家も国益本位に行動するという汪精衛の見解は確固としたものだったのであると言えよう。

門戸開放政策の結果、列強の勢力均衡の下に、中国の領土はとりあえず保全されることになったが、汪精衛はそうした勢力均衡について、「革命決不致召瓜分説」という論文のなかで次のように述べた。日清戦争から義和団事件までは「分割説の最も盛んな時代」であったが、それ以降は「門戸開放・領土保全」説が確定した。「中国がなおも分割に至らないのは、列強の勢力均衡主義の結果である」。だが、清朝の外交政策は「列強の嫉妬心を扇動し、その衝突を利用する」というものであり、ある列強国の「獲得したものが突出して多いと、勢力均衡政策は維持することができず、ついには必ずや分割」が生じることだろう。それ故に、「排満自立は分割の災いを防止するものである」。保皇派は「各国が虎視眈々として我が国を狙っていることから、革命によって一度内乱が起これば、必ずや干渉に乗り出し、その結果、国家が滅びるだろう」と主張するが、そうした主張は「間違った危言」であると(4)。

上述の議論をまとめると、汪精衛の認識においては、米国の門戸開放政策が他の諸列強の中国分割政策と本質的に同じである以上、門戸開放政策がもたらした中国をめぐる諸列強間の勢力均衡も、当然ながら不安定なものとならざるを得ないというものであった。また勢力均衡の崩壊が即、一部の有力な列強による中国の全面的植民地化と分割を意味する以上、勢力均衡の脆弱性に対する認識はより深刻なものにならざるを得なかったであろう。

中国をめぐる列強の勢力均衡は、第一次世界大戦の勃発により大きな転機を迎えた。すなわち欧州における大戦の間隙を縫うようにして、対華二一カ条要求に見られるように、日本が中国に対する侵略的政策を突出させ始めたのである。辛亥革命勃発後、汪精衛は中華民国の成立で共和国が実現した以上、次に重要なことは民生主義の研究であるとして渡仏し、第一次世界大戦に遭遇した。汪精衛はフランスで自ら主宰した雑誌『旅欧雑誌』において、「後日、欧州大戦が終わりを告げると、中国をめぐる勢力均衡の現象にも一大変化が起こるだろう」と記した。当時、勢力均衡が崩壊した後の中国の未来を楽観視し、「中国必不亡」を唱えるものがあったが、汪精衛はそうした楽観論を戒めて次のように述べた。「『中国必不亡』説を唱える者は、今日いかなる国家であれ、独力で我を滅ぼすことはできなかろうと述べる」。しかし歴史を顧みれば、「蒙古がかつて独力で我を滅ぼして百年の長きになろうとしなかったであろうか。満州がかつて独力で我を滅ぼして三百年の長きになろうとしなかったであろうか」。そして「今日、中国国民の程度は宋末や明末に比べてどれ程隔たりがあろうか。一方、我を滅ぼそうと欲する国家の国力は当時の蒙古や満州と比べてどれ程隔たりがあろうか」と述べ、日本による植民地化の危機に直面しかねないと警告を発した(5)。

では、汪精衛はどのようにして中国の直面する新たな危機を克服しようと構想したのであろうか。汪精衛は「吾人対於国家之観念」と「吾人対於中国之責任」という二編の論説において、社会進化論を援用して、次のように述べた。数人の人間の集まりが基礎となって拡充されたものが部落、部落が基礎となって拡充されたものが都市の集合（「邑聚」）、都市の集合が基礎となって拡充されたものが国家となる。さらに国家が基礎となって、最終的には「大同」に至るべきであると(6)。汪精衛は中国の現状をこの社会進化の過程に位置づけ、そこから中国の危機回避の方策を導こうとした。

方策の第一は、社会進化の過程を推し進めて、「世界の団結に向けて努力し」、最終的に「世界之組織」、ひいては「大同」に導くことである。世界中の国家が発展的に解消され、新たに「世界之組織」という超国家的組織が設立されさえすれば、中国に対する他国の侵略、すなわち日本の侵略の危機も永久に消滅するというわけである。もっとも、「今日の世界は大同から隔たることもとより甚だしいものがある」。「大同」に至らぬ理由は「人類が等しくないことに尽きる」が、さらにその不平等の原因を突き詰めると、「人類の知識が等しくないことに尽きるのである」(7)。そして人類の知識を平等にするに当たって、例えば次のような例を挙げた。「ある国の学者が新しい学理を生み出すと、その国の学界のみならず、各国の学界もその新しい学理を鼓吹する」。そうすれば、「その国の人民のみならず、各国の人民もその新しい学理に啓蒙されるであろう」と。またそうした「大同」の世界では、「人民の間には必ずや互助があり、競争がないであろう」と指摘した(8)。

方策の第二は、社会進化の過程を逆行して、「国家成立以前の状態に戻ることがないように努力する」ことである。すなわち中国は半植民地状態から離脱し、国家建設を行なうべきであり、いったん国家として成立しながら、複数の強国によって分割されたり、他国に併合されて、国家が国家成立以前の状況に戻るというような退歩が起こってはならないとしたのである。この論理から、日本が袁世凱政府に強要した対華二一カ条要求は、当然ながら中国を社会進化の軌跡から逆行させるものとして位置付けられたことだろう。

第一次大戦が終結し、ウィルソン米大統領の一四カ条宣言や国際連盟に世界の注目が集まるようになると、汪精衛の目には大戦中に温めてきた「世界之組織」構想を実現化する大きなチャンスであると映り、次のように述べた。「この度の世界大戦は人類が生存を争った結果である」。生存競争が究極まで行き着いた時、「人類共存主義がはじめてそれに取って代わり興ってきた」。すなわち「世界大戦からヴェルサイユ講和会議が生じ、ヴェルサイユ講和会議から国際連盟が生じるに至った」。国際連盟は「人類共存主義のモデルではないが、もとより人類共存主義の萌芽であることを失ってはいない」。そして国際連盟を支持し、その発展に努めることは、「ドイツに次いで人類共存主義の敵となるものは日本に如くはない」という認識の下に、大戦中から顕著となっていた日本の拡張政策に対抗することと結び付けられたのである。(9)

ところが、ほどなくして国際連盟、ならびにその設立の根拠となったウィルソン米大統領の一四カ条宣言に対する幻滅を、汪精衛は味わうことになった。周知のように、日本が大戦中に中国に押し付けた対華二一カ条要求における一項目である山東処分は、ヴェルサイユ講和会議で中国代表の抗議も空しく、戦勝諸国の是認を受けた。汪精衛は次のように幻滅を吐露した。ウィルソンの一四カ条宣言が公表された当初、全ての弱小民族は頭を上げ、かすかに呻いて、無限の希望を抱くに至った。だがパリ講和会議にやって来て、各国の特命全権大使と入り乱れているうちに、ウィルソン大統領は頭がぼんやりしてきて、一四カ条を一カ条たりとも残らない程に忘れてしまったのである。そのためウィルソン大統領の脳裏に、中国の希望条件が留め置かれることはなかったと。

汪精衛は、中国側がなぜこのような結果を得るはめになったのかということについても究明し、次のように述べた。欧州大戦中、協商国側が声明していた「正義」やら「人道」やらは、いずれも人の耳目を欺く偽りの言葉であった。大戦中、協商国側の各政府は依然として「正義」と「人道」の公敵であった。甲の帝国主義によって乙の帝国主義を圧倒し、そうして乙の遺産を奪取しようとしたに過ぎなかったのである。協商国側が中日両国の国力やそのもたらす利益を比較し考量するならば、どうして弱小国中国のために、強大国日本の山東処分を断罪することができようか。たとえ大戦中の日本と英仏伊間で交わされた山東処分をめぐる密約がなかったとしても、それらの協商諸国は自ずと日本に肩入れしたであろうと。

ところで周知のように、ヴェルサイユ講和会議において認可された山東処分は、その後、ヴェルサイユ講和条約を批准しなかった米国により主導されたワシントン会議において、全面的に退けられるに至った。ワシントン会議について汪精衛はどのような見方をしていたのだろうか。汪精衛は次のように同会議を総括した。この会議の精神は、「公道」や「正義」を拠りどころにするのではなく、ただ各国の国益を拠りどころにしており、その目的も中国を助けることにはなく、ただ欧州大戦期間中の日本の中国に対する単独での急進的な侵略政策を抑止し、欧州大戦前の各国の中国に対する共同での漸進的な侵略政策を復活させることにあると。

汪精衛のワシントン会議への批判の背景には、何よりも同会議で、租界や租借地、領事裁判権、関税協定といった「帝国主義が中国に対してその意志を強制するための手段」の撤廃が見送られたことがあった[10]。こうして汪精衛の視点からは、戦前の「革命決不致召瓜分説」という論文の中で言及したような、諸列強間の衝突と中国分割という危機を常にはらんだ勢力均衡が、ワシントン会議の結果、再現されるに至ったのである。以下で見るように汪精衛の危惧通り、ワシントン体制は再び日本の満州事変によって、その勢力均衡システムの脆弱性を露にすることになるであろう。

満州事変から日中戦争にかけての勢力均衡と超国家的組織

では、次に満州事変、日中戦争へと続く時代における汪精衛の外交観について見ることにしよう。汪精衛は満州事変に対する国際連盟の対処の仕方を通して、国際連盟に対する失望を新たにし、次のように述べた。九一八事変以来、中国は国際連盟に向かって、日本に対して道徳的・経済的・軍事的制裁を課し、日本のさらなる東三省への進撃を阻むように訴えてきた。しかし国際連盟は道徳的制裁を除くと、経済的・軍事的制裁には思い止まることとなり、その結果、東三省は順次日本の手に陥落してしまったと[11]。また日中戦争が始まると、国際連盟のみならず、ワシントン体制を支える欧米諸国にも失望を深め、次のように表明した。一九三七年七月に盧溝橋事件が勃発すると、中国は抗戦しつつも、国際連盟に再度訴えることとしたが、国際連盟は米国が加わっている九カ国条約会議に中日間の調停を委ねるばかりであり、片や九カ国条約会議も、調停案が日本の拒絶に遭って、閉会を余儀なくされてしまったと。

汪精衛は改めて国際連盟に幻滅し、再び国際社会が国益に基づいて行動する国家相互が織り成す世界であることを再認識せざるを得なくなった。そしてこうした国際関係観の立場を徹底させて、日中戦争時期に欧米で形成されつつあったイデオロギーに基づく陣営対立に対しても、懐疑的な態度をとっていた。当時、中国国内には、国際連盟が頼りにならない以上、欧米における陣営対立に与することを通して、日本の侵略に対処しようと主張するグループがあった。汪精衛は次のようにこうしたグループの主張を要約した後、反駁を加えた。

昨今、国際社会で流行している対立的なスローガンには、いわゆる「民主主義グループ」と「ファシズム・グループ」、いわゆる「現状に満足な国家」と「現状に不満足な国家」、いわゆる「ヴェルサイユ条約維持の国家」と「ヴェルサイユ条約打破の国家」等がある。以上の様々なスローガンが各国を二つの陣営に分け、相互の対立を促している。中国はこうした対立の情勢にあっては、ただ旗幟を鮮明にして、一方の陣営の側に立ち、同様の姿勢をとってこそ、はじめてその陣営内諸国の同情と支持を得ることができる。もし中国が両陣営の間を行ったり来たりして、躊躇して定まらず、どっちつかずならば、どちらの陣営からも良い結果を得られず、空しく孤立に陥ってしまうであろう。だが、こうした見解は似て非なるものであると言えよう。なぜなら、各国は各々の国益に立脚しており、他国と利害が同じならば、暫時同盟し、利害が反すれば、即刻同盟を解消するのであり、いわゆる陣営は利害に基づく同盟の単なる口実に過ぎないからであると。さらに汪精衛は、スペインにおける空前絶後の残忍苛酷な内戦やエチオピアの不幸な亡国が、こうしたことに対する不理解によってもたらされたものであると警告した。

では、欧米各国の対日政策の行方を、各々の国益擁護という観点から、汪精衛はどのように予測していたのであろうか。英国、米国、ソ連についてそれぞれ見ることにしよう。汪精衛は英国が莫大な在華権益を所有していることから、最も英国に対日抑止の期待をかけており、次のように述べた。

極東を独占しようとする日本の野心は、英国が耐え得ないところのものである。英国の極東における利益は深く根を下ろし、百年に及ぼうとしており、拱手して日本の恣にすることに任せることはできない。さらには、もし日本が極東を独占して、中国を屈服させてしまうなら、英国の南洋の諸属領地は動揺を免れないのみならず、インドもまた保ち得なくなるであろう。一方、英国海軍の防衛領域は分散のきらいがある。第一の領域は本国の安全保障に直結する大西洋であり、第二の領域は本国と属領とを結ぶ交通の要衝である地中海であり、第三の領域はインド及び南洋の諸属領の安全保障に直結するインド洋であり、第四の領域は極東の権益維持に関わるシナ海、ひいては太平洋である。英国はこうした軍事力の分散故に、独力で日本に対処すれば、経済的でもなく、また危険も伴うことから、他の強国とともに対日抑止を行なうことを企図している。その際、パートナーとなる国家がソ連になる場合、ソ連が日本に代わって極東に勢力を伸ばすならば、新疆と地理的に近いインドが脅かされるなど、英国のアジア植民地全域が動揺することとなり、好ましくはない。そこで英国が選んだパートナーは米国になったと。

次に、英国から対日抑止行動のパートナーと見なされた米国についての汪精衛の見解を見ることにしよう。汪精衛は清朝末期の米国の門戸開放政策に対しては、米国の道徳主義的アプローチの側面を全く評価しなかったが、日中戦争時における米国の対日姿勢に対しては、次のようにその道徳主義的側面を認めて、一定程度の評価を与えた。正義・人道・平和という観点から述べると、米国は一貫して日本の侵略主義を厳しく非難しており、中国に同情を寄せてきた。ルーズベルト大統領の演説をはじめとする様々な声明や書簡はいずれも、米国が世界平和を維持し、侵略に反対する決意を示していると。

しかしながら、汪精衛の観点は、あくまでも国益こそが国家の対外政策決定の主要な契機になるとの立場に立脚していたために、米国の対日政策の分析に際しても、その焦点は対中・対日関係から得ている米国のそれぞれの利益を比較考量することに向けられていた。そして当時、日米の貿易総額が中米のそれを大きく上回っていたことを再確認したのである。その上に、汪精衛は米国の孤立主義外交にも次のように言及せざるを得なかった。米国は第一次欧州大戦に参加し、戦勝を得た後には、これにより世界平和の礎が定まると考えていた。しかし、はからずもヴェルサイユ講和条約が第二次欧州大戦の禍根を植え付ける方向に転じたために、あえて署名しようとせず、自らが提唱した国際連盟にさえ加盟しようとしなかった。後には、欧州諸国が米国に対して債務不履行状態に陥り、また米国内においても大恐慌が発生したために、孤立主義の態度を断固として保持するようになり、各地域で勃発した国際的な紛争に巻き込まれることを一貫して避けていると。すなわち、汪精衛は米国の道徳主義的アプローチとしての厳しい対日批判を一定程度評価しつつも、米国の孤立主義外交と相俟って、米国にとって日米関係から得られる利益の方が中米関係から得られるそれよりも大きいために、米国が国益擁護という動機から対日戦争に踏み切る可能性を低く見積もっていたと言うことができよう。

最後に、汪精衛のソ連についての見解を見てみよう。汪精衛は次のように分析していた。日本の極東独占によってもたらされる沿海州やシベリアへの影響に対して、ソ連が脅威を覚えていることは言うまでもないことである。だが、なぜソ連は盧溝橋事件以来一〇カ月が経過しても、対日抑止に全く動こうとしないのであろうか。それは日独防共協定の故である。もし東方でソ連が日本と戦端を開くならば、西方からドイツが日本を援助するためにソ連に侵攻してくるであろうが、こうした東西からの二面攻撃はソ連にとって最も憂慮すべき事態だからである。そこで中日戦争勃発以来、ソ連の対日行動の指針は英米仏と共同歩調をとることであり、単独行動を自重している。ソ連が対日参戦する時期は西方におけるドイツ軍の圧力がなくなった時であろうと(12)。要するに、汪精衛はソ連が沿海州やシベリアを日本により脅かされながらも、対日参戦する可能性について、日中戦争開戦当初の時点では、ほとんどゼロに等しいと見なしていたのである。

汪精衛は英米ソの対日政策の分析からどのような結論を導いたのであろうか。汪精衛は中国の最終的な勝利のためには、英米ソをはじめとする各国が、それぞれの国益擁護という動機から、日本に対して中国をめぐる勢力均衡を回復する措置を採ること、すなわち対日参戦が必須条件であると見なしていた。だが汪精衛は、各国には日本に対して軍事的冒険を行なう意思がないと判断せざるを得なかった。実際、一九四一年一二月の日本による真珠湾攻撃まで、中国は独力で抗戦を余儀なくされており、その意味では汪精衛の分析はあながち的外れなものではなかったと言えよう。そして単独で抗戦している間に、汪精衛が持久戦略の有効性に対する懐疑を深め、和平による救国を唱導するに至ったのは、周知の通りである。[13]

汪精衛は重慶脱出直後の一九三八年一二月に、トラウトマン工作挫折後における、日中戦争をめぐる各国の動向を次のように分析した。英米仏の援助については、今日その一端を目にしているものの、こうした援助はわずかに我が国が比較的有利になるように中日間を調停することに役立つに過ぎず、英米仏が対日参戦することによって、我が国が完勝を収めるように戦争を解決することには決して結び付かないのである。独伊については、我が国が和平交渉を行なうことに同意すれば、必ずや単独行動をすることはできないのである。またソ連は英米仏から離れて快く協力するであろうと。すなわち汪精衛の結論は、欧米各国の政策が対日参戦ではなく、中日間の和平斡旋で一致している以上、抗戦路線を放棄して、和平路線を選択するべきであるというものであった。[14]

汪精衛はこうして改めて、勢力均衡に基づく中国保全のシステムの脆弱性を思い知ることになった。汪精衛は後になるとさらに、欧米各国と日本との間の中国をめぐる勢力均衡の不安定性と、中国の欧米各国への支援の依頼こそが、日本の中国侵略を誘発した要因であるとまで断言し、次のように述べた。日本の明治維新はなぜ起きたのであろうか。欧米の帝国主義が殺到してきたために、自己防衛に立ち上がらざるを得なかったからである。しかし世界の大勢からして、ただ日本を防衛するだけでは不十分であり、もし日本を防衛しようとするなら、東アジア全体をも防衛しなければならないのである。東アジア第一の大国は隣邦の中国である。日本は欧米各国とともに中国を分割したいと願っていると考える者もいるが、これは決してあり得ない。というのは、もしそうなれば、中国を分割した後、欧米各国の勢力は東洋において日本と勝敗を決しようとするからである。人種的偏見は抹殺し得ないために、結果的に欧米各国の勢力が同盟して、日本を撃滅しようとすることは必至であろう。日本には二つの道があるに過ぎなかった。独力で中国を滅亡させるか、中国と協力して東アジアを共同で防衛するかである。……中国が欧米各国の勢力を頼んで、日本を敵となすならば、日本もただ攻撃を続行して、速やかに中国を滅亡させるまであろうと。(15)

汪精衛は中国の平和と安定の回復のために、勢力均衡論に基づいた第三国と提携しての対日抗戦という方策に代えて、日本、中国、満州の間で超国家的組織を樹立し、三国の利害を一体化させ、紛争の原因を除去しようという構想を提起するに至った。日中戦争時期の超国家的組織の雛形は、石原が提唱していた東亜聯盟であった。もっとも汪精衛は、日本の東亜聯盟論が満州国協和会の「民族協和」の理念に基づくのに対して、中国のそれは孫文の「大亜洲主義」の理念に基づくとし、かつ石原の世界最終戦争の考えを採り入れなかった。また重要なこととして、日本の東亜聯盟論の「国防の共同、経済の一体化、政治の独立」という三条件に、「文化交流」を付加した上で、さらに「政治の独立」が前二者よりも優越すると修正した。

この四条件の意義についてであるが、東亜聯盟では、主として「経済提携」、「軍事同盟」、「文化交流」を通して、日本、中国、満州の一体化を推進しようとした。そうした考えは、汪精衛の「もし（中日）両国が経済面で共通の基礎を見出し得るならば、有無を相通じ、長短を相補うことができるようになり、両国の国民の幸福は合作によって繁栄を手にし、両国の国家関係は合作によって親密さを増すことであろう」という言葉に端的に表されていよう。[16]

また「経済提携」、「軍事同盟」、「文化交流」を実現する前提条件としての「政治独立」については、汪精衛は次のように注意を喚起した。この度の和平運動は全国国民の抗日心理を親日心理に改めることにある。――これが最大の目的である。この抗日心理の強靱さは、国民が自由や独立を希望していることから生まれ出たものである。もし自由独立を獲得できなければ、死しても惜しむには足りない。これこそ抗日心理が強靱であるところのしかる所以である。仮に我々が「青年に対して親日を提唱し、奴隷的な態度で彼等に呼びかける」ならば、失敗するだろうと。[17] このように汪精衛は東亜聯盟結成の主張を通して、将来における中日間の恒久和平の実現を期したのみならず、「政治独立」を掲げることによって、日華基本条約によって奪われた主権の回復という課題の解決を図り、中国ナショナリズムの欲求を一定程度満たそうとしたのであると言えよう。

後に太平洋戦争に突入すると、汪政権下の言論界では、日本の戦勝のみならず、ドイツのヨーロッパ戦線での勝利をも視野に入れて、東亜聯盟をさらに発展させた戦後世界構想を提示する論説まで現れるに至った。ある論説は次のように述べていた。「大同」が実現する以前には、しばらくは「国家集団」、例えば大東亜共栄圏や欧州新秩序に拠りつつ、漸進することを求めるのみである。……（枢軸国は）非道義的な旧秩序の世界に対して徹底的な破壊を行ない、かつ合理的な新秩序の世界の建設に互いに協力し、全人類を明るい前途に導いているのであると。[18] 東亜聯盟は日中戦争期には日本の東亜新秩序と同義とされたように、太平洋戦争期には同じく日本の大東亜共栄圏と同義とされた上で、さらに社会進化論的な観点をも加味して、日本やドイツの戦勝に伴って、世界的規模にまで拡大され、最終的には「大同」へと発展するものとされたのである。

第二節　東亜聯盟運動の政治体制観の起源

まず東亜聯盟運動の理念に帰着することになる、汪精衛の生涯の各時期における政治体制観の連続性について見ることにしよう。それは何よりも、汪精衛の政治体制観が一貫して「民主」をキーワードとして展開されてきたことであろう。もっともその「民主」の概念は、各時期の政治状況に応じて大きく変化してきた。各時期により大きく概念内容を異にする「民主」の間には、いかなる共通性があるのだろうか。それに関しては、汪精衛は自らが主導する革命、ないし政権に対する敵対者を除去するために、「民主」の内容を常に再定義し、活性化していたという仮説を提示するものとしよう。

ここでは大きく汪精衛のイニシアチブを阻む敵に応じて、三つの時期に区分し、それぞれ見ることにしよう。第一の時期は中国同盟会に参加していた一九〇〇年代であり、汪精衛は革命によって清朝を打倒しようとしていたが、その際に主要な敵と見なされたのが、立憲君主体制を志向する梁啓超等の保皇派であった。第二の時期は一九二〇年代後半から一九三〇年代前半にかけてであり、汪精衛が推し進めようとした国民革命の敵と見なされたのは、蔣介石による個人独裁であり、中国共産党であった。第三の時期は汪政権樹立前後の一九三〇年代末から一九四〇年代にかけてであり、同政権の強化を阻む敵と見なされたのは、汪精衛等自身も漢奸と見なしていた、日本軍の意のままに動く旧中華民国臨時政府・中華民国維新政府関係者等であった。

保皇派との論争と民権立憲

第一の時期における汪精衛の政治体制観について見てみよう。若き日の汪精衛は日本の法政大学に留学し、後に孫文等と共に清朝の打倒を志して、中国同盟会に参加し、『民報』を舞台に革命を擁護する数々の論説を発表した。汪精衛は『民報』を舞台として、康有為や梁啓超等の保皇派との間で、しばしば論争を展開した。

梁啓超は一九〇三年の米国訪問以降、米国と異なり、中国では長く専制が続き、国民には自治の習慣がなく、公益にも関心が薄いために、当面は「開明専制」ならば可能であると主張した。梁啓超がこの「開明専制」論を唱えるに当たっては、加藤弘之を通してブルンチュリの影響が大きかったことが指摘されているが(19)、その他にもボルンハックや穂積八束等の学説をも援用した。周知のように梁啓超は、革命が中国国内に混乱を引き起こし、諸列強の介入を招いて、かえって中国分割をもたらすと主張した。その論説「開明専制論」第八章では、次のようなボルンハックの所説を紹介することで、さらに自説の補強を行なった。「共和国には人民の上に別に独立の国権がないために、各種の利害を調和する責任は人民自体の中に求めざるを得ないのである」。だが、「数百年間も専制政体の下で育まれてきた人民は、自治の習慣に乏しく、団体の公益を理解せずに、ただ個人主義によって私事を営むことを知るばかりである」故に、共和政体への移行は権力の均衡状態を壊し、混乱を引き起こすであろう。その結果は政治的な安定と引き換えに、「政治上の自由を一人の手に委ねる」という「民主専制政体」が出現するであろうと(20)。ボルンハックは、君主を機関と見なす国家法人説が人民主権説と変わらぬと主張し、君主と国家とを同一視する国家客体説を主張したが(21)、上述の共和政体排撃論も国家客体説に基づいたものであろう。

また、梁啓超は穂積八束の所説の引用を通して、中国のみならず欧米をも含む世界の大勢が専制の樹立に向かっていることをも示そうとした。「開明専制論」第七章で引用された穂積の「立憲制下ノ三政治」という論文では、立憲体制の本質は三権分立にあり、かつ欧米や日本の立憲体制にはサブ・カテゴリーとして「大権政治」、「議院内閣政治」、「議院政治」があるとしながらも、いずれも近年、立憲体制の趣旨から大きく逸脱しようとしていると指摘されていた。すなわち三権分立の弊害は「国家機関ノ軋轢衝突ヲ招キ政務ノ渋滞シテ敏活ノ行動ニ便ナラザル」ことにあるが、今日に至り、その弊害による「国運ノ伸長ヲ阻害スルモノ多キヲ視ル」に及び、「三権分立ノ外形ノ内ニ竊ニ専制ノ実質ヲ扶殖セント欲シ遂ニ今ハ名実錯誤ノ変則ノ政治」が出現するようになった[22]。梁啓超は穂積の論を紹介した後、立憲体制の本質である三権分立を各国が実行し得ず、専制に立ち返ったのは「水が下に赴くようなものである」とし、さらに「優勝劣敗」という国際社会においては、専制によりもたらされる「内部の結合の強固さ」や「対外行動の敏活さ」、「一貫した目的の持続」こそが「優勝」のための重要な手段であることを指摘した[23]。

ところで、先行研究も言及しているように、梁啓超は螺旋的な進歩史観を唱えており、人類の歴史を干渉から自由へと不可逆的に進化するのではなく、自由、放任と干渉、保護が交互に入れ替わりながら進化していくものと捉えていたが、二〇世紀をまさに後者の時代であるとした。穂積の上述の引用は、まさに二十世紀が干渉、保護の時代であるという自説の補強としてなされたものと言えよう。また梁啓超がルソーを評価しつつも、あくまでも一九世紀の母であり、一方、ブルンチュリを二〇世紀の母と称えていることも、こうした螺旋的な進歩史観を踏まえてのことであった[24]。

他方、汪精衛は梁啓超の上述の説を批判するに当たって、その根拠として引用されたボルンハック思想の妥当性そのものを問うことから出発したが、その際、ボルンハックが論難した国家法人説の立場に立つことを鮮明にした。汪精衛は「人民の利益の衝突については、国家の機関が調和するべきである」とした上で、「君主とは総攬機関に過ぎ」ないと述べた。そして、君主を総攬機関としている国にはプロイセンがあるが、仏米のように国会を国家の総攬機関としている国もあることを挙げ、ボルンハックの「君主なくしては人民の利益は調和し得ない」という説には論拠がないと批判した。(25)

さらに、汪精衛はボルンハックの論敵であるイェリネックの学説から大きな影響を受けていた美濃部達吉から多くのものを学んでいた。後年、美濃部自身が穂積憲法学の急進的な批判者になったのは周知のことである。汪精衛が法政大学在学中に、美濃部が法政大学で教鞭を執っていたことから、汪精衛が直接に美濃部の謦咳に接していた可能性は大いにあろうかと考えられる。(26)汪精衛はボルンハック批判に当たって、美濃部自らイェリネックの学説に負うところが多いと述べる、後に『日本国法学　上巻上　総論』にまとめられることになる講義録にしばしば依拠した。例えば美濃部が、ボルンハックの君主と国家とを同一視する学説に対して、「若シ君主ガ統治権ノ主体ナリトナサバ統治権ノ主体ノ消滅ハ即チ国家ノ消滅ナラザルベカラズ」とその矛盾を突いた箇所は、そのまま汪精衛の論説にも引用された。(27)

また、梁啓超がその独自の螺旋的進歩史観に依拠して、論を展開したことに対抗して、汪精衛は非歴史的な人類の普遍性から演繹して、民権立憲を中国にも確立することができると主張した。以下で、その論旨を見ることにしよう。保皇派の意見は、英仏米の民権が今日のように育成されるまでには千数百年の歳月を要したことから考えてみても、我が国民がどうして一〇年、二〇年の努力で追いつけようか、我が国民が民権を享受しようと欲するなら、まず欧州古代の「国家専制」の状況を、次いで中世の「寺院専制」の状況を経るべきであり、その後にようやく近代の民権を伸長させる能力をもつことができるというものである。しかし、こうした見解は人類の心理作用に対する無知から来ている。人類には他の動物とは異なり精神があることから、模倣性を備えている。そして模倣は、その対象がある人種固有の慣習にではなく、人類の普遍性に根差している限りにおいて、長期にわたって持続され得るものである。自由、平等、博愛は人類の普遍性に根差したものであり、人種によってその併わせ受ける量の多寡があるに過ぎない。保皇派は独断的に、我が国民には有史以来全く自由、平等、博愛の思想がなかったと述べるが、それは春秋・戦国時代に至るまでに我が国民の精神が消耗し尽くされたためである。本来我が国民にも自由、平等、博愛の精神が備わっているからには、この精神に基づいて民権や立憲を中国においても確立することが可能であると。[28] 近年の研究において、しばしばこの時期の汪精衛の民主化論の特徴として、ルソー等のフランス啓蒙思想家の影響が指摘されている。[29] 上述の議論にも、非歴史的な人類の普遍性（ルソーの場合には「自然状態」）から演繹的に自由、平等、博愛に基づく民主主義論を展開している点で、その影響を認めることができよう。

ところで汪精衛が影響を受けたところの、ルソーの人民主権説と美濃部やイェリネックの国家法人説とは、そもそも後者が君主主権説と人民主権説との折衷の意図から生み出されたという歴史的事情を勘案すれば、両者は異なるパラダイムにあると言うことができよう。汪精衛の民主化論において、このように異なったパラダイムの思想が並存している背景としては、梁啓超等保皇派の所論の依拠する欧米や日本の諸学説に対して、そのそれぞれに対立する学説を縦横に引用したことから来るものと思われる。ボルンハックや穂積の国家客体説に対してはイェリネックや美濃部の国家法人説を、螺旋的な進歩史観に対しては非歴史的な人類の普遍性を重視するフランス啓蒙思想を、といった具合である。こうした態度は、汪精衛の論説が革命のためのプロパガンダという極めて実践的な課題の下で執筆されたということを考慮するならば、さほど違和感もなく理解されるだろう。独仏の諸思想を総動員した観のある、こうした初期の理想型としての民主主義論は、やがて一九二四年の国民党改組とともに大きな発展を遂げるが、それに関しては以下で見ることにしよう。

対蔣介石独裁・中国共産党批判と訓政期の民主集権制

さて、一九二〇年代半ば以降における、汪精衛の民主化論の前提になる民主集権制度の成立から見ることにしよう。孫文の晩年における連ソ容共路線への転換に伴い、一九二四年に国民党が改組され、民主集権制が確立されるに及んで、汪精衛もそれを受容するようになった。まさに西村成雄が述べるように、中華民国国民政府時代と中華人民共和国時代を貫く同質の歴史的位相、一政党が政府を創出し、国家として凝集させるという「政党国家（party state）」という理念を、汪精衛もまた共有したのである。[30] そして、民主集権制は国民党改組以後、汪政権時期に至るまで汪精衛の政治体制をめぐる考察の前提をなすに至った。

さて、国共合作解消以後、汪精衛は訓政体制から憲政体制への移行に絡めて、民主集権制に独自の解釈を施すようになった。そしてその契機として、次の二つを挙げることができる。第一に、国共合作解消後、国民党内で蔣介石の独裁が顕著になり、反蔣戦争を含む反独裁闘争を推進する上で、理論的根拠が求められるようになったことである。第二には、中国共産党との間で青年層の支持をめぐってイデオロギー闘争が推進されたことである。汪精衛は、前者を「腐敗勢力」と呼び、党と民衆とを切り離し、全国人民の手から公民及び私人としての権利を余すところなく剝奪し、党員を特殊階級に仕立て上げたとして非難した。また後者については、「悪化勢力」と呼び、その型にはまった階級闘争理論の実践が、ただ各階級間の混戦を引き起こし、国民革命を破壊するばかりであるために、民衆から見捨てられ、中国史上の黄巣、李自成、張献忠等の伝統を継承して、殺人や放火の道を歩むに至ったと指弾した。汪精衛は一九二七年の武漢国民党の分共決議以後、「腐敗勢力」と「悪化勢力」によって、革命同志が「はさみうち」の状況下に置かれていると嘆じた。

では、どのようにすればそうした困難な状況を克服することができるのだろうか。しばらく汪精衛の所論に従って見ることにしよう。汪精衛は、国民革命の目標が「民主勢力」の育成にあるとし、「民主勢力」が育成され得ないなら、憲法や法律の制定は白紙に黒字を記したに過ぎず、いかなる軍隊であれ、軍閥化する可能性が生じるようになるであろうと述べた。[31] さらに「民主勢力」になり得るのは、「全国の生産に従事している分子」であるとして、そうした「生産階級」は、半植民地という国際環境と封建勢力盤踞という国内環境によって抑圧されているとした。ちなみに蔣介石は軍閥官僚土豪劣紳に、中国共産党は都市や農村のごろつき集団に依拠しており、「生産階級」の庇護者ではないことは言うまでもないこととされていた。[32]

では、汪精衛は民主集権制の枠内で、いかにして「生産階級」たる人民や民衆を「民主勢力」に育成しようとしたのであろうか。換言すれば、「民主勢力」の育成に当たって、民主と集権との間の関係如何をどのように考えたのであろうか。汪精衛はこの課題に対して、民主集権制を集権によって民主を実現させる体制と解釈することによって応えようとした。汪精衛は、「以党治国」という集権が人民の間に民主主義を普及させる上で、不可欠なものであると考え、これを正当化するために次のような二つの理由を挙げた。第一には、党が国民革命を反革命から守るために存在しなければならないということである。汪精衛は「反革命勢力が掃討されないなら、反革命の輩は公権を利用して、革命をご破算にし、辛亥革命の失敗した先例を踏襲することとなってしまうだろう」と述べ、辛亥革命直後の国会が袁世凱によって無残に破壊された史実を挙げた。第二には、党の支配が地方自治の実施のために必要とされているということである。汪精衛は孫文を引用して、「人民に対して、内実の伴わないままに参政権を獲得するように指導してはならない」と注意し、「民主勢力」の育成方法が、「県から省、そして国へと順を追って人民を政治に従事させ、下から上へ、小から大へと経験を積み重ねさせ、その能力を養成する」ことであるとした。[33]

また汪精衛は、「以党治国」という集権が実施されるなら、たとえ民主化されたとしても、形式的なものに過ぎなくなるのではないかという疑念に答えて、民主化の過程で、党の権力の限界を定めるべきことをも主張した。第一に、党と商人団体、労働者団体、農民団体等の民衆団体との関係においては、そうした民衆団体の独立性が尊重されるべきであるとした。党が各種民衆団体を命令に従わせるに当たっては、「自発的に党の指導を受け入れるように導くことができるだけで、決して圧迫を加えてはならない」とした。第二に、党と政府機関との関係についても、党はただ政府機関に対して、「党の主義と政策に基づいて指揮・監督する」だけにとどめるべきであり、「政府機関に代わって、直接外部から指図をする」ことがあってはならないとした。第三に、司法機関は人民の生命、財産、自由の保障という観点から、「完全独立」するべきであるとした。第四に、人民の集会、出版、言論の自由に対して、明確な規定を作るべきであるとした。すなわち党の主義や根本政策に違反してはならないとする一方で、そうした主義や政策の施行方法については、人民の意見陳述を許容し、さらに施行に当たっては、人民の批判や監督を容認するというものであった。(34)

汪精衛が集権によって民主主義を拡大するに当たっての条件として、最も重視したことは、指導者の資質であった。新たな指導者には「民衆を組織し、かつ指導し得る」という資質が求められていた。すなわち「理論（の構築）において、中国の要求や中国革命の使命を見極めるべきであり」、その尽力によって、「民衆の間に協同的活動の精神を奮い起こし」、その模範的行動によって、「民衆の間に社会奉仕の習慣を打ち立てなければならない」とした。(35)訓政体制は集権と民主という相矛盾した要素の微妙な均衡の上に成り立っているが故に、その維持・発展に当たって制度的な担保が望めない以上、指導者の資質に大きく依拠せざるを得ないことは当然の成り行きであったと言えよう。

また汪精衛は、民主集権制という訓政体制の確立を目指す中国の国民革命が、英国のピューリタン革命やフランス革命とも、またロシアの社会主義革命とも異なった性格のものであると指摘し、次のように述べた。中国は国際社会においては半植民地の状況にあり、国内においては封建勢力が蔓延している状勢にある。それ故、仮に英仏の革命の方式を真似たところで、中国を国際間の束縛から離脱させることはできず、仮にロシア革命の方式を真似たところで、きっと各階級間の混戦状況を引き起こし、国民革命の協同的な力量を分散させて終わってしまうことだ

ろうと。(36)

汪精衛は以上のように、「民主勢力」の育成に当たっての民主集権に関する独自の見解を披露したが、では彼の所論と蔣介石独裁批判、中国共産党批判はどのように関連付けられるのだろうか。その問いに対して簡潔に答えると、民主集権における民主の側面は対蔣介石独裁批判に向けられ、集権の側面は対中国共産党批判に向けられていたのである。

前者から見ていくと、例えば汪精衛は上述のように党の自己抑制による民主化を説いたが、その議論は次のような蔣介石批判と表裏の関係にあった。蔣介石指導下の南京の党部は各種民衆団体を単なる「一種の道具」と見なし、自己の利益に奉仕させるために操っている。また党と政府機関の権限の範囲がしばしば重なり、明確に線引きがなされていないために、党が常に政府機関の権限を奪うという「党治」ならぬ「党乱」に至っている。(37)さらに党員以外の人民の集会、出版、言論の自由をことごとく剝奪しており、「党外に党なし」ならぬ「党外に民なし」という状況をもたらしていると。(38)一方、後者についても、訓政期にはあくまでも集権、すなわち国民党の一党支配と三民主義の指導を前提にした上での民主化のみしか認めていなかったことから、中国共産党や共産主義といった他党や他のイデオロギーにとって、民主化に乗じる機会はないに等しいものであったと言えよう。

もっとも汪精衛は、訓政期を経た後の憲政期の政治体制については、集権的要素を排した、欧米諸国の議会制民主主義とほぼ同様のものであると言明していた。汪精衛は憲政体制のあり方を説明するに当たって、フランスの第三共和制やドイツのワイマール共和制を例に挙げ、次のように述べていた。極右の「保皇党」や極左の共産党でさえも、議員を選出して、国会に参列することが許されており、出版、言論、集会、結社の自由やデモ行進の自由が保障されている。暴動を起こし、公共生活に直接危害を加えない限り、政府はこれまで干渉を加えようとしたりしなかったと。(39)すなわち蔣介石派はもとより中国共産党についても、憲政体制たる議会制民主主義を擁護する限りにおいて、その政治参加を容認すると示唆していたのである。

上述のように、汪精衛は訓政期においては民主集権制を唱え、独自の解釈を下していたが、憲政期の政治体制に関しては欧米諸国の議会制民主主義を志向していたのである。この点において、中国同盟会時期に主張された理想型としての民主主義論との間の親和性を認めることができよう。だが汪政権時期になると、憲政体制観に大きな変化が見られるようになり、その非連続性が浮き彫りになるであろう。

旧中華民国臨時・維新政府関係者との権力闘争と新たな憲政体制観

まず汪精衛が一九三八年一二月に重慶を脱出し、一九四〇年三月に汪政権を樹立した後の、その憲政体制観から見ることにしよう。汪政権発足当初、汪精衛は対日和平や反共と並んで、憲政の実施を同政権の最重要課題と位置付けていた。憲政の実施は盧溝橋事件前にすでに国民政府によって正式に決定されていたこともあり、汪政権が重慶政権に先立って、訓政から憲政へと体制変革を推進しようとする背景には、国民政府の法統の正統性をアピールするねらいがあったと言うことができよう。だが汪精衛は憲政体制のモデルとして、従来から主張してきたところの議会制民主主義を採用することを否定した。そして中国で辛亥革命直後に設立された国会に触れて、現在、我々が実施しようとしている憲政は、決して民国元年に施行しようとした類のものではないと断言した(40)。

汪精衛が従来憲政体制のモデルと目してきた、欧米諸国の議会制民主主義を否定するに至った要因とは、第二次大戦でのフランスの敗戦及び英国の劣勢が、その民主主義によってもたらされたと見なしたからであった。汪精衛は次のように指摘した。今次の欧州大戦に至って、人々は西欧民主政治の誤りを知り、西欧民主主義が現代に適応できないことを悟るようになった。こうした不適応ぶりは、個人の自由を主張するばかりの民主主義が国家・民族の自由をなおざりにしてきた結果にほかならないと(41)。

では、新たに憲政期の政治体制のモデルとなったのは何だったのだろうか。汪精衛は欧米諸国の議会制民主主義に代わって、日本の政治システムを高く評価するようになり、次のように述べた。日本の明治維新は、中国の諸改革・革命よりも成功が大きく、かつ速やかであった。そこには様々な要因があろうが、とりわけ重要なのは、日本の国家や社会が天皇を中心としていることであり、この中心があるからこそ、挙国一致が容易になされ、成功につながったのであると。[42] また日本の近衛新体制については、個人の自由を転換して、国家・民族の自由となし、個人主義から全体主義へと至り、民主主義から集権主義へと至るものであるとした。汪精衛によれば、こうした個人の自由よりも国家・民族の自由を重視する民主主義観は、孫文の民権主義においてすでに表明されているところのものであった。[43]

汪精衛の汪政権期における憲政体制観は、戦前からの議論の文脈に即するならば、事実上、訓政期の民主集権制における集権が民主を実現するための手段から、民主と同義に転化したものであった。例えば、汪精衛の女婿である褚民誼は、汪政権の政治パンフレットにおいて次のように述べた。(憲政期における)民主政治の方式は集権制度を採用するべきであり、そうしてはじめて(蔣介石が作り上げた)独裁制度を根本的に消滅させ、かつ代議士制度の病弊を除去することができると。[44]

汪精衛は集権制度としての民主政治のあり方について、さらに踏み込んで次のように説明した。満州帝室が日本の天皇のように中心勢力とするには足りなかったので、革命を起こさざるを得ない事態に至ったが、革命後も中心勢力の確立には重ね重ね失敗している。民主政治は我々の信奉するところのものであり、独裁政治は我々の反対するところのものであるが、民主政治の弊害を防止して、分散に至らないようにし、かつ独裁政治特有の権勢を笠に着た裁断の轍を踏まないようにするには、どのような方法があろうか。そのような方法としては、一つの党、一つの主義を中心として、その他の各党各派が連合し、共同で国家社会に対する責任を担うということを挙げることができよう。ここにも依然として民主政治の基本的精神を取り込んで、少数は多数に服従し、多数は少数を尊重するものである。他方、一つの党、一つの主義が中心となっているので、分散に陥ることはなく、しかも組織訓練の様々な努力によって、この党を日に日に規律化させ、この主義を日に日に普及させることで、常に多数を得ることが可能となるであろう。各党各派の存在は少数であるが、その意見は常に尊重されるべきであり、なおかつ中心勢力の政治的偏向を是正するという長所がある。独裁政治はどこまでも権勢を笠に着て裁断しようとして、善事を行なえば、もとより栄誉を独占し、悪事を行なえば、絶対にそれを是正する術がないという有様であり、民主政治との是非、得失の隔たりは言うまでもないであろう。こうした民主政治の原理は、総理孫先生の民権主義においてつとに我々に指し示されていると。(45)

汪精衛がここで述べる民主政治観、すなわち一つの党、一つの主義を中心として、その他の各党各派が連合するというそれは、具体的にどのような背景の下で提起され、どのようなことを意図していたのであろうか。汪精衛は国民政府還都に当たって、華北の中華民国臨時政府代表の王克敏、華中の中華民国維新政府代表の梁鴻志と会談した。汪精衛のプランでは、国民政府の最高決定機関である中央政治会議は、二四名から三〇名の議員によって組織され、かつ「社会的に重要な人士」として参加する臨時・維新両政府関係者の定員は六名に限定され、全議員の四分の一、ないし五分の一を占めるにとどめるというものであった。だが、こうしたプランは王克敏、梁鴻志の権限を大いに弱めるものであるが故に、両政府関係者から受け入れられなかったばかりではなく、日本側からも容認されなかった。(46)三者の協議の結果、中央政治会議の議員配分は国民党三分の一、臨時・維新両政府三分の一、残余の三分の一を蒙疆政権及びその他の無党無派とすると合意されるに至った。(47)政府の最高決定機関の中央政治会議において、汪精衛等の国民党は三分の一の勢力しかなかったために、政局の主導権を握られぬまま、新中央政府を発足させることを余儀なくされた。汪精衛の民主政治観である、一つの党、一つの主義を中心としたその他の各党各派の連合が意図するところのものは、汪精衛等の国民党関係者が政府内で劣勢を挽回して主導権を掌握し、中心勢力となり、臨時・維新両政府関係者等を従えることにあったと言うことができよう。[48]

その際、国民党と三民主義が一つの党、一つの主義として、中心勢力の役割を発揮するために発動されたものこそが東亜聯盟運動であった。宣伝部長の林柏生は東亜聯盟運動について、「国民党を中心として発動された国民運動である」と説明し、さらに次のように述べた。東亜聯盟中国総会は一つの政党ではなく、国民党を中心に各党各派、及び無党無派の人民が連合して、推進した国民組織である。中国は今日、対内的、対外的に最も必要に迫られているものとしては、中心勢力の樹立に勝るものはなく、この度の運動発展の結果は、疑いもなく中心勢力の基礎組織に対して厚みを加え、それを強化するものとなるであろうと。[49] すなわち東亜聯盟運動は国民党傘下の大衆団体として、国民党という中心勢力の基層を強化し、汪政権発足当初、なおも日本軍の支持の下に政権内に強力な地盤をもっていた旧政府系の大衆団体や政党を国民党に吸収することに寄与するよう求められていたのである。そして実際に、形式的ながらも、旧維新政府系の大民会や共和党等は、相次いで国民党に統合されることになったのである。[50]

小　結

本章の仮説と論証を整理することにしよう。汪精衛の生涯の各時期における外交観に関する、連続性・非連続性とは何かという問題については、以下のような議論を展開した。連続性の仮説については、第一に、いかなる国家も国益の追求を主要動機として行動し、かつ各国の国益を調整することによって生み出される勢力均衡に基づいた国際関係が、常に不安定なものたらざるを得ないと認識していたことが挙げられる。戦前期については以下のようである。国益追求を主要動機とするという国家観に基づいていたが故に、汪精衛は清朝末期における米国の門戸開放政策に関して、その道徳主義的アプローチの要素を認めなかった。そして、門戸開放政策によってもたらされた列強の勢力均衡と中国の保全が、清朝の稚拙な外交も相俟って、非常に不安定であり、勢力均衡が破れた日には、一部の有力な列強によって中国が分割されるであろうと警告した。第一次大戦後に米国の主導の下に、日本と米英との間の中国をめぐる勢力均衡を回復するべく確立されたワシントン体制に対しても、汪精衛は同様の見方をしていた。

他方、戦中期については以下のようである。満州事変、さらには日中戦争が勃発すると、汪精衛は国際連盟の無力ぶりに改めて幻滅したことから、主として米英等を日中戦争に軍事介入させることによって、日本の対中国侵略を撃退しようと目論んだ。その際、米英等が軍事介入に踏み切る直接的な動機としては、東アジアにおいて日本との間に勢力均衡を回復し、自国の国益を擁護するということを想定していた。だが、汪精衛は米国の道徳主義的アプローチに基づいた対日批判を一定程度評価しつつも、上述の国家観から演繹して、対中通商よりも対日通商からより多くの利益を得ていた米国が、国益擁護のために日中戦争に対して武力介入するという必然性を見出し得なかった。またそれは、莫大な在華権益を抱え、戦前、中国大陸において日本との間に勢力均衡を維持してきた英国が、日本の対中国侵攻によって崩壊した勢力バランスを回復するために、日本に対して軍事行動に出ることは不可能であると判断せざるを得ない根拠となった。英国は広大な植民地を防衛しなければならないことから、東アジアにおける対日軍事行動を単独で行なう意思がなく、対日軍事制裁に踏み切るには米国との共同介入が前提条件になると分析していたからである。汪政権樹立後には、中国をめぐる日本と欧米各国との勢力均衡が、両者間の人種的偏見によりそもそも成立しようがなく、中国を足場とした欧米による対日圧力を恐れた結果、日本が中国の独占を狙って軍事行動を起こすことになったと指摘した。そして英米等の軍事介入を恃みにして、中国の勝利を確保するといった政策を放棄するべきであるとした。

連続性の仮説の第二としては、上述の勢力均衡に基づく国際関係がはらむ不安定さを克服する方策として、超国家的な組織を設立し、諸国家間で相異なる国益を一体化することによって、中国の対外環境の平和と安定を確立しようとしたことが挙げられよう。戦前期には、とりわけヴェルサイユ講和会議前後、汪精衛は諸国家を発展的に解消して、国際連盟にその萌芽を見出すことができる世界的な組織を設立し、相対立する諸利害を共通化することに成功すれば、恒久的な平和がもたらされると考えた。また戦中期の汪政権樹立後には、日中間の戦争を和平へと転換するために、東亜聯盟を設立し、「経済提携」、「軍事同盟」、「文化交流」を通して、中国、満州、及び日本の間の諸利益の不一致を除去し、その共通化を促進しようとした。

ただし注意するべきことは、汪精衛が超国家的な組織の樹立を主張していたからといって、決して中国の国家主権を軽視していたわけではないということである。戦前期には、世界的な組織の実現を提唱するに際して、社会進化論を採り入れ、中国の現段階を半植民地状態から国家へと進歩を遂げる途上にあるとして、中国の自立を喫緊の課題であると主張していた。また戦中の汪政権期には、東亜聯盟の四大綱領の最初に「政治独立」を掲げ、日本軍政当局からの行政権返還を最重要課題と位置付けていたのである。

次に非連続性について見てみよう。何よりも勢力均衡の不安定さを克服する方策としての超国家的組織の性質が相違していることが挙げられよう。戦前期では超国家的組織の雛形は国際連盟であったが、戦中の汪政権期ではそれは石原の東亜聯盟論に求められていた。前者の国際連盟はグローバルな規模を持ち、各国・各民族が平等であったが、他方、後者の東亜聯盟は地域的機構であり、聯盟参加国の「政治独立」を尊重するという前提条件付きながら、日本の指導性を事実上容認していた。

他方、汪精衛の生涯の各時期における政治体制観に関する、連続性・非連続性とは何かという問題については、以下のような検討を経てきた。連続性の仮説ついては、中国同盟会時期から汪政権時期に至るまで、「民主」がキーワードになっていたこと、また汪精衛は、自らが主導する革命を破壊しようとする敵や、あるいは自らが指導する政権を簒奪しようとする敵を除去するために、「民主」の内容を常に再定義し、活性化していたことを提示した。まず中国同盟会時期には、梁啓超等の保皇派を論難するために、イェリネックや美濃部の国家法人説やルソーの人民主権説に依拠したりするなど、理論的に矛盾をはらみつつも、理想型としての民主主義論を唱えた。次いで一九二〇年代後半から一九三〇年代前半にかけての反蔣介石・反中国共産党闘争の時期には、両者を批判するために、訓政体制たる民主集権制に独自の解釈を試みた。さらに汪政権時期には、旧中華民国臨時・維新政府関係者との権力闘争のために、憲政体制に新たな解釈を加えて、一つの党、一つの主義を中心とした各党各派の連合という民主政治のシステムを構想した。

続いて政治体制観の非連続性について見てみよう。汪政権樹立以前においては、汪精衛の民主主義観にはある程度の連続性を認めることが可能である。中国同盟会時期には、独仏の諸理論を総動員して、理想型としての民主主義論を唱えており、またその後の反蔣介石独裁・反中国共産党闘争時期においても、憲政体制の確立に当たって、欧米諸国の議会制民主主義をモデルにするよう唱えていた。しかし汪政権樹立後には、議会制民主主義を憲政体制のモデルにすることを明確に否定するに至った。ナチス・ドイツ軍の侵攻の前に、仏英両国がなすすべもなかったことの要因を、両国の議会制民主主義が一つの中心勢力の確立を阻害したことに求めたからである。代わって高評価の対象になったのが、ナチス党を模倣した近衛新体制の大政翼賛会等であり、憲政体制のモデルも日独の全体主義体制に近似した、一つの党、一つの主義が中心となり、その他の各党各派が連合するという政治システムになった。

上述の汪政権時期における汪精衛の外交観、政治体制観を具現したものこそ、ほかならぬ東亜聯盟運動であった。東亜聯盟運動は元来、石原が提唱した運動であるが、汪精衛はそれに独自の修正を加えて、汪政権の官製国民運動とした。東亜聯盟運動は汪精衛の外交観を反映して、中日間に超国家的組織を設立し、「経済提携」、「軍事同盟」、「文化交流」を通して、中日間の利害の共通化を図る一方、中国をはじめとする参加国の行政権の独立を四大綱領の最初に掲げて、その重要性を強調した。一方、同運動は汪精衛の政治体制観を反映しており、国民党の外延組織として、一つの党、一つの主義という中心勢力の大衆的基盤を形成することを目標に掲げた。汪政権下の東亜聯盟運動は、日本軍当局による同運動の押し付けの結果ではなく、戦前来の汪精衛の外交観や政治体制観の帰結として発動されたのであると言えよう。

（1）前掲、土屋光芳『汪精衛と民主化の企て』。横山宏章「『訓政』独裁をめぐる国民党の政争」、『明治学院論叢』第五一三号、明治学院大学、一九九三年三月。So Wai-chor, *The Kuomintang Left in the national revolution, 1924-1931*, Oxford University Press, 1991.

（2）わずかに、山田辰雄が戦前と戦中の汪精衛の行動様式の共通性を示唆するのみである。すなわち汪精衛等の国民党左派の特徴として、軍事・大衆基盤を欠いた行動様式を指摘し、そうした行動様式が戦前においては反蒋介石派の軍閥への投機と結び付いたのと同様に、戦中においては日本軍への投機をもたらしたと示唆している。山田辰雄『中国国民党左派の研究』、慶応通信、一九八〇年。

（3）汪精衛「申論革命決不致召瓜分之禍」、「民国叢書」編輯委員会編『汪精衛著「汪精衛集」』、上海書店、一九九二年（光明書局、一九三〇年刊の複製）、第一巻一四五頁。汪精衛「再論、革命は断じて中国の分割の禍を招かず」、河上純一訳『汪兆銘全集第一巻』、東亜公論社、一九三九年、一七三頁。

（4）汪精衛「革命決不致召瓜分説」、同上、第一巻一〇〇、一〇五～一〇六、九九頁。汪精衛「革命は断じて分割を招かず」、同上、一二四～一二五、一三〇、一二三頁。
（5）汪精衛「吾人対於中国之責任」、『旅欧雑誌』第八期、一九一六年一二月一日、三～五頁。
（6）汪精衛「吾人対於国家之観念」、『旅欧雑誌』第四期、一九一六年一〇月一日、二頁。
（7）汪精衛「吾人対於中国之責任（二）」、『旅欧雑誌』第九期、一九一六年一二月一五日、一頁。
（8）汪精衛「吾人対於国家之観念（二）」、『旅欧雑誌』第五期、一九一六年一〇月一五日、三～四頁。
（9）汪精衛「巴黎和議後之世界與中国　緒論」、汪精衛編著『巴黎和議後之世界與中国　第一編』、民智書局、一九二六年再版、七～八、一八～一九頁。
（10）汪精衛『帝国主義侵略中国的趨勢和変遷概論』、上海太平洋書店、一九二五年、八〇～八一、七九～八〇、八六、九〇～九一頁。
（11）汪精衛「最後関頭」、林柏生編『汪精衛先生最近言論集　続編（由二十六年六月到現在）』、南華日報社、一九三八年、三六～三七頁。
（12）汪精衛「国際形勢與対外方針」、汪精衛『汪副総裁莅湘四講』、湖南省政府、一九三八年、三六～三九、四三～四四、四九～五二、四七～四九、五七～五九頁。
（13）汪精衛は一九四〇年六月に発表した「蔣介石的磁鉄戦」において、中国の最終的な勝利の条件とは、国際的な軍事援助と日本経済の崩壊であるが、両者はともに実現性が低いとした。また持久戦を意味する「磁石戦」についても、「蔣介石自身の主力軍を保持し得さえすれば、なにものも恐れることはない、というのは主力軍を保持することで、広大な土地と膨大な人口を制御することができ、…同時に広大な土地と膨大な人口を駆使して、日本軍を休む暇もなく長期にわたって苦しめることができるからである」。しかしながら、こうした「磁石戦」では、最終的な勝利を得ることは不可能であると断じた。汪精衛「蔣介石的磁鉄戦」、中国国民党中央執行委員会宣伝部編『汪主席和平建国言論集　下巻』、中国国民党中央執行委員会宣伝部、一九四〇年、二三六頁。
（14）汪精衛「致中央常務委員会国防最高会議書」、前掲、中国国民党中央執行委員会宣伝部編『和平反共建国文献（第一輯　中国之部　重要声明　汪主席言論）』、三頁。
（15）汪精衛「和平運動殉難同志追悼大会献辞」、同上、一三一～一三二頁。
（16）汪精衛「所望於産業界諸君」、前掲、中国国民党中央執行委員会宣伝部編『汪主席和平建国言論集 上巻』、一一二頁。
（17）前掲、汪精衛「東亜聯盟的理想」、九頁。

(18)　呉宗保「全体主義的全体性」、『大亜洲主義與東亜聯盟』第二巻第六号、一九四三年六月、四一頁。
(19)　李暁東「制度としての民本思想―梁啓超の立憲政治観を中心に―」、『思想』九三二号、岩波書店、二〇〇一年一二月、一三五、一二八頁。その他に「開明専制」論に言及している主だった先行研究としては、高柳信夫「梁啓超『開明専制論』をめぐって」、『言語・文化・社会』第一号、学習院大学外国語教育センター、二〇〇三年三月。狭間直樹編『共同研究　梁啓超　西洋近代思想受容と明治日本』、みすず書房、一九九九年等がある。
(20)　梁啓超「開明専制論」、『新民叢報』第七五号（第四年第三号）、一一頁。
(21)　上山安敏『憲法社会史』、日本評論社、一九七七年、二五〇頁。
(22)　穂積八束「立憲制下ノ三政治」、穂積重威編『穂積八束博士論文集』、有斐閣、一九四三年、七二四頁。梁啓超が引用したのは同論文初出の『法学新報』第一六巻第一号、一九〇六年一月からであると推測される。
(23)　前掲、梁啓超「開明専制論」、九～一〇頁。
(24)　詳細については、以下を参照のこと。森時彦「梁啓超の経済思想」、前掲、狭間直樹編『共同研究　梁啓超　西洋近代思想受容と明治日本』、二四五頁。土屋英雄「梁啓超の『西洋』摂取と権利・自由論」、同上、一五四～一五五頁。
(25)　汪精衛「駁新民叢報最近之非革命論」、『民報』第四号、一九〇六年五月一日、九～一〇頁。
(26)　一九〇六年発行の『大日本法政大学紀要』に掲載された法政速成科担任講師一覧に、憲法担当講師として筧克彦と並んで美濃部達吉が挙げられている。法政大学大学史資料委員会編『法政大学史資料集　第十一集』、法政大学、一九八八年、一一五頁。
(27)　美濃部達吉『日本国法学　上巻上　総論』、有斐閣書房、一九〇七年、二六～二七頁。汪精衛の引用箇所は前掲、汪精衛「駁新民叢報最近之非革命論」、八～九頁。
(28)　汪精衛、同上、二九頁。
(29)　張小蘭「『民報』期の汪精衛の政治思想」、『思想研究』第二号、日本思想史・思想論研究会、二〇〇二年三月では、当時、汪精衛がルソーの民主主義論を受容した意義について討究されている。
(30)　西村茂雄「第五章　歴史からみた現代中国の政治空間」、毛里和子編著『現代中国の構造変動①　大国中国への視座』、東京大学出版会、二〇〇〇年、一九三～一九四頁。
(31)　汪精衛「怎様樹立民主勢力」、南華日報社編輯部編『汪精衛先生最近言論集』、南華日報社、一九三〇年、一～四頁。
(32)　汪精衛「怎様実現民主政治」、同上、一〇～一一頁。

(33) 前掲、汪精衛「怎様樹立民主勢力」、五～六頁。
(34) 汪精衛「党治意義」、前掲、南華日報社編輯部編『汪精衛先生最近言論集』、三三～三六頁。
(35) 前掲、汪精衛「怎様実現民主政治」、一四～一六頁。
(36) 前掲、汪精衛「怎様樹立民主勢力」、七～八頁。
(37) 前掲、汪精衛「党治意義」、三四～三五頁。
(38) 汪精衛「関於党治之談話」、前掲、南華日報社編輯部編『汪精衛先生最近言論集』、二三～二四頁。
(39) 汪精衛「論思想統一」、同上、一四一～一四二頁。もっとも満州事変が勃発すると、汪精衛の憲政体制観にも微妙な変化が現れるようになった。国民政府は日本の侵略に対処するべく、中央政府に権限を集中させる一方で、一九三〇年代半ばからは憲政体制への移行に着手するようにもなった。この頃の汪精衛の憲政体制観も、情勢の変化を受けて、民主よりは集権に重きを置いた議論を行なうようになっていたものの、依然として欧米諸国の議会民主主義制度をモデルと見なしていた。それ故、汪精衛は中央政府への権力集中をも、欧米諸国における集権のありようを次のように指摘し、正当化したのである。昨今の英米仏等の民主政治においては、平時にはもとより人民に政治的な自由を比較的多く付与しており、これらの政府の政策実行能力は時として、やや優柔たることを免れないでいる。しかし、ひとたび国家に非常な異変が起こると、例えば第一次世界大戦のような国家の危急存亡に直面すると、政府への権力集中や政府の迅速な行動が十分に行なわれるようになっている。また例えば近年、米国では経済恐慌から脱却するために、連邦議会がルーズベルト大統領に大きな権限を授与して自由に行使できるようにした。米国は現代の世界における富強国であるが、その米国でさえ経済恐慌という小さな危機に遭遇しても、中央政府に権力を集中させている。いわんや中国は、内憂外患が各方面から迫っている時にあり、なおさら中央政府に権力を集中させるべきであろうと。汪精衛「論民主政治」、林柏生編『汪精衛先生最近言論集　上下編（従民国二十一年到現在）』、中華日報館、一九三七年、下編二二～二三頁。

さらに憲政体制における中国共産党に対する処遇にも変化が見られた。一九三五年一一月の国民党第五次全国代表大会で、一九三六年中に国民大会を開催し、憲法草案を完成させると決定し、いよいよ訓政から憲政に移ろうとする段階で、汪精衛は国民大会の基礎として次の三点を挙げた。第一には満州事変以降、焦眉の急となった亡国滅種の危機に対する共同感覚、第二には党員、非党員を問わず、一致団結なくして救国はあり得ないとする共同認識、第三には三民主義に対する共同信仰。特に第三の共同信仰に関連して、危急存亡の時には、一つの主義によって全国人民の行動を統一することは救国の唯一無二の方法であり、同じ空間・時間内に二つの主義の並存は不可能であると断言して、憲政体制下における中国共産党との共存を否定したのである。汪精衛「国民

大会之三大基礎」、同上、下編九一～九四頁。

(40)　汪精衛「新時代的使命」、江蘇省教育庁編『汪精衛主義読本　下冊』、政治月刊社、一九四二年、二六～二七頁。

(41)　同上、二六頁。さらに汪精衛は議会民主主義制度そのものの欠陥を次のように列挙した。第一に、各政党は選挙に際して、それぞれの政治的主張を行なうが、一般の人民の誰もが政治的な頭脳をもっているわけではないので、そうした主張を容易に理解し得るわけではない。それ故に、どの党の政治的主張が正しく、どの党の政治的主張が間違っているかを判断した上で、投票することは不可能である。第二に、各政党の政治的主張は同じではなく、国会においても互いに譲歩しないために、結果的に多数決によらざるを得なくなるが、多数派の主張が必ずしも良いとは限らず、また少数派の主張が必ずしも悪いとは限らない。むしろ、最良の主張はややもすれば少数のこの上なく聡明な人々によって強く主張されるものであるが、残念ながら、多数の愚昧な人々によって排斥されがちである。たとえこうした少数の人々が大変な努力を重ね、徐々に多数の人々の賛同を勝ち得たところで、往々にして時機を逃しがちである。現代世界においては科学の進歩故に、物質のメカニズムの速力が増大しており、そうした物質の速力増大に適応するためには、人事のメカニズムの速力も同時に増大させなければならないのである。とりわけ、昨今は国家間関係が食うか食われるかという状態にあり、よしんば国力が相匹敵しているとしても、敏捷に機先を制しなければ生存し得ないのである。こうしたおいおいに多数を得る方法は、時代に適応することができないと言えようと。汪精衛「民権主義前途之展望」、前掲、中国国民党中央執行委員会宣伝部編『汪主席和平建国言論集　下巻』、二六二頁。

(42)　前掲、汪精衛「民権主義前途之展望」、二六三～二六四頁。

(43)　前掲、汪精衛「新時代的使命」、二六頁。

(44)　褚民誼「政治建設」、中国国民党中央執行委員会宣伝部編『民主與独裁』、中国国民党中央執行委員会宣伝部、出版年不明、一一頁。

(45)　前掲、汪精衛「民権主義前途之展望」、二六四～二六五頁。

(46)　前掲、蔡徳金『歴史的怪胎』、七八頁。

(47)　前掲、今井武夫『日中和平工作　回想と証言1937-1947』、九一頁。

(48)　汪精衛等の国民党、旧維新政府、旧臨時政府、日本軍当局の四者の対立の状況、及び汪政権の旧維新政府の要人や職員に対する処遇については、前掲、堀井弘一郎「汪精衛政権の成立と中華民国維新政府の解消問題」を参照。

(49)　前掲、林柏生「関於東亜聯盟運動」、九九頁。

(50)　前掲、石源華「汪偽時期的『東亜聯盟運動』」、二七三頁。

第三章　中国青少年団の成立と展開

序

ヒトラー・ユーゲントが教育のナチ化に当たって大きな役割を果たし、その結果、他の枢軸諸国にも大きな影響を及ぼしたことは周知のことである。日本では大日本青年団、帝国少年団協会等の諸団体が統合され、一九四一年一月に大日本青少年団が設立され[1]、汪政権でもようやく一九四三年三月になって、全国一元的な青年運動の団体として中国青少年団の発足をみるに至った。本章では、先行研究がこれまで本格的に取り上げることのなかった中国青少年団について論じるものとする[2]。

第一節で中国青少年団がどのように成立したのか、またその組織の特色はどのようなものであったのかについて見ることとする。第二節では、対華新政策により実現した汪政権の参戦後の情勢において、中国青少年団の活動がどのような政治的意義をもっていたのかについて考察する。その際、一九四三年一二月から翌年一月にかけて、日本、満州と同時並行的に実施された第一回大東亜青少年総奮起運動及び三禁運動を事例にとることとする。第三節では中国青少年団団員の手記を参照して、一般の団員がどのような意識で活動に臨んでいたかについて解明を試みる。

第一節　中国青少年団の成立

中国青少年団の設立

一九四三年三月に中国青少年団が成立する以前には、汪政権における青年運動は一元的に統合されたものではなく、規模も大きなものではなかった。元来、中国では高級小学と初級中学のカリキュラムに童子軍（ボーイスカウト）が組み込まれていたが、汪政権下では「恢復されているものは算える程しかな」い状況であった。その上、高級中学や大学では元々童子軍のような「学生組織を欠いていた」[3]のであり、代わりに軍事訓練がカリキュラムに取り入れられていた。また第一章で触れたが、一九四〇年九月より広東で汪政権の手により東亜聯盟運動が展開されるに当たって、青年団幹部訓練班が設立されたが、訓練の対象となったのは小学校長や警察局長等であり、規模もごく小さなものであった。

汪政権において一元的に統合された青年運動が実施に移されるようになったのは、太平洋戦争の開戦とともに新国民運動が新たな発展をみてからである。第一章で見たように、新国民運動は東亜聯盟運動の衰退を受けて、一九四一年一一月に清郷工作における思想清郷の一環として始められた。新国民運動は漢民族ナショナリズムを主張することによって、清郷地区の世論の支持調達を目論み、中国共産党の新四軍の影響力をそぎ落とそうとしていた。

また同時にそれは、中国の再建よりも持久戦体制の確立を優先させようとする日本軍政当局の方針に対して牽制する意図をも併せもっていた。太平洋戦争勃発後には、新国民運動は大東亜共栄圏構想に擦り寄って、「東亜」ナショナリズムの立場を打ち出し、国民の戦争への支持・協力を引き出すための精神総動員となった。ただしそこには、積極的な戦争協力と引き換えに、日本軍が管理していた権益を汪政権に回収しようというねらいが秘められていたということを付言しておかなければならない。

では、太平洋戦争の勃発を受けて、新国民運動を新たに展開するに当たり、汪政権は青年運動にいかなる役割を付与したのであろうか。第一章でも触れたが、改めて見ておくことにしよう。汪精衛は「日本の隆盛、及びドイツやイタリアの復興は青年の力に依っている」として、「新国民運動はまさに青年の組織と訓練から出発して、一般民衆に拡大する」べきであると主張した。(4) また第一一章で触れるように、汪政権と類似した状況に置かれていたヴィシー政府の青年運動の興隆からも影響を受けていた。そこで、一九四二年一月に汪政権中央宣伝部は「全国新国民運動推進計画」を制定し、運動を推進するに当たって時期を三区分した。同計画によると、第一期の全国規模での宣伝活動を経て、第二期では、各学校等の優秀な分子を選抜し、集団訓練を実施して、彼等にいかにして「新国民」になるかを認識させることが課題とされた。その上で第三期では、上述の集団訓練を受けた分子を通して、一般民衆にあまねく新国民運動を普及させることが企図されていた。このように青年運動は、新国民運動の普及のための一種の触媒として位置付けられたのである。汪政権が青年運動に特に着目した背景として、日本やドイツの青年運動の隆盛に注目したこととともに、次のことが言えよう。すなわち汪政権の支持層と目されている人々でさえ、新国民運動の提唱する「犠牲」的な精神論に冷淡な反応しか示さないなかで、「現在の中国住民の中一定年齢以上に達したものはまだ抗日共産思想の悪影響をうけて」いたという大勢を踏まえて、白紙状態に近いと見なされた青少年層に政権の確固とした支持基盤を築こうとしたと。

汪政権は「全国新国民運動推進計画」の方針に則り、一九四二年六月に行政院の下に新国民運動促進委員会を設置し、第二期で定められた各学校等の優秀な分子に対する集団訓練を行なった。ちなみに新国民運動促進委員会には、委員長に汪精衛が、秘書長に宣伝部長の林柏生が就任した。主だった集団訓練としては以下の事例が挙げられる。まず七、八月に南京で林柏生等が責任者となって、大学生対象の暑期訓練班や青少年団訓練班が設けられ、学生に対して東亜聯盟運動や新国民運動の理論が教え込まれた。またその後、さらに規模を拡大して新国民運動促進委員会の下に、汪精衛と林柏生がそれぞれ校長と教育長に就任して中央青年幹部学校が設立された。汪政権の官吏が六ヶ月間にわたって青年団の中核に集中訓練を行ない、「国父遺教」や「領袖言論」を教授するかたわら、ヒトラー・ユーゲントに倣って学生の軍事編成を実施した。これらの学生は訓練を受けている期間、食・宿泊費を一切支払わないですみ、訓練終了後には秘密の手当てを支給された。そして訓練を受けた学生にそれぞれの出身校で宣伝活動を行なわせ、青少年団を組織する際に中心的な役割を担わせた。(5) このような集団訓練を受けた学生を中心に後の中国青年模範団が結成されたのである。

ところで、青年運動の中核になる学生に集団訓練が実施されるかたわら、中国青少年団の設立に当たって、大日本青少年団の幹部が深く関与するようになっていた。(6) 汪精衛が中国青少年団の設立につき、日本の駐華大使を通じて指導者の派遣を「要請」した結果、一九四二年七月に大日本青少年団副団長の朝比奈策太郎が訪中することとなった。現地では朝比奈は、新国民運動促進委員会が用意した「中国青年模範団組織学則草案」、「中国青年団組織原則草案」、「中国青年団歌」等に検討を加えた。また汪精衛、林柏生等の要人から説明を聴取して意見を交換し、実情を視察した上で、文書・口頭によって各方面に報告した。他方、汪政権側からは同年一〇月に林柏生が訪日し、大日本青少年団を視察した。林柏生は大日本青少年団の幹部と会見したほか、茨城県飯沼村にまで足を運んで、地元の青少年団が行なっている砂防工事の勤労奉仕を見学したりした。(7)

こうして一九四三年三月に中国青少年団、中国青年模範団の結成式を迎えたのだが、式に派遣された大日本青少年団の個々の若い団員は中国青少年団をどのように見ていたのであろうか。例えばある女子青年団員は日本が中華民国や満州国とともに固く手を握って進むためには、「大東亜の指導者としての修行をその青少年時代において積むことが大切」であると考えた。それは「島国根性的なコセコセした気持を捨てて、大きなゆったりとした気持を養」って、これらの国に臨むということであった(8)。中国青少年団の設立に大きく関与した大日本青少年団幹部の抱く指導者意識が、個々の若い団員の間にも反映していたと言えよう。

中国青少年団の組織的特徴

では次に、中国青少年団の結成とともに定められた団則「中国青少年団総章」を中心に、設立の趣旨、訓練内容、組織編成について見ていくこととしよう。まず設立の趣旨についてであるが、一九四二年八月、汪精衛は大学生暑期訓練班に参加した中国青年模範団の一員となるべき学生を前にして、従来の中国における青年運動と比較しつつ次のように述べた。辛亥革命や五四運動における青年運動が、それぞれ清朝を転覆し、帝国主義を打倒しようとしてきたことに関しては評価するべきである。しかしそれらの青年運動は所詮「敵の過ちを排撃することを知っているばかりで、自己の短所を正すことができない」というものに過ぎなかった。その結果、辛亥革命は袁世凱をはじめとする軍閥に踏みにじられることとなり、五四運動は共産主義に虚をつかれることとなった。新国民運動の下での青年運動はこうした過去の失敗を踏まえて、「敵に対して闘争する前に自己を確立しなければならない」のであると(9)。換言するなら、「自己」、すなわち中国自体の復興を確立した上で、「敵」、すなわち英米に対する戦闘を遂行しようという意図をもっていたのである。汪精衛の上述の意図は、翌年公布された中国青少年団の団則における趣旨に盛り込まれ、次のように示された。「…全国青少年をして…以て中華復興、東亜保衛の画時代的責任を荷うて三民主義の中国と共存共栄の東亜建設に邁進せしめ、世界を大同に至らしめるに在る（第一条）[10]」と。ここで、「中華復興」は「自己」の確立を、「東亜保衛」は「敵」たる英米との戦闘を意味していると言えよう。

訓練内容にはどのようなことが挙げられていただろうか。団則には「新国民運動綱要を訓練の基本とし、精神教育、思想訓練、行動規律化、体力鍛錬、軍事訓練、労働服務及技能訓練の七項に分（第五条）」かつと定められた。主だった項目に関して見てみよう。精神教育と思想訓練に関しては、次のように規定されていた。精神教育の内容としては儒教の徳目が重視され、『智』、『仁』、『勇』を精神教育の要旨とし、忠孝、仁愛、信義、穏和を以て、身を修め徳に進むための大本とする[11]」とされた。思想訓練については、「三民主義を思想指導の最高原則」にするとしており、「新国民運動と東亜聯盟運動が不可分の関係にある」ことを理解するべきであるとした。民族主義では、東亜聯盟運動につながる大亜洲主義に重点を置き、「中国がもし自由、平等を獲得できないなら、東亜を建設する責任を分担することはできず、中国の自由、平等の完全な獲得は東亜の解放に待たなければならない」とした。また民権主義では民主集権制度の実現を求め、英米の「個人主義・自由主義的な虚偽の民主政治」に対置して全体主義を理想とした。さらに民生主義では国家資本主義の充実に尽くすべきであるとした。民権、民生の両主義は新国民運動につながるとされていた[12]。

体力鍛錬と労働服務に関しては、次のようにねらいが掲げられていた。体力鍛錬では「努力し苦労に耐える精神」を養うとともに、「釣り合いのとれた発展と集団的な行動」を習得させて、「大衆の共同努力を喚起することを目標とする」とされた[13]。また労働服務では「『学習から行動へ、行動から学習へ』や『老い衰えるまで学習し行動する』、『労働は神聖である』という精神を養成」することが目標とされた[14]。そして実践項目としては農作業や土木作業のほかに、治安警備及び検挙や民衆教育の普及宣伝等も挙げられていた[15]。

最後に組織編成について、その指揮・命令系統を見てみよう。中国青少年団は「領袖」汪精衛を「尊奉して最高統師とす（第七条）」とされたが、「領袖」は「最高統師」として、中国青少年団や中国青年模範団の設立、改組、解散等に当たって絶対的な権限をもつと定められた（第八・九・一〇条）。そして団に加入する者は「領袖に服従して主義を実行、……（第五条）」という宣誓を行なうように義務付けられた。ところで中国青少年団を「領袖」の意を受けて、指導監督するのは新国民運動促進委員会であり、ことに秘書長の林柏生が大きな役割を果たすとされた（第一五条）。中国青少年団は林柏生の指導する総団部の下に省及び特別市団部を（第一八条）、さらにその下に県市団部及び特別市の分団部を設け（第二二条）、それぞれの行政単位の首長が責任を負うとされた（第一九・二三条）。

中国青少年団の基本組織については校団部と区団部に分けられた。前者は全国の公私立学校の男女学生を一律に各校ごとに編成したものであり、後者は校外の一〇歳以上二五歳以下の男女青少年のうち、選抜合格した者を編成したものである（第二五条）。さらに中国青少年団は青年隊と少年隊に分かれ、前者は公私立の高級中学から大学までの学生と一六歳以上二五歳以下の選抜合格した校外男女により編成され、後者は高級小学から初級中学までの生徒と一〇歳以上一五歳以下の選抜合格した校外男女により編成された（第一一条）。ちなみに中国青少年団に編成された学校数は小学（高級）五，二四八校、中学（初級・高級）三四五校、師範学校一九校、大学四校、独立学院五校であったという。[16] 校団部においては、中国青少年団の教程は各校のカリキュラムに組み込まれ、その指導の責任は各校の校長をはじめ訓育担当の教職員が担うとされた。[17] しかし当時の日本の調査報告では、第四章で詳述するように、汪政権下の学校教育における教職員は種々の事情から無気力に陥っていると指摘されており、同政権の教育方針を生徒に注入する上で、その効果が疑問視されている有様であった。[18] 中国青少年団における教職員の指導上の弊害を補完するものとしては先に見たように、林柏生等の要人により直接指導・訓練を受けて結成された中国青年模範団があった。中国青年模範団は一六歳以上二五歳以下の青年により編成され、[19] その団員は「中国青年団及び中国童子軍の各級指導者たることを得」[20] るとされたのである。

ここで比較のために、重慶において設立された三民主義青年団を見ることにしよう。三民主義青年団は一九三九年七月の中央団部発足の後、同年九月に正式に成立した。三民主義青年団の設立に当たっては、国民党の蔣介石や彼の意を受けた陳立夫がイニシアチブをとった。設立の動機としては、表向きは一種の「大党」として国共両党の外部に三民主義青年団を設け、両党の党員が共同で加入することにより、両党の間の問題の解決を図ろうとしたとされている。しかし実際には、共産主義青年団改組の青年救国会に対抗して、三民主義青年団を介して青年層を掌握し、かつ中国共産党を含む各党を吸収し、融合しようという意図を秘めていたのである。一方共産党の側にも、三民主義青年団を通して国民党の進歩を推し進め、多くの「革命」青年を国民党に加入させて、国民党内部の「革命」勢力を発展させようという目論見があった。しかしその企図は国民党の反動派に阻まれて実現には程遠かった。(21)

中国青少年団と三民主義青年団の大きな相違点として、結成の趣旨が挙げられるのは自明であろう。三民主義青年団も中国青少年団と同様、設立目的として「三民主義を実現し、中華を復興する」ことを掲げながらも、当然ながら対日抗戦を主眼としており、「抗戦建国綱領を実行するために努力する」(22)ことを謳っていた。その他様々な規定で、相違点が少なからず見られた。その例としては、三民主義青年団では、団員資格を満一六歳から三〇歳までの男女としたことなどを挙げることができよう。(23)また団員数においても中国青少年団を圧倒的に上回っていたのであり、(24)その結果、活動内容も中国青少年団のように、イデオロギーの一般民衆への普及に当たっての触媒的役割にとどまることなく、戦時建設を遂行するための生産労働や社会奉仕への参加に重点が置かれていた。(25)

しかし、類似点も見られ、特に「団長」の蔣介石の位置付けは、中国青少年団の「領袖」としての汪精衛の地位と役割の規定に大きな影響を及ぼしたようである。すなわち「団長」を国民党総裁の蔣介石が兼任し、三民主義青年団の諸決定に対して絶対的な権限をもつとされ、また団員は入団の際に蔣介石に対する忠誠の宣誓を義務付けられていた。[26] また両団においては訓練内容の多くが重複するほか、青少年の人格の育成に当たって、儒教的理念を重視するなどの共通点をも見出すことができるのである。[27]

第二節　中国青少年団の展開——大東亜青少年総奮起運動と三禁運動——

大東亜会議と大東亜青少年指導会議

中国青少年団の行なった活動の事例である大東亜青少年総奮起運動と三禁運動について考察する前に、前者の運動の実施を決定した経緯について見ることにしよう。一九四三年一一月に第一回大東亜青少年指導会議が東京の日本青年会館で開催された。同会議は、その直前に同じく東京で開催された大東亜会議を受けて開かれたものであった。ただ大東亜青少年指導会議は大東亜会議と異なり、日本、満州、中国の三カ国からのみ各々の青年運動の指導者を召集して開催された。日本側からは大日本青少年団の関係者等が、満州側からは満州帝国協和青少年団の代表団が、中国側からは林柏生をはじめとする中国青少年団の代表団が、それぞれ列席した。その他には特別傍聴者として、朝鮮青少年団、台湾青少年団、ビルマ国東亜青年聯盟等の代表が出席した。同会議において、日本、満州、中国の三カ国の青少年団が大東亜青少年総奮起運動（日本や満州では大東亜青少年総蹶起運動）を、「各団相互ノ連絡ヲ緊密ニシ同一歩調ヲモッテ一斉ニ実施」すると決定した。期間は太平洋戦争の開戦二周年に当たる一九四三年一二月八日から汪政権の参戦一周年に当たる一九四四年一月九日までとされた。[28]

さて、大東亜青少年指導会議の開催と直接関連する大東亜会議と大東亜共同宣言については、すでに多くの先行研究があり、様々な角度から論究がなされているが、ここではさしあたり大東亜青少年総奮起運動の実施と関連するところのみを見ることとしよう。まず大東亜会議の目的についてであるが、日本国内においては二つの立場が交錯していた。一つは東条首相をはじめとする多くの指導者が抱いた思惑であり、連合軍の本格的な反抗に備えて、アジア諸民族を結束して、人的・物的な動員体制を確立することを、会議のねらいとしていた。もう一つは重光外相や外務官僚が共有していた企図であった。すなわちアジアの「独立国」の主権尊重・平等互恵を共同綱領として謳いあげることと、そしてそれにより大西洋憲章を相対化して、連合国側に向けた和平外交の基礎を築くことをその内容としていた。大東亜共同宣言はこれら二つの立場の要求を盛り込むことになったのである。しかし実際には前者の対日協力の促進という目的の方がより優位にあったのは明らかであろう。[29]

一方、汪精衛は日本側の二つの立場に対してどのように対応しようとしたのであろうか。汪精衛は大東亜会議で行なった演説において、「中国のためにぜひ独立自主を獲得しなければならないのであり、そうしてはじめて東亜防衛の責任を分担する能力を備えることができるのである」と強調した。すなわち中国の独立自主の確立と日本に対する戦争協力の両立を再度確認したのである。汪精衛の主張には、重光等の大東亜会議の意図と一部重複するところがあり、東条等の対日協力のみを謳い上げようとする姿勢に対する消極的な抵抗を見て取ることができよう。

汪精衛は大東亜会議において中国の独立自主を主張した上で、対日戦争協力に直接関連する三つの大きな施策を披瀝した。一つは「思想を粛正する」ことであり、「英米の個人主義や功利主義の思想」を一掃して、「東洋の道義精神」によって東亜の人々の本来の持ち前を回復することであった。次いで「治安を保障する」ことを挙げたが、それは「大東亜戦争の後方」である中国の治安を確保することにより、中国駐留の日本軍を「前線に輸送する」ことを可能にしようとするものであった。さらには「生産を増加する」ことに言及したが、これには消費の節約や廃物の利用ということも含まれており、汪政権の「総合力と決戦の力量を増加させる」ことをねらいとしていた。[30]

大東亜青少年総奮起運動と三禁運動

次に、汪精衛が大東亜会議で言明した中国の独立自主を前提とした対日協力という考えが、どのように中国の大東亜青少年総奮起運動に反映したかについて見ることにしよう。以下に掲げたのは、第一回大東亜青少年総奮起運動上海特別市実践委員会の企画した活動日程項目表である。(31)

一九四三年
　一二月八日　黎明運動
　一〇日　稚魚を放つ
　一二日　労働奉仕
　一三〜一七日　銅・鉄の収集
　一八日　宣伝推進合作事業
　一九日　学芸コンクール
　二一日　戸籍調査
　二三日　衛生協力
　二五日　消防訓練
　二七日　停車場・港湾整理
　二九日　総奮起大会
　三一日　軍人への慰労
一九四四年

一月一～三日　貯蓄・節約・募金活動等の励行
五日　防空演習
七日　遠足
九日　大東亜青年交歓大会

一九四三年一二月八日の初日の黎明運動について見てみよう。この運動は首都南京では林柏生や日本大使館情報部長の岸偉一等の臨席の下に、各校の青少年団に所属する団員五千人余りを動員して行なわれた。団員は朝の八時に新街口にある国父孫文の銅像の前に集合して、林柏生の指導の下に国歌や青少年団団歌を合唱し、スローガンを連呼するなどした。その後には市内を示威行進し、最後には国父孫文の陵墓の前で植樹を行なった(32)。また上海では朝の七時に青少年四千人が動員され、青少年団団歌を合唱し、スローガンを連呼して、主要街道を示威行進した(33)。林柏生によれば、黎明運動の「黎明」の意味するところは、第一に独立自主の新中国の黎明であり、第二に共存共栄の新東亜の黎明であり、第三に勇猛にして精進し、努力して苦労に耐える新青年の黎明であった。そして黎明運動の意義とは、大東亜戦争が最後の勝利の三年目に入り、英米残余勢力の最後のあがきを撲滅しなければならない時に当たって、中華を興復し東亜を保衛するという使命に関しての決心と実践を示すものであった。実践に際しては、領袖汪精衛の訓示したところの思想粛正・生産増加・治安保障という三大施政方針を、青少年の総力を挙げて協同して推進するものとした(34)。

黎明運動に続いて上海では、一二月一三日から一七日までの五日間に、廃銅・鉄の収集が実施された。上述の上海特別市実践委員会が管轄下の中国青年模範団及び中国青少年団の各団員に、それぞれ最低一個以上の廃銅・鉄を探し集めるように割り当て、かつ人員を派遣して指導に当たった。また広範囲に廃銅・鉄を収集するために勧募隊を組織して、寄付を勧め募るなどの措置を採った(35)。廃銅・鉄を収集する意義について、汪政権の機関紙『中華日報』は次のように述べていた。「もし東亜の民族が徹底的に解放を獲得するとなると、戦争は当然継続されるべきであり」、そのためには「物資の消耗については当然絶え間なく補充されることを必要とする」。ここにおいて「廃銅・鉄を探し集めることは物資補充における重大な課題となるのである」[36]と。

続いて上海では一二月二一日に、上海特別市実践委員会の企画の下で、蘇州河以南・以北等の地域ごとに合計八千戸を対象として戸籍調査を実施した。各地域の中国青少年団団員のうち大学生及びその年齢に相当する校外の青少年を指名して、三人から五人までのグループにまとめ、一軒ずつ調査に当たるように定めた。調査項目は多岐にわたり、戸籍登記の変動の有無、人数の増減、戸籍と実際の性別・年齢・本籍・職業の一致如何、教育程度や学齢児童の有無、伝染病患者の有無、警察の治安維持規則に対する違反や戦時規定に対する抵触の有無等が挙げられていた。しかし調査の主眼が治安維持に関連する事項にあったことは、青年学生が当該地域の警察分局や保甲処と協同して調査を行なうべきことを規定していたことからもうかがわれよう[37]。

さらに一二月二七日には上海特別市実践委員会の指導の下に、上海の停車場や港湾で乗客や車両に対する交通整理が実施された。上海大学、交通大学、上海市立第二師範等の中国青少年団校団部に所属する団員八四名が動員されたほか、中国青年模範団団員も指導のために派遣された。団員は乗客に対して、順序に従い、整列して乗車・乗船するように指示し、婦人や老人や子どもに先を譲るように注意を促すなどした。その際、青年等は中国青少年団規定に定められた服装を身に着け、「維持交通」と書かれた腕章を付けるように義務付けられただけでなく、態度や言葉づかいまでも細かく指導された。その上、上海特別市実践委員会の指導員が各団員の勤怠や活動能率を観察して報告し、成績の優劣の評定や賞罰の斟酌に資することとした[38]。停車場や港湾における交通整理の意義について、当日の夜八時のラジオ放送は次のように述べた。現在の戦争は総力戦であり、「前方の輸送、後方の補給、軍隊の動員…は交通に依存しており、戦争の勝敗の決定は、交通線と交通手段が確保されるや否やにかかっている」

のである。しかるに「交通手段の不足のために、交通秩序の情勢が次第に悪くなり、地方の治安に極めて大きな影響を与えている」。そこで中国青少年団の活動を通して、「国民と当局が一体となり協力して、交通秩序の遵守という美徳を高揚させるように希望する」ものであるとした(39)。

以上挙げた活動内容の事例からも、中国の大東亜青少年総奮起運動が日本に対する戦争協力を重視していたことがうかがわれよう。その重視の姿勢は、中国の大東亜青少年総奮起運動がそもそもの初めから大日本青少年団の同運動の実施要綱を本に立案されたことの当然の帰結であったとも言えよう(40)。またその活動内容は、汪精衛が大東亜会議で提示した対日協力の一環としての生産の増加、治安の保障という方針を反映したものであった。

それでは汪精衛が大東亜会議における演説で強調したところの、中国の独立自主を促進するような動向は全くなかったのであろうか。そこで次に大東亜青少年総奮起運動が実施されていたさなかに、それと並行して推進された三禁運動を見ることにしよう。三禁運動はアヘン・ダンス・賭博の禁止を求めた運動であった。ここではアヘンに対する禁止運動を中心に考察することとしよう(41)。

まず経過について述べることにしよう。三禁運動は一二月一七日に南京で、各校の学生千人余りが「自発的」に集会をもち、アヘン等の禁止を厳重に実行することを決議したことから始まったとされている。そしてその日の晩の九時には、学生五百人余りが道中に宣伝ビラを撒きつつ、アヘンの吸煙所やダンス・ホールに赴き、アヘンの吸引者等に向かって猛省するように勧告を行なった。その後、学生は林柏生中国青少年団総監の公館前に行き、整列するとスローガンを連呼して、三禁運動の決意のほどを示した。ちなみにスローガンとして、「アヘンを絶つ」などの三禁運動と直接関連するもののほかには、「戦時生活を断行する」や「大東亜宣言を擁護する」、「重慶に停戦を要求する」などが唱えられた。林柏生は直ちに学生と会見し、その愛国の熱意に対して深く共感を示し、以後の行動はぜひ規律と秩序を守りながら行なわれるべきであるなどと訓辞した。学生は深夜の三時にようやく解散

した。(42)

翌一二月一八日には引き続き南京で、さらに学生が増えて四千人余りとなり、午後八時からアヘン一掃等を掲げて示威行進を実施した。その際、汪政権の首都警察総監署や憲兵指令部が警察や軍隊を派遣して、道中の保護に当たり、日本の憲兵もまた協力したとのことである。学生がアヘンの吸煙所に営業を停止するように勧告したところ、各吸煙所はそれに従い、一様に自発的に業務を打ち切った。学生はその後引き上げると、公衆の面前で吸煙所が差し出した生アヘンやアヘン道具を山積みして焼いた。深夜の三時になって、学生は隊を整えて各校に引き返した。開始から三日目の一九日には同じく南京で、大・中学の学生四千人余りが集合して、全体大会を開催し、今後の三禁運動の方針について協議した。その大会の席で、林柏生は南京市長を兼任していた周仏海等と相談した結果、青少年の提起したアヘン・ダンス・賭博の禁止という要求を政府に建議することを決意した旨を言明した。(43)こうした一連の南京学生のアヘン禁絶等を要求項目に掲げた行動は、ほどなくして首都青年学生清毒運動総会の結成へと発展した。総会の設立の趣旨とは、「(三禁運動の)今後の活動を統一し、このたびの運動を建設的で具体的な進展へと導く」こととされた。(44)

さて、三禁運動のその他の地方への波及について見ることとしよう。上海では一二月一七日の南京での三禁運動の発動に対していち早く反応を示し、同月二〇日には青少年学生が通電を出し、宣言を発表して、宣伝隊を組織し、公共の場所で情宣活動等を行なった。(45)翌日の二一日には中国青少年団の校団部など三〇の組織から百人余りが「自発的」に集まって会議を開き、今後の三禁運動の展開の段取りについて話し合った。(46)二三日になるとついに、各青年団体と大・中学生の代表二百人余りを会議に召集して、上海特別市青年学生禁毒委員会の成立を決議した。(47)そして二七日には朝の九時に青少年学生数千人が集合し、上海特別市政府にアヘンの禁止等を請願する一方、正午からは市内を示威行進し、アヘン禁絶等のシュプレヒコールを連呼した。その後、賭博場やアヘンの吸煙所に赴き、売上金を差し押さえ、賭博道具や生アヘン等を押収して、人力車一〇輌余りに分載して運び、午後四時半に公衆の面前で焼却した(48)。またこのほか上海以外の地域では、蘇州、杭州、漢口、蕪湖で三禁運動が発動され(49)、広東省等でも前後して実施されるに至った(50)。

青少年学生が「自発的」に発動したとされる三禁運動は、ついに林柏生の約束通りに汪政権の禁煙政策に結実するに至り、日本のアヘン政策に大きな打撃を与えるものとなった。この間の事情については、江口圭一の東京裁判に提出された資料を基にした研究がすでに明らかにしている(51)。江口によれば、被告の供述に基づいた裁判資料に対する実証の裏付けが不十分であるために、「汪政権の禁煙政策とくに蒙疆アヘンの輸入抑制」は、「その実態についてはなお検討しなければならない余地がある」としている。それにもかかわらず、汪政権の措置は「日本のアヘン政策、とくにアヘンの増産を使命とし自らの再生の条件としてきた蒙疆政権のアヘン政策を破綻に導く痛烈な一撃であった」。そしてその背景として、江口は「日本の毒化政策に対する中国国民の憤激があった」と指摘し、そのために「反アヘン・デモが遂行されえた」と見る。さらに大東亜会議で、「道義にもとづく共存共栄の秩序を建設す」と謳った大東亜宣言が発せられた直後に、反アヘン・デモが組織されたことを、江口は「辛辣な皮肉」として捉えている(52)。

ここで江口の所説に対して検討を加えることにしよう。確かに江口の述べる通り、三禁運動の発動が日本のアヘン政策に対して大きな打撃を与えたことは確かであろう。三禁運動を実質的に指揮していた林柏生は、戦後の漢奸裁判において、「私がこの一群の学生を訓練して、彼等を立ち上がらせ、その力を発揮させて、吸煙所を打ち壊すといったようなことをさせたのは、暗々裏に日本人を排斥しようとしたからにほかならない(53)」と陳述したことも、事実の一端を示しているだろう。そこで三禁運動が日本の対中国侵略政策の一角を突き崩して、汪政権の独立自主の進展に寄与するような活動であったと評価を下すこともできるであろう。

しかしながら三禁運動は、対日戦争協力を趣旨とする大東亜青少年総奮起運動と同時進行で行なわれていたのである。そのため三禁運動を「日本の毒化政策に対する中国国民の憤激」に基づいて行なわれたと見なし、その抗日的契機を強調する江口の見解は、三禁運動が大東亜青少年総奮起運動と相互に矛盾をもたらし合ったという結論を導くことになるであろう。また当時、日本側も汪政権の禁煙政策に対し「能フ限リノ好意的支援ヲ与ヘツツアリ」との姿勢をとっており[54]、江口の三禁運動に対する見解は余りにも一面的過ぎると言えよう。

そこで、三禁運動参加者の青少年学生が公表した声明に対して考察を加えていくことにしよう。例として、首都青年学生清毒運動総会が全国の青少年学生に発した次のような通電を見ることとしよう。「大東亜戦争が勃発してからこのかた、また我が国が参戦して以来というもの、全国の国民は戦時生産を断行し、消費を節約し、生産を増加させ、そうして一切を国家に貢献しようと図ってきた」。しかし他方で、「惜しいことになおも、少数の無知の徒が心ゆくまで歌いかつ踊ることに終日のんびりと過ごし、アヘンを吹かしている」有様である。彼等は自分たちの振る舞いが「青年同胞に影響を与え、競って真似させて、ついには民族の気概を日増しに消沈させ、青年の意識を日に日に堕落させていることを知らない」。その結果、「国家の復興や東亜の解放を欲したところで、木に縁って魚を求める」という事態を、いずれ招来するであろうと危惧される。そこで「数万の学友の熱血を一つにして、民族の生存を妨げる害毒に向かって、一斉に情け容赦のない総攻撃を行なう」[55]こととしたと。このように通電は三禁運動を、汪政権の参戦に伴う日本に対する戦争協力と密接に結び付いたものとして意義付けていたのである。そもそも三禁運動は「青少年総奮起運動の趣旨を体得して」[56]、青少年学生が「自発的」に起こした運動だったのである。

三禁運動が日本に対する戦争協力と不可分のものとして実施されたことは以上に見た通りであるが、その当然の帰結として、中国に対するアヘン禍害の責任も日本にではなく英米に転嫁されることになった。すなわち汪政権下で蔓延したアヘン被害の原因の「根源に溯るなら、全て英米侵略勢力により後々まで残された害毒だということを知ることができる」。アヘン戦争の敗戦により、中国が南京条約を押し付けられて以来、「さらに大量に毒物を中国に輸入させたのであって、今日の中国においてアヘンの毒が満ち満ちているのは全て英国帝国主義のなせる業であると知るべき[57]」なのであった。それ故に大東亜青少年総奮起運動最終日の一九四四年一月九日の日本、満州、中国の三ヵ国の代表による交歓放送において、中国側の代表の許延祺は胸を張って次のように述べたのである。「敵米英が数年以来我々中国を毒し来った阿片の悪習を壊し、さらに奢侈浮華の生活をせしめんとせし恐るべき陰謀を破摧致しました（原文ママ）[58]」と。アヘンやダンスや賭博が「英米人が中国人に与えた自由」である「堕落の自由と腐敗の自由[59]」の象徴と見なされ得る以上、三禁運動はまた汪精衛の唱えた思想の粛正の一環として位置付けることもできるであろう。

汪政権の三禁運動や禁煙政策に対する主観的な意図としては、次のように言うことができよう。中国のアヘン禍害の責任を日本から英米に擦り替えて、青少年学生や民衆の伝統的な英国や米国への敵愾心を、喚起し煽動することにより、三禁運動を日本に対する戦争協力の誘因とすることにあったと。すなわち三禁運動を通して、日本に対する戦争協力の側面が濃厚な大東亜青少年総奮起運動に、より積極的に青少年学生を動員しようとしたと言えよう。汪精衛自身の言葉を借りるなら、三年を期限とするアヘンの徹底的な禁止措置を採った意図とは、「民族の健康の躍進、国民の体力の増強、精神生活の粛正」を実現し、生産を増加して、「大東亜戦争の完遂に協力する[60]」ということとなるのであった。

ところで日本側が三禁運動を黙認した背景については、第一〇章でも詳しく言及するが、次の二点を推測として挙げることができよう。一つは、梅思平が戦後の漢奸裁判において、日本の政策が突然変更された最も主要な要因として陳述したところのものである。すなわち「日本が中国占領地域で物資統制を施行して得た利益がアヘン収入の数十倍にも上回って」いたことである。日本は全国商業統制総会傘下の中国人商人から物資統制に対するさらなる協力を獲得するためにも、三禁運動の黙認を通して、「中国人民の憎しみを軽減することを希望した」[61]のであろう。もう一つは、対重慶工作の一環として、三禁運動が位置付けられていたことである。一九四三年九月の大本営政府連絡会議において、「国民政府ヲシテ対重慶政治工作ヲ開始セシムル」[62]という決定が下された。汪精衛は日本の意を受けて、大東亜会議における演説で重慶政権に対する呼びかけを行なった。これに加えて、重慶政権をはじめとする国際社会の非難を浴びていた日本のアヘン政策を直接の標的とした三禁運動を黙認することによって、汪政権による対重慶政治工作の円滑化を図ろうとしたのではないかと推測されるのである。

ここで、満州帝国協和青少年団の実施した大東亜青少年総蹶起運動を見てみよう。[63]協和青少年団は大東亜青少年総蹶起運動に際して、都市では勤労奉仕や廃品回収を、農村では完全出荷のための出荷協力や交易場における作業及び輸送奉仕を、それぞれ実施した。また必要に応じて、米英撃滅大会や暁天動員、耐寒行軍、飛行機献納運動を行なった。協和青少年団は大東亜青少年総蹶起運動の重点を、「戦争意義の徹底認識、戦意昂揚、戦力増強挺身」に置いていた。満州では汪政権下の三禁運動のような、日本の侵略に対する抵抗の契機を多少なりとも含む動きは皆無であった。中国と満州の大東亜青少年総奮起（蹶起）運動のそうした相違の背景としては次のことが挙げられるだろう。前者は参戦を機に形式的ではあれ、主権をある程度回復し、日本から様々な権益を回収して、自立性を相対的に強めていった。それに対して後者では逆に、建国当初の五族協和という理念の空洞化と日本の国家神道への同化が、太平洋戦争の開戦とともにさらに著しくなり、形式的にも傀儡性を強めていった。両政権のあり方の差異がそのまま、大東亜総奮起（蹶起）運動の展開の相違に反映したと言えよう。なお動員者数に関しては、協和青少年団の団員数が一九四二年一月段階で青年団約六〇万人、少年団約七五万人であることから、[64]中国青少年団よりも大規模であったことがうかがわれる。

第三節　中国青少年団団員の意識

汪政権の意図とは別に、中国青少年団団員は当時どのような意識をもって、大東亜青少年総奮起運動や三禁運動に臨んでいたのだろうか。ある団員の残した手記を通して、考察することにしよう。[65] 手記の筆者は一八歳の女性であり、父親が校長を務める小学の助手をしていた。

彼女は中国青少年団参加の抱負を語るに当たって、自らの精神形成に触れ、謹厳実直な父親からの影響に触れていた。その父は「道楽をもたず、熱心に教育し、勤勉でつましい」生き方をしており、そのおかげで大家族にもかかわらず、「平素は食べていくことができた」。だが「近頃、物価の高騰のため、生活が日々困難になっており」、温和にして善良、質素な母が「節約をしていても、毎月どうしてもやはり収支が釣り合わない」という事態に陥ってしまう。父のかつての教え子たちは見かねて、「行ないを変えるように頼んだ」が、父は「不義の財を貪ることを願わずに、私たち一家の生活を維持しようとしている」。幸い、二人の独立した兄の仕送りによって、残りの一家七人は餓死を免れている。上記に加えて、父の道義的に潔癖な生き様は、学生から領収した学費を全て銀行に預け、その銀行から「他の教員と同様に、月ごとに俸給を受け取っている」こと、さらには「各教師の貧しい境遇を見て、自分の俸給を減額することで、それら教師への金品の補助にするようにと願い出た」ことというエピソードからも描写された。

彼女はこのような父の倫理観から強く影響を受けた結果、自らの「人生観は『利衆』を目標としている」としていた。すなわち一人の人間は「社会から見ると取るに足りないものである」が、「各人は社会のために幸福をもたらすことができ、そうなれば国家はよくなるであろう」。また「自己の生命を犠牲にして、世間の人々を救わなければならない」としたイエス・キリストが最も敬慕する偉人であるとも告白していた。

翻って、彼女は周囲の上海の人々をどのように見ていただろうか。「上海人を見ると、その多くは利己主義者であり、国家がこのような事態に立ち至っても、皆なおも存分に快楽を求めている」。三禁運動の対象であるアヘンと賭博についても次のように批判していた。「アヘンと賭博が有害であるということは誰もが知っているが、アヘン窟と賭博場の主人を皆が名士扱いしている」ような、「こうした社会は全くのところ亡国の社会であろう」。そして彼女は「陳公博市長がなぜ即刻アヘン窟や賭博の巣窟を封鎖しない」のか分からないと、不満を漏らすのであった。さらに彼女は「腹黒い買い占め商人や低劣な貪官汚吏がますます増えていく」状況にも批判の矛先を向けた。「政府の最も願わしいことは、賢人を任用して、潔癖という二字を実行に移すことである」が、「近頃では、賄賂が一般的になり、汚職が横行するというように、陳公博市長が繰り返し戒めるものの、如何せん戒める者が純潔であっても、聞く者の耳には入らない有様となっている」。そこで彼女は「当局が大々的に粛正を行なうように希望している」と強く訴えるのであった。

さらに彼女は政府の「粛正」以外に、次のように根本的な解決策を主張していた。「目下の奇形的状態は戦争の勃発と関連し合っており、もし停戦が実現するなら、『人間』としての立場に立って相互に尊重し、社会秩序も必ずや回復されるであろう」。それ故に「和平運動は重要である」。「大東亜戦争は東亜民族を解放するためであるから、やむを得ない」が、「もし重慶政権が合作するならば、…人民の苦痛は消滅するであろう」と。

彼女は「大東亜戦争は東亜民族を解放するためである」と述べたが、ここで注意するべきことは、彼女が決して日本の中国侵略に対して無批判ではなかったことである。もとより中国青少年団団員としての手記である関係上、表立った日本批判はできなかったであろうが、例えば次のような記述から、彼女の日本軍による中国侵略に対する静かな憤りを読み取ることができよう。彼女は、懐かしい思い出の地である、生まれ故郷の江蘇省嘉定県にあった居宅が、日本軍の侵略に伴って破壊されてしまったと述べた。生まれ故郷には「高い山はないが、清冽な川が流れており、四、五歳の時、父に連れられて川のほとりで釣りをしたものである」。そして一〇歳になって、一家で上海に移り住んだ後になっても、毎年一、二度は帰省していた。だが、戦争が始まってからはずっと帰ることができず、昨年の夏にようやく帰郷できたものの、目にした「故郷は相変わらず昔の面影のままであったが、私の家は何もかもがなくなっており、真に滄海変じて桑田となるである」と嘆じた。また上海においても、父娘のお気に入りの居宅が日本軍によって破壊されたと述べた。その居宅は、田舎住まいの生活を父が好んでいたことから、「竹の垣根の茅屋であり、静寂幽邃であった」。彼女も「毎朝早くに水を汲んでは、花に水を遣ったもので、大変に興趣があった」。ところが「戦争が勃発した後、家屋は焼き払われてしまい、現在、その瓦礫跡に出掛けて行って見渡すと、悲しみ痛んでやまない」。現在の住居は清潔ではあるが、「赤い花や緑の木が目や心を楽しませたりはしない」。このように、懐かしい思い出と深く結びついた居宅を、日本軍の侵略によって破壊されたことを記す件を通して、彼女が日本軍の蛮行を暗に非難していたことが読み取れよう。

こうした日本軍侵略への憤り故に、彼女が「新国民運動が新中国建設を達成する上で必ず通らなければならないステップ」であり、「中国青少年団は新中国の柱石」であると認識し、「理想的な青少年の幹部」になることを望んでいたとしても、団員に対する汪政権のプロパガンダの全てを受容していたとは言い難いであろう。大東亜青少年総奮起運動や三禁運動に則して見ると、前者の対日戦争協力の様々な活動に対して、彼女が心から支持できなかったことは容易に想像がつくであろう。また後者についても、中国のアヘン禍害の責任が英米にあるとして、伝統的な英米への敵愾心を喚起することにより、対日戦争協力に導くという汪政権当局の意図に対して、彼女が素直に従ったとは考えられないであろう。彼女が当局のプロパガンダのうち、積極的に受容したものは、中国青少年団の訓練の基本とされた「新国民運動綱要」における第八項、すなわち「全ての公務員、軍人は…生活上の不如意を口実として、横領・汚職行為を行なっては絶対にならない。我々は…全ての横領・汚職の者を、イナゴ同様に全く容赦なく絶滅させなければならない」であろう。少なくとも手記を読む限り、彼女は「アヘン窟と賭博場の主人」を英米と結びつけることはなく、むしろ「腹黒い買い占め商人や低劣な貪官汚吏」と同列に見なしていたことから、三禁運動についても、当局の意図するように国際問題の文脈から理解するのではなく、あくまでも国内における綱紀粛正の問題として捉えていたと推測されるのである。

では、彼女の国内の綱紀粛正への熱意が、汪政権打倒の意欲にまで昇華することはなかったのであろうか。彼女が汪政権の腐敗に憤りを覚えていたことは上述の通りだが、一方で同政権の最高指導者に対しては信頼を寄せていたようである。例えば手記においても、陳公博を「賢明にして方正な長官」と評価し、同政権が「賢人」にして「廉潔」な張一鵬に司法部長就任を要請したことに対して、「感服に値する」と称えていた。こうした彼女の賛辞が単なるリップ・サービスではなく、当時の民衆にある程度共有された見方であったことは、例えば、先述の当時の流行作家であった蘇青が、陳公博のエッセーについての読後感で、次のように陳公博の人となりを語っていたことからもうかがうことができよう。「私が最も愛読したのは陳公博氏の二編の文章で、一つは『上海的市長』、もう一つは『了解』である。陳氏は現在の上海市長であり、私たちのような一般の小市民には、平素決して出会う機会などないであろう。…一気に彼の文章を読み終わると、私の観念はすっかり変わってしまった。市長も私たちと同じ人間だ。…私がまたラファイエット路の某写真館に行き、彼の半身の引き伸ばし写真を目にした時、私はその厳めしい表情の下に心からの笑みが隠され、高くて大きく真直ぐな鼻は彼の公正さと寛大さを象徴していると思った[66]」と。

しかし、日本軍や汪政権との協力を拒否し、素性を隠して上海に暮らしていた鄭振鐸のような知識人の目からは、手記の著者の見方は無知な民衆のそれでしかなかった。鄭振鐸は戦後発表したエッセーにおいて、「賢明にして方正な」汪政権の最高指導者等と腐敗した下僚との関係を、漁師と鵜との関係になぞらえていた。腐敗した下僚の例として、特務工作員が挙げられており、とりわけ呉世宝が「悪ものの中での悪もの」として「おそろしい毒物の代名詞」にさえなったと記していた。呉世宝等の特務工作員は「油のある、血の多いひと」、すなわち資産家を拉致し、「なぐったり、けったり、……――あるいは、逆さつるしをやり、そうしておいて、相手の家族が、つてをもとめて頼みこむのを待つ。何千万か使って、かれらのふところを満足させると、釈放の可能性が生ずる」。こうして「用心棒か自動車助手かの上りで、もともと無一物の無頼」に過ぎなかった呉世宝は「いつのまにか西洋館、自動車、うつくしい妾、――しかもそれを幾とおりも所有する身分になった」。しかし呉世宝の「主人」、すなわち汪政権の最高指導者等は、「人民の恨みがおさえきれないほど沸騰してきたのを察して、苦もなく、かれをつかまえて、監獄におくりこんでしまった。そこで、かれの財産は、ひとつひとつ吐きだされた」。このようにして、汪政権の最高指導者等は「悪を『こらす』という名声を博し、無知な民衆の恨みの炎をしずめ、同時に、呉世宝が悪辣な手段で分捕った獲ものを、自分でさがしにゆくことなしにそっくり手にいれたのであった」。鄭振鐸の見方は、鵜である呉世宝等よりも、「このような手口で鵜を養う」漁師たる汪政権の最高幹部等の方がはるかに卑劣であるというものであった。なぜなら「自分ではすこしも手足をうごかさず、数えきれない財産がころがりこむからである」[(67)]。

小　結

中国青少年団はその設立に当たって、汪政権の官製国民運動である新国民運動を広く民衆に浸透させるために、一種の触媒としての役割を付与されていた。また中国青少年団を設立する過程では、朝比奈策太郎等の大日本青少年団幹部が深く関与し、中国側に指導を行なった。にもかかわらず、中国青少年団の団則は様々な点で独自の特色を有する一方で、重慶の三民主義青年団からも少なからず影響を受けており、ことに「領袖」としての汪精衛の絶対的な地位は、三民主義青年団の蔣介石の「団長」としての規定をそのままもち込んだものであったと言うことができよう。

汪精衛は大東亜会議において中国の独立自主を前提とした対日協力という方針を言明して、日本政府に対して消極的な抵抗を試みた。大東亜会議の直後に召集された大東亜青少年指導会議では日本のイニシアチブの下に、日本、満州、中国において一九四三年一二月から翌年の一月にかけて大東亜青少年総奮起運動を実施するという決定を行なった。また中国では同時に三禁運動をも併せて発動することとした。その際、大東亜青少年総奮起運動が汪精衛の演説における対日協力の側面を、三禁運動が日本のアヘン政策を痛撃の対象とすることから、抗日の契機を含む中国の独立自主の側面を、それぞれ表徴したと言い得るかもしれない。

しかし実際には、三禁運動は抗日の契機に基づいたというよりも、アヘン禍害の要因として英米をもち出すという汪政権の巧妙な宣伝の下に、アヘン戦争以来の中国人の伝統的な反英米感情を喚起して、「大東亜戦争」を戦う日本に対するより積極的な協力に、中国青少年団の団員を動員する意図をもって推進されたのである。そのために大東亜青少年総奮起運動と三禁運動は決して相互に矛盾するものではなく、むしろ大東亜青少年総奮起運動への青少年学生の参加に当たって、三禁運動が誘因になったのだと言えるのである。日本側も、経済収奪や対重慶政権政策の観点から、アヘンの収益をあえて犠牲にすることで得られる大きな利点を十分に認識していた。他方で中国青少年団団員の手記から、団員が必ずしも汪政権当局の宣伝を鵜呑みにしていたわけではなく、日本に対する戦争協力よりも国内の綱紀粛正により大きな関心と情熱を抱いていたことがうかがえるのである。もっともそうした団員の態度も、反汪政権の立場に立つ知識人の目からは、無知な民衆のそれとしか映らなかったのだが。いずれにせよ満州の協和青少年団の大東亜青少年総蹶起運動が対日戦争協力にのみ終始していたことと引き比べれば、中国青少年団の大東亜青少年総奮起運動と三禁運動が呈する、協力と抵抗の絡まった諸相の複雑さはさらに際立つであろう。

(1) 日本青年館編『大日本青少年団史』、財団法人日本青年館、一九七〇年、一六五頁。
(2) 汪政権下の青年運動について概略している先行研究としては、前掲、石源華「汪偽時期的『東亜聯盟運動』」、同「第三十二章 新国民運動」。
(3) 朝比奈策太郎「新国民運動と中国青少年団の誕生」、『青少年指導』一九四二年一〇月号、大日本青少年団本部、八頁。
(4) 前掲、石源華「汪偽時期的『東亜聯盟運動』」、二九六頁より引用。
(5) 前掲、費正、李作民、張家驥著『抗戦時期的偽政権』、三二五頁。
(6) 日本は一九三八年、朝鮮において「皇国精神の振起に依り帝国の興隆に寄与すること」を趣旨として、朝鮮連合青年団を組織し、大日本青少年団の傘下に収めた。青少年層に着目した理由は、それよりも上の世代が同化教育を受けていないために日本語を話せず、かつ民族独立運動の影響を被っているためである。大日本青少年団の中国青少年団に対する関与には、当然ながら朝鮮連合青年団結成時の経験が生かされたであろう。朝鮮連合青年団に関する近年の研究としては、大串隆吉「戦時体制下日本青年団の国際提携―ヒトラー・ユーゲントと朝鮮連合青年団の間（一）、（二）」、『人文学報』No. 270, No. 279、東京都立大学人文学部、一九九六年三月、一九九七年三月がある。
(7) 前掲、日本青年館編『大日本青少年団史』、四三四～四三六頁。
(8) 「中国青少年団結成祝賀派遣隊、員の手記　中国に使して　大山繁子」、『青年（女子版）』一九四三年六月号、大日本青少年団本部、七二頁。
(9) 汪精衛「大学生暑期訓練班畢業典礼訓詞」、『東亜聯盟（広州）』第二巻第八期、一九四二年八月、三～五頁。
(10) 「中国青少年団総章」、『日本青少年新聞』一九四三年六月一日付け、大日本青少年団本部。なお以後特に断わりがない限り

「中国青少年団総章」からの引用である。

(11)「中国青年団暫行総章（第三条甲）」、『教育建設』第五巻第一・二期、中国教育建設協会、一九四二年一一月、五九頁。
(12)「中国青年団暫行総章（第三条乙）」、同上、五九頁。
(13)「中国青年団暫行総章（第三条丁）」、同上、五九頁。
(14)「中国青年団暫行総章（第三条戊）」、同上、五九頁。
(15)「新国民運動青年訓練要項」、『青少年指導』一九四二年一一月号、六九頁。
(16)前掲、日本青年館編『大日本青少年団史』、六〇八頁。
(17)「中国青年団暫行総章（第二四条）」、『教育建設』第五巻第一・二期、六〇頁。
(18)斎伯守「南京及蘇州に於ける小中学校教育の実情」、『支那研究』臨時号、東亜同文書院支那研究部、一九四一年三月、二三頁。
(19)「中国青年模範団暫行総章（第六条）」、『日本青少年新聞』一九四三年六月一日付け。
(20)「中国青年模範団暫行総章（第五条）」、同上。
(21)楊奎松『失去的機会？――抗戦前後国共談判実録』、広西師範大学出版社、一九九二年、七一〜七二頁。
(22)「附…三民主義青年団組織訓練要旨」、中華民国重要史料初編編輯委員会編『中華民国重要史料初編：対日抗戦時期：第四編：戦時建設四』、中国国民党中央委員会党史委員会、一九八八年、二六八頁。
(23)「三民主義青年団団章」、同上、四五七頁。
(24)一九四二年末までの三民主義青年団への加入者は約五四万人にも達した。「三民主義青年団中央団部工作報告（民国二十七年七月至三十二年三月）」、同上、三〇二頁。
(25)前掲、「附…三民主義青年団組織訓練要旨」、二六八頁。
(26)前掲、「三民主義青年団団章」、四五七頁。
(27)菊池一隆「国民政府による『抗戦建国』路線の展開」、池田誠編著『抗日戦争と中国民衆』、法律文化社、一九八七年、一三六頁。
(28)大日本青少年団本部編『第一回大東亜青少年指導会議会議録』、大日本青少年団本部、一九四四年、八九〜九一、八四〜八五頁。大東亜青少年指導会議の開催に当たって、その趣旨は次のように説明された。「大東亜戦争」が「決戦段階」に入り、「大東亜諸民族ノ戦意ヲ結集シテ宿敵米英ヲ撃滅シ亜細亜ノ解放復興ニ邁進スベキ」時にあって、「大東亜各国青少年運動ノ連絡提携ヲ強化」して、「大東亜青少年ニ課セラレタル歴史的使命ノ達成ニ邁進」することにあると。林柏生は趣旨を踏まえつつさらに踏み込んで、中国・日本・満州の青少年が「共ニ進ムベキ途ハ、最早所謂コノ大東亜宣言ニ明示サレテイル」とし、大東亜会議において「青年東亜」が「誕生シタノデアリマス」と述べた。また大東亜青少年総奮起運動の発動の目的としては、「大東亜ノ青少年ヲ米英撃滅ニ蹶起セシメ、果敢ナル実践ヲ通ジテ必勝ノ信念ヲ堅持セシムル」とともに、「結盟ヲ鞏固ナラシメ」ることが挙げられていた。ただし「実施ニ当リテハ各国ノ特殊事情…ニ即応スル」ことにも留意された。同上、七五、四、七三、八四～八五頁。

(29) 波多野澄雄『太平洋戦争とアジア外交』、東京大学出版会、一九九六年、一八五頁。

(30) 汪精衛「増益東亜福祉奠定世界和平―在大東亜会議席上演詞―」、『東亜聯盟（広州）』第三巻第一一・一二期合輯、一九四三年一二月、三～四頁。

(31) 『中華日報』MF、一九四三年一二月一二日付け。

(32) 同上、一九四三年一二月九日付け。

(33) 同上、一九四三年一二月八日付け。

(34) 同上、一九四三年一二月九日付け。

(35) 同上、一九四三年一二月一二日付け。

(36) 志「献納廃銅鉄是国民『力』的表現」、同上、一九四三年一二月一九日付け。

(37) 同上、一九四三年一二月一九日付け。

(38) 同上、一九四三年一二月二六日付け。

(39) 葉雪松「戦時交通問題」、同上、一九四四年一月九日付け。

(40) 前掲、『第一回大東亜青少年指導会議会議録』、五一頁。

(41) なお石源華によれば、三禁運動が発動された経緯には以下のような事情があったとのことである。盛効（文頤）が上海で開いた「宏済善堂」が、アヘンの専売を一手に引き受け、その利益を日本軍の機密費に流用していたところ、汪政権が対華新政策を機に、「宏済善堂」からアヘン売買の利益を奪回しようと考えて、日本当局の同意をも得ることができた。しかしながら「宏済善堂」が一部の日本軍人と手を組んで抵抗したために、汪政権はそうした抵抗を除くべく、中国青少年団を利用して三禁運動を起こしたとのことであり、また中国共産党の地下組織も大衆を鍛え上げるために、積極的に三禁運動に動員をかけたとのことである。ただし、石源華の以上の説明の箇所には引用文献が記載されていない。前掲、石源華「第三十二章　新国民運動」、一一三四～一一三五頁。一方、日本側の機密資料によれば、一九四四年初頭頃から「南京政府部内ニ於テ禁烟論ガ急速ニ抬頭シ日本側ノ意向モ打診ノ結果三月三十一日ヨリ三ヶ年ヲ以テ阿片ノ吸飲ヲ禁絶セシムル計画ノ下ニ吸飲者ノ登録ヲ励行シ阿片原膏ノ販売ヲ許可制ニスルコトニシ麻薬類ハ絶対禁止スルコトヲ内容トスル『禁烟辨法大綱』」を決議、公布し、実施に移しているとのことである。アジア資料センター（以下、JACARと略記）：Ref. B02031394300（第一五画像目から）、帝国議会関係雑件／説明資料関係第二八巻（A、2、2）、外務省外交史料館。これより、汪政権の禁煙政策が名実合致しており、石源華が考察するようにアヘンの巨利を奪回するための単なるカムフラージュとは断言できないであろう。もっとも汪政権の禁煙政策の背景についてはさらなる検討を要するだろう。

(42)『中華日報』MF、一九四三年一二月一九日付け。
(43)同上、一九四三年一二月二〇日付け。
(44)同上、一九四三年一二月二四日付け。
(45)同上、一九四三年一二月二一日付け。
(46)同上、一九四三年一二月二二日付け。
(47)同上、一九四三年一二月二四日付け。
(48)同上、一九四三年一二月二八日付け。
(49)同上、一九四三年一二月二三日付け。
(50)同上、一九四三年一二月三〇日付け。
(51)江口圭一『日中アヘン戦争』、岩波書店、一九八八年。同『資料　日中戦争期阿片政策』、岩波書店、一九八五年。
(52)前掲、江口圭一『日中アヘン戦争』、一九八頁。
(53)南京市档案館編『審訊汪偽漢奸筆録（下）』、江蘇古籍出版社、一九九二年、四九三頁。
(54)前掲、JACAR：B02031394300（第一五画像目から）。
(55)『中華日報』MF、一九四三年一二月二七日付け。
(56)同上、一九四三年一二月一九日付け。
(57)社説「撲滅侵略勢力之遺毒」、同上、一九四四年一月三日付け。

(58)『日本青少年新聞』一九四四年一月一五日付け。
(59)前掲、汪精衛「新国民運動與精神総動員」、八頁。
(60)汪精衛「増産清毒懲治貪汚—国府還都四週年紀年大会訓詞—」、『東亜聯盟（広州）』第四巻第三・四期合輯、一九四四年四月、五頁。
(61)「附件四　理禁煙之経過情形」、前掲、南京市档案館編『審訊汪偽漢奸筆録（下）』、四三四～四三五頁。
(62)前掲、参謀本部編『杉山メモ（下）』、四六三頁。
(63)協和青少年団は一九三九年三月に、各地の各種の目的をもった青少年の運動団体を統合して結成された。青年団は一六歳から一九歳の青年によって、少年団は一〇歳から一五歳までの少年によって、それぞれ組織され、学校・地域・愛路地域ごとにそれぞれ青少年団が置かれた。前掲、日本青年館編『大日本青少年団史』、六〇七頁。なお、中国青少年団に対する中国青年模範団の関係と同様に、建国大学の卒業生が協和青少年団に対して指導的位置に立つとされた。協和青少年団は設立当初、協和会運動の一線に立って、「官治行政」の改革を行なう担い手として期待されていた。宮沢恵理子「満州国における青年組織化と建国大学の創設」、『アジア文化研究』二一号、国際基督教大学アジア文化研究所、一九九五年三月、六二頁。
(64)前掲、日本青年館編『大日本青少年団史』、七〇八、六〇七頁。
(65)手記は上海市档案館所蔵、Q130-61-15のガリ版刷りパンフレットに収録。
(66)前掲、蘇青「『古今的印象』」、四三五～四三六頁。
(67)鄭振鐸著、安藤彦太郎、斉藤秋男訳『書物を焼くの記』、岩波書店、一九五四年、一四五～一四八頁。

第四章　学校教育政策——中学における政治教育を中心に——

序

本章では、第三章で論じた中国青少年団の設立に至る背景となった汪政権の学校教育政策について取り上げる。(1) 汪政権は、日本軍の軍事力に依拠して樹立された政府でありながらも、一方で国民党の法統を継承した政府であることを自負していた。そして学校教育に関しても、教育の政治に対する従属にほかならない国民党の党化教育の伝統を受け継ごうとしていた。否、党化教育がそもそも汪精衛等国民党左派の創造物であった以上、それは当然のことと言えよう。(2) 本章では汪政権の党化教育、すなわち政治教育について、その理念、制度、実態がどのようであったかを追究する。その際、考察の対象となるのは主として初級・高級中学である。というのは、汪政権下では大学等の高等教育の深刻な停滞状況を背景として、同政権の中等教育に対する期待は非常に高く、「今日凡ゆる点を復興建設せんとする秋にあたり」、「人材は大部分中等学校卒業生に依拠しなくてはならない」とされていたからである。本来、中国においても中等教育機関の多くは「大学入学の過程とし存在した」にもかかわらず、汪政権下では

「社会の各部門の産業の主要責任者」の養成の役割を担うことが期待されていたのである(3)。

第一節で、汪政権の学校教育政策のあらましを明らかにする。具体的には同政権の学校教育政策の方針とは何か、及び教育行政と学制はどのように定められ、実態はどのようであったのかについて究明する。第二節では、政治教育と関係の深いカリキュラムとして、特に日本語と公民を取り上げて、その目的や理念とは何か、またその教育の実態はどのようであったのかということについて考察を加える。第三節では、汪政権における学校教育政策の方針や学制、日本語教育を満州国のそれぞれのケースと比較して、汪政権のそれらの特徴とは何かということについて分析する。第四節では、汪政権が学生と教員に対してどのようにしてその支配を浸透させようとしたのか、その結果はどのようなものであったのか、ということについて論じる。

第一節　学校教育政策の方針・制度

学校教育政策の方針

汪政権が成立する以前の中華民国維新政府の学校教育政策の方針から見ることにしよう。維新政府はその方針を打ち出すに当たり、戦前の国民政府の「三民主義を否定し、新たに中国固有道徳文化を恢宏し五四運動以来の思想の悪化…を是正せんとして儒教精神の復活宣揚に努めた(4)」。しかし実際には、一九三八年八月に維新政府が公布した「教育宗旨実施方針草案」における全七条は、一九二九年に国民政府が発布した教育方針の全八条のうち、三民主義教育について言及した第一条を除去し、全文に渡って三民主義の字句を削除したものに過ぎなかった(5)。維新政府の独自の教育方針とは、「三民主議を廃し、軍事教練を行わず孫総理遺教を歴代の聖賢の言行に置き換えた点にのみ注目を要する」(6)ほどのものでしかなかったのである。

次いで、汪政権の学校教育政策の方針について見てみよう。一九四〇年三月の中央政治会議で決議された「国民政府政綱」の第一〇条において、簡明に「反共和平建国を以て教育方針となし、並びに科学教育を高め、騒がしく妄動的な学風を一掃する」(7)ことが謳われていた。

さて、ここで近代の学校教育制度の社会・政治的機能に内包された矛盾について言及することは、上述の方針における「反共和平建国」と「科学教育」の関係を考察するに際して手がかりを与えてくれるであろう。学校教育の社会・政治的機能は大きく分けて三つ挙げられる。①正統化、統合化の機能。将来の社会的役割の担い手たちに大衆的忠誠を喚起する。②社会的適性化、資格付与の機能。労働や社会生活において必要な技能や知識を伝達する。③選別、割り当ての機能。生徒たちを一定の比率で社会的地位の高い（または低い）職業上のポストに割り当て配置する準備を行なう。ここで注意するべきことは、これら学校教育の諸機能が常に互いに均衡し、補強し合う関係にあるわけではなく、特に社会が流動化している場合、相互に矛盾し合うという局面が現れることである。例えば、②における技能や知識の伝達という技術的・職業的教育が、同時に意図せずして社会的構造を批判的に反省する思考の習得を助長することによって、①の正統化、統合化の機能と矛盾を来たしたりするなどである。その際、国家の支配層は、こうした教育政策の矛盾を解消するために、支配的な政治体制を承認させるための特別な政治教育、すなわち①の正統化、統合化の機能の過度な突出にほかならない教育を実施しようとするであろう。(8)

汪政権下の学校教育においても、近代化を推進する人材を養成するための「科学教育」が包含されるところの社会的適性化、資格付与の機能と、「反共和平建国」の方針に基づく政治教育が包含されるところの正統化、統合化の機能との間には、後述するように同様な矛盾や葛藤が見られた。それ故に、特に上海陥落後も租界という「孤島」で抗日・反汪政権の学生運動が粘り強く展開されていた状況下にあっては、なおさら教育の現場に「反共和平建国」の徹底が期されていたのである。実際、上述の方針における「騒がしく妄動的な学風を一掃する」とは、汪精衛の言葉を借りれば、次にようなことになる。「かつての大学生は政治活動に好んで参加しており、学校を個人活動の場所としていた」ことから、「大学教育における重大な危機」をもたらしたが、今後「青年は勉学に没頭して、和平反共建国の真の意義を認識し、和平建国の真の能力を養うべきである」[9]と。

では、「和平反共建国の真の意義を認識し、和平建国の真の能力を養う」とは、どのような人間像を形作ることを意味したのであろうか。一例として、汪政権の初代の教育部長であった趙正平が一九四〇年九月に行なったラジオ演説「和平人格與和平建国」を見てみよう。趙正平はまず「和平の人格を備えた人物が国家や社会における各種の事務を分担して、はじめて和平の政治を実現することができる」と述べ、「和平の人格」が和平建国の大本であることを明らかにした。そして「和平の人格」の要素を大きく三つに分けた。第一は「同情心」であり、それは孔子の「孝弟はそれ仁の本なるか」に基づくとした。すなわち「自分の父兄」を愛した上で、「他家の父兄」を愛し、さらに「同族」が相互に愛し合い、そうしてはじめて「隣国の人」を愛することができるのであり、「隣国の人」にも自ずと我々を愛するように仕向けることも可能になるとした。第二は「礼」であり、やはり孔子の精神に基づいており、内面に「大きな同情心」をもった上で、「敬意を示すこと」、「他人を尊重することを示すこと」にほかならないとした。中国の過去百年間の外交において、「多くの災いが存在するのは、全て我々自身の不敬からつくられているのである」とした。第三は「忍耐」であり、孔子のみならず孟子、老子、キリストの教えの精神にも則っており、「同情心」と「礼」が十分に発揮される時には、必ずそこに大きな「忍耐」があるとした。和平建国を推進するためには、我が国民の現在における一切の「忍耐」は至誠に基づくものでなければならないとした[10]。趙正平の演説から、汪政権の「和平反共建国」の方針は、抗日・反汪政権の学生運動の強靱さに比例するかのように、単なる政治教育の範疇を超えて、人格教育の域にまで及んでいたと言えよう。

学校教育の制度と実態

汪政権成立後の教育行政の系統は、基本的に戦前の国民政府の規定を踏襲するものであった。汪政権の行政院は教育部を設置し、その下に大学教育委員会、中小学訓育実施委員会、義務教育委員会、社会教育実施委員会等一三の委員会を設置した。初代の教育部長には国民党出身ではない、いわゆる無党無派の趙正平が就任したが、一年余りして公館派の李聖五に交代した。さらに華北政務委員会は教育総署を設置した。また各省市政府は教育庁や特別市教育局を、行営及び行政公署は教育処を、それぞれ設置した。

汪政権下では、政府当局の教育行政機構以外に、様々な「民間」の教育団体が設立され、各種の教育雑誌を出版するなどの活動を行なった。そうした「民間」の教育団体のなかでも、とりわけ規模や影響力の大きな団体としては、戴英夫を会長とする中国教育建設協会があった。[11] 戴英夫は教育部内では常務次長や政務次長を歴任し、当部内における周仏海等のCC派の勢力の代表でもあった。教育部の部長のポストはCC派の手中にはなかったが、教育部の実権は部内の主要ポストの大半を押さえたCC派に帰しており、そのため戴英夫の実際の勢力は、部長の趙正平等のそれを上回っていた。戴英夫は教育界における影響力をさらに強化するために、職権を利用して、教育部の外に中国教育建設協会を設立し、各地に分会を設置して、汪政権下の教育行政機構の人員や各校の教職員の取り込みを図った。[12] 中国教育建設協会は一九四〇年六月に設立され、その設立の趣旨は教育界において、汪政権の根本的な施政方針でもあり、また教育方針でもある「和平反共建国」を推進するというものであった。当協会が発行していた月刊誌『教育建設』は、華北を含む日本軍の中国占領地域において、最も影響力を及ぼした雑誌の一つであった。[13]

次に学制について見てみよう。初等教育制度はそもそも初級四年、高級二年の六年制であったが、その他に貧困な家庭状況の下にある児童のうち、初級の「四年すら在学し得ぬ者多数の為」に設立された簡易小学、短期小学等があった。簡易小学、短期小学という制度そのものは、一九三五年の国民政府の義務教育一〇カ年計画に基づくものであり、文盲の一掃を目的としていた。(14)ちなみに一九四〇年に汪政権教育部が発表した統計によると、全人口の四億五千万人における文盲率は約八〇％であり、総計約三億六千万人に上っていた。(15)しかしながら日中戦争による戦災も加わって、初等教育の普及は芳しいものではなかった。例えば、一九四二年における上海、江蘇省、安徽省で初等教育を受けられた者は、千人中一二人であり、首都南京でも千人中六九人に過ぎなかった。(16)そこで汪政権の初等教育における政策の重点は、「量的拡充を求める」ということに置かれた。「今日の教育建設は最低限度のものを要求」しており、またそれを通して、児童及び「失学成人」に「今日の中国ゝ民としての最小限度の思想知識技術生活習慣を了解せしめなければならない」とした。(17)

中等教育制度は中学、師範学校、職業学校の三種であった。中学については、維新政府時代には日本の中学校制度を採り入れて、暫行的に男女中学共に五年制であり、教学科目は男女によりそれぞれ異なっていた。しかし汪政権樹立後には、戦前の国民政府時代の制度に立ち返り、初級中学三年、高級中学三年の二段階とした。(18)師範学校については、「事変前は多数の師範学校ある」状態であったにもかかわらず、日中戦争による荒廃を被ったために、一九四〇年七月段階では「鎮江師範一校で実に寥たる」有様となった。(19)そこで維新政府時代に南京に速成の教職員養成所が設置され、同所の受講生は卒業後に日本へ研修に派遣された。(20)ちなみに一九四二年の段階で上海、江蘇省、安徽省で中等教育を受けられた者は一万人中一四人であり、南京では一万人中一一二人であった。(21)

ところで中等教育機関における日本人顧問の存在についてであるが、維新政府時代には国立学校に顧問制度を設置し、日本人顧問を招聘していたものの、汪政権下では顧問制度を廃止し、「専ら支那的立前に復帰」したとされていた。しかしながら日本語科目の担当として日本人教員が中等教育機関に入っており、これら日本人教員は日本語を教授する以外に、「日支親善、和平復興の媒介者」としての役割を果たすことを日本当局から求められていた。[22]一方、この「日支親善、和平復興の媒介者」としての役割は、日本人教員が派遣された各校の中国人教職員からは、「目付役的に見られ」ていた。しかるに日本人教員のなかには、学校当局より校内の専用室をあてがわれ、「得々としてその一室に長然としておさまり、一向その塔内より積極的に出ない」者もあったという指摘もあり、その「目付役」の効果に対しては疑問も寄せられていた。[23]

高等教育機関としては、大学のほかに独立学院や専科学校等が挙げられる。日中戦争の勃発以降、多くの高等教育機関は重慶等の奥地や上海租界に移転するか、もしくは廃校することなどを余儀なくされていた。そのために上海租界において教育の「畸形発展」という現象が現れるようになり、日中戦争以前の租界における高等教育機関は計三一校であったが、一九三九年には七五校にまで増加するに至った。[24]租界における教育の「畸形発展」に対して、汪政権統治地域では「財力と人材の不足が高等教育を完備させることが出来」ず、「完全なる大学を望むことは出来ない」という状況にあった。[25]しかし小規模ながらも高等教育機関の復興の努力は維新政府、汪政権を通してなされ、南京に中央大学（維新政府時代の名称は南京大学）が「恢復」され、太平洋戦争開戦に伴う租界占領後には上海に交通大学等が「復校」され、また新たに上海大学や浙江大学が創設された。中央大学は文、法商、教育、理工、農、医、薬の計七学院により構成され、一九四三年六月の時点で総学生数六九七人、総教職員数一二七人であった。[26]また上海大学は農、法、文の三学院により構成され、総学生数二九九人、総教員数（職員を省く）五三人であった。[27]ちなみに一九四二年において上海、江蘇省、安徽省で高等教育を受けられた者は十万人中一四人、南京で十万人中二一三人であった。

大学等の高等教育機関の衰退がはなはだしかったにもかかわらず、大学に対する管理を汪政権は非常に重要視し、同政権の要人自らが大学の要職に就く傾向が見られた。例えば、中央大学復校籌備委員会の委員長の職には教育部長の趙正平が就き、その後校長の職務を教育部次長の樊仲雲が、趙正平の後を襲って部長に就任した李聖五等が相次いで引き継いだ。上海大学の校長には趙正平が就任した。[28]また教育部内においても高等教育機関を管轄する高等教育司長のポストをめぐって、CC派と公館派との間に対立が生じた。[29]日本側も高等教育機関を掌握しようとして、各大学に日本人教員や理事を送り込んだほか、[30]維新政府時代には興亜院が中心となって、北京の新民学院と類似した維新学院を設置するなどした。この維新学院は、農学と日本語学が中心であり、学生が二〇〇人から三〇〇人在籍し、教員が全員日本人であり、人事、運営には汪政権側は全く干与することができなかった。しかし汪政権は発足以来、当学院を接収しようとし、日本側との交渉の末、一九四一年に日本語専修科を廃止の上、農科を形式的に上海大学に吸収することに成功した。[31]このように大学等の管理をめぐっては、汪政権内部の派閥争いに日本当局と汪政権の対立も絡んで複雑な様相を呈したのである。

第二節　学校教育のカリキュラム

汪政権はその学校教育政策の方針に基づいて、教学内容の改変を企てた。すなわち「新中国の建設に適応するための…教材の再編」が推し進められ、「従前の如き反日抗日の内容を有するものは全て善隣友好の教材に改め」られた。[32]また汪政権下においても小学、中学、師範学校では、従来通り国文、数学、生物、化学、物理、生理衛生、音楽、体育、美術、労作等の普通科目が設置されていたが、日中戦争以前に使用されてきた教科書は一律に禁止されることとなった。[33]もっともその間の事情は非常に慌ただしく、日本軍占領直後には新教科書を出版することができなかったために、各地の学校は昔日私塾で用いられてきた四書や三字経で、急場を間に合わせるなどした。教材の編纂や出版が本格化したのは、汪政権樹立以後であるが、それでも国定教科書の発行に際しての印刷技術、手続き等の問題のために、延期や品切れといった事態がたびたび生じた(34)。このようにすべての科目が何らかの形で汪政権の意向の影響を受けつつも、戦時下故の混乱も起こっていたのであるが、ここでは特に政治教育と関係の深い日本語と公民を中心に見ることにしよう。

日本語

まず日本軍当局の中国占領地域における日本語教育推進の意図から確認することにしよう。汪政権樹立以前から、日本軍当局は日本語普及政策を軍政の一環として打ち出し、例えば維新政府は官吏等に日本語の学習を義務付けた。こうした日本語学習の強制の意図としては、日本軍当局と現地政府の官吏、その他軍政と密接に関わる現地中国人との意志疎通を図りやすくし、軍政の効率化を進めることが挙げられよう。またその他の意図としては、学校等での日本語教育を通して、中国人における抗日、排日思想を親日的なものに変えていくこともあったであろう。日本軍当局にとって、日本語教育とは大陸での軍事侵略のための「柔らかい武器」にほかならなかったのである(35)。

日本語教育の小学、中学における具体的な実施状況について、授業時間数を手掛かりに考察することにしよう。維新政府時代には、小学の第五、六両学年で毎週一二〇分間必須科目として教授されていた。しかし汪政権になってからは、小学における日本語の授業は原則としてなくなり、都市部において実際の需要がある場合にのみ、第五、六両学年（高級小学）で実施されることとなった。維新政府時代には、中学は先述のように日本の制度に倣って五年制になったが、男子中学で第一、二、三学年には毎週それぞれ五時間、第四、五学年には毎週それぞれ四時間、女子中学で第一、二、三学年には毎週それぞれ三時間教授された。一方、汪政権下では中学を中華民国本来の制度に戻したが、初級中学で第一学年には毎週三時間、第二、三学年には毎週それぞれ四時間授業を行なうこととし、高級中学では三年間を通して毎週それぞれ二時間教授するとした。また女子中学もこれに準じるとした。このように小学、中学における日本語教育は、維新政府下と比べ汪政権下では授業時間数の減少が顕著であり、日本の軍政方針とは裏腹に、小学、中学における日本語普及政策が行き詰まっていた状況が見出されるのである。また日本語と英語の授業時間数を比較すると、維新政府下では授業時間数は各々同数、汪政権下では初級中学では各々同数であったが、高級中学では日本語が毎週二時間であったのに対して、英語は毎週四時間であり、英語重視の従来の方式に立ち返る傾向が見られた。(36)

上述のような日本語の授業時間数の著しい減少の背景には、どのような事情が存在していたのであろうか。日本軍当局が維新政府の協力の下に、日本語教育の強制に着手しようとしたところ、各地から抵抗が沸き起こり、それは一九四〇年に開催された全国各省市教育会議において、小学の外国語、すなわち日本語の撤廃を決議させる程のものであった。当然のことながら、日本軍当局の憤激を買ったが、それに対して汪政権側では汪精衛自らが乗り出して、上述の都市における小学第五、六学年に必要に応じて日本語の教授を行なうなどといった例外規定を作り、日本側と妥協を図った。(37) こうした中国側の抵抗の契機には、単に侵略者の日本軍に対する反感にとどまらず、自国の「五千年の悠久な文明を無上なもの」と見なす中華ナショナリズムを挙げることができよう。また日中戦争以前における外国語教育では、英語が第一外国語として最も比重が置かれており、独語、もしくは仏語が第二外国語の地位を占めていて、日本語は第三外国語としての地位を保つに過ぎなかった。(38) そのためもともと日本語は、学校教育のなかに確固とした根をもっていたとは言い難く、軍事力を背景ににわかに日本語教育を強制したところで、たちどころに行き詰まってしまったのである。

ここで、章末に付した汪政権下で学校教育を受けた人々に対して行なったインタビューを通して、日本語の授業現場の実態を見ることにしよう。沈兆態が通った高級小学では日本語の授業があったようだが、「日本語には試験がなく、生徒には精神的なプレッシャーもなかった」ものの、一方で「英語等の重要な科目には試験があり、成績順に氏名が貼り出されるばかりでなく、成績不良だと成績表を『家長』に送り、教師が教訓を垂れるので、精神的プレッシャーが高かった」と回想している。また沈兆態が初級中学に進学した際、その初級中学には、「日本人教師がおらず、日本語もなく」という状況だったとのことである。一方、鄭雲霞は初級中学の時、「寧波出身の中国人の四〇歳余りの男性教師」から日本語を「週に一、二時限」学んだものの、高級中学では日本語の授業がなかったと証言している。インタビューより、英語重視、日本語軽視は授業時間数の多寡のみならず試験の有無や生徒のプレッシャーの有無にも表れており、かつ戦時の混乱故に、汪政権当局の規定通りに一律に日本語の授業が行なわれたわけではなく、学校によってまちまちの状況であったことも見て取れるであろう。

公　民

次に公民について見ることとしよう。公民は訓育を構成する科目の一つとなっていたが、訓育は元来戦前の国民政府の学校制度において、政治教育の重要な一環として設けられたものであった。汪政権下においては、一九四〇年九月に開催された小中学校長会が「完全に訓育会議に外なら」なかったように、教育部は小中学教育の重点を訓育に置いていた(39)。国民政府及び汪政権がいかに訓育を重視したかは、小学、中学を問わず各種学校の校務組織において、教務課、事務課と並んで訓育課が前二者とは独立して設置され、「訓育、教務、事務の三課は截然独立して各々其の課室を異に」していた(40)ことからも見て取れるだろう。訓育には公民のほか、「政治訓練、社会訓練、品性陶冶、及び童子軍、青年団等」が含まれていた(41)。

さて、公民の授業時間数についてであるが、一九四〇年における中学のカリキュラム編成を事例として取り上げると、初級中学では第一、二、三学年とも一週間の平均教学総時間数三五～三六時間に対して、公民は毎週一時間であった。同時期の高級中学では一週間の平均教学総時間数三四時間に対して、公民は第一学年で毎週二時間、第二、三学年で一時間であった(42)。ここで一九二九年に国民政府が公布した「中学課程暫行標準」を見てみると、初級中学と高級中学では、三年間の総単位数がそれぞれ一八〇と一五〇であったのに対して、公民（当時は党義と称した）の三年間の総単位はいずれも六であった(43)。一九二九年当時の授業時間数の詳細については不明であるが、全体の単位数に対する公民の単位数から推測するなら、一九二九年の国民政府下におけるカリキュラム全体に対する公民の比重と、汪政権下のそれとはほぼ同じであったと言えるだろう。

公民教育の目標とはどのようなものであっただろうか。汪政権は維新政府時代に設けられた「修身科」を、「個人的修養に重点あるが如き印象を受くる」ということから廃止し、公民科という「国家的民族的意義を直観」させる科目名を改めて復活させたとのことである(44)。具体的な教学範囲は「政治」、「語文」、「生計」、「健康」、「家庭」、「社交」、「余暇」と多岐にわたり、必ずしも政治教育には限定されておらず、「学生に人類の生活の各方面における知識を与える」内容になっていた。もっとも政治教育に主眼があったことは当然であり、政治教育に関連した学習目標としては、「政治」における大亜洲主義に基づく建国の基礎の確立、和平反共建国の意義の実行、保甲の編成、共匪の害の認識等が挙げられていた。その他には「語文」における中国固有の文化の発揚と並んで、日本語の学習手順の知悉、「社交」における東亜民族共存共栄の意義の研究、日華基本条約の内容と精神の認識等があった(45)。また公民の諸目標を達成する教授方法としては、学生の自治組織の編成、和平運動に関する様々な教材や図表等の展覧会、記念集会の開催、及び学生との個別談話等が提唱されていた。汪政権はこのような学習の諸目標や方法を掲げる一方で、戦前の国民政府下の公民教育を「その目的と方法の誤りのために、空談に流れなければ、偏って過激

な思想に走ってしまい」、結果的に「国家を害し、社会を害することになった」と批判した。(46)

公民における主として政治教育に関連した学習目標と方法を見てきたが、その実態はどのようなものだったのだろうか。日本側の観察によれば、「現在の実情は和平反共建国たる方針の理論の確立期であって、前段階の抗日教育の清算への闘争期」であり、教育の現場においても、その方針はまだ深く浸透しておらず、「現在学校教育は単に思想のないことを教え、本を読み、技術を教授しているだけだと云うのが実際の実情(47)」だった。

ここでまた章末に付した、汪政権下で学校教育を受けた人々に対して行なったインタビューを通して、公民を含む訓育の実態について見ることにしよう。沈兆態は小学では月曜日の一時限目に「週会」があり、その時間には「国歌を斉唱し、孫文の遺嘱を唱えた」とのことだが、校長はただ「どこそこのクラスのできが良く、またできが悪いか」といった話しかしなかったとのことである。沈兆態の小学、初級中学時代を通して、「中国人教師が『和平反共建国』等の汪政権のプロパガンダを話したりすることはなかった。かといって中国人教師が日本の侵略について、何か批判めいたことを述べることもな」かったとのことである。上述の日本側の視察記録や沈兆態の経験から、汪政権下では公民における政治教育の新しい内容は計画のみで終わり、実践に移されるにはほとんど至らなかったと推測されるのである。

第三節　満州国の学校教育政策との比較

先述の汪政権の学校教育政策の方針や学制、日本語の授業について、満州国のそれぞれのケースと比較することにしよう。(48)汪政権の学校教育政策の方針は「和平反共建国」であり、「和平」、すなわち親日政策を基本としながらも、「固有の民族文化・道徳の発揚（「修正国民党政綱案」）」をも掲げるなど、一定程度の中国ナショナリズムの要素を終始保持していた。一方、満州国においては建国当初、学校教育政策の方針として「王道」主義が謳われていたものの、一九三八年に新学制が実施されて以降は、「日満一徳一心不可分の関係」が強調されるようになった。さらに太平洋戦争勃発後には「惟神之道」、すなわち日本の国家神道の要素が前面に出てくるようになり、日本の教育との一体化が叫ばれ、戦時教育の基本方針に据えられるようになった。「惟神之道」が学校教育政策の方針として確立され、強調されていく過程とは、満州国全体が日本の戦時体制に組み込まれ、学校教育の現場においても、軍事訓練や勤労奉仕に多数の学生が動員されるのと軌を一にしていた。

汪政権の学制は、特に中学に関して、維新政府時代の日本を模した五年制から、中華民国本来の三・三制に復帰したことに見られるように、少なくとも表面上は中国の独自性を尊重する方向のものであった。またこれと並行して、日本語の授業に関しても、汪政権下では維新政権下よりも授業時間数が著しく減少していた。一方、満州国では当初、従来の中華民国の学制を踏襲していたものの、実態は「古い瓶に新しい酒を入れる」ことが試みられ、数年の過渡期を経て、一九三八年より新学制に移行した。この新学制の下では小学、中学、大学の年限がそれぞれ六・四・三制となっており、従来の中華民国の学制と比べて三年から四年の短縮になっており、愚民化政策という批判が中国の研究者よりなされている。そして日本語は中国語とともに「国語」とされ、同化政策の役割の一端を果たすこととなった(49)。

以上の比較から次のことが言えよう。すなわち日本軍当局の介入に対して、汪政権の学校教育はある程度まで自立的であることが可能であったが、一方、満州国においては日本側の全面的介入が実施されるに至り、日本当局の意向の下にほぼ完全に従属していたと。両者の相違の背景として、華中においては上海租界という日本軍の直接支配の及ばない地域が存在しており、租界内の学校までは日本軍や汪政権も完全に統制し得なかった。また華中は中華民国の中心部として、学校教育に関しても根強い独自性を保っており、日本軍の圧倒的な軍事力を前にしても、容易には日本軍の全面的介入を許さないものがあった。これらの理由のために、日本軍も占領地経営を円滑に進める上でも、汪政権や各校にある程度の妥協を余儀なくされたのである。満州国においては上海租界のような「孤島」がもとより存在していないばかりか、抗日運動に関わった、もしくはその嫌疑があるとされた学生や教員に対する苛酷な弾圧を推進した結果、学校教育に関する意志決定権は日本当局の手中に帰することとなったのである。[50]次節では日本軍の全面的な介入を拒んだ汪政権が独自に各校を統制するべく、いかにして学生、教員に対してその支配を浸透させようとしたのか、その結果はどのようであったのかについて見ることにしよう。

第四節　学校の統制

学生に対する施策

一九三一年の満州事変勃発以降、中国全土の大学、中学を中心とする学生は活発に抗日運動を展開し、それは「一二・九」運動へと発展し、第二次国共合作を促す世論形成に大きく寄与した。日中戦争突入以後も、引き続き学生運動が行なわれたが、奥地を除くと、わずかに上海の租界という「孤島」においてのみ継続された。租界の学生運動を主導したのは主として中国共産党であり、汪精衛自身の言葉を借りれば、「とりわけ共産党がたいへん巧みに学生を利用して、活動の道具としている」のであった。[51]一方、第三章で触れた重慶政権側の三民主義青年団に関しては、一九四〇年の日本当局の公文書で、有力幹部が「新政府ノ和平反共勢力ノ増大ヲ深ク認識スルト共ニ抗戦政策ノ前途ニ絶望シ」たことから、汪政権に相次いで投降した結果、同団が「壊滅ニ陥リタル」ことになったと報告されていた。(52)

では、汪政権が成立する前後に、中国共産党の指導の下で租界において実施された学生運動を具体的に見ることにしよう。共産党江蘇省委員会は反汪政権の運動に関して、大衆のなかで公開、合法化を目指すこと、宣伝工作を広く展開すること、積極的に大衆の組織化工作に着手することなどの指示を学生に宛てて出した。(53)そして汪政権が正式に発足した一九四〇年三月三〇日に、租界内の学生は同盟休校と反汪政権の宣伝を行なった。特に省立上海中学では千名余りの学生が集合して汪政権糾弾大会を開催し、学校当局に日本に投降しない、汪政権に登記を行なわない、日本語を開講しない、学生の愛国活動を許可するなどの諸項目を要求した。また之江大学政治系の学生は汪精衛に対する模擬裁判の法廷を公開で開き、売国の罪行を糾弾し、死刑判決を下した。(54)

抗日、反汪政権を掲げた学生運動は租界内の各校で盛り上がりを見せた一方、汪政権は学生運動に対して抑圧を強化し始めた。汪政権の圧力の下、租界当局は学生運動の取締りを実施し、例えば仏租界当局は上述の省立上海中学の反汪政権の運動の集会に踏み込んで、集会に参加した学生二名を逮捕した。(55)また各校も同様に学生運動の抑制を図ろうとし、例えば大同大学付属中学の学生百名近くが、街頭で反汪政権を訴えてデモ行進を行なおうとしたところ、学校当局に阻止され、有力な地下共産党員の学生は退学処分に付された。(56)さらに復旦大学等では、汪政権派分子の学生が学生運動における指導的立場の学生に対して脅迫を行ない、転向して汪政権の活動に参加するように要求するなどした。(57)

他方、学生運動の内部にも様々な問題が起こり、結果として運動の弱体化を招くに至った。一九三九年に重慶政権は上海に地下組織や三民主義青年団分団部を再建したが、下層分子は中国共産党に対して協調的であったにもかかわらず、指導的地位の上層分子の多くは反共の立場に立って共産党と対立し、学生運動の分裂という事態に立ち至ったという。(58) その後の三民主義青年団が壊滅状況に陥ったことは上述の通りである。一方、共産党の側でも学生運動の指導に際して、各校の状況の相違を無視したり、闘争で一定の成果を得た段階で運動を撤収しなかったり、党員の単独行動があったりなどした。そしてこうした誤りのために、かえって租界当局や学校当局の取締りを誘発して、結果的に各校における共産党の勢力を弱体化させてしまい、次第に表立った学生の政治運動は不可能となり、例えば復旦大学では一九四一年夏までに、共産党指導下の学生政治団体の活動が停止に追い込まれてしまった。(59)

汪政権の圧力の下で、租界当局や各校も学生運動に対する取締りを強化せざるを得なくなるにつれて、学生の間には抗戦に対して悲観的になる者が現れるようになった。一部の学生は抗戦必勝の信念を動揺させ、勉学等に没頭し、国事に関わらないようになった。中国共産党はこうした学生層を対象に、様々な学生組織を通して、非業の死を遂げた愛国活動家を追悼したり、毛沢東の『論持久戦』をテキストにした読書会を開催するなどの「啓発誘導工作」を実施した。(60) 他方で、抗戦に対して懐疑的になった学生層は、共産党のみならずまさに汪政権の争奪の対象ともなったことであろう。

ここで、当時の中学生の心理状況や生活実態の一端を見ることにしよう。占領下で編集された青少年の手記の類の史料は乏しいが、上海の名門校、上海徐匯中学の冊子『上海徐匯中学卅一年度学業成績展覧会紀念冊』はそのような状況下にあって、例外的とも言える史料である。その冊子は、太平洋戦争開戦に伴う上海租界占領後の一九四二年に編纂されたものの、出版社、出版年月等の奥付きもなく、冊子の性格上、学内関係者や生徒の父兄にしか配付されていなかったと見られる。ある学生は、毎週土曜日の午後に中学の寄宿舎から実家に戻る「同級生たちが『帰ろう！　帰ろう！』と言うのは『食べる』、『見る』、『遊ぶ』ためであるのを超えはしない」と記しており、その学生も「心に栗の実の美味と映画の新奇さを想って」帰宅の途につくのであった。また別の学生は、たいへん学業成績が優れた自己を「模範学生」と自負して、その毎日規則正しく学業に勤しんだり、運動したりする生活ぶりを記した上で、「私はいささかたりとも単調、あるいは無味乾燥と感じたりはしない」と述べ、「それは私の楽園である！」とさえ言い切っていた(61)。

章末に付した汪政権下の学校教育経験者に対するインタビューにおいても、前述の鄭雲霞は、日本軍が租界を占領した当時の高級中学時代を回想して次のように述べている。「汪政権が組織した中国青少年団については何も知らなかった。また勤労奉仕もなく、日本軍に物資を収集し供出するといったようなことも聞いたことはなかった。その時、周囲には地下抗日活動もなかった」。「初級・高級中学の時には級友と一緒に合唱したり、ダンス・ホールで社交ダンスを踊ったり、ピクニックに行ったりした」と。こうした手記の記述やインタビューの回想からも、当時の中学生の大半が抗日や和平といった国事よりも、日常のささやかな楽しみや勉学に没頭していた様を見て取ることができよう。

教員に対する施策

汪政権は反体制の学生運動に対して抑圧を強化するのみではなかった。さらに教員を媒介として、同政権の教育に関する方針や意向を各校に浸透させ、上述のように日常の楽しみや勉学に没頭する学生層の積極的な支持を獲得しようとした。ことに訓育を担当する教員に対しては、教育部自らが指導要綱を作り、細かく指導していた。例えば「修正中等学校訓育主任公民教員工作大綱」では、訓育主任、公民教員の任務を、校長を補佐し、党義教育に関する法令と計画を実施することであると定めた。また訓育主任、公民教員には、学生に通常の訓育、公民教育を実施する以外に、学生に対して訓育の一環である課外活動に参加するように促したり、学生が閲読する刊行物、及び交友関係や日頃の言行を調査し、思想や生活を把握することなどが要求されていた(62)。

では、汪政権は教員の掌握に当たって、どのような手段を講じたのであろうか。ここでは汪政権について見る前に、高田幸男の研究を手掛かりに、戦前の国民政府時代における対教員政策について言及しておくこととしよう。高田の論稿は、主に一九二〇年代末の上海特別市市立学校教職員聯合会（以後、市教聯）の運動に焦点を当てたものだが、当時の国民政府と教職員との関係についても考察を加えている。市教聯は待遇改善を要求して活発に運動を展開しており、一方国民政府にとっても、国家建設と民衆の教化のために教育の普及は急務となっており、その担い手である教職員の待遇改善は重要課題として認識されていた。市教聯の運動の結果として、当時の市立小学の教職員は「小資産階級の中流以上」という比較的高い経済的地位を獲得し、国民党入党者も多く、国民党の確固たる支持基盤となっていき、中国共産党も容易には浸透することができなかった。そして教職員には、党化教育のような政治教育を無批判に受け入れる傾向があり、政治運動への参加も民族主義的傾向をもちつつ、官製運動の枠内にとどまっていた(63)。高田自身、限られた資料を基にした分析のために、まだ結論に対して幾分か留保をつけているが、少なくとも国民政府の教員掌握に当たって、最も有効に機能した施策が教員の待遇改善であることは間違いないことであろう。

汪政権においても教員の待遇改善を通して、教員の把握が試みられたのであるが、片や教員にとっても、生活物資の充実は汪政権を積極的に支持するに当たって、主要な動機となったようである。例えば、重慶政権との戦闘の前線に近い湖北省の宜昌県政府から発行された『宜昌県小学教師和平論文集』において、小学教員の李克玉は次のように記していた。汪政権下では「一般の人民を見ると、あちらこちらで楽しそうにしており、安んじて各々の生業を守っていて、政治もまたたいへん良好で、物資についても充実しているばかりか価格もたいへん安い」。他方、重慶政権下では「政治は腐敗しており、物資も空っぽで、お金があっても買うところがなく、毎日一食のみであり、お金がなければどうなるかは言うまでもないだろう」。そして李克玉自身も、重慶政権下では「毎日あちらこちらで野菜や根菜を探し回り、木の葉っぱを食べて命をつないだりしてきた」と。当然ながら、当の論文集そのものが「和平理論を発揮することによって、正しからぬ思想を改める」ために編纂されている以上、李克玉の上述の表現は誇張されているのだろうが、それを差し引いたとしても、なおもその文章からは、彼が重慶政権を見限り、汪政権に積極的な支持を与えた動機が、物質的な生活水準の向上にほかならなかったことが示唆されるであろう。(64)

では、汪政権の地盤である上海を中心に、教員の経済状況がそもそもどのようなものであったのかを、当時の統計資料を基に考察を加えることにしよう。「歴年各月上海特別市職工階級食物住屋衣着雑品四類之必要費用表」によれば、労働者階級に属する五人家族の教育、医薬等を除く五四品目の必需品の費用は、一九四三年二月から七月まで各月、九三三元、九四六元、九二八元、一，〇二〇元、一，二一〇元、一，七七九元であった。また「中下職員階級」（政府の中・下級公務員）に属する五人家族の教育、医薬等を除く九十三品目の必需品の費用は、一九四三年二月から七月まで各月一，四四八元、一，四五四元、一，五四三元、一，六八六元、一，九二九元、二，八八六元であった。(65)

次に教員の月収入についてであるが、「上海特別市市立中学教職員待遇統計表　民国三十二年度（一九四三年）下学期（二月～七月）」によれば、校長五人の月収は九五一元から一，〇五〇元の間に分布しており、教員七三人のうち三四人が一，〇〇一～一，〇五一元の月収であるほかは、最低水準の五五一～六〇〇元の八人から、八〇一～八五〇元の一三人を挟んで、一，〇〇〇元まで万遍なく分布していた。(66)また「上海特別市私立中学教職員待遇統計表　民国三十二年度（一九四三年）下学期（二月～七月）」によれば、校長一七三人のうち一〇八人が一，二〇〇元以上であり、その他は一，一〇一元から一，二〇〇元までの間に分布していた。教員二，〇四三人のうち一，二〇〇元以上が六二一人であるほかは、最低一，〇〇一元から一，二〇〇元までの間にまとまって分布していた。(67)以上の各種統計から、上海の市立、私立の各中学の教職員の経済状況が、総じて中・下級の公務員の水準に達していないのみならず、私立の教職員の経済水準が労働者階級のそれとほぼ等しい程度であり、市立の教職員に至っては、相当数が労働者階級の経済水準さえ満たしていない状況にあったことが見て取れるだろう。

汪政権においても教員の待遇の劣悪な状況を前にして、政権発足当初からたびたび待遇改善の提起がなされていた。例えば汪政権の機関紙『中華日報』は一九四〇年一二月に、物価が高騰しているために、教職員が生活苦に陥っており、離職希望者が増えているという消息を伝え、上海市の「教育の前途の重大な問題である」と警鐘を鳴らした。(68)また教育部次長、中央大学校長の要職にあった樊仲雲は、小学教師の生活状況が「政府各機関雇傭のボーイにも及ば」ず、また「小学教師の学識の低下」が顕著であることを指摘した。その上で、「我々の第二世の将来を考え之を不問に附すことは出来ない。最少政府機関の雇用人と同等としなくてはならぬ」と訴えた。(69)さらに一九四三年二月に開催された第三次全国教育行政会議では、同年一月の汪政権の参戦に対応して、教育を戦時体制に適応させることが主唱されるとともに、中国教育建設協会理事長の名義で戴英夫が提案者となって、教育経費を増額し、中小学の教員の待遇を向上させることも提起されていた。(70)

しかしながら、汪政権内部から教員の待遇改善要求がたびたび噴出していたにもかかわらず、経済封鎖や日本軍への物資供出のために深刻な物資不足とインフレーションに見舞われて、同政権には待遇改善要求に対して応える術がなくなっていたのである。汪政権下の経済の崩壊過程は、例えば「上海市工人（労働者）生活指数　民国二六年（一九三七年）至三六年（一九四七年）十二月」によって窺うことができる。一九三六年を一〇〇とした場合、一九三七年から一九四四年までの各年の指数はそれぞれ、一一九、一五一、一九八、四二八、八二六、一，九九四、七，二二六、四七，七五一であった。(71)統計から第一〇章でも触れるように、一九四三年より日本の対華新政策が実施され、汪政権強化の見返りに、上海の民間資本家層からなる全国商業統制総会が直接に日本軍への物資供出を担うようになって、インフレーションがより一層深刻化したことが見て取れるであろう。

こうした教員の貧窮化を背景として、中国共産党の勢力が教職界にも浸透し始めた。一九三八年に共産党江蘇省委員会の下で教師工作委員会が設立され、上海の教員運動の工作が着手された[72]。こうした共産党主導の活動は汪政権当局の注意を喚起するまでになっていた。例えば一九四一年一一月に上海市教育局は密告により、「共産党分子は、物価が高騰し、各市立の中小学の教師が待遇の改善を請願していることに乗じて、…同盟休校を煽動して、秩序をかき乱すという陰謀を遂行している」という情報をつかんでいた[73]。また重慶政権側の教職員による抵抗運動も行なわれていた。例えば同年四月に上海市教育局は密告により、租界内の重慶政権側教育界の抗日分子が「各郷村に潜入し、…(抗日政策の)宣伝物を各校の教職員に郵送している」という事実を把握していた[74]。

教員の間に中国共産党等の影響力が強くなるにつれて、汪政権も教員に対して待遇改善という「アメ」とともに「ムチ」をも使う必要に駆られ出した。例えば南京市教育局は一九四〇年一〇月に「南京市各級学校暨社教機関実施思想善導辦法」を制定し、各校や各社会教育機関の責任者が学生のみならず教職員の思想をも観察し、場合によって「思想善導会議」においてその思想を矯正しなければならないとした。また南京市は一九四一年一二月に「教育工作人員連環保証辦法」を制定し、保甲制と同様の連帯責任制度を教員に対しても導入した[75]。

汪政権が教員を媒介として、学生層の管理を企図した際に、障害となったものは教員の劣悪な待遇と、それに伴う教育界における中国共産党等の勢力拡大という問題のほかに、なお様々な問題があった。例えば教員の待遇が劣悪であり、かつ多くの知識層が大後方に逃れて行った結果、「本職として商売にたずさわっている人達」の、「兼任教師たる講師の数が相当の多数にのぼって居る」という事態が出現した。本来の「知識階級の欠乏」のために「商売人の方に知識階級が多い」という「奇現象」が現れた結果である。そこで小学教師のみならず、大学卒が多数を占める中学教師にあっても、「全般的に一応専門学校なり大学の肩書きはあってても内容がともなわず、毎日の授業に窮している者が多い」という具合で、教員の全般的な質の低下が顕著となった[76]。

また、各校の教員人事における旧来の制度も、汪政権による教員の掌握を困難にさせていた。各校の教員組織は、「校長転任せばその系統に属せる部下教員も亦共に転任する」という「所謂『幇』的構成をなし」ていた。こうした「幇」的組織に属している「訓育処の成員は…校長の意志を完全に具現するには最も都合よき」存在ではあったが、汪政権の「主義方針の徹底具現に対して必ずしも関心を存せず」という有様であり、そのため日本側の一部から、「訓育も亦行政なりとの観を呈してその教育的効果に些かの疑問を挿まざるを得ず」といった批判が出されていた(77)。

上述のような教員の掌握を介した学生層の統制の目論みが困難な状況にあって、汪政権はどのように対応したのであろうか。一九四三年より日本の対華新政策が実施に移され、汪政権の強化の方針が打ち出されるに及んで、同政権では政権基盤の強化の一環として、高級小学から大学までの児童、学生を対象に、統一的な青年運動団体である中国青少年団を設立した。すなわち汪政権自らが教員を媒介としないで、学生・青年層の直接的な掌握に乗り出してきたのである。ここでナチス・ドイツ下におけるヒトラー・ユーゲントの設立の動機に触れておこう。ナチズムの目指す政治的な教育の変革は、根強い教育的伝統をもった学校教育により浸透を阻まれていた。そのためにナチス・ドイツは、ナチ青年組織を学校の外の教育機関に拡張して、ナチ独特の形態と内容とを併せもつ教育実験を自由に展開し得るようにした(78)。汪政権とナチス・ドイツとでは学校事情を異にしながらも、学校や教員を介した学生層の把握に限界があり、政府機関が青年運動を直接指導することを通して、学生・青年層を掌握しようとした点で共通性があると言えよう。

小結

汪政権の発足を待って、華中の日本軍占領下においては、本格的に政治教育の方針の策定が着手された。その方針は「和平反共建国」であり、「和平建国」のための「和平人格」の養成が求められていた。教育行政制度、学制は中華民国以来のものに復帰した。学校教育の状況は戦災により壊滅的な打撃を被っており、初等教育から高等教育に至るまで復旧が要請されていた。初等教育では、戦前の国民政府以来の課題である文盲の一掃が引き続き課題とされていた。中等教育には、中国建設のための各種人材の養成が期待されていた。なお中学等における日本人教員は本来各校に対する監視の役割を付与されていたけれども、その効果に疑問の声も上がっていた。大学は質・量とも非常に衰微していたにもかかわらず、汪政権と日本当局との間で、また汪政権内部の各派閥の間でその管理権をめぐって対立が起こっていた。カリキュラムのうち、日本語と公民を取り上げたが、日本語教育は、日本当局にとって軍政を円滑化する上での重要な施策として位置付けられていたにもかかわらず、維新政府時代と比較して、汪政権下では授業時間数が減少していた。また公民も「和平反共建国」という方針を具体化した要綱等が作成されたが、実施されずじまいで、単なる読み書きや技術的教育が行なわれたに過ぎなかった。以上を、満州国における、半ば日本に対する同化を目指した学校教育政策と比較した場合、汪政権のそれは日本当局の全面的支配を排して、一定程度自立的であったと言うことができよう。

汪政権は日本当局の全面的支配を拒みながらも、しかしながらついに学校を完全に統制することができなかった。汪政権は上海の租界内の各大学、中学で粘り強く展開されていた反汪政権の学生運動に対して、様々な圧力を加え、ついには表立った活動を終息させたものの、大半の学生は汪政権を積極的に支持する動きを見せることはなく、ただ日常の楽しみや学業に没頭するばかりであった。こうした学生層を、汪政権は教員を媒介として掌握しようと試み、そのために教員の待遇を改善して、教員を政権の確固とした支持基盤にしようとした。それは一九二〇年代の国民政府の施策を引き継ぐものでもあった。しかし、特に一九四三年の対華新政策以降、経済が崩壊し、教員の生活水準が一般労働者にも及ばなくなるに至って、中国共産党等の勢力の浸透を許すこととなってしまった。また教員の質の低下、伝統的な教員人事システムも、汪政権の意向を教員間に浸透させる際の障壁となった。対教員政策に行き詰った汪政権は、ナチス・ドイツのように教員を介さずに学校の外部で学生・青年層を直接掌握しようとするに至った。すなわち汪政権は中国青少年団を設立して、その運動を直接指導することによって、学生・青年層をその支持基盤に取り込もうとしたのである。

（1）　汪政権の学校教育政策に関する先行研究を整理しておこう。毛礼鋭、沈灌群編『中国教育通史　第五巻』、山東教育出版社、一九八六年、劉其奎「汪偽漢奸文化概述」、前掲、復旦大学歴史系中国現代史研究室編『汪精衛漢奸政権的興亡』、前掲、佐藤尚子「汪兆銘傀儡政権下の教育」、同「日本植民地時代における上海市政府下の教育」は、なおも概略にとどまっている。一方、前掲、曽支農「汪政権における教育事業の回復整頓のプロセスに関する考察」、及び余子道「第二十九章　為〝和平、反共、建国〟服務的教育」、前掲、余子道、曹振威、石源華、張雲『汪偽政権全史　（下巻）』は、汪政権の学校教育政策に対する評価に関して、前者が肯定的、後者が否定的と相反しながらも、両者は様々な事象を網羅的に論じている。ただ、前者は主として汪政権の行政院会議録に依拠しており、後者も前者より幅広く渉猟しているものの、基本的には同政権当局の一次史料にのみ基づいていることから、両者は同政権の学校教育政策の全体像については明らかにし得ても、教育現場の実態の解明にまでは踏み込めていない。そのため両者は、汪政権の学校教育政策の限界についてもあいまいに示唆するばかりであり、学校教育と学校外部の中国青少年団との関係についても触れてはいない。そこで本章では、巻末の汪政権下の学校教育経験者に対するインタビュー、当時の生徒や教員の手記、及び日本側による学校教育現場の視察記録等を利用して、可能な限り教育現場の実態を描述した上で、汪政権の政治教育の限界を探り、中国青少年団の結成に至らざるを得なかった背景を明らかにするものである。
(2) 石川啓二「党化教育論の成立・展開と教育独立論の敗北」、『山科大学教育学部紀要』第八号、一九九四年三月、四〇頁。
(3) 教育部次長戴氏「現段階に於ける教育建設の途径」、山田順三「南京、蘇州を中心としたる教育状況」、東亜同文書院大学学生調査大旅行指導室編『東亜同文書院大学　東亜調査報告書　昭和十六年度』、東亜同文書院大学学生調査大旅行指導室、一九四二年一〇月、六一四頁より引用。
(4) 同上、六〇九～六一〇頁。
(5) 前掲、毛礼鋭、沈灌群編『中国教育通史　第五巻』、四一八頁。
(6) 前掲、山田順三「南京、蘇州を中心としたる教育状況」、六〇九～六一〇頁。
(7) 中華民国重要史料初編編輯委員会編『中華民国重要史料初編：対日抗戦時期：第六編：傀儡組織三』、中国国民党中央委員会党史委員会、一九八一年、一七〇頁。ちなみに一九三九年八月の国民党第六次全国代表大会で可決された「修正国民党政綱案」における教育に関する部分は以下のようである。①固有の民族文化・道徳の発揚、国情に適した外国文化の摂取。②偏狭な排外思想の除去、善隣政策の精神の貫徹。③規律訓練と科学研究の励行、健全な公民と建国の人材の養成。④新中国の建設に適応するための教育制度の改正と教材の再編。前掲、劉其奎「汪偽漢奸文化概述」、二三七頁より引用。
(8) 宮田光雄『ナチ・ドイツの精神構造』、岩波書店、一九九一年、二八五～二八八頁。
(9) 汪精衛「対中央大学職員訓詞」、前掲、中国国民党中央執行委員会宣伝部編『汪主席和平建国言論集　下巻』、二六八～二六九頁。
(10) 趙正平「和平人格與和平建国」、前掲、中国国民党中央執行委員会宣伝部編『和平反共建国文献（第二輯　中国之部　論文）』、一二七～一二八頁。
(11) 前掲、劉其奎「汪偽漢奸文化概述」、二三五～二三七頁。
(12) 厳幼文「偽教育部長趙正平」、華東七省市政協文史工作協作会議編『汪偽群奸禍国紀実』、中国文史出版社、一九九三年、二〇五頁。なお厳幼文の同文には、戴英夫が設立した団体が中国教育協会であると記されているが、誤りであると思われる。
(13) 前掲、劉其奎「汪偽漢奸文化概述」、二三六～二三七頁。
(14) 前掲、山田順三「南京、蘇州を中心としたる教育状況」、六三〇頁。
(15)『新中国手冊（民国三十二年版）』、上海市档案館所蔵、T-30-2-273、一五五～一五六頁。

(16) 楊敬遠「従数字上観察中国之教育」、『政治月刊』第六巻第一期、一九四三年七月、四三頁。ちなみに上海、江蘇省、安徽省の総人口は五三，三四四，七二七人、初等教育を受けた人口は六五九，一九九人に上った。南京の総人口は四九六，五二六人、初等教育を受けた人口は三四，四三三人であった。ただし同統計における各省市の人口総計は民国一九年（一九三〇年）のものを用いており、以下の同資料の引用でも同じ。
(17) 前掲、教育部次長戴氏「現段階に於ける教育建設の途径」、六一三～六一四頁。
(18) 前掲、斎伯守「南京及蘇州に於ける小中学校教育の実情」、五頁。
(19) 前掲、山田順三「南京、蘇州を中心とした教育状況」、六四四頁。
(20) 前掲、毛礼鋭、沈灌群編『中国教育通史　第五巻』、四二〇頁。江蘇、浙江、安徽の三省と上海、南京両市の現職の中小学教職員に対しても、同様に日本への派遣、研修の措置が採られた。
(21) 前掲、楊敬遠「従数字上観察中国之教育」、四三頁。上海、江蘇省、安徽省の中等教育を受けた人口は七七，〇七六人であり、南京の中等教育を受けた人口は五，五六八人であった。
(22) 前掲、斎伯守「南京及蘇州に於ける小中学校教育の実情」、三六頁。
(23) 前掲、山田順三「南京、蘇州を中心とした教育状況」、六五八頁。
(24) 前掲、中報年鑑社編『民国三十三年度　中報年鑑』、九七八頁。
(25) 前掲、教育部次長戴氏「現段階に於ける教育建設の途径」、六一三頁。
(26) 前掲、中報年鑑社編『民国三十三年度　中報年鑑』、九四一～九四三頁。
(27) 前掲、楊敬遠「従数字上観察中国之教育」、四三頁。上海、江蘇省、安徽省の高等教育を受けた人口は七，四九五人であり、南京の高等教育を受けた人口は一，〇五八人であった。
(28) 前掲、中報年鑑社編『民国三十三年度　中報年鑑』、九四一頁。
(29) 前掲、厳幼文「偽教育部長趙正平」、二〇四頁。
(30) 前掲、劉其奎「汪偽漢奸文化概述」、二三五～二三六頁。
(31) 前掲、厳幼文「偽教育部長趙正平」、二〇八頁。
(32) 一九四一年六月の汪政権教育行政会議における趙正平教育部長の発言、前掲、山田順三「南京、蘇州を中心とした教育状況」、六一二頁。

(33)　前掲、毛礼鋭、沈灌群編『中国教育通史　第五巻』、四二八頁。
(34)　前掲、申報年鑑社編『民国三十三年度　申報年鑑』、九四四頁。
(35)　徐敏民『戦前中国における日本語教育』、エムティ出版、一九九六年、一九四頁。
(36)　前掲、斎伯守「南京及蘇州に於ける小中学校教育の実情」、三五頁。なお、一九四三年の対華新政策における汪政権の強化という方針には、同政権の対日協力の積極化という条件が付されていた。そこで学校教育においても対日協力の一環として、日本語を「大東亜における共通語」として普及させるために、日本語を英語に代わって第一外国語としたとのことである。前掲、徐敏民『戦前中国における日本語教育』、一九五～一九六頁。
(37)　前掲、毛礼鋭、沈灌群編『中国教育通史　第五巻』、四二九頁。
(38)　前掲、徐敏民『戦前中国における日本語教育』、一九五～一九六頁。
(39)　「十月一日第十一期教育公報所載全国中小学訓育会議経過」、前掲、斎伯守「南京及蘇州に於ける小中学校教育の実情」、二三頁より引用。
(40)　前掲、斎伯守「南京及蘇州に於ける小中学校教育の実情」、一七～一八頁。
(41)　何宇海「中学公民教学問題之探討」、『教育建設』第三巻第二期、一九四一年一一月、六三頁。
(42)　前掲、斎伯守「南京及蘇州に於ける小中学校教育の実情」、七～一一頁。
(43)　前掲、毛礼鋭、沈灌群編『中国教育通史　第五巻』、三三六頁。
(44)　前掲、斎伯守「南京及蘇州に於ける小中学校教育の実情」、一六頁。
(45)　前掲、何宇海「中学公民教学問題之探討」、六三～六四頁。例えば政治教育と直接関係のない諸目標としては、「健康」における衛生や伝染病の予防、「家庭」における家庭内の睦まじい精神の育成、「余暇」における音楽の愛好等が挙げられる。
(46)　同上、六五、六一頁。
(47)　前掲、山田順三「南京、蘇州を中心としたる教育状況」、五九九～六〇〇頁。
(48)　日本語の授業の詳細な比較に関しては、前掲、徐敏民『戦前中国における日本語教育』を参照のこと。
(49)　王紹海「『満洲国』の成立と教育政策の展開」、「満洲国」教育史研究会編『「満洲国」教育史研究』No. 1、東海大学出版会、一九九三年、五〇～五五頁。
(50)　一九三二年度だけでも小中学教員の三分の一に相当する約八千人が粛正された。同上、五一頁。

(51) 前掲、汪精衛「対中央大学職員訓詞」、二六八頁。
(52) JACAR：Ref. B02030605900（第二五～二六画像目から）、支那事変関係一件／支那事変ニ伴フ状況報告／支那各地報告／上海情報 第三巻（A、1、1）、外務省外交史料館。
(53) 『党的生活』第七期、上海市青運史研究会、共青団上海市委青運史研究室編『上海学生運動史』、学林出版社、一九九五年、一九一頁より引用。
(54) 翟作君、蒋志彦『中国学生運動史』、学林出版社、一九九六年、二七九～二八〇頁。
(55) 前掲、上海市青運史研究会、共青団上海市委青運史研究室編『上海学生運動史』、一九一～一九二頁。
(56) 前掲、翟作君、蒋志彦『中国学生運動史』、二八〇頁。
(57) 中共上海市委党史資料徴集委員会主編『抗日戦争時期上海学生運動史』、上海翻訳出版公司、一九九一年、一五四頁。
(58) 前掲、上海市青運史研究会、共青団上海市委青運史研究室編『上海学生運動史』、一八三頁。
(59) 前掲、中共上海市委党史資料徴集委員会主編『抗日戦争時期上海学生運動史』、六五、一五四～一五五頁。
(60) 前掲、上海市青運史研究会、共青団上海市委青運史研究室編『上海学生運動史』、一八七～一八八頁。
(61) 厳国泰「回家嗎」、劉熇昌「一個模範学生的生活」、『上海徐匯中学三十一年度学業成績展覧会紀念冊』、上海図書館所蔵、三七、三九頁。
(62) 前掲、劉其奎「汪偽漢奸文化概述」、二三八頁。
(63) 高田幸男「南京国民政府下の教職員運動—上海市教聯を中心に—」、『駿台史学』第七一号、駿台史学会、一九八七年、六五～六六頁。
(64) 「抗戦下敵地生活回憶和感想　第四区龍泉舗小学教員　李克玉」、『宜昌県小学教師和平論文集』、宜昌県政府、一九四一年一〇月、中国国民党党史館所蔵。
(65) 「歴年各月上海特別市職工階級食物住屋衣着雑品四類之必要費用表」、上海市档案館所蔵、R-20-22。ちなみに金額は中儲券であり、以下に出てくる金額も全て同様である。
(66) 「上海特別市市立中学教職員待遇統計表　民国三十二年度（一九四三年）下学期（二月～七月）」、上海市档案館所蔵、R1-20-19。
(67) 「上海特別市私立中学教職員待遇統計表　民国三十二年度（一九四三年）下学期（二月～七月）」、上海市档案館所蔵、R1-20-

19。

(68)『中華日報』MF、一九四〇年一二月一七日付け。

(69)前掲、山田順三「南京、蘇州を中心としたる教育状況」、六六五~六六六頁より引用。

(70)『教育建設』第五巻第五・六期、一九四三年三月、三~四頁。

(71)「上海市工人生活指数　民国二六年（一九三七年）至三六年（一九四七年）一二月」、上海市档案館所所蔵、Q1-18-173。

(72)方明他「抗戦時期党領導下的上海教師運動」、上海歴史研究所教師運動史組編『上海教師運動回憶録』、上海人民出版社、一九八四年、六四頁。

(73)「市教育局関於厳密査拿鼓動罷課之共産党員密令　一九四一年一一月八日」、前掲、上海市档案館編『日偽上海市政府』、九〇七~九〇八頁。

(74)「市教育局関於擬定防範学校内抗日活動　法呈及市府指令　一九四一年四月」、同上、八七九~八八〇頁。

(75)前掲、劉其奎「汪偽漢奸文化概述」、二四一~二四二頁。

(76)前掲、山田順三「南京、蘇州を中心としたる教育状況」、六六三、六七二頁。

(77)前掲、斎伯守「南京及蘇州に於ける小中学校教育の実情」、一九、二三頁。

(78)前掲、宮田光男『ナチ・ドイツの精神構造』、三五九頁。

附属資料：汪政権下の学校教育経験者に対するインタビュー

一般に教育研究に当たっては、教育現場における学生や教師等に対する調査が不可欠である。本資料は、主として汪政権下の初等・中等の学校教育経験者に対して、筆者がインタビューを試み、その記録をまとめたものである。筆者は一九九八年一一月に上海で、筆者の個人的な人間関係を通して、四人の当時の学校教育経験者に対してインタビューを行なった。インタビュー対象者の四人の内訳であるが、沈兆態と鄭雲霞はそれぞれ男性と女性であり、上海租界地区で正規の学校教育を受けており、なかでも鄭雲霞は女子初級中学に通学していた。また陳桃根と謝国明はともに男性であるが、それぞれ農村で非正規の学校、すなわち私塾で初等レベルの教育を受けていた。ただし陳桃根は、日本軍と汪政権が完全に支配権を掌握していた上海近郊の農村で、片や謝国明は、日本軍及び汪政権と新四軍等の抗日勢力との交戦地帯であり、清郷工作が実施された江蘇省無錫近郊の農村で、それぞれ私塾教育を受けていたという違いがあるが。

インタビューに際しての質問の共通点は、汪政権の政治教育（さらに沈兆態と鄭雲霞に対しては、親日教育の中心である日本語教育をも付け加えて）の各教育現場への浸透如何である。インタビューは諸般の事情により、各々の対象者に対して初対面でかつ一回きりのものとならざるを得ず、そのため対象者に関する調査が不足のままに、インタビューに臨むよりほかなかった。そこで事前にこちらが用意する質問は上記のように最小限に止め、インタビュー対象者に、生い立ちから学校生活、さらに卒業後の進路までを自由に語ってもらうという形式をとり、インタビュー対象者の発言に応じて、できるだけその経験を具体的に明らかにするために、適宜質問を行なった次第である。

四人のインタビュー対象者のうち、大学卒で比較的明瞭な中国語の標準語を話す沈兆態に対しては、通訳をつけずにインタビューを行ない得た。しかし陳桃根や謝国明は中国語の標準語を流暢に話せないために、彼らの本来の母語である上海地方の方言を、通訳に中国語の標準語に訳してもらいインタビューを行なった。通訳は華東師範大学学生の朱茜（陳桃根）と翁諱（謝国明、なお翁諱は彼の孫娘である）である。また今回のインタビュー対象者のなかの唯一の女性である鄭雲霞は、中国語の標準語で筆者の問いに応じてくれたにもかかわらず、筆者にたびたび聞き取れないことがあったために、孫娘の朱茜の助力を仰いだ。筆者が聞き取れない時には筆談をしたり、また鄭雲霞と謝国明のインタビューの時にはテープ録音をしてよいことになったので、終了後に通訳にそれぞれテープ起こしをしてもらい（謝国明の場合は中国語の標準語に翻訳してもらいつつ）、筆者の記録ノートと対照することができた。残念ながら、陳桃根のインタビュー時には録音機が作動せず、また沈兆態は自分の発言の録音を許可しなかったために、記録は筆者のノートのみとなった。インタビュー記録をまとめるに当たって、筆者の問いと対象者の応答をそのまま再現することは、発言内容の前後のつながりがしばしば曖昧になっているために避け、便宜に各項目を設けて、対象者の発言を整理することとした。また対象者の発言内容を整理し、記述するに当たり、筆者は適宜、括弧を入れ、補足説明を行なった。さらに江蘇省無錫で学校生活を送った謝国明を除くインタビューの対象者の発言に関しては、上海档案館所蔵の資料によって補足したり、対象者の記憶の誤りを指摘したりした。なおインタビューの対象者の発言内容は筆者の取捨選択にかかることなく、全て網羅されていることを明記しておく。

①沈兆態（一九三一年　江蘇省旧無錫県生まれ）に対するインタビュー　時：一九九八年一一月二〇日午後二時から五時三〇分

場所：上海図書館構内のホテルのロビー

生い立ち

私は一九三一年に江蘇省の無錫の近郊に生まれた。家族には父母と、私を含めて五人の兄弟がいた。六歳の時に小学に入学し、学校で五、六年級の生徒が演じた、抗日をテーマにした演劇を見たり、壁いっぱいに抗日に関する題材の絵画が貼ってあるのを見たりした。やがて日本軍が無錫にも侵攻してきたために、家族で避難し、しばらくして戻ってくると家屋は破壊されてしまっていた。一九四〇年に一家で無錫から上海のフランス租界へ移った。父は上海で工場の職員をすることになった。しかし母には仕事がなく、父一人の収入しかなかったために、生活は厳しかった。父母の教養の程度は高くなく、日本の侵略に対して関心はなく、専ら生計を維持することに心を煩わせていた。私自身の親族を日本軍に殺されたことはない。

美新小学でのこと

私は一家の移転にともなって、一九四〇年七、八月頃に美新小学の三年級に編入学した。美新小学もフランス租界にあり、(1)私立の小学である。美新小学には、初級小学（第一・二・三・四学年）と高級小学（第五・六学年）が設置されていた。私は一九四四年に美新小学を卒業した。その小学で計四年間勉強したことになる。小学在学中にフランス租界は汪政権に接収された。美新小学では一学年一クラスであり、一クラスにつき生徒は四〇人余りいた。(2)クラス・メートには私と同じような工場職員の子弟の者が多く、政権の（高級）職員の子弟は美新小学のような普通の小学にはいなかった。(3)小学の学費は払っていたが、高すぎず、安くもないといったところである。朝会は一週間に一度、月曜日の一時限目にあり、「週会」といった。「週会」では国歌を斉唱し、孫文の遺嘱を唱えた。ただ遺嘱の詳しい内容は忘れてしまった。孫文の肖像はふだんどこかにしまわれていたが、「週会」など必要な時に持ち出されて来て掛けられていた。汪精衛の肖像はなく、天皇の肖像や日本の国旗もなかった。「週会」では校長はあまり訓話などせずに、どこそこのクラスのできが良く、またできが悪いか、といったようなふだんの通りの話をした。あまり訓話をしなかった理由として、小学生に訓話をしたところで、よくは理解できないということもあったであろう。美新小学及び後の大同大学付属の初級中学でも、中国人教師が「和平反共建国」等の汪政権のプロパガンダを話したりすることはなかった。(4)かといって中国人教師が日本の侵略について、何か批判めいたことを述べることもなく、生徒も同様であった。中国人教師が日本の侵略に対して口をつぐんだのは、後々面倒なことが起こるのを恐れてのことであろう。また汪政権当局や日本軍当局の美新小学に対する視察は見たことがなかった。

日本語等の授業と日本人教師について

授業は午前中が八時から一二時まで、午後が一時から四時までであった。一時限は四五分である。午前中には英語、国語、算術などの重要な科目があり、午後には体育、美術、音楽、「労作」などのあまり重要ではない科目があった。例えば英語は一週間に三時限あった。日本語は高級小学の第五・六年級から授業が開始され、一週間に二時限あった。日本語は授業時間数の点から見ても重要とは言えなかったであろう。ちなみに小学の教科書はすべて国定であった。

日本人教師が一人おり、四〇歳余りの男性であり、ひげを沢山たくわえていたことを覚えている。その日本人教師は顔に表情がなく、喜怒哀楽を表さなかった。またその日本人教師は厳しくなく、生徒を殴ったり罵ったりすることもなかった。その日本人教師は中国語が話せず、私たちも日本語がほとんどできなかったので、交流はなかった。私はその日本人教師を侵略者と見なして、反感をもったことはない。その日本人教師自身は私たち生徒を罵ったり、打ったりするようなことはなかったから。生徒はその日本人教師を好きでも嫌いでもなかった。その日本人教師は「週会」では見かけたことがなく、日本語の授業以外では会わなかった。その日本人教師に特別専用の職員室があったかどうか分からないし、ふだんどこにいるのかも分からなかった。その日本人教師と他の中国人教師との関係がどのようであったのか知らない。その日本人教師は中国語ができなかったので、おそらく中国人教師との交流はなかったと思われる。その日本人教師が学校を管理していたかどうか、またどのような点を管理していたかも知らない。ただ覚えていることは、中国人教師の一人が生徒に、その日本人教師が持参する弁当の料理が簡単なもので、生活が質素であると話していたことである。他の小学に日本人教師がいたかどうかは知らない。

授業は、教科書があり、簡単に理解できるものであった。（沈氏手振り身振りで）その日本人教師が例えば湯飲みを指して、「（沈氏日本語で）これは何ですか？」と言うと、生徒も「（沈氏日本語で）これは何ですか？」と続けて言い、その日本人教師が「これは湯飲みです」と言うと、生徒も続けて「これは湯飲みです」と言うのである。私は日本語を敵国の言語と見なし、その学習に対して特別な嫌悪感を覚えたことはない。日本語には試験がなく、生徒には精神的なプレッシャーもなかった。

日本語に試験がなかったのは、重要な科目ではなかったからであろう。またその日本人教師がなんら学力的な要求を持ち出すこともなかった。ところが英語等の重要な科目には試験があり、成績順に氏名が貼り出されるばかりでなく、成績不良だと成績表を「家長」に送り、教師が教訓を垂れるので、精神的プレッシャーが高かった。もっとも中国人教師の生徒に対する態度は、後の大同大学付属の初級中学時代も含めて、厳しくなく一般的であり、生徒を打ったりするようなことはなかった。(政治教育に関連する) 童子軍[5]は蔣介石の国民政府時代にあったと聞いたことはあるが、美新小学ではなく、私自身直接見聞したことはない。童子軍は全小学に普及していたのではなく、もし童子軍があったとすれば、一部の小学で個々に行なわれていたのであろう。その他の科目について言うと、体育では体操、整列、球蹴りなどをし、「労作」では船や飛行機といった玩具の模型を作った。

大同大学付属中学でのこと

一九四四年七、八月頃大同大学付属の初級中学に進学した。中学も旧フランス租界にあり[6]、私立の学校であった。中学では学生数がわりと多く、一学年に数クラスあり、学校も狭く、運動場もない程であり、一度に全クラスを収容できなかったために、午前と午後の二部制をとっていた。学生が多ければ多いほど学費も多く徴収できるから。私のクラスは午前の八時から一一時、一二時くらいまで授業があり、午後は自習であった。授業は英語、国語、数学のほかには、初級中学の一年級のみ「論語」の授業が行なわれた。中学では日本人教師がおらず、日本語もなく、「週会」や童子軍もなかった。中学の英語、数学の教科書は国定以外の学校指定のものを使っており、私は古本市でそれを買った。初級中学に上がった時には、私の頭のなかで、日本が中国を侵略していること、汪精衛が漢奸で売国行為をしていることが、だんだんとはっきり分かってきたが、あえて口に出したりはしなかった。もっともこのような意識は、六歳の時に無錫近郊の小学で抗日をテーマとした演劇や絵画を見たり、日本軍に家屋を破壊されたりした体験等に由来している。大同大学付属中学では結局一学期と二ヶ月通っただけで、一九四五年には一家で無錫に避難した。その頃戦局が緊迫し、米軍機がよく飛来してきたので、上海が戦場になるのではないかと恐れたからである。小学、中学を通して楽しかったことは、試験の成績が良かったり、映画を見たりすることであった。

日本敗戦後も、大同大学付属中学に復学することはなかつた。中華人民共和国成立後の一九五三年に上海財経学院（上海財経大学の前身）を卒業し、国営企業の職員をしていた。

②鄭雲霞（一九二七年　江蘇省蘇州生まれ）に対するインタビュー　時：一九九八年一一月二五日午後三時三〇分～五時

場所：上海市仙霞路の耕園茶坊

生い立ち

私は一九二七年江蘇省の蘇州で生まれた。家族は父母のほかに、私を含めて姉妹が四人おり、私は長女であった。父は（高麗）人参の卸商をしており、（当時満州国であった）東北地方の現在の瀋陽で仕入れて、上海まで運搬し卸していたのである。父は東北地方の生まれであり、母は蘇州生まれであった。小学は当初、蘇州の啓民女子小学に通った。啓民女子小学では年齢が小さかったせいか、抗日に関することは聞いたことがなかった。三年級の時に日中戦争の勃発に伴い、日本軍の侵略を受けて、一家で蘇州近郊の農村に避難した。その時、一家が（避難の混乱のさなかで）離れ離れになってしまい、父が家族の者を捜して回った。私は当時ずっと日本軍から直接被害を被ったという感じはもたなかったが、今振り返ってみると、このような避難もまた被害と言うことができるだろう。また当時（日本軍の侵略のために）通信事情も不便になってしまった。

上海の中学への進学

その後、父の仕事の関係で一家は上海に移住した。当時上海（の租界）は孤島となっていたが、表面上は繁栄していた。租界と日本軍占領地域との間には橋が架かっており、橋を渡った所では日本兵が立っていて通行人を検査していた。日本兵の検査は子供には厳しくはなかったが、疑わしいと睨んだ者には厳格だった。私は樹民小学(7)に転学することになり、三年間通学した。樹民小学では日本語の授業はなかった(8)。

樹民小学を卒業後、私は一九四〇年に恵群女子中学という私立の初級中学に進学した。恵群女子中学は現在の黄浦区、英租界にあった(9)。私はおよそ一六歳の時に恵群女子中学を卒業し、一九四三年に高級中学の光耀中学に進学した。しかし高級中学在学中に父が死去して、家庭の経済状況が思わしくなくなり、卒業を待たずに退学し、家庭教師や書店で清書係のような仕事をしたりしていた。その後、私は一九五二年に数ヶ月の養成訓練を受けて、幼稚園の教諭となった。その頃にはもう結婚しており、二人の娘がいた。

父が娘に高等教育を受けさせようとしたのは、父が特別に進歩的な思想の持ち主であったというより、当時の上海が資本主義の社会であり、清朝時代と異なり比較的に開放的であり、人々は女子を含む子弟の教育を重要視していたからである。そこで生活が許すかぎり、一般の家庭の家長は子弟を学校に通わせていた。もっとも当然のことながら、埠頭の荷役労働者や紡績工場の女工の子女は（家庭が極貧であったために）勉強できなかったけれども(10)。

恵群女子中学では一クラスに二〇人余りいたが、一学年に何クラスあったかは分からない。というのは当時、租界内の学校は正規なものとは言い難かったから(11)。光耀中学は普通科の高級中学で、男女共学であり、男子学生の方が少し多かった。高級中学では一クラスに二十数人おり、合計六クラスあった(12)。光耀中学は租界の中に専用の校舎がなく、建物の一部を借りて教室として使用していたので、全クラスが一斉に授業を受けるわけにはいかず、午前と午後の二部制をとっていた。教室には学生用の机さえなく、机代わりの板のついた椅子を使っていた。その点、恵群女子中学の設備は光耀中学のそれに比べてましであった。

中学での日本語等の授業や政治意識

日本語を学習したのは初級中学の恵群女子中学の時であった。日本語の授業は高級中学の光耀中学ではなかった。日本人教師は恵群女子中学、光耀中学にはともにいなかった。日本語を教えていたのは、寧波出身の四〇歳余りの中国人男性教師であった。その教師は生徒に向かって、「このような環境の下では日本語は学ばなくてはならず、学ぶことは避けようがない。私はかくかくしかじかに教えるから、君たちもかくかくしかじかに学ぶように」と言った。日本語の学習は迫られてやむを得ずのことであり、私達から学ぼうとしたのではなく、（当局が）私達に学ばせようとしたのである。初級中学、高級中学の頃、私たちは侵略者の日本に対して素朴な義憤を抱いており、学校での日本語の授業についても、皆勉強したがらず、学びたくもなかった。もっとも当然ながら、当時の私たちは比較的幼く、まだ余り物事を理解していなかった。私たちは、日本語を教えていたその教師がどこで日本語を学習したのか聞いたことはなかった。ただその教師の発音が重っくるしかったので、寧波出身であること、四〇歳過ぎであることを知っているばかりだった。私たちはその教師を「老頭（おじいさん）」と呼んでおり、今でも印象に残っている。日本語の授業は週に一、二時限で多くはなく、英語や数学に比べると大きなウェートを占めてはいなかった。またその教師の日本語学習に対する要求も高いものではなかった。

初級中学は女子中学であったが、「三従四徳」のような儒教に基づく女子教育はなかった。勉強した国語の内容は作文や古文であるが、古文の授業では「桃花源記」、「出師表」、「愛蓮説」のような『古文観止』を習った。当時、教会学校には家政科の授業があったが、恵群女子中学は教会学校ではなかったために、ただ「手工」科があっただけである。「手工」科は家政科とは異なるものである。「手工」科の授業で、刺繍をし、出来映えのよいものは展示されていたことを覚えている。高級中学の光耀中学では「手工」科はなかった。初級・高級中学とも教師の私たちに対する態度はまずまずで、特に厳しいということはなかった。高級中学の光耀中学では教師が特に厳しいことはなかった原因として、急場しのぎに教室を間借りせざるを得なかったというような学校全体の慌ただしさがあったと思う。（相対的に言って）私は、初級中学の時に学校の生徒対する管理が厳しく、高級中学の時にはそれが緩やかだったように感じる。

中学での学校生活

初級中学の恵群女子中学には孫文の肖像があったが、高級中学の光耀中学にはなかった。光耀中学に孫文の肖像がなかったのは、学校の設備が整っていなかったことと関係があると思う。汪精衛の肖像は初級・高級中学ともになかった。初級中学在学中に租界が太平洋戦争に伴い日本軍に占領されたが、学校ではその前後で大きな変化はなかった。また初級中学在学中、(租界が日本軍に占領される以前に租界内の一部の学校で行なわれた）反汪政権のデモには級友たちは参加しなかった。高級中学の時、汪政権が組織した中国青少年団については何も知らなかった。その時、周囲には地下抗日活動もなかった。また勤労奉仕もなく、日本軍に物資を収集し供出するといったようなことも聞いたことはなかった。ひょっとすると、同級生のなかには抗日活動に参加した者もいたかもしれない。教師も学生も汪精衛がよくないということを知っていた。汪精衛は（かつて国民党の指導者の一人であったが）蔣介石とは袂を分かっていたので、皆は汪精衛を「大漢奸」と罵り、汪精衛は「千夫指（大衆の指弾の的）」となっていた。しかしこのような反汪政権の考えは「心照不宣（互いに心の中で理解し合っていて、一々口には出さない）」であり、「心理有数（心の中でよく理解する）」であった。

初級・高級中学の時には級友と一緒に合唱したり、ダンス・ホールで社交ダンスを踊ったり、ピクニックへ行ったりした。ピクニックなどには男子学生も一緒であった。また若い人のためのクラブに参加し、級友の家に集まって、演劇をしたり合唱をしたりした。演劇や歌には抗日の内容は特に含まれていなかった。父親が卸商を経営していた私は「小資産階級」の家庭の娘で、同じような境遇の級友たちと無邪気に楽しんでいた。そのクラブには在学中の者も卒業した者も含まれており、私は高級中学を退学した後も参加していた。

③陳桃根（一九三四年　上海市普陀区中江路陳家宅生まれ）に対するインタビュー　時：一九九八年一一月一一日午後二時三〇分~五時　場所：陳桃根の自宅

陳桃根の生い立ち

私は一九三四年三月一九日に生まれた。七人兄弟の末っ子である。生まれ、育った場所は現在の自宅のある所と同じで、当時は農村であり、地名も現在と同じく陳家宅であった。私の祖父母も上海生まれであり、父母は陳家宅で農業を営むかたわら、小麦粉を扱う小さな商店を営んでいた。当時、陳家宅には三〇戸程あり、地主はおらず皆自作農であり、一戸当たり平均三~五ムー（一ムーは六六六・七平方メートル）の農地を所有していた。陳家宅の各戸の姓は銭、甘、陳の三つのみであった。（同席した兄の陳姚根談、日本軍が上海を侵略し始めた当初、家族は租界へ避難していた。数カ月後に戦闘が終息したので陳家宅に戻って来た。陳家宅の人口は侵略前と後とで変化がなかった。）陳家宅には日本軍が駐留していて、周囲に日本人がおり、我が家にも日本の軍人が住んでいたので、私は日本語を少し話すことができる。（陳桃根が片言の日本語を少し話す。）しかし私塾では日本語を習ったことはない。日本の軍人が私や家族に対して暴力を振るったことはない。また陳家宅の周辺には新四軍のような抗日ゲリラの活動はなかった。当時、陳家宅全戸のうち二〇パーセント位の家庭が子弟を私塾や学校へ通わせた。父は五、六年教育を受けたことがあり、教育を重視しており、私や兄を農村の私塾へ通わせた。父は保甲長ではない。子弟を私塾や学校へやらなかった家庭は、経済的なゆとりがなかったことに加えて、教育をそもそも重視していなかった。もっとも当時、陳家宅の女性は教育を受けられなかった。（現に、このインタビューに同席した兄の陳姚根の妻、杜蓮は就学経験がなく、読み書きができない。）私の通った私塾の学費がいくらかは、父母が払っており、自分も子供だったこともあり忘れた。

私塾の教師

私塾は陳家宅にあり、家から歩いて三分程の所にあって、校名は特になかった。(13) 私は一九四一年に入学したが、新学期の始まる時期は特に決まっておらず、何月頃に入学したかはよく覚えていない。私塾を開いたのは、陳家宅でただ一人、高級中学に進学した甘根泉という人である。甘先生は日中戦争が勃発したことから失業し、生活のために陳家宅で私塾を開いたのであった。甘先生の父親はどこかの学校の職員をしていて、その学校の校長の取り計らいで甘先生だけ高級中学に進学できたのである。当時、甘先生は三〇歳程で、奥さんと二人の子供がいた。教師は甘先生一人だけであり、事務は奥さんがしていた。私塾を開いた時には兼業を行なわずに私塾の方に専念していた。戦争の影響もあり、甘先生の家も貧乏であった。私塾そのものは一九四五年に日本の敗戦前になくなった。私塾が閉鎖されたことと日本の敗戦とは直接関係がない。甘先生は解放後、紡績工場の高級職員をしていた。実は甘先生は（インタビューが行なわれた当日より）二カ月ほど前に八十六歳で亡くなられたばかりであった。

私塾でのこと

私塾には七歳から一一歳までの三〇人程の生徒が一緒に学んでいた。当時このような民間の私塾は少なく、陳家宅以外の一キロ程離れた別の村の子供も通学していた。教室には甘先生の家の一室を使っていたほか、近所にもう一つ別に部屋を借りており、教室の広さは二〇平方メートル位であった。一週間に六日授業があり、午前は八時から一一時まで、午後は一時から四時までであった。「二つの教室、一つのクラス、二つの学年」というように構成されていて、例えば二年生が授業を受け、甘先生が板書をしている間に、一年生は同じ教室で自習していた。科目は国語、算術、体育のみで、その他の科目は一切なかった。教科書は汪政権当局の許可したものを用いており、甘先生が自ら教材を用意することはなかった。また『三字経』や『四書五経』のような昔日の私塾で用いられたものは一切使われず、私たちが受けた教育は新式のものであった。国語の教科書の内容は忘れた。教科書もとうの昔に捨ててしまった。常用の漢字を学習したが、文章を書くことも新聞を読むこともできないレベルだった。体育は村の空き地で遊んでいたか、甘先生が体操を教えていた。軍事教練等はなかった。

甘先生は厳しく、私たちが悪いことをすれば、殴ったが、悪いことをしなければそのようなことはなかった。

陳家宅に駐留している日本軍は私塾には何の関係もたず、また私塾に汪政権や日本軍当局から視察が来ることはなかった。当局は農村の民間の私塾には関心を寄せなかったことと思う。私塾には汪政権当局からの補助金は支給されてはいなかった。兄の陳姚根の私塾には孫文の肖像があったそうだが、私の私塾には孫文の肖像、汪精衛の肖像、孔子像といったものはなかった。おそらく肖像購入に充てる経費がなかったのであろう。また国旗の掲揚もなかった。甘先生は政治的な話題は一切避けていて、汪政権当局の教育方針に基づいた訓話を行なうことなどせず、また日本軍の侵略に対して批判を行なうこともしなかった。政治的な話題を持ち出すとやっかいなことが起こったから。甘先生はひたすら教科書に沿って授業を進めるばかりであった。当時、陳家宅の大人も子供も汪政権に対して関心がなく、傀儡か否かの判断もなかった。農民は自分の生活に精一杯であって、政治には興味がなかった。私塾での生活を振り返って、子供だったこともあり、特に印象に残ったことはない。楽しかったことは放課後にクラス・メートと遊んだこと。特に悲しかった思い出はない。

私塾を退学した後、家の農業を手伝い、それからさらに小売商を営んでいた。解放後は国営商店の服務員をしていた。その間業余学校（成人の再教育のための学校）へ通ったことがある

④謝国明（一九三〇年六月一八日　江蘇省旧無錫県生まれ）に対するインタビュー　時：一九九八年一一月二八日午後一時～三時三〇分　場所：上海市光新路の謝国明氏の自宅

生い立ち

私は一九三〇年六月一八日に生まれた。江蘇省の無錫出身であり、郷里は江蘇省無錫県新安郷華荘鎮から五キロ程離れた村である。当時、華荘鎮には三〇～四〇の村があった。日本軍侵略以前の華荘鎮の人口は三万人ばかりであった。華荘鎮は無錫の南、蘇州の北に位置しており、鉄道沿線で、後に日本軍による清郷工作が実施された地域に含まれていた。日本軍侵

略後には華荘鎮の人口は一万人余りにまで減ってしまった。家には一一人の兄弟姉妹がいたが、暮らし向きが貧しかったために、二人の子供は早死し、一人の子供は里子に出された。父母を含む一家一〇人は、三ムーの自作の農地と一ムーの小作の農地に頼って生計を立てていた。農地のうち一ムーには桑を植えており、家でその桑葉により養蚕をしていて、家計が窮迫すると、定期市に持って行き売っていた。生計は子沢山ということもあり苦しく、子供の頃ご飯を腹一杯食べることはできなかった。

一九三七年、私が（数え年で）八歳の時に、日本軍が上海の呉淞口から侵略を開始し、生まれ故郷の村にまで侵攻してきた。ちょうど秋の取り入れ時のことで、私たちは山奥に避難し、一ヶ月近くそこで過ごした。無錫近郊の霊山大佛では日本軍による虐殺があったと聞いた。その後、村に戻ったところ、全村の家屋は日本軍に焼き払われてしまい、食糧も衣服も全て焼かれてしまっていて、豚、羊、鶏などの家禽もみな死んでしまっており、生活は一層苦しくなった。もっとも私のような例は大変多く、そのため当時多くの農民が日本軍をひどく恨んでいた。私たちは畑から採れる野菜やお粥を食べて飢えをしのいだ。

清郷工作

私は一九四〇年二月から一九四四年一〇月まで村の私塾で勉強をしていた。その時、清郷運動に出くわすことになった。日本軍は清郷工作で中国共産党勢力の掃討を意図していたが、子供には余り直接的な関係はなかった。しかし村の農民は清郷運動の間中、自分が日本軍に捕まりはせぬかと心の中で大変脅えつつ、汪精衛のことも大漢奸としてひどく恨んでいた。（清郷工作の実質的な責任者である）李士群のことは聞いたことはあるが、抗日烈士なのか、汪政権の要人の一人なのかよくは知らない。私はかつて自らこの目で日本軍が故郷で掃討工作を行なっているのを見て、清郷運動を大変残酷なものと感じた。日本軍は疑わしい人物、共産党員の恐れのある人物と見なしさえすれば捕まえ、拷問を加えていた。一九四二年のある時、日本軍は私と同郷の者を捕まえて来て、群衆の目前で取り調べを行なっていた。取り調べを受けていた者は四〇歳程の男性であったが、その男性は何一つ話さなかった。挙句の果て、日本軍は鞭でその男性を叩き、ついにその男性は体中傷だらけになってしまった。私の妻もかつて姓名は分からないが、ある三〇歳代の農民の女性が痛めつけられている様子を目にした。ある夏の日、無錫県の下旬橋という所で、日本軍はその女性を縛り上げて、非常に熱い唐辛子湯をその女性の腹に流し込み、足でその腹を踏みつけにしたのである。しかしその女性はついに殺されることはなかった。実際に私がこの目で見た拷問の実例は少ないが、付近の郷村で拷問が行なわれていたということは多く耳にした。公開の拷問の光景を見ることは、日本軍や汪政権当局から要求されてのことではない。また日本軍が銃剣を使って刺殺しているということも、実際に見たことはないが、よく耳にした。

また私はかつて身を以て次のようなことを経験した。一九四三年四月、私が一四歳の時であったが、ある日の午前中に南門という城鎮へ行き、家で栽培していた野菜を売っていた。折しもその日に一人の日本軍の兵士が共産党員に殺されるという事件が起こった。日本軍はその共産党員を捕まえるために、私を含む全城鎮の人々を拘束、監禁して、一人一人に取り調べを行ない、ご飯を食べることも水を飲むこともさせず、城鎮の外部の者が来ることも、城鎮の中の者が出て行くことも許可しなかった。日本軍は晩の八時になってようやく全城鎮の人々を解放したが、結局その共産党員は捕まらなかった。

蔣介石は元々抗日に乗り気ではなかったが、当時大衆や学生等が抗日を迫り、第二次国共合作となった。そして一九三七年以降、共産党は日増しに発展していた。太湖近辺には地下共産党の活動が活発で、遊撃隊長の薛永輝の名声は江蘇省一体に轟いており、私も私塾で勉強していた時分から知っていた。日本軍はずっと薛永輝を捕まえようとしていたが、時に薛永輝は変装して追っ手から逃げおおせたということである。私の生まれ故郷の村には多くの日本軍兵士が駐留していたが、夜半に地下共産党や遊撃隊により、「打倒日本帝国主義、打倒汪精衛政府」といったスローガンが村に貼られたりした。もし日本軍等にその場を見つかったりすれば、即捕まえられて訊問や拷問を加えられ殺されるなどした。しかしスローガンを貼った人物が甲長や保長と良好な関係にあれば、保釈され出獄することができた。汪政権当局は民衆の（自主的な）集会を弾圧したりした。けれども汪政権の当局は郷鎮などの城市で組織だった活動を行なうのみで、私の故郷のような農村ではそのようなことはなかった。そのため村での汪政権当局の人民集会には私も父も参加したことはなく、村で日本軍や汪政権の宣伝映画を見たことはなく、汪政権側のスローガンも貼られてはいなかった。ただし南門という城市には汪政権側のスローガンが貼られていた。村では抗日活動を支持さえしなければ、何事であれ強要されるということはなかった。しかし抗日を支持すれば捕まえられた。

村の経済状態は清郷運動の以前に比べて良くなったということはなかった。農民の食糧も行列をつくってようやく買える程であり、もし行列の後ろの方に並ぼうものなら、食糧を買えないかもしれなかった。塩、油、電灯用の石油等の生活日用品も買って手に入れることはできなかった。物価はますます高騰し、このために付近の農村では多くの農民が餓死したということであった。もっとも当時の甲長、保長、郷長の生活水準は一般の農民のそれよりもましであった。というのは甲長、保長、郷長は一五～二〇ムーの耕作地を所有していた富農か地主で、一般の農民は貧農であったから。当時の農村の階級は豪紳、地主、富農、下中農、貧農に分かれていた。甲長、保長は私自身よく見かけたが、郷長は今の市長と同じで直接見かけたことはなかった。郷長には地主がなったりした。だいたい一つの村には四〇戸余り、二〇〇～三〇〇人の住民がおり、一つの村に一人甲長が置かれ、いくつかの村に一人保長が置かれていた。甲長、保長、郷長は日本軍のために働き、各種の徴税を行なったり、壮年男子を引っ張って来て兵士にさせるなどのことをした。甲長の権限は小さかったせいか、まだわりと良かったが、保長や郷長の悪い行ないは多かった。また彼らの子供も私塾で勉強をしており、他人を非常に見下すような態度をとっていた。解放後、甲長、保長、郷長は偽甲長、偽保長、偽郷長と呼び改められ、農民は清郷運動の時期における彼らの犯罪を暴いて告発した。村民を殺害するなどの厳重な犯罪を犯した者は監獄に送られたが、その大部分は保長と郷長であった。もっとも殺人などしていなければ処遇もまずまずだった。

私塾でのこと

私は一九四〇年二月の春節明けから村の私塾に通い出した。私塾には校名は特になく、日本軍の侵略以前からあった。故郷の村には唐の時代から私塾があったということである。私が勉強していた私塾は大変お粗末なもので、教室には付近の農家の一室を借り、ぼろぼろの机や椅子をいくつか置いていた。教室の広さは大体四〇〜五〇平方メートルであった。私塾には、四〇〜五〇人の生徒がおり、全員農村の児童だった。当地の農村では、農民の生活が貧窮していたために、大部分の娘のためには私塾へやるだけのお金がなかったが、息子には必ず私塾へ通わせた。そのため一般に男性に読み書きのできない者は少なく、事実父も読み書きがある程度できたが、女性には全くできない者が多数いた。私塾の学費は銀貨で「三個大洋」位であり、現在のおよそ四〇人民元に相当する。私塾で勉強していた子供の家庭の経済状態は、通学できなかった子供の家庭のそれに比べてましであった。教師は六〇歳余りの元秀才か挙人で、一人で教えていた。その教師は普段「先生（中国で身分のある男性に対する改まった呼びかけ）」と呼ばれていた。私塾の教師は一般に元秀才や挙人で、一つの私塾にはただ一人の教師がおり、一つの村にはただ一つ私塾があるばかりだった。

私塾は朝の七時三〇分から始まり、午後の四時三〇分に終わった。昼の一一時三〇分から一二時三〇分までは休憩時間で、昼食をとった。教科は専ら国語と古典であり、二年間国語を学習した後に、四書五経や『三字経』、『千字文』、『百家姓』等を学習した。古典の学習に関しては現在の初級中学の水準である。教科書は県の教育局が許可したものを用いていた。私塾の教科には算術はなく、戦後の一九四六年に鉄鋼を扱う商店で働いていた時、珠算を自学自習した。日本語も教科にはなかった。教師は全生徒を相手に一斉に授業をするのではなく、生徒を一人ずつ替わる替わるに教えていた。私が当時最も不愉快を覚えたことは教師から懲罰を受けることだった。本の暗唱ができなかったり、または真剣に教師の話を聞いていなかったりすると、生徒の手を机の角において木の物差しで打ったりした。私はかつて二度ばかりその罰を受けたことがある。私塾が終わるとすぐに家へ戻り、夜まで父の野良仕事を手伝って、例えば草刈り、田植え、稲刈りを行なった。また私塾で学ぶ以外に、『三国演義』、『紅楼夢』、『西遊記』、『水滸伝』、『封神榜』を自学自習した。

教師は政治の問題については一切口に出さず、汪政権、日本軍に対する支持や抗日に関することのいずれも話題に出さなかった。無錫市内等の都会の教師は抗日といった政治的な問題を話題に持ち出したかもしれないが、農村のその教師は「安分守己（分に安んじて己を守る）」で、ご飯を腹一杯食べられて、服を暖かく着込むことができれば良かったのである。私の父も抗日を口に出すことはなかった。もし抗日について話せば保長に捕まる恐れがあったから。ある時、四、五名の日本軍軍人が私の勉強している私塾に視察に来たことがあった。子供たちが日本の軍人に会う時にはいつも、教師は子供たちに日本軍人に向かって叩頭や敬礼をさせていた。当時の清郷運動は非常に残酷ではあったが、日本軍人はかつて子供たちを傷つけたりしたことがなく、子供に対してはその時点でも友好的であった。

私塾で学んでいる時、最も楽しみにしていたことは、教師と一緒にご飯を食べることだった。教師は城鎮に家があったが、私塾から遠かったために平素は村に住んでおり、そのため生徒の家庭が一週間ずつ交替で教師の昼食と夕食をまかなっていた。母は教師のために鶏、鴨、魚、豚の肉や豆腐、野菜を使った家での一番のごちそうを作り、もてなしたので、教師は食べ切れずに、私を招いて一緒に食事をとったのである。私はおいしくておいしくて早食いしたものだ。当時の数少ない楽しみだった。

私は私塾を終えると仕事に就き、解放後は大躍進時期の農村への下放をはさんで、蘇州や雲南の国営の鉄鋼・林業機械工場で働き、退職前には上海華林林業物資経営部で経理をしていた。

むすび

筆者が最初に挙げた、インタビュ―に当たっての質問の共通点とは、汪政権の政治教育（さらに沈兆態と鄭雲霞に対しては親日教育の柱としての日本語教育をも付け加えて）の各教育現場への浸透如何であった。インタビュ―対象者の四人の発言から共通して読み取れることは、正規の学校、私塾において、教員の「漢奸」に対する消極的な抵抗の試みからか、また当局の行政指導が徹底されていなかったためか、汪政権の政治教育がほとんどといっていい程実施されていなかったということである。そして先述の日本側による汪政権下の学校教育の視察記録を裏付けるかのように、大体において政治教育の実施に代わって、「現在学校教育は単に思想のないことを教え、本を読み、技術を教授しているだけだと云うのが実際の実情」であったと言えよう。その結果として、四人のインタビュー対象者はいずれも積極的に日本軍のみならず汪政権をも支持するには至っていない。それどころか、租界に暮らし、当時の日本軍占領下の中国にあっては、相対的に恵まれた生活を享受していたにもかかわらず、比較的高い水準の教育を受けていた沈兆態や鄭雲霞などは、政治意識が高く、内心に抗日・反汪政権の意識を秘めていたということである。ただし周囲を含めて、その抗日意識を実践に移そうという意欲はなかったようであるが。また謝国明は江蘇省無錫近郊の農村の私塾で、伝統的な儒教教育を受けていたにもかかわらず、清郷工作における日本軍の残虐行為を直接見聞きしたこともあり、強い抗日・反汪政権の意識をもっていたことが窺われるのである。しかし同じ農村の私塾で教育を受けていても、陳桃根の場合には、日本軍による侵略の被害が比較的少なかったせいか、分に安んじて己の生活を守るという当時の農民の伝統的な封建意識の影響もあって、抗日・反汪政権の意識も希薄であったようである。

また親日教育の柱とされた日本語教育については、沈兆態と鄭雲霞の証言によれば、必ずしも全学校で実施に移されていたという訳ではなく、仮に日本語教育が行なわれていたとしても、英語や数学等の科目に比べてウェートがかなり低かったということである。このような日本語教育の位置付けは、沈兆態の証言にあるように、日本人の教師が直接教鞭を執った場合でも変わらなかったようである。

（1）美新小学の住所は旧薩坡賽路二九一号である。上海档案館所蔵、R48-370。

（2）美新小学は一九四三年二～七月の時点で、学級数が七クラスあり、学生数は二四五名（女子九七名）であった。上海档案館所蔵、Q1-20-19。

（3）一九四三年二～七月の時点で、上海市内の私立小学に通学する生徒の家長職業は、一五六，六一四名中多いものから順に、商業従事者四八，九四四名、農業従事者三二，二四〇名、工業従事者二二，九六三名、次いで政府関係者の一四，八七五名であった。前掲、上海档案館所蔵、Q1-20-19。

（4）汪政権当局による新国民運動等のプロパガンダ政策の推進は、主として上海市立の小学や中学を中心に実施されていたと推察される。上海档案館所蔵、R48-4131-796、R48-4131-797。

（5）童子軍は、ボーイ・スカウトに似た一種の青少年運動団体であり、上海では国民政府時代の一九二〇年代後半より童子軍が本格的に組織化されるに至り、一九三〇年には中国童子軍上海特別市理事会が結成された。一九三六年の段階で、中国童子軍上海特別市理事会が監督する上海市における童子軍の団数は二〇〇余りを数え、団員は三万人余り、職員は五〇〇人余りに達したという。『上海市年鑑（上）民国二十六年』、三五頁、上海档案館所蔵、Q0-4-16。

（6）大同大学付属中学の住所は旧辣斐徳路貝勒路口である。前掲、上海档案館所蔵、R48-370。

（7）樹民小学は私立でフランス租界にあり、所在地は巨来斯路一八五号であった。第一・第二の二校に分かれており、学生数は一九四三年の時点で、それぞれ五二五名（女子一八四名）、六九〇名（女子二八七名）であった。前掲、上海市档案館所蔵、R48-370、Q1-20-19。

（8）一九四二年一〇月に樹民小学校長の銭家圭が上海市教育委員会宛に、蔡淑声という日本の奈良女子高等師範学校、日本美術学校を卒業した当時三五歳の女性を、日本語担当の教師として招聘する旨の報告を行なっていた。そのため樹民小学では、鄭雲霞の卒業後に日本語の授業が実施されていたと見られる。上海档案館所蔵、R48-242。

（9）恵群女子初級中学の所在地は愛多亜路一三九五号であり、フランス租界にあったことが確認されており、鄭雲霞の記憶違いと思われる。前掲、上海市档案館所蔵、R48-370。

（10）一九四三年二～七月の時点で、上海市内における私立中学の学生の家長職業は四二，一四四名中、鄭雲霞の父親のような商業従事者が約半数の二一，三六二名を占め、ついで政府職員の一〇，〇六九名が続いた。前掲、上海市档案館所蔵、Q1-20-19。

（11）一九四三年二～七月の時点では、恵群女子中学の学級数は三クラス、学生数は四九名であった。前掲、上海市档案館所蔵、Q1-20-19。

（12）一九四三年二～七月の時点では、光耀中学の学級数は六クラス、学生数は二八六名（女子一〇五名）であった。前掲、上海市档案館所蔵、Q1-20-19。

（13）戦後、国民党政権当局が汪政権時代の「上海市偽教育局統計室」の資料に基づいて作成した統計によれば、上海の私塾設立の状況は、私塾が一四六校あり、生徒数が五，〇二四名（女子二，一五三名）、教師数が二三三名（女性六八名）であった。また普陀区では私塾数九校、生徒数一九七名（女子四一名）、教師数九名（男性のみ）であった。前掲、上海档案館所蔵、R1-20-19。

第五章　大東亜戦争博覧会

序

汪政権下で日中間の協力により、一九四二年一一月一日から一二月一〇日にかけて、南京の玄武湖畔において大東亜戦争博覧会が開催された(1)。大東亜戦争博覧会については管見の限り、先行研究が内外ともに皆無であり、また例えば当時の朝日新聞においても、ベタ記事でその開幕が報道されたに過ぎないことからも明らかなように(2)、同時代の日本のメディアからほとんど注目を集めることはなく、少なくとも日本では開催時においてさえも、その実態についてはよく知られていなかった。しかしながら一九世紀後半に欧米で始まり、その後日本やひいては中国でも催されるようになった博覧会の併せもつ大衆プロパガンダの機能を想起するのならば、大東亜戦争博覧会についても汪政権のイデオロギー研究の観点からは逸し得ないテーマになると思われる。

そこで、本章では研究史の欠落を埋めるのと同時に、中国大衆に対するプロパガンダの媒体として、大東亜戦争博覧会がどのように機能していたかについて究明するものとする。まず第一節で、大東亜戦争博覧会がどのような経緯を経て開催されるに至ったかを明らかにする。次いで第二節で、大東亜戦争博覧会の趣旨と展示内容がどのようなものであったかを解明するが、その際、同博覧会の参観者に期待された「まなざし」[3]と、華北の新民会会員の日本国内の戦争博覧会参観に際しての「まなざし」との比較を行なって、その相違点がどのようなものであったかを考察する。最後に第三節では、大東亜戦争博覧会参観者の時局に対する意識や感情がどのようなものであったかを、中学の生徒の手記を例に取り上げて見た上で、同博覧会の大衆的興行が、大衆の動員に当たって、どのような意義をもっていたかについて論じる。

第一節　開催の経緯

大東亜戦争博覧会が開催に至った経緯から見ていこう。寺下勍『博覧会強記』によれば、日中戦争勃発以降、日本国内で開催された博覧会数は一九三七年に五、一九三八年に二六、一九三九年に二一、一九四〇年に二〇、一九四一年に七、一九四二年に三、一九四三年と一九四四年に各一という具合であり、各博覧会の名称からして、そのほとんどが戦争をテーマとしたものであったと言ってよかろう。主催者については、同書で明らかにされているものの大半は、新聞社か地方自治体、もしくは地方の商工会議所であった。また同時期の朝鮮や満州国における博覧会数は、朝鮮で一九四〇年、一九四一年、一九四三年に各一、満州で一九四二年、一九四三年に各一であり、それぞれの名称からして、いずれも日本の植民地統治の成果を誇示し、現地住民を戦争に動員することを趣旨としたものであったと思われる。主催者に関しても、同書で明らかにされているものは全て現地の新聞社であった。[4]

中国の占領地では、南京の大東亜戦争博覧会に先立って、北京で大東亜博覧会が、次いで天津でも同名の博覧会が相次いで開催された。北京の博覧会に関しては資料不足故に不明であるが、天津の博覧会については、『大東亜博覧会記念写真帖』からその概要の一端が明らかになっている。天津では一九四二年八月一日から九月一〇日まで開催され、主催団体は華北宣伝聯盟天津支部（在津新聞協会、天津広播電台〔ラジオ局〕、華北演芸協会天津支部、華北電影〔映画〕協会天津支部）であり、後援は天津居留民団、天津日本商工会議所、天津特別市公署、天津市商会であった。だが、同書の序文に「本博覧会をして絢爛たる大成果を挙げしめたる最大原動力が天津陸軍特務機関を始め在津各部隊の自主且俠勇的協力に基づきたるものなることを想起し、不断の敬意と謝意を表して已まざる次第なり」と記されていたことからも明らかなように、実質的な主催者は天津駐留の日本軍であったと考えられる(5)。また博覧会の趣旨も、後述するように華北占領地域の社会を太平洋戦争に動員することに置かれていた。

北京、天津での博覧会を受けて、華中方面においても同様の趣旨の博覧会の開催が検討に付されることとなり、「外、陸、海、興各機関ノ係官ニ於テ寄々研究」させたところ、戦争遂行中の現地において博覧会のようなお祭り騒ぎ的行事を実施するのは適当ではないとの意見も出されたが、最終的に一九四二年七月下旬に至って開催が決定された。汪政権、支那派遣軍、支那方面艦隊、帝国大使館、興亜院華中連絡部の後援の下で、大東亜戦争博覧会の主催団体となる大東亜戦争博覧会委員会が組織されたが、同委員会の人選については、評議員を除く、委員と実行委員では次のように日本側の人員の方が多くなった。

一、委員：国民政府　郭宣伝部次長（中国）　陸軍　岩崎報道部長　海軍　鎌田報道部長　大使館　好富報道部長　興亜院　大家調査官（以上日本）

二、実行委員：国民政府宣伝部　鍾参事　南京特別市　薛（ママ）宣伝処長（以上中国）　総軍報道部　志生野中佐　同　鷹尾中尉　海軍武官府　赤木少佐　同　夏目嘱託　大使館　松平書記官　同　松尾官補　興亜院　岩城調査官　同　本野

調査官（以上日本）(6)

日本側において実質的に博覧会の開催準備の責務を担ったのは、委員の総軍報道部長岩崎大佐、及び実行委員の同部員志生野中佐、同鷹尾中尉等であり、また請負業者には当時国策会社となっていた乃村工藝社が選定された。鷹尾中尉の回想によると、大本営報道部に博覧会の企画・設計・施行の権威者の派遣を求めたところ、二つの選択肢が提示された。すなわち「日本文化の水準を誇示する建築様式を採用するなら、一九三三年シカゴ万国博で日本館の展示設計を担当した山脇巌教授が最適だし、大衆啓蒙をねらってパノラマ展示に重点を置くなら、靖国神社の外苑展示で優秀な技術を発揮し、陸海軍の信頼厚い乃村工藝社が期待に応えるだろう」とのことであった。そこで山脇と乃村英一の両者が招聘され、関係者の間で各々の試案に基づく図面が比較検討された結果、後者の案が支持され、乃村工藝社に一任することとなった。南京に現地入りした乃村工藝社のスタッフには、先の乃村英一及び製作総指揮の乃村清三、その他画師四〇名、大工職二〇名、造型、塗装、表具、電気の各職方が入っており、総勢で一〇〇名余りに上った。(7)

また費用に関しては、陸軍と海軍がそれぞれ一〇万円ずつ、外務省と興亜院がそれぞれ五万円ずつ負担することとなったほか、汪政権が一〇万円支出することとなった。その上に、南京と上海の民間有力者にも賛助金を求めたところ、南京商工会議所より一万五千円が、上海商工会議所より一五万円が、それぞれ拠出されることとなった。(8) 開催に当たって計上された費用の額が当時としてはいかに破格であったかということは、乃村工藝社が次のように書き記していることからも理解し得よう。

「玄武湖博」の単独施行は乃村にとって実に大きな意味を持ちました。三五万円という請負額は、……しばしば言及する靖国神社の外苑展示一回の請負額が約二万円ということでしたから、ぼう大なものだったといえます。乃村工藝社の戦中の経営基盤にほとんど決定的な役割を果したであろうことは容易に想像されます。そして、このことがまた、いちはやく戦後の再起をも可能にしたのでした。(9)

ところで、上述のように汪政権は大東亜戦争博覧会の後援に名を連ねて、費用の一部を負担しただけでなく、パビリオンの設営に際しても、「大東亜共栄館ハ外務省ニ於テ興亜院、国民政府ト共ニ之ガ陳列ニ当ル予定ナリ」とあるように、一部関与していた。(10)しかし、日本側がそもそも大東亜戦争博覧会の開催を発案し、主催団体の博覧会委員会の人選でも、日本側のスタッフの方が多く、実際に企画や施行に携わったのも日本の国策会社であり、日本側が費用の過半を負担したことからも明らかな通り、実質的に博覧会は日本の主導の下で推し進められたのである。

しかしながらプロパガンダの面では、日本側が後景に退き、汪政権が前面に出てくるように演出された。開幕式に汪精衛が出席した際の情景を、汪政権の機関紙『中華日報』は、午前一〇時ちょうどに「汪主席が灰黒色の背広姿で颯爽と到着すると、大東亜博覧会の全委員が会場の門前で起立して、恭しく出迎えた」と描写した。(11)だが実際には『中華日報』の報道のように、汪精衛の面子が保たれたわけではないようである。博覧会委員会における五人の委員のうち、ただ一人汪政権側の委員であった郭秀峰宣伝部次長は、戦後になって次のように開幕日の汪精衛の様子を回想していた。

…午前九時に汪精衛が偽宣伝部長の林柏生に付き添われて会場に到着した時、正門の外では軍隊と警察が林立している様子が目に付くばかりであった。汪精衛は状況を見て取るや、西尾寿造支那派遣軍総司令官がすでに到着していることを知り、心中ひどく不愉快になった。この博覧会が宣伝部の主催である以上、中国側が主であり、日本側が客であって、主人が先に来て客人を接待するべきであるのに、どこに客人が先に来る道理があろうかと考えたからである。そこで自動車が会場の正門前に着くと、汪精衛は停車を命じ、下車して脇道から大回りして会場に入っていった。随行の参観者もまた自動車から下りて後に従った(12)。

上述のささいな行き違いを通して、大東亜戦争博覧会が日本の主導の下で推進されたことに対し、汪精衛が大いに不満をもっていたことが見て取れるだろう。博覧会の運営で主導権を握れなかった汪政権は、以下で見るように、メディアや要人の会見等を通して各パビリオンの展示に関する解釈を披瀝することで、主催者としての立場をアピールすることとなった。

第二節　博覧会の趣旨と展示内容

大東亜戦争博覧会の開催趣旨とはどのようなものだったのだろうか。同博覧会委員会は次のように明示した。

大東亜戦争ノ意義ヲ闡明シ日華提携ニ依リ聖業完遂ニ邁進スル熱意ヲ昂揚シ以テ重慶側抗戦意思ノ崩壊ヲ促進ス之ガ為

（一）　皇軍ノ赫々タル戦果及必勝不敗ノ実力ヲ明示ス

（二）　大東亜共栄圏ノ実情ヲ紹介スルト共ニ日本及国府ニ対スル信頼ノ念ヲ向上セシム

大東亜戦争博覧会において、（一）と（二）の目的に沿って作られたパビリオンは、それぞれ大東亜戦争館と大東亜共栄館である。大東亜戦争博覧会には全体でこの二つのパビリオンしかないが、博覧会と銘打っている割にパビリオン数が極端に少ないのは、戦時下において資材が貴重になっているが故に、徹底的にパビリオン数を節減したからである。(13)

一方、先述した天津の大東亜博覧会の開催趣旨は「一、大東亜戦争の真意義闡明　二、華北産業の実情展示　三、兵站基地としての天津の性格再認識」とされ、南京の博覧会の趣旨と比較すると、三の趣旨内容に見られるように、中国ナショナリズムに対する配慮が希薄であり、より日本軍の意向が色濃く反映されていたと言えよう。またパビリオンに関しては、南京の博覧会よりもはるかに多く、大東亜館、戦利品館、工業館、新民館、華北開発館、広播（放送）館、農産館、畜産館、商工廻廊、大東亜海館、大東亜会館、文教館、新興資材陳列館が設けられていたが、その展示の中身に関しては資料不足から不明である。(14)

大東亜戦争館

まず大東亜戦争館の展示内容から見ていくことにしよう。館内の左右の両側には日本軍の戦勝状況を描いた油彩画が中心に展示されていた。また右側の列には、シンガポール攻略図が展示され、そこでは実際のシンガポールの外観や海洋の風景が絵幕に再現されているだけではなく、模型のオートバイ隊が進攻している模様が再現されていた。(15)こうした油彩画の出来映えについては、開幕日に参観した周仏海が日記に「戦闘を描いた各種油絵は一見の価値がある」と書き記すほどのものであった。(16)

また大東亜戦争館の内外には、捕獲された英米軍の兵器が陳列されていた。(17)こうした捕獲兵器については、『中華日報』の社説が次のように注釈していた。「英米を盲信する人々は往々にして、英米の力が偉大であると考え、その力の偉大さが兵器の性能の高さに表れているとしているが、実際には全てがそのようであるわけではないのである」。（社説の執筆者が）一九三二年に香港政府が催した「海軍の日」に英国の航空母艦を見学したところ、艦載されている大砲が一九一二年製造という旧式のものであることを見出したが、「いわゆる兵器の性能の良さとは、元々そのようなものに過ぎないのである」。戦前に英米は増援と戦争準備を叫んでいたものの、「博覧会で展示された捕獲兵器を見ても、依然として旧式のままであった」。そのことはまさに、英米が「作戦で用いた兵器の故に敗れた」ことを意味しているのであると。(18)

日本軍の戦勝状況を描いた油彩画や旧式のものとされた英米の捕獲兵器の展示によって、「皇軍ノ赫々タル戦果及必勝不敗ノ実力ヲ明示ス」る必要性に駆られた要因を、ここで考察することにしよう。その要因としては第一に、中国人の間に広まり始めた日本軍の敗北必至という見通しを払拭する必要性が出てきたことが挙げられるであろう。例えば、周仏海が日本軍の戦勝を目の当たりにして、その軍事力にある程度の信頼を寄せるに至った太平洋戦争緒戦の段階でさえも、その日記に書きとめられたように、依然として重慶政権は「英、米の経済力は日本をはるかに上回り、一時的な軍事敗北は勝敗に関係なく、最終的には日本は必ず経済戦によって敗北すると見なしている」(19)のであった。こうした重慶政権側の見通しを共有する者が、太平洋戦線での日本軍の劣勢に伴って、後に秘密裏に重慶政権に投降を申し入れる周仏海をはじめとする汪政権関係者をも含めて、占領下の社会において増加していったことは想像に難くないであろう。

他方で、日本軍の勝利を確信するか否かは、対日協力者になるか否か、ひいては汪政権の支持者になるか否かの重要な分岐点であった。抗日側からすると、漢奸には積極的なものと消極的なものの二種類があるとされ、前者は更に失意の軍政分子と下層階級の民衆に二分され、また後者についても、「恐日病」患者と奸商という二種類に分けられるとした。そして「恐日病」患者について次のように説明していた。

この種の人々は元々漢奸と言うことはできないのである。彼等は失意の軍人や政客でもなく、また生活の保障がない下層階級の民衆でもなく、逆にその大多数は高官職にあり、手厚い俸給を享受している中央あるいは地方の現職の官僚である。しかし、彼等は日本に対しておしなべて恐怖心を抱いているために、そのあらゆる措置はいつしか敵に極めて大きな便宜を与えることになってしまっており、国家が権益を喪失し、あるいは多くの復興の機会を失うような事態に立ち至らせているのである。こうした「恐日病」の原因は、ある者の場合には自らの体験による「一面的」な事実に基づき、我が国が依然として日本に対抗し得ないと考えていることにある。(20)

これまで「恐日病」に取り付かれて対日協力を行ない、汪政権に参加したり、あるいは支持を与えたりしていた多くの人々が、太平洋戦争の進展につれて、重慶政権と同様に日本の敗北必至と考えるようになってきたであろうが、上述の『中華日報』の社説は、まさにそうした動揺する人々に対して、大東亜戦争博覧会の参観を通して、再度日本軍必勝の信念を吹き込むものであったと言えよう。

汪政権は動揺分子に対して日本軍必勝の信念を吹き込むだけではなく、さらに進んで、アヘン戦争以来中国社会に根付いていた反アングロ・サクソンのナショナリズムに訴えて、中国の参観者に日本軍の対英米戦が中国の反植民地闘争の一環であると認識させようとした。上述の『中華日報』の社説は、大東亜戦争博覧会に展示されている英米両国の捕獲兵器が旧式のものであると述べた後、さらに次のように捕獲兵器と中国とを結び付けた。

英米によるこうした兵器を用いての中国及び東亜への侵略は百年にわたっており、今日になって大東亜戦争の勝利と友邦将士の勇敢な戦闘により、侵略勢力はようやくにして駆逐され得たのである。こうした侵略の恃みとなった道具が運び込まれて、陳列されることとなり、我々は目にした後には、実に無量の感慨を覚えるものである。(21)

また、博覧会の目玉の一つであった模型の戦艦「大東亜号」が、その展示の意義を中国「国民がさらに深く認識できるようになるために」、汪精衛自身によって「長城号」へと改名された[22]。そうした改名もまた中国の参観者をして、日本の軍事力を中国のそれと一体のものとして認識させ、ひいては上述のように日本の対英米戦を中国自身の戦争でもあると認識させることを意図したものであると言えよう。

大東亜共栄館

次いで大東亜共栄館の展示内容を見ることにしよう。大東亜共栄館は中国、日本、その他の三部に分かれていた。中国部の展示の内容は、汪政権の治世の実績を称揚するものであり、上述のように汪政権が出品に関わっていたものと推測される。一方、日本部のそれは、主として日本の軍事生産力を誇示するものであった[23]。なお日本部の展示では構想時に、「日本科学ノ優秀性ヲ宣伝」するために、当時開発の途上にあったテレビの搬入が検討されたが、諸々の事情により実現されなかった[24]。またその他の部の図表等による展示内容は、ゴム、錫等の英米が失った南洋資源、南洋の風俗や物産等についてであった。さらに大東亜共栄館広場における図表等による展示内容は、日本軍の東南アジア占領と復興がテーマとなっていた[25]。

大東亜共栄館は上述のように中国、日本、その他の三部構成であったが、一方、南京の大東亜戦争博覧会の直前に福岡で開催された大東亜建設博覧会では、同じく乃村工藝社が一部手掛けていたものの[26]、同名のパビリオンである大東亜共栄館の構成は全く違ったものとなっていた。福岡の大東亜共栄館の構成は、「大陸の部（満蒙、沿海州、北中南支の紹介）南西太平洋地域の部（仏印、比島、泰、ビルマ、蘭印、南洋諸島、濠州、ニュージランド、ニューギニヤ、印度等紹介）印度の部（印度洋より近東地方、アフリカ東部に及ぶ地域の紹介）太平洋の部（ハワイ、東、北太平洋地域アラスカ〔ママ〕、中米、南米其他）」というものであり、日本の部は含まれていなかった。また展示の趣旨も、「大東亜資源の開発と国防資源との関係」を明らかにしつつ、大東亜共栄圏民族が「日本を盟主として」、大東亜建設に邁進する姿をも示すというものであった[27]。中国を含む大東亜共栄館に展示されていた国や地域は、まさに「盟主」に擬された日本の参観者によって「まなざされる」存在と化していたのである。

ここで、南京の大東亜共栄館において中国部と日本部が並置された構成の意図について考察することにしよう。宣伝部長の林柏生は開幕日の記者会見での談話で、博覧会参観に当たって次のように二つの点を強調した。第一点は孫文の大亜洲主義についてであった。約七〇年前に明治維新が成功し、孫文が幼少であった頃、「アジアは英米の侵略下にあり、南洋各地は前後して侵略主義者の植民地へと落ちぶれていった」。幸い日本が立ち上がり、日露戦争によって侵略主義者に打撃を与えた。一方、「中国の民衆もまた国父の指導の下で中国の復興、中日の合作、東亜の解放を求めて不断に闘争し、こうした闘争は前後して七〇年に及んでいるのである」と。

第二点は汪精衛による大亜洲主義の継承と発展についてであった。七年前の開幕日と同じ一一月一日に暴徒によって狙撃された汪精衛は当時、「国父の遺教に基づき、既定の方針に従って、中日関係の好転を図り、かつ日独伊防共協定への参加を主張し」、「同時にリースロスの法幣政策に反対し、それによって中国が英国に愚弄され、中日関係を収拾不可能な危機に陥れないように努めていた」。七年前の今日、「汪主席が流した熱血は、中日両国の志士の心に東亜解放の多くの花を咲かせ、ついに二大民族に血溜りの中から痛切に反省させることとなり、共通の前途のために協同で奮闘するように仕向けたのである[28]」と。

このように孫文の大亜洲主義を汪精衛が継承し、中国と日本が協同でアジア解放のために対英米戦を遂行するということこそが、汪政権が大東亜戦争博覧会に託した理念なのであり、大東亜共栄館に中国部と日本部が並置されたことは、まさにその理念を体現したものと言えよう。無論のこと日本側も汪政権の意を汲み取って、中国部と日本部が並置されるようにパビリオンの設営に当たったのであろう。また汪政権は大東亜共栄館の展示構成や林柏生の談話等を通して、中国の参観者に次のようなことを体得させようと意図していたのであろう。中国が日本に「まなざされる」存在ではなく、日本と同じ視点から、その他の部や大東亜共栄館広場での展示対象であった日本軍占領下の南洋諸地域を「まなざす」存在であることを。

新民会の大東亜建設博覧会における「まなざし」との比較

さて、南京の大東亜戦争博覧会の参観者に期待された「まなざし」と、乃村工藝社もその一部を請け負い、(29)一九三九年四月から五月にかけて西宮で開催された大東亜建設博覧会における、華北地域の中華民国臨時政府（汪政権成立後には華北政務委員会）の新民会関係者の「まなざし」とを比較することにしよう。新民会とは、一九三七年一二月に北京で中華民国臨時政府が樹立された際に、満州協和会に範をとって組織された民衆教化団体である。(30)新民会を代表して、友松という中国人の同会会員は西宮の大東亜建設博覧会に派遣され、帰国後に新民会の中国語の機関誌『新民週刊』に手記を寄せた。手記そのものは、友松という人物が書いたものであるが、掲載誌が新民会の機関誌である以上、その大東亜建設博覧会への「まなざし」は友松一個人を越えて、新民会の中国人会員全体で共有されるように期待されていたと言ってもよかろう。

西宮の大東亜建設博覧会において最も注目を集めたのは、開会の祝辞で陸軍大臣の板垣征四郎が述べたように、「空、海、陸の見事な共同作戦による立体的大包囲戦で戦史に比類なき戦果を収めた武漢三鎮攻略戦況の立体的解説」となっている大パノラマであった。(31)友松は西宮球場に設営された武漢三鎮攻略大パノラマを見た印象を次のように書き記した。

…その下の山の洞穴を通ると武漢攻撃戦の大模型があり、参観者はここに至ると、世界戦史において凄壮無比の武漢三鎮攻撃の戦場に臨んでいるという感慨を抱くであろう。面積は一万坪（五十華畝にほぼ相当）あり、山水もしつらえられている。勇猛な作戦を演じている無数の木像の兵士、軍用機の爆撃による土のくぼみ、大砲の炸裂による弾痕は、参観者をしてしきりに驚かすのである。場内における人民の住居の間には木々や竹林があしらわれており、江南の趣が十分に醸し出されている。武漢三鎮の縮図の上には特製の模型軍用機があり、しばしば硝煙と音響によって当時の爆撃の状況を再現している。果てしない長江の濁流の下流では、日本海軍の遡行部隊による攻撃の状況を目にすることができる。長江沿いの南北の山岳地帯がトーチカや塹壕といった障害物のようになっており、このことからも戦闘の激烈さを想像することができよう。

以上の記述から明らかなように、武漢三鎮攻略大パノラマを前にして、友松の「まなざし」は中国人でありながら、完全に日本の中国に対する帝国主義的な「まなざし」に同化していると言えるだろう。ひいては友松の手記を読む中国人の新民会会員も同様にその「まなざし」に同化するよう期待されていたのである。こうした帝国主義的な「まなざし」にさらされる中国像は、中国ナショナリズムの反アングロ・サクソン感情に訴えて、日本の対英米戦を中国の反植民地闘争と見立てようとした大東亜戦争博覧会の大東亜戦争館においては、意図し得ないものであった。

また、友松は「新東亜めぐり」の会場を一周した際、蒙疆広場ではパオを目にしたり、モンゴル人によるモンゴル相撲のパフォーマンスを見たりして、「塞外の情緒が濃厚であった」と感想を記すなどしていた。こうした記述にも見られるように、日本軍の占領方針の下に分断された内モンゴル等を、友松は日本の参観者同様にエキゾティシズムを覚えながら「まなざす」ようになっており、ひいては他の中国人の新民会会員もそのように「まなざす」ように期待されていたのであろうが、友松の「まなざし」は大東亜戦争博覧会の大東亜共栄館での展示意図とは全く相容れなかったであろう。先述したように、大東亜共栄館の展示意図は、あくまでも中国が日本に「まなざされる」存在ではなく、日本と同じ視点から南洋諸地域を、時にその風俗や風物に対してエキゾティシズムを感じながら「まなざす」存在であることを体得させることにあったからである。こうした新民会会員の「まなざし」や先述した天津の大東亜博覧会の概要から、汪政権と比較して、華北の親日当局がよりはなはだしく日本に隷従していた有様を見て取れるであろう。逆に言えば、汪政権は新民会や華北政務委員会等に比べて、より強力に中国ナショナリズムの立場を訴えてきたのであり、また後述する中学生の手記に見られるように、同政権下の大衆においてもナショナリズムの感情は根強く伏在していたのである。

ところで、友松の「まなざし」が日本側の中国に対する「まなざし」と完全に同化した背景には、新民会機関誌という媒体自体に執筆の制約があったことは無論のことであろうが、それ以外にも彼の個人的な日本人の国民性に対する崇敬の念があったように思われる。例えば、友松が西宮行きの途上で鉄道に乗った際、「全車中には一人として二人分の座席を占める者はなく、婦人や子供には傍らで立たせておき、気ままに果皮を捨てたり、ところかまわず痰を吐く様を目にしたりはしなかった」とのことで、「日本国民の旅行道徳の普及振りは、とりわけ我々の敬服に値するものである」と記していた。また北支館の設営準備に当たっていた際、一緒に作業していた日本の女性事務員の働き振りを見て、「努力し、苦労に耐え、全然倦むところがないのは、実に日本女性の特徴であり、我が国の教育者がこの点について注意し、提唱するよう大いに望むものである」と書き加えていた。(32)

本節の最後に、汪政権のプロパガンダ工作における大東亜戦争博覧会の位置付けを見ることにしよう。それはまさに一九四三年六月に制定した「戦時文化宣伝政策基本綱要（以下、基本綱要）」の一部を先取りするものであったと言えよう。ちなみに「基本綱要」は、一九四三年になって日本側が対華新政策に舵を取り、汪政権の参戦と同政権基盤の強化を打ち出したことに応じて、同政権がより一層強力な文化宣伝政策を実施するために策定したものである。例えば「基本綱要」では、「中国は対英米宣戦を行ない、友邦の日本と力を合わせて大東亜戦争を完遂するものであり、軍事、経済を問わず必勝を期するものであって、国民に徹底的に国府の参戦と友邦協力の意義を認識させ、国民総力を挙げて参戦するに際しての精神と努力を励ますものである」としたが、大東亜戦争館の展示はまさに日本の対英米戦争を中国大衆に中国自体の戦争として捉えさせる試みであった。また「基本綱要」では、「国父遺教、三民主義及びその重点たる大亜洲主義は中華復興と東亜保衛の最高指導原理である」としていたが[33]、上述のように、こうした理念もすでに大東亜共栄館の展示構成に反映されていたのである。

第三節　参観者の動員

大東亜戦争博覧会の参観者数は一体どれくらいになったであろうか。日本外交当局の報告書によると、一一月一日の開幕式から一二月一〇日の閉幕式までの間に、「南京、上海、漢口地区ハ言フニ及バズ遠ク蒙疆北支ノ各地ヲ始メ宜昌、岳州、舟山列島方面ヨリモ多数ノ来観者アリ」とのことであり、最終的には「約五十万ニ達スル入場者アリ」とされた[34]。

もっともこの五〇万人の入場者のなかには、正確な動員数は不明であるが、汪政権による組織的な動員も含まれていた。動員されたのは主として地方政府関係者や小中学の生徒であり、こうした「学生生徒軍人警官等ノ団体入場者ニ対シテハ入場無料ノ特典」が与えられた[35]。地方政府関係者の動員の事例としては、例えば『中華日報』の報道によれば、徐州では各界人士が、揚州では中国合作社江都支社の全職員が、崑山では県政府各機関から派遣された職員が、各地方の新聞社の代表が、それぞれ参観団を組織し、大東亜戦争博覧会を参観したとのことである[36]。また小中学の生徒の動員の事例としては、例えば『中華日報』によると、宣伝部が立てた日程計画通りに、南京市内の市立及び私立の各小中学が自校の生徒の博覧会参観を実施するように、宣伝部は南京市政府教育局に対しその指導監督を命じたとのことである。[37] その上に大東亜戦争博覧会委員会は、博覧会をテーマとした懸賞付きの作文、油彩・水彩画、写真のコンクールを催し、参観した「各校の生徒に幅広く参加してもらうために」、その作品提出の締切日の延長を決定したとのことである。[38] このように特に小中学の生徒に対しては、大東亜戦争博覧会の趣旨の浸透を図るために、博覧会への参観を強制したばかりではなく、事後には懸賞付きのコンクールを催したのである。

では当時の動員された小中学の生徒は、大東亜戦争博覧会の参観に当たって、時局に対してどのような意識や感情を抱いていたのだろうか。第四章で取り上げた上海の名門校、上海徐匯中学の冊子、『上海徐匯中学卅一年度学業成績展覧会紀念冊』に収録されている同中学の生徒の手記を手がかりにして、当時の青少年の時局に対する意識や感情を考察することとしよう。

葉徳礼という生徒は「秋夜読書」というエッセイのなかで、次のように書き記した。

…月夜に弟のことを思い起こすという杜甫の詩「戍鼓断人行」を読むと、たちまち悲しみの涙が心の底から目の縁にまで湧き起こってきた。あたかも国境のとりでの太鼓の音が聞こえるばかりでなく、さらには戦場における銃砲と飛行機の爆撃が私の愛しい故郷を焼き払って、一片の焦土にしてしまった音が聞こえるかのようである。より一層痛ましいのは、祖母がその知らせを受けて、あろうことか憂悶が胸に積み重なり、ひとたび病気になるや起き上がれなくなり、薬石効なしとなったことを思い起こすことである。祖母は、私たちが命からがら逃げて避難している際に、急死してしまった。ああ！　痛ましいことよ！　この上どのような詩が私の痛ましい悲しみを表現することができようか？…私は続いて杜甫の「工部月夜」という詩を読んだが、「有弟皆分散」という句を目にすると、真に悲しみの上に悲しみを加

えることとなり、思いの限り大声で泣き叫び、戦場で亡くなった長兄のために泣いたのである。(39)

当時の少なからぬ小中学生が、上述のエッセイの作者、葉徳礼のように、日中戦争において肉親の死を経験し、その記憶をずっともち続けてきたことは想像に難くないであろう。そしてそのような個人的な経験も相俟って、二度と他国の侵略を被らないように、中国を富強の国家に築き上げたいという素朴な反日ナショナリズムが子供心に芽生えてきたとしても不思議はないであろう。例えば董時鼎という生徒は、「不要看軽了小孩子」という文章のなかで次のように述べていた。

子供を軽んじてはならない！　子供にはなおも万能な両手があるのではなかろうか？　この両手は労働を喜び、活動を恐れず、将来大きくなったら、創造することができ、発明することができ、また飛行機を操縦することができ、潜水艦を操縦することができ、最も大きな大砲を発射して、我々の仇敵を爆撃することもできるのである。

子供を軽んじてはならない！　子供は中華民国の未来の主人公であり、子供の愛国心は血のように赤く、子供の是非の心は明瞭である。我々勇敢で健康な子供たちが、大中華民国を世界第一の国家に作り上げ、我々中華民族を世界第一の民族に作り上げるように、私は希望するものである。(40)

日本軍の侵略により肉親の死を経験し、素朴な反日ナショナリズムを抱くに至った、少なからぬ小中学の生徒が、仮に大東亜戦争博覧会の参観を強制されたとしても、その展示の趣旨が一体どこまで彼等に浸透し得るかは疑問であろう。せいぜいのところで英米軍の兵器が日本軍のそれよりも旧式であることから、日本軍の敗北必至という見通しが誤りであることを認識させるにとどまったであろう。生徒に日本の対英米戦を中国の反植民地闘争の一環であると認識させようとし、また中国が日本に「まなざされる」存在ではなく、日本と同じ視点から南洋諸地域を「まなざす」存在であると体得させようとする試みは、狙い通りにはいかなかったものと推測される。小中学生徒の大東亜戦争博覧会の展示趣旨に対する、こうした予測され得る反応からも、大東亜戦争館や大東亜共栄館の展示内容だけでは、非強制的に何十万もの人々を動員するだけの魅力に乏しかったものと思われる。実際、前出の郭秀峰は、玄武湖における海戦場面がいかにももっともらしくしつらえてあっても、「参観者は喜んだりしなかった」と回想していた。

そこで大東亜戦争博覧会委員会は会場に演劇場を設営し、「参観者を惹き付けるために、上海映画界の張善琨が率いる映画スターの代表団を招待し」たりするなど[41]、ほぼ連日にわたって大衆的興行の充実に努めた[42]。演劇場での様々な大衆的興行のうち、最も参観者を動員したのは、言うまでもなく映画スターの歌謡コンサートであった。例えば一一月八日に映画スターの歌謡コンサートが催されたが、「普段、上海の映画スターを目にすることのない南京では」、多くの人々が「『三人のスター』（李麗華、龔秋霞、白光）を一目見たさに、千里をも遠しとせずにやって来た」。観衆の殺到振りは、「城門口から会場までずっと押し合い圧し合い」するほどであり、また「チケット売り場の入り口には数千人が詰め掛けていた」ところへ、なかには「多くのチケットを買って、外で一手に売りさばき、その売り上げが原価の倍、もしくは倍以上になった」者も現れた[43]。四〇日間の会期において、一日の参観者数が一万人余を下らないとされ[44]、総計で約五〇万人に達した要因には、映画スターの歌謡コンサートを始めとする大衆的興行の成功があったと言えるだろう。

小結

まず大東亜戦争博覧会の開催の経緯についてであるが、中国側の関与もある程度認められたものの、実質的には日本側が主体となって推進していた。主催団体の博覧会委員会の人選では、日本側の人員が汪政権関係者よりも多数を占め、実際に企画や設営を請け負ったのも日本の国策会社であり、費用に関しても、日本側がその過半を負担していた。しかし汪精衛は、同博覧会はあくまでも中国側が主体となって運営するべきであると考えていたことから不満を募らせており、汪政権はメディアや要人の会見等を通して、展示に関する解釈を披瀝することで、主催者としてのアピールを行なっていた。

さて、こうして開催に至った大東亜戦争博覧会は、汪政権が参戦後に策定した「戦時文化宣伝政策基本綱要」の一部を先取りするものであり、大東亜戦争館と大東亜共栄館という二つのパビリオンは、それぞれ「皇軍ノ赫々タル戦果及必勝不敗ノ実力ヲ明示ス」と「大東亜共栄圏ノ実情ヲ紹介スルト共ニ日本及国府ニ対スル信頼ノ念ヲ向上セシム」という二つの趣旨に対応して建設された。大東亜戦争館では、主として日本軍の戦勝場面を描いた各種の油絵や「旧式」とされた英米軍の捕獲兵器等が陳列されていた。『中華日報』は同館の参観を通して、太平洋戦争の進展につれて増えてきた、重慶政権と同じく日本の敗北必至と考えるようになった人々に対して、日本軍必勝の信念を吹き込もうとし、さらにはアヘン戦争以来の反アングロ・サクソンのナショナリズムに訴えて、人々に日本の対英米戦を中国の反植民地闘争の一環として認識させようとした。一方、華北の新民会会員による日本国内の戦争博覧会の参観においては、その「まなざし」は完全に日本の中国に対する帝国主義的な「まなざし」に同化してしまっており、かつ新民会の中国人会員全体にその「まなざし」への同化が期待されていた。英米帝国主義との闘争を趣旨とする南京の大東亜戦争館では、新民会会員に求められた、日本の帝国主義によって「まなざされる」中国像はあり得ない代物であった。

また大東亜共栄館は中国・日本・その他の三部構成をとっており、日本国内の戦争博覧会の大東亜共栄館における日本部を欠落させていた構成とは異にしていた。大東亜共栄館において中国部と日本部を並置した意図とは、孫文の大亜洲主義を汪精衛が継承し、中日両国が協同で対英米戦を遂行するという理念を体現させることにあり、中国の参観者に、中国が日本に「まなざされる」存在ではなく、日本と同じ視点からその他の部における日本軍占領下の南洋諸地域を、時にエキゾティシズムを感じながら「まなざす」存在であることを体得させることにあった。一方、新民会会員は日本国内の戦争博覧会において、日本軍によって分割された内モンゴル等を、日本の参観者と同様にエキゾティシズムを覚えつつ「まなざす」ようになっていたのであって、新民会の中国人会員全体にもそうするよう期待されていた。大東亜戦争博覧会において汪政権が意図していた参観者の「まなざし」と新民会の中国人会員に求められていた「まなざし」が、対照的となっていた有様が見出されるだろう。こうした対照の背景には、華北の親日当局に比して、汪政権がより強力に中国ナショナリズムの立場を打ち出しており、日本側も一定程度その立場を尊重せざるを得なかったことがあるだろう。

もっとも汪政権下の大衆のナショナリズム感情は、同政権が考えた以上に強いものであった。小中学の生徒や地方政府関係者等は強制的に大東亜戦争博覧会参観に動員されたが、当時の生徒の時局に対する意識や感情は、日本軍の侵略により肉親の死を経験したりしたことから、素朴な反日ナショナリズムに彩られていた。そうしたことから参観を強制されたとしても、展示趣旨の浸透レベルはせいぜいのところで、英米軍の兵器が旧式である故に、日本の敗北必至という見通しは誤りであると認識させるにとどまったであろうと推測されるのであり、また二つのパビリオンの展示内容だけでは、非強制的に何十万もの参観者を動員するだけの魅力に乏しかったことであろう。そこで博覧会委員会は大量の参観者を動員するために、演劇場を設け、会期中連日のように大衆的興行に力を入れ、上海から映画スターを招いて、歌謡コンサートを催すなどしたのである。博覧会委員会は計画当初、「従来日本各地に流行せる自由主義的産業博覧会の型式を一擲し、専らパノラマ及鹵獲兵器等」を博覧会の中心に据えると意気込んでいたが[45]、結果的には「自由主義的産業博覧会」と同様に、大衆娯楽を織り交ぜることによって、総計で約五〇万人もの動員を達成して、まずまずの興行的成功をかち得たのであると言えよう。

（1）事前の計画では、会期は一一月一日から同月三〇日までであったが、「連日満員ノ盛況ヲ呈シ好評嘖々タルモノアリタルニ付客月下旬ニ至リ博覧会委員会ニ於テハ十二月八日ノ大東亜戦争一週年紀念日迄延期方決定シ…十日閉幕式ヲ挙行セル」とあるように、会期途中で一二月一〇日までの延長を決定したのであった。JACAR：B04012268800（第五二画像目から）、本邦博覧会関係雑件（I、1）、外務省外交史料館。

（2）『朝日新聞』（東京本社）一九四二年一一月二日付け。

（3）「まなざし」という用語は、吉見俊介『博覧会の政治学』、中公新書、一九九二年から借用した。一九世紀後半から二〇世紀前半にかけての欧米の植民地をテーマとした博覧会では、植民地集落が再現され、連れてこられた原住民たちが展示されるなどして、欧米社会の帝国主義的な「まなざし」にさらされていた。日本も当初、欧米の博覧会に対して、欧米人のジャポニズムに訴え、自らを「まなざされる」客体として呈示していったが、他方で自らもまた帝国主義の道を歩み、周囲の社会を「まなざす」ようになって、内国博に植民地主義的な展示方式を導入していくのであった。日本の例に見られるように、「まなざし」の主体と客体は画然としたものではなく、その時々の文脈によって主客が入れ替わるものであると言えよう。

（4）寺下勍『博覧会強記』、エキスプラン、一九八七年、同書末尾の「博覧会年表」を参照。

（5）林正義編『大東亜博覧会記念写真帖』、天津大東亜博覧会事務局、一九四二年。

（6）前掲、JACAR：B04012268800（第二九画像目、第四三～四四画像目、第三二画像目、第四九画像目から）。

（7）乃村工藝社　社史編纂委員会『70万時間の旅―II』、乃村工藝社、一九八三年第二版、一一三、一〇七～一〇八頁。

(8) 前掲、JACAR：B04012268800（第二九～三〇画像目、第三六画像目、第四四画像目から）。
(9) 前掲、乃村工藝社　社史編纂委員会『70万時間の旅—II』、一〇八頁。
(10) 前掲、JACAR：B04012268800（第三三画像目から）。
(11)『中華日報』MF、一九四二年一一月二日付け。
(12) 郭秀峰「汪精衛涼亭撕字」、『鐘山風雨』二〇〇三年第二期、江蘇省政協文史委員会、四九頁。
(13) 前掲、JACAR：B04012268800（第三〇～三一画像目、第四五画像目から）。
(14) 前掲、林正義編『大東亜博覧会記念写真帖』。
(15) 右側の油彩画のテーマはそれぞれ、香港攻略、マレーのジョホールバール進攻、マレー海戦、パクリパパン攻略、タイの舞踏、ジャワ島のバンドン突撃、平穏な状況下のバリ島、ソロモン海戦であった。一方、左側の油彩画のテーマは、ハワイの真珠湾攻撃、マニラ陥落、ボルネオ油田地帯攻略、米国の航空母艦であるレキシントン沈没に際しての潜水艦の活動状況、ヤンゴン大空襲、マンダレー陥落、フィリピンのコレヒドール要塞攻略、珊瑚海海戦であった。銭今葛「大東亜戦争博覧会速写！（上）」、『新申報』MF、一九四二年一一月三日付け。
(16) 前掲、蔡徳金編、村田忠禧他訳『周仏海日記』、一九四二年一一月一日、日曜日、四九八頁。
(17) 展示された捕獲兵器の内訳は、爆撃機が一機、戦闘機が二機、装甲車が一輌、小型戦車が一台、大蓄音機が一台、探射灯が一台、発電機車が一輌、測高機が一台、対戦車砲が一門、高射砲が二門、榴弾砲が一門、ゴムボートが一艘、給水車が一輌、軍用大型自動車が一輌、大型爆弾が一発、軽機関銃・重機関銃が二〇〇挺余り、砲弾が多数であった。『中華日報』MF、一九四二年一一月一日付け。
(18)『中華日報』MF、一九四二年一一月二日付け。
(19) 前掲、蔡徳金編、村田忠禧他訳『周仏海日記』、一九四二年二月二八日、土曜日、四三一頁。太平洋戦争緒戦の段階において、周仏海は、経済評論家の山崎靖純が、日本海軍は質量ともに英米両国を上回っているだけでなく、造船能力及び飛行機生産能力においても英米両国に等しいと述べた際に、「生産力の点については、その言は誇張しすぎの嫌いはあるが、海軍の実力については、かなり事実に近いようである」という感想を抱いていた。同上、一九四二年三月二日、月曜日、四三二頁。
(20) 謝遠達編著『日本特務機関在中国』、新華日報館、一九三八年、六一～六三頁。
(21)『中華日報』MF、一九四二年一一月二日付け。

(22)『新申報』MF、一九四二年一一月一六日付け。

(23) 中国部の写真や図表等による展示内容は、①大東亜戦争に対する国府の声明、②和平運動の進展、③経済復興の概況、④中央儲備銀行券の流通地域図、⑤還都後の教育の発展状況、⑥新国民運動八大綱領、⑦汪主席並びに国民政府要人の肖像、⑧国民政府の政治綱領、⑨国民政府を承認している各国の一覧表、⑩新中国の国防の発展、⑪清郷工作の進展図、⑫中国における音楽の発達（陳雲裳、李麗華、周曼華、袁美雲、顧蘭君、陳燕燕の六大スターの写真）であった。一方、日本部の写真や実物等による展示内容は、①製鋼所内部の壮観、②建造された軍艦の進水、③新鋭の戦闘機の絶えざる生産と強力な空軍の編成、④大日本航空青少年隊の隊員、⑤日本空軍による敵に対する勇敢なる撃退、⑥東亜の敵を粉砕する日本軍の兵器（機関銃の装備、大砲砲身の製造）、⑦日本の科学、⑧日本の文化（桜、お城、仏像、富士山、健康的で美しい現代の日本女性等）であった。銭今葛「大東亜戦争博覧会速写（下）」、『新申報』MF、一九四二年一一月四日付け。

(24) 前掲、JACAR：B04012268800（第三九～四〇画像目から）。

(25) 具体的な展示内容は、①日本軍の平和的なベトナム進駐、②スマトラ島の平定、③マニラの我等東亜への復帰、④ボルネオ油田の復興、⑤日本軍のボルネオ進撃の進路、⑥南洋資源表、⑦日本軍のビルマ進駐と新生ビルマの絵図、⑧大東亜戦争の概況。前掲、銭今葛「大東亜戦争博覧会速写（下）」。

(26) 前掲、乃村工藝社　社史編纂委員会『70万時間の旅―II』、一〇八頁。

(27) 前掲、JACAR：B04012268800（第一八画像目から）。

(28)『中華日報』MF、一九四二年一一月二日付け。

(29) 前掲、乃村工藝社　社史編纂委員会『70万時間の旅―II』、九三頁。

(30) 新民会については、堀井弘一郎「新民会と華北占領政策（上）（中）（下）」、『中国研究月報』No. 539, No. 540, No. 541、中国研究所、一九九三年一月、一九九三年二月、一九九三年三月を参照のこと。

(31) JACAR：C04014746900（第二〇画像目から）、昭和一四年五月「壹大日記」、防衛省防衛研究所。

(32) 友松「日本介紹　参加大東亜建設博覧会帰後記」、『新民週刊』第二五期、一九三九年六月、二四～二七頁。

(33) 前掲、中華民国重要史料初編編輯委員会編『中華民国重要史料初編：対日抗戦時期：第六編：傀儡組織三』、九四二～九四三頁。

(34) 前掲、JACAR：B04012268800（第五二画像目から）。もっとも鷹尾中尉は回想において、入場者数をのべ約六〇万人とし、入場人員の四分の一近くを日本の将兵が占めていたのではないかと推測している。前掲、乃村工藝社　社史編纂委員会『70万時間の旅―II』、一一三頁。ちなみに、上述の天津における大東亜博覧会では、入場券購入者総数だけでも四三万三千強に達し、優待入場者数を加算すると五〇万を突破するとのことであって、しかも「入場者の大多数が有識階級を以て占められたる」とされていた。前掲、林正義編『大東亜博覧会記念写真帖』。

(35)　前掲、JACAR：B04012268800（第五二画像目から）。ちなみに大東亜戦争博覧会の入場料は、大人が一人に付き中央儲備銀行券で一元、子供が一人に付き同銀行券で五角であった。前掲、銭今葛「大東亜戦争博覧会速写！（上）」。

(36)　『中華日報』MF、一九四二年一一月一七日付け。

(37)　『中華日報』MF、一九四二年一一月一日付け。

(38)　『中華日報』MF、一九四二年一一月二〇日付け。

(39)　葉徳礼「秋夜読書」、前掲、『上海徐匯中学卅一年度学業成績展覧会紀念冊』、四四頁。

(40)　董時鼎「不要看軽了小孩子」、同上、四五頁。

(41)　前掲、郭秀峰「汪精衛涼亭撕字」、四九頁。

(42)　演劇場での興行プログラムの充実振りの一例を挙げると、一一月六日から一五日までの予定は次の通りであった。六日女性歌手の歌謡コンサート（中華戯茶庁）、七日新劇（大学劇団の魏建新等）、八日吹奏楽（国民政府軍楽隊）・雑戯・歌謡コンサート（映画スター）・歌謡コンサート（新国民劇団）、九日三角戯・魔術（新世界太平技術団）、一〇日女性歌手の歌謡コンサート（天香閣戯茶庁）、一一日歌舞（新国民劇団）、一二日揚州劇（新中国劇場）、一三日女性歌手の歌謡コンサート（全安戯茶庁）、一四日新劇及びその他（飛龍閣劇場）、一五日吹奏楽（海軍軍楽隊）・歌謡コンサート（映画スター）。『新申報』MF、一九四二年一一月三日付け。

(43)　南京特派員　銭人平「大東亜博覧会花絮」、『新申報』MF、一九四二年一一月一六日付け。

(44)　『新申報』MF、一九四二年一二月一〇日付け。

(45)　前掲、JACAR：B04012268800（第四四画像目から）。

第六章　日本軍占領下の上海における流行歌

序

日本軍の占領時代を含む、一九三〇年代から一九四〇年代にかけて上海で人気を博した流行歌は、昨今中国や台湾で再び注目を集め、当時のレコード録音を基にするなどして、何種類ものCDが製作され、発売に出されている。一方、日本においても、当時の上海におけるスター歌手の一人であった李香蘭のブームは、今なお下火になることはなく、ミュージカル『李香蘭』がロングラン公演を続け、李香蘭に関連した書籍が毎年のように出版されている。本章では戦時下の上海における流行歌について、その政治的環境をも考慮に入れながら、論じるものとする(1)。

ところで、流行歌を流行歌たらしめている要素はいくつか考えられるものの、そのなかの一つとして、歌詞の存在、並びに流行歌を歌う歌手の存在が挙げられるであろう。すなわち歌曲が流行するためには、歌詞そのものにはその時代の社会各層の支配的な情緒を反映することが要求され、またその歌曲を歌う歌手には社会各層にとって魅力ある存在と映り、スターとして認知されることが必要とされるということである。このことより本章では、様々な流行歌の歌詞を通して、戦時下の上海の社会において支配的な情緒がどのようなものであったかを検討する。流行歌の歌詞を通して、その時代の民衆の支配的な情緒を解明するという研究手法については、見田宗介が日本の流行歌を対象に用いたことがあるが、(2) 本章は戦時下の上海の流行歌を対象にして、見田の方法論を適用したものであると言えよう。また本章では特に、スター歌手が戦時下の上海の社会でどのように受容されてきたかを見ることにするが、その際に、李香蘭の日本と上海での受け止められ方を比較した上で、上海における李香蘭と周璇の受け止められ方を比較して、両者の相違点を析出していくものとする。日本では李香蘭のみが突出して有名であるが、実は当時の上海では、李香蘭はスター歌手の一人でしかなく、名実ともにトップスター歌手の座に君臨していたのは、彼女と同年齢の周璇であった。実際、李香蘭自身も当時、周璇のファンであったという。(3)

なお、本章では研究対象の時期を一九四三年以降に限定するが、それは以下のような理由に基づいている。すなわち太平洋戦争で劣勢に立たされた日本が対華新政策を打ち出し、汪政権の参戦と政権基盤の強化を打ち出す一方、汪政権側もそれに応えて、流行歌をも対象に含む新たな文化宣伝政策に着手しようとしたのは、一九四三年からであった。また李香蘭が上海で本格的な活動を開始し、周璇が太平洋戦争に伴う上海租界占領後、一旦引退するものの、再度活動を再開したのも、ちょうどその頃からであった。

なお、歌詞を通して、社会の支配的な情緒を解明するに当たっては、まずヒット・チャートに従って選曲をする必要があるだろうが、管見の限り、そのような存在を確認できなかったことから、代替案として、一九四四年八月一日の租界返還一周年を記念した「中華民国復興節」において、汪政権当局が主催し、韓蘭根や白虹、龔秋霞等のスターが出演した「慶祝音楽歌唱会」で歌われた流行歌を中心に見ていくことにした。(4) 国歌などの官製歌を別にすれば、「慶祝音楽歌唱会」で歌われた流行歌は、いずれも一九四四年の時点で、とりわけ人気を博していたものが選ばれていたと考えられるからである。

本章の構成であるが、第一節において、戦時下の上海における流行歌をめぐる政治状況がどのようなものであったかに関して考察を加えるものとする。第二節において、流行歌の歌詞を通して、社会の支配的な情緒がどのようなものであったかについて分析していくことにする。第三節において、李香蘭の日本と上海における受け止められ方を、また李香蘭と周璇の上海社会での受け止められ方を、それぞれ比較した上で、それらの相違点がどのようなものであったかについて究明する。

第一節　流行歌をめぐる政治状況

汪政権の政策

まず、汪政権の文化宣伝政策における歌曲の取り扱いから見ることにしよう。発足当初から汪政権の宣伝部は、「音楽は人々に非常に深い感銘を与えるものであるから、音楽による宣伝の意義はたいへん重要である」と認識し、和平宣揚や重要記念日のために各種の「和平歌曲」を製作してきた。また社会全般の注意を「和平歌曲」に惹きつけるためと思われるが、例えば「保衛東亜之歌」や「東亜民族進行曲」のように、汪政権の還都一周年を記念して、懸賞付きで公募し、選定されたものもあった。しかし注意するべきこととして、宣伝部は「和平歌曲」をあくまでも「全国の機関・学校・団体に交付するべく準備している」のみで、一般民衆への普及にまでは着手し得なかった点である。その結果、官製の「和平歌曲」が社会の底辺にまで浸透することはなかったと考えられるであろう。

一方、戦時中にもかかわらず、戦前から発展していた流行歌は人々の圧倒的な支持を得て、隆盛期を迎えていたが、流行歌をめぐる汪政権の政策はどのようなものだったのであろうか。考察に当たって、まず流行歌をも含む当時の大衆文化の状況に関しての、第五章で言及した汪政権の「戦時文化宣伝政策基本綱要」（以下、「基本綱要」と略記）における次のような報告の一節を参照することにしよう。

> 文化界は個人主義的な自由主義の毒にあてられたために、思想を誤って理解したまま発表し、個人の自由を放任してもよいとした。文化作品の販売でもただ営利を目的とするばかりで、国民がいかなる影響を被るのかということについては、全く責任を感じていない有様である。こうした事態はもとより文化思想の誤りであり、かつ国家の文化体制がなおも確立されておらず、文化事業や文化工作に対して厳正な監督指導をなし得ず、有効な保障をなし得ていないことを意味している。

上述の「基本綱要」の報告を通して、太平洋戦争後の全面的な軍事占領下においても、流行歌が相対的に自由な環境の下で作られ、商業ベースに乗って、人々に消費されていた状況を見て取ることができるであろう。

汪政権は「基本綱要」において、参戦に伴って、文化宣伝の総力を動員し、「大東亜戦争における文化戦や思想戦」の任務を担うことを、また政権基盤の強化に関連して、「中国文化の再建と発展」を図ることを主張した(5)。そしてそのための一環として、報告にあるような「個人的な自由主義の毒にあてられた」大衆文化の刷新を訴えたわけである。こうした汪政権の政策は、戦後、中国共産党政権が一九三〇年代から一九四〇年代にかけての流行歌を「黄色歌曲（扇情的な歌）」として批判したことと(6)、一脈通じ合うものがあるであろう。またそのような政策は日本軍当局の意図にも沿うものであった。日本軍当局は対華新政策に関する宣伝に当たって、汪政権の「参戦ニ対スル民意ヲ統一セシメ参戦要望気運ヲ醞醸スル如ク与論指導ヲ実施セシム」とし、また「特ニ中国民衆ヲシテ帝国ノ日支提携ニ対スル誠意ヲ信頼セシムル如ク宣伝ス」としていたからである。(7)

流行歌隆盛の要因

だが、汪政権や日本軍当局の上述の意図にもかかわらず、流行歌をめぐる政治状況にさしたる変化は見られなかった。その要因としては、第一に、戦時中の流行歌の大半が映画の挿入歌として作られたものであり、映画の製作に際して、川喜多長政の尽力により日本側の干渉が極力排除され、中国人スタッフの自主性が保ち続けられたことを挙げることができよう。

日中戦争の勃発によって、戦前に一世を風靡した「明月」、「新月」、「新華」、「梅花」等の歌劇社は、上演が不可能になったために、歌劇社に所属していた周璇をはじめとする著名な歌手が続々と映画界に参入するようになった。そして映画の中に挿入歌を按配することで、歌手としての本来の面目を保つという配慮がなされた。(8)

また、川喜多は上海での映画製作を管理する立場にあったものの、「占領地区で、生活のためやむを得ず日本の機関に働いている人々の中に、日本を恨み、日本の敗戦の一日も早いことを祈っていた人も多かったと思う」という認識の持ち主であった。(9) この認識の下に、『万世流芳』等の一部の例外を除いて、「国策に沿った中国人向けの劇映画を一向に作ろうとしな」かったところ、露骨なプロパガンダ映画を量産していた満映や軍の怒りを買い、消される噂も出てきたほどであったという。(10) 元々抗日的傾向のあった音楽家たち、例えば、著名な作詞・作曲家の陳歌辛は、太平洋戦争に伴う租界占領後に逮捕され、後に釈放されてからは川喜多の下にある映画制作会社の音楽部に職を得た。(11) そのようにして陳歌辛は多数の映画挿入歌を作詞・作曲し、ヒットさせることになったが、彼が享受し得た相対的に自由な音楽環境は、川喜多の庇護によるものと言うことができるだろう。[12]

また川喜多以外にも、当時の日本軍には、流行歌等の大衆文化の娯楽がもたらす治安維持の効用について認識している者がいた。例えば、抗日派ゲリラとの戦闘の前線にあった蘇州の清郷工作地区では、蘇州ラジオ局が一九四二年の夏から歌謡コンクール大会の番組を始めた。番組を始めた趣旨は、日本軍や汪政権に協力したために、報復として抗日派ゲリラの「無差別非道なテロ行為に脅える」民衆に、「何かパッと明るい番組を提供して家庭に楽しい娯楽を送りたい」というものであった。清郷地区の民衆の「漢奸」という烙印を押されることへの動揺を抑え、不安を紛れさせるために、流行歌を中心としたであろう、素人のど自慢大会の番組を企画したのである。さらに同ラジオ局は、こうした「平和な生活を楽しむ市民たち」の姿を実況中継する番組等をも放送して、前線の「国府軍兵士たちの望郷の想いかきたて、反汪政府戦争への疑念を起させ」ようと企図していた。[13]

流行歌をめぐる政治状況に変化がほとんど見受けられなかった第二の要因としては、第一〇章で改めて触れるが、汪政権の参戦と基盤強化の方針が打ち出されたにもかかわらず、同政権関係者の士気が著しく低下していたことが挙げられるであろう。汪政権関係者の士気の低下は、つとに日本側から指摘されていたことでもあるが、「基本綱要」が提起された一九四三年の時点では、周仏海等の同政権の首脳陣さえもが、日本の敗戦を不可避と見て、重慶政権との合流を半ば公然と探っていた。それ故に「基本綱要」を定めたものの、同政権が一丸となり、本腰を入れて、参戦と政権基盤強化に即応した文化宣伝政策を実施に移すことなど、ほとんどあり得なかったであろう。このように「基本綱要」が実質的に形骸化された結果、流行歌を含む大衆文化の担い手に求められた、汪政権や日本軍へのコミットメントは、満映や日本映画に多数出演した李香蘭を除くと、第五章で見たように、おおむねスターたちが大東亜戦争博覧会等の公的行事やパーティーに駆り出されたりする程度で終わったと言えよう。

本節では、流行歌をめぐる政治状況について概観してきたが、次節では、そのような状況下で製作され、上述の

「慶祝音楽歌唱会」で歌われた流行歌の歌詞を通して、当時の社会の支配的な情緒を見ることにしよう。

第二節　歌詞を通して見た社会の支配的な情緒

不条理感

まず、日本軍占領下の様々な過酷な現実を描き出した歌詞から見ていくことにしよう。民衆の困窮した生活を直接的に反映した歌としては、「王老五」が挙げられる。その歌詞の一節は次のようである。

王老五よ、王老五よ、おまえの運命は苦痛に満ちている、なんと苦痛に満ちていることだろう。むざむざ三五年間生きてきた。上着とズボンが破れても、繕ってくれる人とてない。…ああ子供が生まれたので、おまんまを食べさせてあげたいのに。釜には水が入っていても、お米がなくて炊くことができない。(14)

また、日本軍も当時大きく関与していたアヘン蔓延によって苦しむ人々を描写した歌としては、「売糖歌」が挙げられる。この歌は一九四三年に製作された映画『万世流芳』の挿入歌であり、李香蘭扮する飴売りの少女がアヘン中毒患者に飴を売る際に歌ったものであり、歌詞の一節は次のようである。

…アヘンを吸う快楽は天国に勝り、病を治す効能は医者の処方に勝るよ。一口吸えば、興味が芽生え、二口吸えば心が爽やかに。憂えることもなく、案ずることもなく、日々横たわれるよ。ああ、おまえさんの顔がサルと美貌を競い、おまえさんの体がエビの格好を真似ている様ったら。ちょっと背伸びをして飴をなめると、何もかも忘れられるよ。飴売りだよ、飴売りだよ。(15)

日本軍占領下の社会においては、生活の困窮やアヘン中毒に苦しむ人々が広範に存在していた一方で、占領軍に寄生することで、成金になる者も出てきた。そのような寄生虫が金に飽かせて若い女性を囲っている様を風刺し、一世を風靡した歌謡曲としては、「慶祝音楽歌唱会」のプログラムには入っていなかったが、「三輪車上的小姐」がある。その歌詞の一節は次のようである。

三輪車のお嬢さんは本当に美しい。パンツにショート・コート。目がパッチリとし、眉毛が細く、小さな口を開けてにこやかに微笑み、笑窪が男を迷わす！　彼女のそばに座っている人物は驚きものだ。年齢はまずまず六〇過ぎ。肥え太った体で、大きなお腹をして、顔中の髭は整っておらず、体中が血なまぐさいこと！(16)

上述の歌詞に見られるような不条理な世界を前にして、当然ながら、人々の正義を希求する思いはいや増しに増したであろう。そうした人々の正義に対する強い希求を高らかに歌い上げたのが「博愛歌」であり、その歌詞の一節は次のようである。

我々は人間なのだから、他人を愛そう。我々は人間なのだから、他人を愛そう。親しい人もそうでない人も、親戚や隣人以外も。博愛があってこその人生。博愛は人類の精神。博愛は人類の救い主。人々のために教育の根本を打ち立てよう。未熟者を光明に満ちた前途へと送り出そう。獅子身中の虫を一掃しよう、皆を愛するために。悪人を一掃しよう、隣人を愛するために。博愛は迷いの世界における筏。博愛は分かれ道での磁石。貪る者は博愛にとって悪い輩。融通する者は博愛にとって功臣。(17)

しかし、日本軍占領下の過酷な現実を前にしては、「博愛」を発揮しようにも、自ずと限界があったことであろう。そのような理想の追求の苦い挫折を描いた歌詞としては、「真善美」が挙げられる。その歌詞の一節は次の通りである。

真善美、真善美、それらの代価は脳髄、心血、涙。どれが辛酸の味をもたらさないだろうか？　数多くのためらい、苦しみ、さまよいを経たとて、どれだけの真善美と交換できただろうか。…数多くの犠牲、埋没、懺悔を経たとて、どれだけの真善美が残されただろうか。(18)

数々の苦悩や犠牲を払いながら「真善美」を求めたとて、それらが拒絶される社会は、時として人々の目に狂気の世界と映ったことであろう。当時の社会を狂気の世界として描いた歌としては、一九四三年製作の映画『漁家女』の挿入歌の一つである「瘋狂世界」が挙げられる。この歌は、周璇扮する漁師の娘が大学生に恋したものの、恋に破れ、精神に異常を来たした際に歌ったものであるが、監督の卜万蒼によれば、その歌詞は「日本軍占領地帯の現実の世界に対する否定と呪詛」を表現したものであった。その歌詞の一節は次の通りである。

鳥は懸命に歌う。花の雲は気ままに咲く。おまえたちはとても痛快よ、とても痛快よ、とても痛快よ。とても痛快よ。何を痛快と呼ぶのか、何を不思議と呼ぶのか、何を恋と呼ぶのか、何を愛と呼ぶのか？…私はこんな気狂いじみた世界などいらないわ。こんな気狂いじみた世界など！(19)

別離の悲しみ

狂気の世界とも言うべき過酷な現実を生き延びなければならない人々にとって、心の支えとなったのは愛する人の存在であったであろう。例えば「我要你」は、現実世界を「暗い夜」に譬え、それが明けるまで愛する者と寄り添い合って不安にじっと耐えようとする心理を歌い上げたものである。その歌詞の一節は次の通りである。

私はあなたと一緒に、暗い夜が明けて明日になるまで、守り合いたいと望んでいるわ。私はあなたと一緒に、悩みや憂えを忘れ、互いに慰め合いたいと願っているわ。夜はゆるゆると長く、世の中は物寂しく、寒々としている。あなただけが私にささやかな温もりをもたらすことができるの。(20)

だが、「暗い夜」が明けるまで愛する者と寄り添い合うことを望もうにも、現実には多くの人々が戦乱のために愛する者との別離を余儀なくされていた。さらに追い討ちをかけるように、愛する者との音信も途絶え、生死さえも分かずじまいになってしまうことも起こったが、そのように生き別れて、消息不明となった愛しき者を毎夜のように夢見るという切ない気持ちを描いた歌が「夢中人」である。その歌詞の一節は次のようである。

月はおぼろで、大地には夜霧が立ち込める。私の夢の中の人よ、あなたはどこにいるの？　遠くから潮の流れが聞こえ、松風が哀しく訴える。私の夢の中の人よ、あなたはどこにいるの？　バラのない春は、弦を切ったハープみたいだわ。愛のない世界に生きて、一日を過ごすのは、一年を過ごすかのようだわ。(21)

また別離には、自ら日本軍占領地域から重慶政権や中国共産党の支配地域へと旅立とうとすることなどによって、もたらされるものもあったが、そのような旅立とうとする愛しい者との別れの最後の一夜を歌ったものとしては、「莫忘今宵」が挙げられる。その歌詞の一節は次のようである。

今宵を忘れないで。今宵を忘れないで。私は心のすべてをあなたに捧げたのよ。私は体のすべてをあなたに捧げたのよ。あなたがいなくなってしまうと、人生はあまりにも無味乾燥なものになってしまうわ。あなたがいなくなってしまうと、世界はあまりにも退屈なものになってしまうわ。(22)

また時に別れに臨んで、愛する者を旅立たせたくないという気持ちにもなったであろうが、そのような心情を歌ったものには「你不要走」がある。この歌では、旅立とうとしている愛しき者の待ち受ける運命を寒々とした夜に譬えて、必死になって引き止めようとしている。その歌詞の一節は次の通りである。

あなた行ってはだめ、行ってはだめよ。杯のなかの酒がまだなくなってはいないし、夜もあんなに寒々としているのだから。あなた行ってはだめよ。戸口の外では風がたいへん冷たいのだから。私の心は迷い込んでいる、道に迷った子羊のように。それ（私の心）は安息の場所を見出したいと願っているの。それ（私の心）はあなたに止まるように求めているの。どうかそれ（私の心）を受け止めて。(23)

逃避への願望

愛しき者を心の支えにしようとしても、現実には多くの人々が別離を余儀なくされていた。そのために軍事占領下の不条理な状況を前にして、孤立した人々はともすると戦前の幸福感に満ちた幼少期の思い出に逃避したくなったであろう。幼少期の幸福な思い出を描いた歌としては、「我愛媽媽」が挙げられるが、その歌詞の一節は次の通りである。

あたしはお母さんが好き。あたしはお母さんのそばから離れたくない。この世に生まれてくる時、お母さんはあたしに素敵な家を残してくれた。お父さんはあたしが大きくなるように育ててくれた。お兄さんはあたしの相手をして、遊んでくれた。…一番上のお姉さんはあたしに刺繍を教えてくれた。二番目のお姉さんはあたしに絵を描くことを教えてくれた。あたしはお人形さんを抱いて、お母さんになることを学んだの。[24]

また、幸福な幼少期への追憶とは別に、現実からかけ離れた世界に思いを馳せる様を描いた歌としては、「可愛的早晨」が挙げられる。その歌では、すがすがしい朝に歌声や楽器の音色が流れてくるという、およそ現実離れした世界に一時浸ることによって、過酷な現実からもたらされる「悩みや悲しみを空の彼方へ抛ってしまおう」とする。

ここの朝は本当に気持ちが良いわ。ここの朝は本当に愛しいわ。米売りの声が聞こえず、野菜売りの声も聞こえない。楽器の音が何と高く低く伝わってくることだろう。歌声が何と軽やかなことだろう。見事な花は歌声のなかで咲く。蜜蜂は楽器の音色が聞こえる方にやって来る。ここの朝は本当に気持ちが良いわ。ここの朝は本当に愛しいわ。悩みや悲しみを空の彼方へ抛ってしまおう。(25)

本節では歌詞を通して、戦時下の上海社会における支配的な情緒を分析してきたが、そのような情緒を広範に共有する民衆に、スターがどのように受容されてきたかについて、李香蘭と周璇を例にとり、次節で見ることにしよう。

第三節　李香蘭と周璇

日本における李香蘭

李香蘭を取り上げるに当たって、先行研究を基に、彼女が戦時期の日本社会でどのように受け止められていたかを、まずは見ていくことにしよう。戦時期の日本社会の李香蘭観に関しての研究で、近年の注目するべき成果としては、鷲谷花「李香蘭、日劇に現る」を挙げることができる。鷲谷によれば、李香蘭は大陸と日本との間を絶えず移動し続ける「移動」、及び日本人と中国人との間を揺れ動くアイデンティティの複数性ともいうべき「変身」という二つのモチーフによって、「東洋」のスターとしてのイメージを観衆に対して作り上げるに至った。さらに李香蘭の「日本人の血」と「大陸的な身体」を通して、観衆は「東洋」、すなわち「大東亜共栄圏」という空間を触知可能なものとして想像することができた。(26)当時の映画雑誌に掲載された、李香蘭に関する批評の文中で用いられた言葉から直接引用すると、李香蘭は「物腰と言ひ姿と言ひ日本人的な個性[27]」を感じさせながらも、「ダニエル・ダリユウを小品にしたような顔貌」や「平板でどことなく肉体にしまりのない日本の女性には絶対に求めがたい」、「小魚のやうにピチピチした四肢」をもつ、「エキゾチックなエロチシズム[28]」を漂わせた存在だったのである。

上海における李香蘭

一方、日本軍占領下の上海社会で、李香蘭はどのように観じられていたのであろうか。当時、上海で発行されていた映画雑誌の李香蘭へのインタビュー記事等を基に見ていくことにしよう。李香蘭は上海においても「東亜」の銀星と称えられていたが[29]、「東亜」を跨ぐ活躍に対する受け取られ方は、上海では日本とは当然ながら大きく異なっていた。李香蘭は日本のいわゆる「大陸映画」に出演したが、インタビュアーが李香蘭に対して、自分のために最も理想的な映画を企画するとすれば、ミュージカル映画になるのか、演劇映画になるのか、それとも「大陸映画」になるのかという問いを発した際、李香蘭は「大陸映画」への出演に対して次のような弁明を行なった。

大陸映画については、私は本当に恥ずかしさを感じています。それらの映画の演出関係者は、中国の風俗や習慣、各種の状況に関して、ほとんどといってよいほど理解しておらず、中国人の性格に関してもいくばくたりとも理解していませんから、撮影後にはたくさんの箇所が中国の国情と合致しなくなってしまいました。北京にいた時、ある人からこの問題について問われたことを覚えています。どう言ったらいいんでしょう。それらの映画は、先方が準備万端した後で、私を撮影に呼んだのです。撮影の際に、私は誤りに気付いて、しょっちゅう指摘しましたが、たいして役には立ちませんでした。だから、大陸映画には私は以後断固として出演しないことにしたのです。

…

本当よ、正直な話、そうしたことに私はずっと我々中国人に対してすまなく思ってきたのですから。(30)

李香蘭が上述のように必死になって弁明する背景には、日本の「大陸映画」という中国侵略を正当化するプロパガンダ映画に、「東亜」のスターとして出演したことに対して、日本軍占領下とはいえ決して容認しようとはしない世論が、確固として存在していたことがあるだろう。(31)上海で受け入れられるためには、李香蘭は、原名が「山口淑子」であることが公然の秘密でありながらも、(32)「東亜」のスターとしてではなく、「我々中国人」のスターであることをアピールしなければならなかったのである。またインタビュアーは、李香蘭が旗袍を着ると、いささか「肥えた」感じがすると述べたり、「美人であるとは言えない」と述べるなど、中国の身体美の基準から外れていることを強調しており、日本の観衆が李香蘭の「大陸的な身体」に「エキゾチックなエロチシズム」を見出したこととは、著しい対照をなしていた。

では、上海のファンが李香蘭に見出していた魅力とは何であっただろうか。例えば、上海で催された李香蘭の独唱会に対して、新聞の批評は次のように賛辞を送った。

賞賛に値することは、彼女の声が甘く、しっとりしていることであると言ってよかろう。マイクを使わないで歌っているひととき、彼女の歌声は鶯が鳴いているようであり、珠が転がっているようであって、情熱に溢れかえっていた。(33)

李香蘭と同時代に上海で活躍していた同世代の作家、張愛玲も上述の新聞の批評と似た趣旨の感想を、李香蘭の歌声に対して抱いていた。張愛玲は李香蘭を前に次のように言った。

私は彼女の歌う歌を聞くといつも、彼女は人間ではなくて仙女みたいな気がするのです。…李さんが歌う「支那の夜」は、まさに歌のなかの東方の小鳥のようで、人間の多くの複雑な問題や面倒などがいっさいありえないかのようです。(34)

このように、上海の人々が李香蘭に見出していた魅力とは、何よりもその歌声が「鶯」や「東方の小鳥」の鳴き声を髣髴させることにあったのである。先のインタビュアーも、わざわざ李香蘭の歌声の秘密を探るべく、声楽の学習歴を尋ね、彼女から奉天と北京でロシア人につき、東京で日本人について学んだという答えを引き出しているが、(35)李香蘭の歌唱力が、素人が物真似しかねる域に達していたことが知られよう。さらに歌声以外のその人柄の魅力に関して、先のインタビュアーは、李香蘭の容姿から特に美を見出さなかったものの、「何とも言えぬスマートさ」や「『俗塵から遠ざかる』美」、すなわちその内面的なものから発している「瞬時には分析できない魅力」を認めていた。上海では、李香蘭は「鶯」や「東方の小鳥」、「仙女」、さらには「『俗塵から遠ざかる』美」といった形容を冠せられていたことからも明らかなように、ファンにとっては安易な自己投影が許されぬような、遠い存在になっていたと言えよう。そしてその距離の遠さの感覚は、彼女が原名を「山口淑子」と言い、日本の「大陸映画」に出演していたという過去の経歴によっても、また庶民の生活からは想像もつかないような、ロシア人や日本人について本格的に声楽を学んだその輝かしい経歴によっても、良くも悪くも増幅されたであろうと考えられるのである。

上海における周璇

次に周璇が上海の社会にどのように受容されていたかについて見ることにしよう。まず周璇が、川喜多の管轄下にあるとはいえ、日本当局が設立した映画会社、中華電影聯合股分有限公司（以下、「華影」と略記）と契約する経緯について触れておこう。周璇は一九三八年に、義父の柳中浩が上海租界で経営していた国華公司と契約を取り交わして、多数の映画に出演したが、そのなかには『黒天堂』等の抗日映画も含まれていた。太平洋戦争が勃発して、租界が占領されてしまうと、柳中浩は日本への協力を拒絶して、映画界から退くに至り、養女の周璇も一旦は映画界から引退し、義父の家に引きこもってしまった。しかし一年余りの後、周璇はついに「華影」の総経理である張善琨の説得によって、「華影」と契約を結び、銀幕の世界に戻ってきた。[36] このような経緯に対する当時の上海社会の見方を考察するに当たって、映画雑誌記者が次のように彼女の「華影」との契約の動機を推し量っている件が注目に値しよう。

活動休止して一年余りの間の周璇は、終日家のなかに隠れていて、仕事もなく、ただ遊び呆けていたに過ぎず、実際、若く有為な者にはさほど適してはいない状態にあった。周璇はまだ若く、前途があるにもかかわらず、もしもこの調子でいけば、その前途は台無しになってしまうことだろう。

一年余りの活動休止の間に、彼女の名前は徐々に忘れられていった。人々の記憶とは実に曖昧なものであり、彼女はもう言及されなくなってしまった。彼女はもし再度奮起しなければ、観衆から見捨てられるだろうと感じた。観衆には同情心などなく、周璇に同情を寄せたりしないだろう。そこで周璇の再登場が必然的なこととなったのである。彼女はまだ若く、仕事と前途があった。もし再度銀幕に戻らないのであれば、その一生の仕事は終ってしまうであろう。彼女の後半生の生活は何に依拠すればよいのであろうか。[37]

ここでは、周璇の映画を通しての対日協力の動機として、日本や汪政権への共感が一行たりとも述べられておらず、ただトップ・スターである周璇の女優・歌手生命の危機の回避が強調されているばかりである。おそらく日本軍の占領下に置かれた上海の多くの人々にとって、日本や汪政権への協力の動機とは、その理念に共鳴するという積極的なものであったというよりは、日々の糧を得て、生命の危機を回避するという消極的なものであったことだろう。それ故に、映画雑誌記者が同情と共感を込めて、周璇の「華影」との契約の動機を語っているように、ファンの多くも我が身の処遇と照らしながら、彼女の契約に得心がいったことであろうが、李香蘭の「大陸映画」への出演に対する社会の反応と比べると、大きく異なっていたと言えよう。

次いで、周璇の歌唱力がどのように評価されていたかについて見てみよう。先の映画雑誌記者は次のようにその歌唱力を批評していた。

> 周璇の声ははっきりしていて、歯切れがよく、甘いが、音域が十分に高くはなく、大きな欠点となっている。そのために高音の歌を歌えないという結果になっており、残念なことである。(38)

上述のような周璇の歌唱力に対する功罪相半ばする評価は、現代でも「周璇の声は甘美だが、弱点もあって、声がか細く、音量が大きくないことである」と評価されているように(39)、広く認知されていた。一方、周璇自身にも、自己の歌唱力が素人の域を出ないことを自覚していた素振りがある。ある座談会で「スター歌手はどのような条件を備えるべきか」と尋ねられた際、当時のスターの一人であった龔秋霞が、スター歌手は一日や二日でつくられるものではなく、長期にわたるレッスンが必要な上に、「素晴らしい喉」もなければならないと答えると、周璇は次のように反論した。「誰でも歌を歌えるものですし、ただ声を出しさえすれば、何とかなると私は思います。レッスンする必要などありませんから、レッスンはしません」(40)と。周璇の歌唱力が「天賦」の才能に頼るばかりで、素人の域を出ない要因として、先の映画雑誌記者は、彼女が「歌舞商人」に過ぎない黎錦黎や厳華からレッスンを受けたことがあるとはいうものの、「高尚で奥深いレッスン」を受けてこなかったことを挙げていた。[41]このような周璇の歌唱力に対する功罪相半ばする評価や本格的な声楽の学習歴の欠如は、李香蘭の歌唱力に対する絶賛やその声楽の輝かしい学習歴に対して、著しい対照をなしていたと言えよう。

一方それだけに、歌謡ファンが自ら歌うに当たっては、周璇の歌はより歌いやすかったであろうと思われる。当時、歌謡ファンによる流行歌の消費形態は、すでに流行歌を受身に聴くだけにとどまらず、自ら流行歌を歌って、喉自慢をするという段階にまで立ち至っていた。例えば、先述の蘇州ラジオ局の歌謡コンクール番組では、治安状態が決して良いとはいえない日本軍の占領下にもかかわらず、「番組企画や担当のアナウンサーが喫緊するほどのたくさんの参加申し込みがあり」、人気を大いに博したとのことである。[42]

周璇とファンとの間の相対的な距離の近さは、その「華影」との契約の消極的な動機、及び甘美な歌声ながらも素人の域を出なかった歌唱力によってもたらされただけではなく、さらには本格的な声楽の学習歴の欠如とも関連するが、その生い立ちによってももたらされていた。周璇は一九一九年に牧師の父と看護婦の母との間に生まれ、元々蘇璞と言ったが、幼くして母方の祖母宅に預けられ、アヘン中毒のおじによって売られてしまい、養女に出された。彼女は養父によって小紅と名付けられて、王小紅と名乗ったが、養父母の別居により、また別の養父母の下に預けられ、周小紅と改姓した。第二の養父はアヘン吸引のために工部局の翻訳の仕事を失ってしまい、アヘン代を作るために、彼女を妓楼に売り飛ばそうとしたが、養母のお陰でことなきを得た。一九三一年、彼女が一二歳の時に、偶然の機会から歌舞団体の「明月」社のピアニストにその歌唱の才能を見出されたことによって、彼女は歌手や女優しての道を歩むことになった。[43]このような周璇の生い立ちに関して、先の映画雑誌記者は次のように触れていた。

周璇の幼少の頃の生活は相当に清貧であった。一〇歳余りの時、生活の必要に迫られて歌舞団体に加入した。それ故に彼女は節約ということについて、相当経験している。(44)

周璇がトップスターながらも、その幼少の頃の生活を通して、当時の民衆が物価の高騰によって余儀なくされていた「節約」を、身を以て経験してきたという事実は、ファンにとって彼女の存在をより身近なものにしたことであろう。

ここで、当時のファンのスター全般に対する心理を見ることにしよう。何よりも「『映画スター』は今日の一般の青年が最も好み、同時に最も羨む」存在となっており、彼等はしばしば「もしある日私が大スターになったら！」と夢想したり、(45)「映画スターを娶って、我が妻にしたい」という希望を抱いていた。(46)このように当時のファンはスターに対して過剰なまでに憧れ、自己投影を行なっていたためか、映画雑誌でファンに対してスターになるための客観的な条件が備わっているか否かを問う特集まで出る有様となった。(47)こうしたファン心理の背景には、当然ながら「不条理感」や「別離の悲しみ」に打ちひしがれ、「逃避への願望」を強く抱くという、当時の社会の支配的な情緒が存在していたことは言うまでもなかろう。周璇は、対日協力、歌唱力、生い立ちのどれをとっても、ファンとの距離が相対的に近かったが故に、スターに対して過剰なまでの自己投影を試みようとするファン心理に適った存在となり、トップスターの座に登りつめることができたのであろう。一方、李香蘭は、良くも悪くもファンの過剰な自己投影を難しくするような遠い存在となっていたことも手伝って、そのスターとしての位置付けは周璇の後塵を拝することとなったのであろう。

小　結

汪政権は発足当初から、歌曲による宣伝を重視し、各種の「和平歌曲」を製作したものの、政府機関や管轄下の学校に普及させるだけで手一杯であった。一方、一般民衆の間では、戦前から発展していた流行歌が依然として商業ベースに乗って消費されていた。汪政権は一九四三年に日本の対華新政策を受けて、参戦を決定すると、「戦時文化宣伝政策基本綱要」を策定して、戦時体制に即応するべく、流行歌をも含む大衆文化の刷新を訴えた。だが汪政権側の意図にもかかわらず、流行歌をめぐる状況に対して目立った変化はもたらされなかった。その要因としては、第一に、戦時中の流行歌の多くが映画の挿入歌として製作されていたこと、そして映画制作に当たって、川喜多の身を挺した庇護のおかげで、中国人スタッフが相対的に自由な創作環境を享受し得たことがある。第二の要因としては、汪政権の参戦と政権基盤の強化が謳われたにもかかわらず、日本の敗戦を見越して、首脳陣をも含む同政権関係者の士気が著しく低下していたことがある。

このような状況下で製作された流行歌の歌詞に表れた社会の支配的な情緒については、本章では大きく三つに分類した。第一は、日本軍占領下の社会における困窮、アヘン蔓延等といった過酷な現実を前にしながら、ヒューマニズムが挫折を余儀なくされている「不条理感」を描いた歌詞群である。第二は、不条理な世界を生き抜くに当たって、心の支えになるべき愛する者との、戦争の混乱による、あるいは抗日活動への参加等による「別離の悲しみ」を描いた歌詞群である。第三は、不条理な世界にあって、愛する者との別離によって孤立を余儀なくされた人々の、戦前の幸福な幼少期の世界等への「逃避願望」を描いた歌詞群である。

「不条理感」と「別離の悲しみ」を抱き、「逃避願望」をもっている一般民衆は、銀幕の世界のスターたちに対して、過剰なまでに憧れ、自己投影を行なおうとする傾向があった。そのような一般民衆のファン層にとって、周璇は対日協力、歌唱力、生い立ちのどれをとっても、その距離が相対的に近い存在だっただけに、ファンが思い思いに憧れ、自己投影を行なうことを可能にしていた。一方、李香蘭は上海のファン層にとって、その歌唱力の卓越さや輝かしい声楽学習歴、また「山口淑子」という原名や日本の「大陸映画」への出演といったことなどにより、良くも悪くもその距離が相対的に遠い存在であった。前者が文字通りトップスターに君臨し、後者がスターの一人でしかなかったのには、過剰なまでに憧れを寄せるファン層との距離の遠近も影響していたと言うことができるだろう。

（1）　戦時下の上海における流行歌に関する先行研究については、中国や台湾では、楽譜集や往年のスターに関する書籍などが相次いで出版されているが、学術書に関しては、孫蕤編著『中国流行音楽簡史（一九一七—一九七〇）』、中国文聯出版社、二〇〇四年があるに過ぎず、同書も通史的なものにとどまっている。また日本においては、李香蘭に関する学術書の出版が近年相次いでおり、例えば、四方田犬彦『日本の女優』、岩波書店、二〇〇〇年、同編『李香蘭と東アジア』、東京大学出版会、二〇〇一年があるものの、いずれも李香蘭を日本の文脈において論じるものばかりであり、戦時下の上海における流行歌に言及した研究は皆無の状況である。本章では先行研究の空白を埋めることを期する一方で、流行歌やそれを歌うスターを通して、大衆のイデオロギー状況を分析するものである。

（2）　見田宗介『近代日本の心情の歴史』、講談社、一九六七年。

（3）　山口淑子、藤原作弥『李香蘭　私の半生』、新潮社、一九八七年、二八六頁。

（4）　『中華日報』MF、一九四四年八月二日付け。

（5）　前掲、中華民国重要史料初編編輯委員会編『中華民国重要史料初編：対日抗戦時期　第六編：傀儡組織三』、六七二、九四七、九四二頁。
(6) 居其宏『二〇世紀中国音楽』、青島出版社、一九九七年、一四八頁。
(7) 前掲、参謀本部編『杉山メモ（下）』、三四三〜三四四頁。
(8) 前掲、孫蕤編著『中国流行音楽簡史（一九一七—一九七〇）』、四五頁。ちなみに川喜多長政が副董事長を務めていた中華電影股份有限公司（一九三九年設立）は、租界接収後の上海において、その製作した映画を五〇の映画館に配給していた。辻久一著、清水晶校註『中華電影史話』、凱風社、一九九八年、一〇八頁。
(9) 川喜多長政「私の履歴書（二一）」、『日本経済新聞』一九八〇年四月二三日付け。
(10) 川喜多長政「私の履歴書（二二）」、『日本経済新聞』一九八〇年四月二四日付け。
(11) 梁茂春『百年音楽之声』、中国経済出版社、二〇〇一年、二六九頁。戦後、陳歌辛は「迎戦士」等のような抗戦勝利を祝した歌曲を多数作詞、作曲した。
(12) 川喜多長政が当時の映画行政において果たした役割については、佐藤忠男『キネマと砲聲』、岩波書店、二〇〇四年（リブロポートから一九八五年に刊行）、前掲、辻久一著、清水晶校註『中華電影史話』等を参照。
(13) 福田敏之『姿なき尖兵—日中ラジオ戦史』、丸山学芸図書、一九九三年、一九五〜一九六頁。
(14) 陳鋼編『上海老歌名典』、遠景出版事業有限公司、二〇〇二年、六頁。「王老五」は任光が作曲し、安娥が作詞した。一九三七年に製作された同名の映画の挿入歌であり、劇中の人物の王老五やその妻等が代わる代わる歌って、斉唱するというものである。
(15) 同上、二九九頁。「売糖歌」は梁楽音が作曲し、李雋青が作詞した。
(16) 同上、一九八頁。「三輪車上的小姐」は陳歌辛が作曲し、包蕾が作詞した。
(17) 同上、二九七〜二九八頁。「博愛歌」は梁楽音が作曲し、李雋青が作詞した。一九四二年製作の映画「博愛」の主題歌である。
(18) 同上、一〇二〜一〇三頁。「真善美」は李厚襄が作曲し、李雋青が作詞した。一九四四年製作の映画「鸞鳳和鳴」の挿入歌で、主演の周璇が歌った。
(19) 同上、三三六〜三三七頁。「瘋狂世界」は黎錦光が作曲し、李雋青が作詞した。
(20) 同上、一六〇頁。「我要你」は作曲、作詞とも陳歌辛。映画『美人関』の挿入歌である。
(21) 同上、一六三頁。「夢中人」は作曲、作詞とも陳歌辛。一九四二年公開の映画『薔薇処処開』の挿入歌である。
(22) 同上、二八九頁。「莫忘今宵」は黄貽鈞が作曲し、李雋青が作詞した。一九四三年製作の映画「浮雲掩月」の挿入歌である。

(23) 同上、一七五頁。「你不要走」は作曲、作詞ともに陳歌辛。映画『為誰辛苦為誰忙』の挿入歌である。
(24) 同上、二三九～二四〇頁。「我愛媽媽」は姚敏が作曲し、陳棟蓀が作詞した。
(25) 同上、一八九頁。「可愛的早晨」は陳歌辛が作曲し、李雋青が作詞した。前出の映画『鸞鳳和鳴』の挿入歌であり、主演の周璇が歌った。
(26) 鷲谷花「李香蘭、日劇に現る」、前掲、四方田犬彦編『李香蘭と東アジア』、四五～四六頁。
(27) 斉藤守弘「李香蘭のプロフィル」（読者投稿）、『東宝映画』一九四〇年八月上旬号（第五巻一号）、二一頁。前掲、鷲谷花「李香蘭、日劇に現る」、四五～四六頁より引用。
(28) 山法師「映画人登録　李香蘭」、『日本映画』一九四〇年八月号、一一七頁。前掲、鷲谷花「李香蘭、日劇に現る」、四五頁より引用。
(29) 呂萍「李香蘭的歌唱・事業・恋愛和結婚」、『上海影壇』MF、第一巻第一一期、一九四四年九月、二四頁。
(30) 呂萍「李香蘭的歌唱・事業・恋愛和結婚（続）」、『上海影壇』MF、第一巻第一二期、一九四四年一〇月、三五頁。
(31) 山口淑子は自伝においても、北京での記者会見の際に、「大陸映画」出演に対して中国人記者から非難された出来事を回想している。前掲、山口淑子、藤原作弥『李香蘭　私の半生』、二七二～二七三頁。
(32) 「星鑑（一）」、『上海影壇』MF、第二巻第一期、一九四四年一一月、四〇頁。
(33) 『中華日報』MF、一九四四年七月二日付け。
(34) 「納涼会見記」、前掲、四方田犬彦編『李香蘭と東アジア』、一七四頁。
(35) 前掲、呂萍「李香蘭的歌唱・事業・恋愛和結婚」、二四頁。
(36) 前掲、孫蕤編著『中国流行音楽簡史（一九一七―一九七〇）』、七二頁。
(37) 文熊「周璇塑像」、『上海影壇』MF、第一巻第一期、一九四三年一〇月、一八～一九頁。
(38) 同上、一八頁。
(39) 前掲、孫蕤編著『中国流行音楽簡史（一九一七―一九七〇）』、五三頁。
(40) 「歌唱影星座談会」、『上海影壇』MF、第一巻第四期、一九四四年一月、二三頁。
(41) 前掲、文熊「周璇塑像」、一八頁。
(42) 前掲、福田敏之『姿なき尖兵―日中ラジオ戦史』、一九五～一九六頁。

(43) 前掲、孫蕤編著『中国流行音楽簡史（一九一七―一九七〇）』、六八～六九頁。
(44) 前掲、文熊「周璇塑像」、一八頁。
(45) 慕文「假使我成大明星」、『上海影壇』MF、第一巻第五期、一九四四年二月、二〇頁。
(46) 酔月「女明星是不是你的理想夫人？」、『上海影壇』MF、第一巻第三期、一九四三年一二月、一六頁。
(47) 「你願意上銀幕嗎？　你的條件够不够？」、『上海影壇』MF、第一巻第四期、一九四四年一月、三六～三七頁。

第二部　陳公博の思想的変遷と汪政権の経済政策構想

第七章　陳公博の中国共産党員時期前後における思想的変遷

序

陳公博（一八九二年～一九四六年）は毛沢東等とともに中国共産党第一回全国代表大会（以下、一全大会）に出席しており、共産党の創設メンバーの一人であった。ここで陳公博の共産党員時期前後における略歴を見てみよう。彼は五四運動当時、北京大学に学んでおり、「デモクラシーとサイエンス」を掲げた啓蒙思想の洗礼を受け、その後、北京大学時代の恩師陳独秀の指導の下で、同郷の友人譚平山とともに共産党の結成に参画した。だが彼は一全大会の翌年には早々に離党し、コロンビア大学留学を経て、廖仲愷、汪精衛の強い勧めで国民党に加入するに至った。

本章では、陳公博の上記のように変転目まぐるしい共産党員時期前後の思想的変遷が、一体どのようなものであったのかについて討究するものとする。[(1)] まず共産党結成に参画する以前については、第一節で取り上げ、主として一九二〇年に発行した雑誌『政衡』所収の論説の分析を通して、その思想の特徴とは何かを明らかにする。次いで第二節では、入党後の党内での陳独秀等との路線対立、並びに一全大会での論争等について論じ、第三節で離党の知的背景を考察するものとする。

第一節　党創設以前の思想

督軍批判

回想録によれば、陳公博は政治的に早熟であり、十代で辛亥革命に参加したとのことであるが[2]、その本格的な思想形成は二十代後半の北京大学時代から始まったと見てよい。陳公博は広東法政専門学校で法律学を修めた後、一九一七年に北京大学に入学した。彼は北京大学時代に、学長の蔡元培、教授の陳独秀、胡適、蔣夢麟、李石曽、章士釗から影響を受け、思想上の一大転換が起こったと述べていた。もっとも、在学時に目の当たりにした五四運動に対しては、政府に対する請願という形式が惰弱と思われたため、積極的に参加しなかったとのことである[3]。だが、五四運動のもつ歴史的意義についてはつとに認識しており、一九二一年に発表した論説で、五四運動を契機に、中国において政府の外交や内政をも動かす力をもった「真の民衆運動が存在するようになった」と述べ、「あらゆる自治運動、労働解放運動、婦人解放運動、教育独立運動」が五四運動を触媒に活発化したと評価した[4]。

さて、陳公博や譚平山、譚植棠が北京大学卒業を目前に控えた一九二〇年三月に、上海で創刊した雑誌『政衡』所収の陳公博の論説を中心に、その中国の現状分析、並びに政策提言を見てみることにしよう。当時、一九一九年二月に上海で始まった南北和平会議は、二年目を迎えていたものの、双方の歩み寄りが見られず、休会状態に陥っていた。同会議の対立の重要な焦点は、南方の広東改組軍政府の要求するところの北方の新国会、通称安福国会の解散と旧国会の回復にあった。これに対して、陳公博は次のように南北両政府の主張を切って捨てた。両者の最大の争点としては唯一、国会の正統性をめぐる「法律問題」があるに過ぎないと言われている。だが、「法律問題は特に今日、和議の局面においては、飾り物でしかないのである。争点は始めからそこにはなかったのである」と。

では、陳公博は何が真の争点と考えていたのだろうか。陳公博は南北両政府の背後にあって、政局を実際に動かしているのは、督軍であると指摘し、次のように述べた。北方の政府は新国会の上に成り立っているが、「新国会の議員はいずれも督軍が選んで送り込んだ」ものであり、「今日のいわゆる中央政府は北方の軍人の政府なのである」。一方、一九一八年に孫文を指導の座から引きずり下ろして成立した広東改組軍政府についても、「その改組案は実際のところ各督軍の暗黙の契約書である」からには、「南方の政府もまた事実上南方の軍人の政府なのである」と。このように両者の対立が督軍という軍閥の対立でしかない以上、「事実」、すなわち軍閥の勢力分割こそが真の争点なのであって、勢力分割が均衡していれば、平和を保ち得るが、どちらか一方に偏ってしまえば、戦争の危機を常に孕むことになろう。要するに南北和平会議は「『勢力』の争いに過ぎないのであって、法律には全然関与していない」ものとされたのである(5)。

さらに陳公博は階級的視点から督軍問題を論じた。まず中国には封建制がなく、名門や大資本家が存在しておらず、貧賤な家庭出身の平民でも富貴に至ることができることから、階級制度がないという意見に対して、彼は次のように中国にも階級が厳然と存在していると指摘した。督軍や省長については、「兄が亡くなれば弟がその後を襲う」有様であって、「諸侯の世襲」のようになっており、「勢力階級」を構成している。そして今日では「無産階級が有産階級に抑圧され、有産階級がまた勢力階級に抑圧されている」という状況に陥り、「勢力階級」が支配階級となっている。こうした「勢力階級」は、中国における未熟な近代産業の資本、すなわち鉄道、銀行等をも掌握しており、「鉄道は新旧交通系の基盤になり、銀行も各党の争奪の対象になり、官有の営利事業も高位者の宮中や官庁における金蔓に過ぎない」。人民はまさに、「勢力階級」の直接的な収奪に加えて、南北「勢力階級」が競って導入した外国からの借款の償還負担を転嫁され、かつ買弁を通した外国商品の浸蝕にさらされて、疲弊を極めているのであると。(6)

都市における民主主義の提唱

陳公博は以上のように督軍こそ諸問題の元凶であるとしたが、では具体的にこうした状況の解決を目指して、いかなる政策提言を行なったのかを見ることにしよう。陳公博は譚平山とともに政策提言をするに当たって、中国を都市と農村に分けて、それぞれにおいて改革のプランが異なるとし、都市改革の政策提言を陳公博が、農村改革のそれを譚平山が各々担当することになった。政策プランを都市と農村とに分けたのは、両者の相違が大きいからであった。すなわち都市は複雑、動的、工商業を基礎にしており、消費に比重を置いているのに対して、農村は単純、静的、農業を基礎にしており、生産に比重を置いているとされたのである。

陳公博は人口二〇万人以上の都市を対象に、市民の選挙を経て構成される市政府、並びに市議会を構想した。こうした市政府や市議会は、南北和平会議の重要な争点になりながらも、督軍によって形骸化させられた国会に取って代わるものとして提起されていた。陳公博は市政府、市議会を設ける意義をいくつか挙げたが、何よりも中国全体の「民治主義（Democracy）」の第一歩であるとしており、その定義としてリンカーンの「of people, by people, for people」を引用した。また陳公博は、袁世凱が葬った天壇憲法に対して、地方制度に関して省長民選を盛り込むなど民主主義的要素があると評価しながらも、現実問題として「勢力階級」が一掃されていない以上、省長や議員が民選されるようになっても、当選した彼等が汚職に手を染めるのが関の山であるとした。つまり政治は「of people でないと、絶対に by people, for people という道理もない」のである。そこで軍閥が跋扈する中国の現状に基づき、国政・省政レベルからではなく、まず人民が比較的掌握しやすい地方の都市レベルから、改革を進めることが妥当としたのである。

また、陳公博は市政府、市議会を設置する第二の意義として、普通選挙の第一歩になることを挙げた。折しも北京政府は安福国会開催に先立って、選挙権資格制限としての不動産所有額や年納直接税額を上方修正するなどの改悪を行なっていた。陳公博はおそらくそうした事態を念頭に置きつつ、現行の国会選挙法が財産等の有権者資格に関する制限を設けているほか、商会や学会といった職能団体からの選出を認めていることを取り上げて、「階級の選挙」であると批判を加えた。陳公博が構想した選挙権・被選挙権の有資格者とは、財産や性別による差別がなく、一年以上居住しており、国民小学や国民小学程度に相当する学校を卒業した者、あるいは正当な職業や労働に従事している者であった。無論、陳公博も自己の構想を完全な普通選挙の実現とは認めていなかったが、その第一歩になり得ると見なしていたのである。

第三の意義としては、市政府の設置が軍閥割拠により分裂した中国国内を統一する上での基礎になることを挙げた。まず陳公博は政治的組織の一般通則として、「小組織から大組織へと建設することで、その基礎が必ずや強固になる」こと、逆に「大組織から小組織へと建設すれば、その基礎が必ずや動揺する」ことを指摘した。そして辛亥革命に参加した際の自らの考えを省みて、「我等の現在の中国は大組織の夢想を抱くという誤りを犯している。大組織という観念から大統一という夢想が生じるのだが、民国元年、二年の頃、私もそうした観念によって誤らせられていた」と述べた。そうした誤った観念によって、清末以来、中国が導かれてきた結果、中国では「大組織が成功していないだけでなく、小組織も全く影さえない有様となっている」。各地で市政府を設置することは、まさに「小組織の設立を断行する際の重要な先鞭」にほかならないとしたのである(7)。

ところで、軍閥批判や民主主義的な都市改革の政策提言を行なっていたのと同じ時期に、陳公博は当時の知識人と同様にロシア革命の影響を受けて、マルクス主義に対しても関心を示していた。陳公博はこの時期、ジョン・スパルゴー（John Spargo）著の *Karl Marx : his life and work* の翻訳の連載を開始していた。陳公博はマルクス主義への接近の手掛かりとして、なぜマルクスの伝記の翻訳から着手したのであろうか。陳公博は次のように説明していた。思想が破産した時代にあっては、最もお手軽な思想問題の解決方法とは、ある学説をその提唱者の生涯とは切り離して、簡潔明瞭な言葉で紹介し、それで済ませてしまうことである。だが、どのような学説、主義であれ、いずれもその提唱者の「来歴、環境、地位、先天的な才能、性質と関連がある」。そこでスパルゴーの著したマルクス伝を翻訳、紹介することによって、マルクス主義の直輸入という「現在の学者のお手軽な方法を補う」ことにしたのであると。(8) このようにマルクス主義理解に先立って、マルクスの伝記に着目する陳公博は皮肉にも、渡米後、彼自らが論難することになるマルクス主義に批判的な経済学者、セリグマン（Edwin Robert Anderson Seligman）と同様に、経済学説の社会的・歴史的被規定性を重視するという見地に立っていたと言うことができよう。(9)

以上、中国共産党結成前における陳公博の中国の現状分析ならびに政策提言を見てきたが、次節では共産党創設に参画した時期の彼の思想を、陳独秀の思想との対比や一全大会での論争を通して考察することにしよう。

第二節　結党と路線対立

陳公博と陳独秀

まず、広州における中国共産党の成立の経緯から見ることにしよう。中国共産党は一九二〇年一一月に上海で、ソ連・コミンテルンと陳独秀等のグループとの提携の下に、名実ともに設立された。同じ頃、広州でもヴォイチンスキーの命を受け、ストヤノヴィチ等は、区声白をはじめとする当地の無政府主義者に接触し、主に無政府主義者からなる「共産党」組織を結成して、『労働者』なる雑誌を発行した。一方、陳公博は一九二〇年の夏に北京大学を卒業すると、広州に戻り、母校の広東法政専門学校で教鞭を執る傍ら、譚平山、譚植棠とともに同年一〇月に日刊紙『広東群報』を創刊していたが、陳公博等三人は主義の違いから「共産党」には加わらなかった。その後、同年暮れに陳公博等にとって北京大学の師でもあった陳独秀が、ヴォイチンスキーと前後して広州にやって来ると、陳独秀は区声白等の無政府主義者を相手にアナ・ボル論争を起こした。そして、それを機に陳独秀の主導の下で、陳公博等は無政府主義者を排除した形での共産党組織、「真の共産党」を一九二一年二、三月頃結成した。それに伴って、陳公博等が発刊していた日刊紙『広東群報』は共産党の南方での有力な宣伝媒体となった(10)。

もっとも『広東群報』は、その創刊が「真の共産党」結成よりも以前だったことからも明らかな通り、創刊の趣旨は元々党の宣伝に供することにはなかった。創刊の辞に当たる「籌辦群報縁起」によると、日刊紙を発行する目的は社会を改良することにあった。では、その改革するべき社会はどのような状況にあったのだろうか。創刊の辞は次のように指摘した。人類は今日、「人種の偏見、男女の偏見、階級・職業・歴史・地域といった様々な偏見によって、抑圧され、束縛されているために、自然な態度を失ってしまい、十分に発展できないでいる」。その結果、進化の過程において、人類がお互いに殺し合うということが間断なく繰り広げられるに至ったのであると。そして、こうした社会を改革するために、同紙は二つの原則を堅持するとした。一つ目は「現状の下らない政治については言及せず、専ら新文化を宣伝する」ことであり、二つ目は「いかなる政党の援助も受けず、自主出版物の精神を保持する」ことであった。このように『広東群報』は一見政治からは距離を置くと宣言していたが、それは「政治によって政治を改良しようとしたところで、全く成功の可能性はないのであって、それよりも社会改革を経てから政治改革を行なう方がより確実である」という理由からであった。[11] 以上の創刊の趣旨から、『広東群報』が当初は国民各自の思想・倫理の変革を志向した五四新文化運動の、いわゆる啓蒙主義の立場に立っていたことが明らかとなろう。

では、広州で「真の共産党」結成に動いていた当時、陳公博はどのような言論活動を展開していたのであろうか。まず教育論から見ていくことにしよう。陳公博は、教育の独立が昨今、社会全般の通念になったことを認め、教育の独立の要件として、以下の三項目を掲げた。①教育責任者はいかなる政党であれ加入を禁止されるべきである。②教育、政治、宗教は相互に完全に分離されるべきである。③教育経費は政治対立に影響されるべきではない。また陳公博は、いかなる政党も在野の時には、教育の独立を鼓吹しているにもかかわらず、一度権力を奪取するや、教育機関を一手に掌握したいと望んでいる有様であると批判を加えた。

さらに陳公博は、「政党主導の教育は必ずや当の政党そのものを阻害するであろう」と訴え、次のようにその理由を列挙した。第一に、政党の党綱領はいかに自ら良かれと考えようとも、結局は一部に偏狭な情念が介在しており、社会の不断の変遷に対して確実に対応し続けることが絶対に不可能である。もし政党主導の結果、教育において一時であれ社会の変遷に対して不適応が生じるならば、その結果は当の政党に跳ね返り、動揺をもたらすことになるであろう。第二に、教育や学術は本来公有のものであるから、もし特定の政党が一手にあらゆる教育機関を掌握し、私有化するならば、社会から激しい反発を被り、ひいてはその反発が政党自身にまで及ぶことであろう。第三に、もし教育機関が特定の政党の支配下に組み込まれてしまうと、教育機関が政党員の機関となり、教育経費が党の政治活動経費に流用されてしまうことは必至であろう。そうなれば、政党が活躍すればするほど、教育が益々堕落するようになり、堕落が頂点にまで達すれば、当の政党自身にも跳ね返り、破綻を来たすことになるであろうと。このように陳公博はあらゆる政党からの教育の独立を訴えたが、その主張の背後には「教育とは普遍的なものである」という教育観があったのである。[12] ここで言う政党には当然ながら、当時、陳公博自身がその結成に向けて奔走していた「真の共産党」も含まれていたと考えられよう。また陳公博の教育独立論は、明らかに『広東群報』創刊の趣旨にある啓蒙主義に基づいたものであり、前節で見たような都市の民主改革構想とも親和的なものであると言えよう。

一方、陳公博の上述の議論とほぼ同時期に著された陳独秀の教育論を見ていくことにしよう。まず陳独秀は「旧教育」と「新教育」の違いから説き起こし、前者が主観的であるのに対し、後者は客観的であるとし、また教育の主義に関しても、前者が個人的であるのに対して、後者が社会的であり、さらに教授方法に関しても、前者が教訓的なのに対して、後者が啓発的であるとした。すなわち「旧教育」では、教育者の理想に照らして、教育を受ける者を聖賢、豪傑、大学者へと薫陶しようとするが、「新教育」では、専ら社会の改良を重視し、前者の個人の薫陶という個人主義に与ることはないとしたのである。

陳独秀はさらに「旧教育」の理念と関係の深い、理想主義的社会改造論をも槍玉に挙げて、「現代の新村運動及び暗殺は、いずれも個人主義教育の結果の現れである」とした。前者の新村運動は個人もしくは一部の者を社会改革の先駆や模範にしようとすることによって、一方、後者の暗殺は社会における一部の悪人を除き去ることによって、それぞれ社会改革の目的を達成しようとしていた。しかし陳独秀によれば、両者はともに妄想であって、「社会が個人を支配する力が極めて巨大であることを理解していない」のであった。そして「我々は現在、この資本主義制度の下で生存しているが、いかに道徳的に高尚な人物であれ、その生活が資本主義の支配を被らずにはいられようか」と反語を発するのであった。やはり社会を改革しようとするなら、「社会の制度全般から考えるべきなのである」。[13] その際、教育こそが「社会を改造する重要な手段の一つになる」であろう。[14] すなわち教育に期待されていたのは、中国共産党による社会の制度全般の改造に際しての、一助として機能することにあったと言えよう。[15] このように、陳公博の共産党をも含む、あらゆる政党からの教育の独立や教育の普遍性といった主張が、陳独秀の言わば共産党主導の教育観とは、相容れないものであったことは明らかであろう。

次いで陳公博の革命観について見てみることにしよう。彼の革命観は、広州で「真の共産党」が成立した後の一九二一年五月に、『新青年』に掲載された「工会法能不能成立?」という小論において見ることができる。そのなかで陳公博は、戴季陶によって起草された労働組合法が「資本家の代表」等により占められた広東省議会では、採決されなかろうという予測を示した上で、次のように革命を展望した。有産階級の目からすると、暴力革命と平和革命との間には何らの区別もない。暴力的な手段であれ、平和的な手段であれ、革命は革命であって、有産階級に影響を及ぼすものである。もっとも平和革命の舞台の一つである中国の立法機関の現状は、国会、省会ともに資本主義の上に築かれており、「資本主義化された省会により賛同された、あるいは種をまかれた革命など絶対にあり得ないだろう」。それ故に平和革命を実行するには、まず「資本主義化された立法機関を改造しなければならない」のであると。こうした観点から、陳公博は広東省議会の改革を、「廃督裁兵（督軍を廃し、その部下の兵を中央政府の支配下に属させる）」や同省政府の改造とともに最重要課題と位置付けたのである。(16)

広東省議会の改革に関連して、陳公博は「省民」、すなわち広東省の民意の自立をも唱えた。(17) そして民意が将来的に強固になり得るという可能性として、軍閥が平時には民意を無視しながらも、いったん有事になり、地盤が動揺すると、「平伏して各所に通電し、人民に是非を申し立てる」という事実を指摘し、中国では真の民意が政治の裏面に伏在しており、ただ力を合わせて、軍閥を打倒しないだけに過ぎないと述べた。(18)

また陳公博は平和革命の一環として、民意の力への信頼を基に、労働組合によるゼネラル・ストライキをも提唱していた。(19) そこで彼は労働組合活動を擁護するために、戴季陶の起草した画期的な労働組合法案が廃案になることに反対した。さらに広州で当局が労働組合の解散や組合関係者の逮捕という挙に出ると、労働組合が約法上の人民の権利に基づいて組織されたものであること、大総統の孫文がストライキ騒擾罪を廃止しようとしており、かつ平素「労働者の総統」を自認していることを挙げて、当局の恣意的な取り締まりを批判した。そして政府の既定の方針である労働者に対する教育等を含む、労働運動の保護・育成政策の履行を求めた。(20) ここで上述の平和革命の主張が、まさに共産党員として受容したマルクス主義と、先に見た『政衡』誌上で展開した都市改革構想の根底にある議会制民主主義との間の折衷として出てきたものであることが、容易に見て取れよう。(21)

一方、陳独秀は誕生したばかりの中国共産党の指針として、どのような革命観を披瀝していたのだろうか。この時期の陳独秀の革命観が端的に示されているのは、一九二一年一月に広東法政専門学校で行なわれた講演「社会主義批評」であり、同講演は直後に『広東群報』に掲載された後、改めて七月発行の『新青年』に転載された。陳独秀の同論はソ連共産党の「共産主義」を支持する一方、無政府主義と並んでドイツ社会民主党の「国家社会主義」を批判していた。もっとも陳独秀は、ドイツ社会民主党の「国家社会主義」がソ連共産党の「共産主義」と同様、マルクス主義から出てきたものであることを認めていた。しかし前者を排斥するべき理由として、以下の事柄を挙げた。

第一に、「国家社会主義」が「労資合作」を採用し、「共産主義」のように絶対的な「階級間の戦争」を主張していないからである。これはマルクスの『共産党宣言』の主旨にも背く。第二に、「国家社会主義」が「議会政策」に依拠していて、「共産主義」のように革命のための「直接行動」を実行しようとしないからである。議会制度がそもそも政府財政に対する資産階級の監督に資するためにつくられたものであることを考えれば、議会を通して資本の私有制度を廃止しようと試みることは、「虎に向かって皮を寄越せ」と言うのに等しいだろう。第三に、「国家社会主義」が「民主政治」を唱えて、「共産主義」の「プロレタリア独裁」を民主制度に合致しないものと批判しているからである。しかしマルクスの『ゴータ綱領批判』では明確に、共産主義社会に移行する過渡期の政治制度としてプロレタリア独裁が謳われている。第四に、「国家社会主義」が生産機関の国有化を最終的な目標としていて、濃厚なドイツ「国家主義」の色彩を帯びているからである。一方、「共産主義」は生産機関の国有化を初期段階における手段としており、第三インターナショナルのような「国際運動」に努めており、マルクスの「万国の労働者よ、団結せよ！」というスローガンに合致していると。最後に陳独秀は、中国においては有産階級の政治家の腐敗や無能、代議制度の信用失墜によって、民主政治や議会政治が欧米よりもさらに破産に瀕していることを挙げ、もし「国家社会主義」を採用するならば、ただ官僚政客に悪を為す機会を一層提供するだけに終るだろうと締め括った。(22)

ここで、先に見た陳公博の平和革命構想がドイツ社会民主党の「国家社会主義」と極めて類似していることを見出し得るだろう。これまで見てきたように、陳公博もドイツ社会民主党の如くに、合法的に議会を介し、労働組合に依拠して革命活動を行なうように提唱していたのであり、実際、平和革命のモデルとして、当時、ドイツ共産党を弾圧していたにもかかわらず、「ドイツ社会民主党がいささか興味あるものとなろう」と述べていたのである。(23)このように広州の「真の共産党」結成前後にかけて、陳公博と陳独秀との間では革命のあり方をめぐって齟齬が生じていたのである。前者は五四運動以来の民主主義や啓蒙主義を継承して、教育の独立を主張し、ドイツ社会民主党のような平和革命路線を唱えていた。一方、後者は五四運動の主要な担い手であったにもかかわらず、民主主義や啓蒙主義を否定するに至り、中国共産党による教育管理を提唱し、ソ連共産党のような暴力革命路線を推進するべきであるとしていた。ところで、一九二〇年一一月の結党に際しての「中国共産党宣言」では、ソ連共産党のプロレタリア独裁が人類社会発展一般における当然の過程と位置付けられ、積極的な意義が付与されていた。(24)すなわち陳公博は入党後にもかかわらず、ドイツ社会民主党を理想視する党外の張君勱等と同様の立場をとっていたことになり、(25)中国共産党の既定の大方針に疑義を呈したことになるだろう。一方、陳独秀はあくまでも党の指導者として、党の既定路線を確認したに過ぎなかったと言えよう[26]。以下では、こうした陳公博と陳独秀との間の見解の相違が、一全大会における論争でどのように反映されたかを見ることにしよう。

一全大会における論争

一全大会は一九二一年七月末に上海とその近郊の嘉興南湖で、コミンテルン代表のマーリンとニコリスキー立会いの下、各地の代表一二名に陳公博の参加を得て開催された。石川禎浩の研究によれば、陳公博は元々広州代表として参加していたにもかかわらず、大会途中にフランス租界警察の捜査を受けたために、以後の会議を欠席した結果、後日、代表とはカウントされなくなり、結局、包恵僧一人のみが広州代表として扱われたとのことである[27]。しかし、陳公博は広州代表として扱われたか否かにかかわらず、その出席していた会議において活発に論争を戦わせていた。ここでは特に、先述の陳独秀との論点の対立と関連があるものを中心に見ていくことにしよう。

陳潭秋の回想によれば、一全大会では当時の政治情勢、党の基本任務、党の規約、及び組織拡大について討論されたが、とりわけ党の基本任務等をめぐって、重大な論争が起ったとのことである。陳公博が与した立論は、上海代表の李漢俊、李達の「合法マルクス主義派」のそれであって、次のような主張を行なっていた。中国のプロレタリアートは幼稚で、マルクス主義を理解しておらず、長期の宣伝教育活動を必要としていることから、真のプロレタリア政党の組織、並びにプロレタリア独裁実現に向けての闘争には賛同できない。まずブルジョア民主政治を実現し、ブルジョア民主主義の制度の下で、公然とプロレタリアートを組織し、かつ教育するべきである。すなわち第一に、知識分子を組織し、マルクス主義の理論教育を施し、その影響が普遍的になるのを待った上で、知識分子に労働者の組織化とその教育を行なわせるべきである。そこで、まずは進歩的知識人を団結させ、マルクス主義理論を広範かつ平和裏に研究する政党を公然と設けるべきであると。陳公博の与する「合法マルクス主義派」が、ブルジョア民主政治の実現やブルジョア民主主義制度の下での結党及び党活動を唱えたことと、先述の陳公博の平和革命構想との間には、明らかに共通性を認めることができるだろう。

一方、「合法マルクス主義派」に対立したのは、北京代表の劉仁静、広州代表の包恵僧の極「左」派であった。極「左」派はプロレタリア独裁を直接闘争の目標とし、ブルジョアジーの民主主義運動やいかなる合法運動にも参加することに反対し、知識分子が一般的にブルジョアジーの思想的代表である以上、その入党を拒絶するべきであると主張した。他方、大多数の代表は言わば中間派とでも言うべき立場に立って、最終的に次のような結論を出した。原則上、プロレタリア独裁の実現を党の基本任務とするが、過渡的段階での闘争の戦術では、プロレタリアートが積極的にブルジョア民主主義運動に参加し、それを指導し、組織するべきである。また厳格で戦闘的な労働者の政党を設立する一方で、プロレタリアートの発展に有利であるという一定の条件下では、公然とした合法運動をも利用するべきであると。(28) このようにプロレタリア独裁の実現を党の基本任務とすると決定されたことにより、陳公博等の「合法マルクス主義派」の主張は一定程度受け入れられたものの、基本的には斥けられるに至ったと言えるだろう。

また、一全大会での論争は、党の基本的任務だけにとどまらず、孫文に対する評価をめぐっても行なわれた。陳公博が米留学先のコロンビア大学に提出した修士論文、*The Communist Movement in China* は次のように論争を整理した。一全大会の宣言の草稿に、孫文の広東護法政府が北京の軍閥政府と同類であると記されていたことから、会議で論争が引き起こされた。陳公博をはじめとする一部の出席者は、国民党の綱領には多くの誤った点があるものの、いくぶんなりとも新たな傾向が示されており、また孫文の包括的な福祉の原則である民生主義には、「国家社会主義（state socialism）」と共通点があるとして擁護した。しかしながら出席者の多くは、国民党員の多数が共産党に敵対的である以上、広東護法政府をも打倒するべきであると唱え、最終的に宣言が草稿通りに決議されることになってしまったと。[30]陳潭秋の回想によれば、とりわけ上述の極「左」派の包恵僧が急進的な孫文批判を展開していた。彼は、共産党員と孫文とは二つの敵対階級を代表し合っており、妥協の可能性などなく、また孫文の大衆に対する欺瞞的な役割の故に、北洋軍閥以上に厳しく対処する必要があると主張した。[31]

このように先述の陳公博と陳独秀との間の革命観をめぐる齟齬は、一全大会においても「合法マルクス主義派」と極「左」派、及び中間派との間の、党の基本任務や孫文評価をめぐる対立へと、形を変えて現れていることが見て取れるであろう。次節では陳公博の離党の契機について考察することにしよう。

第三節　離党へ

まず、陳公博が離党に踏み出した知的契機について見ることにしよう。回想録によれば、陳公博は一全大会で自己の主張が受け入れられなかったにもかかわらず、その後しばらくは党の方針に従って、書記、宣伝等の活動を譚平山、譚植棠に代わって一身に背負ってきたとのことである。実際、陳公博は一全大会終了後、おそらくは大会での激しい党内論争を念頭に、『広東群報』紙上で「比較的良好な政党の内部で、分裂や軋轢が起こらぬよう希望する」と訴えたほどであった。[32]だが、やがて陳公博の内部で次のような変化が起こるに至った。すなわち「知を求めることは好むものの、盲従は好まない」。広東共産党の責任を負っているが、共産党の理論については、ただその用語を宣伝しているだけである。例えば弁証法、唯物史観、階級闘争、剰余価値説について、一体どのような起源があり、どのような意味があるのかということを理解しようとするなら、単に一冊のマルクスの伝記、『共産党宣言』、上海の党部が送ってくる何冊かのパンフレットに頼るだけでは不十分である。理論に関する多くの問題について、自ら回答できないだけでなく、陳独秀に質問しても、答えることができなかった。経済学の研究をしようとするなら、アダム・スミスの『国富論』から研究するべきであろう。そこで広東での任務を捨てて、米国留学を決意したと。(33)陳公博が述懐するように、実際のところ当時の共産党の知的状況は、一全大会代表も含めて、マルクス主義の用語、概念を知っているかどうか、つまりまず「教条」を知っていることを求められるに過ぎないという水準だったのであり、一全大会が採択した党綱領も米共産党の党綱領をほとんど丸写しにしたものに過ぎなかったのである。(34)

ここで陳公博の心中に、なぜ一全大会後に変化が生じたのかについて、さらに踏み込んで考察することにしよう。何よりもその理由としては、陳公博が一全大会の決議にもかかわらず、最終的にその決定に「盲従」することができなかった、すなわち陳独秀や一全大会代表等に、自己の主張を放棄させるに足るだけの知的権威を見出し得なかったことを挙げるべきだろう。陳公博はこれまで見てきたように、五四時期の思潮の影響下で議会制民主主義を受容し、その後、中国共産党に入党してからも、何とか議会制民主主義とマルクス主義との接点を必死に模索して、平和革命を主張してきた。新たに思想を受け入れるに際しても、それまで唱えてきた思想を全て放棄するのではなく、過去の思想に接木して融合しようと努めるような、そうした知的態度をとる者の眼からすれば、陳独秀のように過去の啓蒙思想との断絶を一顧だにせず、一知半解なままに暴力革命を唱える者が、どのように映るかは贅言を要しないであろう。またすでに見たきたように、陳公博は共産党の結成に参画する以前から、マルクス主義の直輸入に対して批判的であり、どのような学説、主義であれ、いずれもその提唱者の「来歴、環境、地位、先天的な才能、性質と関連がある」という立場に基づき、マルクスの伝記の翻訳に取り組んできた。そのようなイデオロギーの社会的・歴史的被規定性を重視する立場からしても、米国と中国との環境の相違を無視して、米共産党の党綱領を引き写しただけの、一全大会が決議した党綱領に「盲従」することは難しかったであろう。米国留学の決意が即離党を意味したわけではなかったものの、後に起こる離党の伏線は、自らの思惟に基づいて平和革命を唱える陳公博と、一知半解なまま暴力革命を信奉する陳独秀、並びに一全大会の極「左」派・中間派との間の対立に、すでに存していたと考えられるのである。

続いて、陳公博の離党を促すことになった国共合作問題と陳炯明事件についても触れておこう。まず前者についてだが、一全大会での「非妥協」政策と国民党排斥の決議にもかかわらず、国共合作が浮上してきた経緯に関して整理しておこう。[35] 国共合作の原点は、一九二〇年七月のコミンテルン第二回大会における「民族および植民地問題についてのテーゼ」とその「補足テーゼ」である。コミンテルンは国民党をもって民族ブルジョアジーを代表する政党と見なし、中国共産党との合作を追求し、早くも同年秋にヴォイチンスキーと孫文の会見が行なわれ、続いて翌年一〇月、一二月にはマーリンがそれぞれ張継、孫文を訪問し、意見交換をした。マーリンは国民党との折衝を終えた後、一九二二年四月初めに陳独秀等に対して、国民党への加入による国共合作を提起した。これに対して、陳独秀をはじめとする共産党員や社会主義青年団員は激しく反発した。しかしマーリンは共産党員の国民党加入による国共合作を推進するべく、同月末にモスクワに戻り、同年七月末にコミンテルン中央執行委員会から承認を得ることができた。この間、同年六月の陳炯明のクーデター未遂を挟んで、共産党は七月に第二回全国代表大会を開催し、「民主的連合戦線に関する決議」を採択して、国民党への加入による合作ではなく、対等の同盟を提起した。だが、翌八月に中国に戻ってきたマーリンの要請で開かれた共産党中央の会議で、マーリンは反対する陳独秀等に対して、自説を展開し、最後にはコミンテルンの決議であると述べ、承認させたという。その結果、先行して陳独秀と李大釗の両名が国民党に加入し、一般党員は一九二三年六月の第三回全国代表大会の決議を待って、国民党へ個人加入することとなった。

このようなコミンテルンの権威を笠に着たマーリンの主導による中国共産党の路線転換は、それ以後、横山宏章の指摘にもあるように、陳独秀等の党員に否定的な影響を及ぼしたものと思われる。理論的にも実践的にも共産党はなおも未熟であったが、未熟なりに自己の政治的実践のなかから、中国に適応したマルクス主義を形成していくことが共産党の任務であると考えられていた。しかし自分たちの二年余りの政治的実践から築き上げた結論が、コミンテルンの権威のもとに否定されてしまった。その結果、独自な理論の創造発展の道を閉ざし、コミンテルンの決定した理論と方針とに盲従する体質を共産党に植えつけることになったであろう。また共産党及びその指導者の陳独秀に、強烈なコミンテルンに対する理論的コンプレックスが生じてきたにちがいないであろう。(36)

陳公博もコミンテルンの国共合作への方針転換の要求に対しては、他の党員同様に反発を示した。彼は回想録において、一九二二年にコミンテルン代表のマーリンと国民党の張継が広州に来て、彼と国共合作に関して意見交換した時のことを記していた。陳公博は国共合作に反対の理由として四点を挙げて、マーリンと張継に次のように述べた。第一に、国民党と共産党とは主義が相容れないために、合作しても最後まで続くはずがない。それならば、初めから個別の問題ごとにその都度協力し合う方が良い。第二に、党員が二つの党籍を持っていて、もし両党から異なった命令が出された場合、党員はどっちの命令に従ったらよいのか。両党はともに革命党であるから、党に対する裏切りは即反革命となってしまう。第三に、共産党は一全大会で、党員は役人にならず、党も当面政権を奪取する必要はないと決議している。しかし国民党に入党すれば、政権を奪取することになり、党の決議に反する。第四に、共産党員の数は大変少なく、青年ばかりであり、その健全な成長を期待するなら、党員としての純潔さを保たねばならない。ところが国民党には海千山千の輩が多く、若い共産党員をそのなかに入れたら、腐敗してしまうであろうと。(37)

このように陳公博は陳独秀をはじめとする党主流派に対してだけでなく、コミンテルンに対しても「盲従」を拒否したのである。陳独秀が国共合作問題を機に、コミンテルンの権威の前に理論面でコンプレックスを抱くことになったのに対し、陳公博は同問題からしばらくして渡米し、経済学を一から学び直すことによって、理論的コンプレックスを克服しようとしたが、両者のコミンテルンに対する対応は全く対照的であったと言えよう。

党主流派やコミンテルンに対する「盲従」を拒否した陳公博の離党を決定付けたのは、上述の国共合作をめぐる議論からほどなくして起きた、陳炯明のクーデターにまつわる事件であった。陳炯明は孫文の「護法北伐」に反対し、「聯省自治」を唱え、直隷派と通じ合い、ついに一九二二年六月にクーデターを敢行した。国共合作が成立する前まで、中国共産党の活動は陳炯明との協力関係の中で行なわれていたが、孫文の国民党との合作を目前に控えていた折に、陳炯明のクーデターの報に接した陳独秀は、陳炯明との断絶を公にするに至った。一方、陳公博のクーデターに対する対応であるが、陳潭秋の回想によれば、陳公博が陳炯明を援けて、孫文に反対したので、党はしばしば警告を発したものの、聞き入れられなかったので、最終的に党籍を剝奪したとのことである[38]。しかし陳公博の回想によれば、陳炯明を支持したというのは全くの濡れ衣だとのことである。事件当時、陳公博は米国行きの船の出港を待っているさなかであったが、突然、嫌疑をかけられている故、ただちに上海に来るようにという旨の、陳独秀からの来信に接した。陳公博は自分の身の潔白については、陳独秀や譚平山は知っておりながら、なぜ弁護に回ろうとしないのかと激しく憤り、「今後、独立して行動し、絶対に党の拘束は受けない」と言明し、それ以後、共産党から離脱することになったとのことである[39]。ここで陳公博と陳炯明との関係の真相を明らかにすることはできないが、真相がいずれにせよ、陳公博が離党を決意した直接のきっかけは、陳炯明のクーデターにまつわる党中央との間の相互不信であった。だが、陳炯明事件は離党の決断に至る最後の一押しでしかなく、これまで見てきたような党主流派やコミンテルンへの「盲従」の拒否から、離党は早晩訪れたと言うことができよう。

小　結

陳公博の中国共産党員時期前後における思想的変遷について、本章の論点を整理することにしよう。陳公博は辛亥革命後に、当時、中国の一流の知識人を教授陣に迎えていた北京大学で学び、また在学中に五四運動に遭遇した。一九二〇年春の大学卒業前後に譚平山等と発行した『政衡』誌上において、陳公博は、対立を繰り返す南北政府の黒幕である督軍を「勢力階級」と位置付けて、痛烈に批判していた。また抜本的解決策としては、都市部と農村部に分けた上で、前者を対象に、市民の選挙を経て構成される市政府や市議会の設立を提言した。それは何よりも民主主義、普通選挙、国内統一の第一歩となるべきものであった。またマルクス主義にも関心を示していたが、マルクス主義の直輸入には批判的であり、イデオロギーの社会的・歴史的被規定性に着眼し、マルクスの伝記の翻訳に着手していた。

その後、陳独秀の広州赴任を契機に、一九二一年初めに広州で共産党が設立されると、陳公博もそれに参画し、マルクス主義を受容するに至った。そして新たに信条とするに至ったマルクス主義とそれ以前に信奉していた議会制民主主義思想との接点を求め、国会、省議会や労働組合に依拠した平和革命を主張した。片や党の最高指導者であった陳独秀はソ連共産党の経験に習って、プロレタリア独裁を志向する暴力革命を主張した。両者の見解の相違は教育にも及んだほか、一全大会での論争にも反映され、「合法マルクス主義派」と極「左」派、及び中間派との対立に発展した。一全大会では、党の基本任務に関する論争が孫文評価をめぐる対立にも飛び火した。結果的に一全大会では、陳公博の主張はことごとく否決されるに至った。

陳公博はそれにもかかわらず、しばらく党の方針に忠実であったが、最終的には「盲従」に我慢ができなくなってしまった。陳独秀や一全大会代表等の一知半解なマルクス主義理解に基づいた決定に、自己の見解を放棄するに足るだけの知的権威を認められなかったからである。陳公博は党の方針に「盲従」するには、入党前からの自己の議会制民主主義思想との連続性を重んじるほど、自らの思惟に強く依拠していたのであり、またイデオロギーの社会的・歴史的被規定性を鋭敏に理解していたのである。その後、国共合作問題が浮上すると、陳公博の「盲従」の拒否の対象は、党主流派からさらにコミンテルンにまで拡大された。最終的に陳公博は広州共産党組織の要職を擲ち、渡米を決意するが、その直前に起った陳炯明事件にまつわる陳独秀等との関係悪化は、あくまでも離党を決意する最後の一押しに過ぎなかったであろう。

(1)　中国や台湾では、石源華、蔡徳金等の評伝研究の出版が相次いでいる。そのなかでも陳公博研究の近年における最も目覚しい成果は、前掲、石源華『陳公博全伝』である。しかし同書は、陳公博の一次史料の精査に基づいた浩瀚の書でありながらも、本章が扱う時期についての記述には、まだ多くの不満が残ると言わざるを得ない。それは、中国共産党員時期前後の短期間における振幅激しい転身に当たっての、陳公博の知的な契機を構造的に十分把握していない点にある。そこで本章では、当該時期の陳公博の思想的変遷に特に焦点を当てるものとする。

(2)　陳公博の辛亥革命参加の経緯については、陳公博「少年時代的回憶」、『民国叢書』編輯委員会編『寒風集／陳公博著、往矣集／周仏海著』、上海書店、一九八九年（陳公博『寒風集』、上海地方行政社、一九四五年の複製）を参照。ただし、陳公博の辛亥革命参加をめぐる回想には、事実と合致しない記述が散見される。

(3)　同上、甲一三～甲一四頁。

(4)　陳公博「五四運動的回憶和感想」、『広東群報』一九二一年五月五日付け。

(5)　陳公博「南北和議與国民的自覚」、『政衡』第一巻第一号、政衡雑誌社、一九二〇年三月、一頁。

(6)　陳公博「中国之未来革命」、『政衡』第一巻第一号、三、五頁。

（7）陳公博「我們怎様去組織市政府」、『政衡』第一巻第二号、一九二〇年四月、一～四頁。ここで、譚平山の担当した農村改革に関する政策提言についても触れておこう。譚平山の論説では、陳公博の提起する都市での民主改革に対応したような、農村における民主改革の構想が打ち出されてはいなかった。専ら当時広く唱えられた「新村主義」への批判に力点が置かれ、農村改革の第一歩として、科学的な実地調査の必要性を唱えたものであった。譚平山「我之改造農村的主張」、『譚平山文集』編輯組編『譚平山文集』、人民出版社、一九八六年、一〇六～一三二頁を参照。

（8）陳公博「馬克斯的一生及其事業」、『政衡』第一巻第二号、一頁。

（9）高哲男『現代アメリカ経済思想の起源』、名古屋大学出版会、二〇〇四年、六三頁。

（10）石川禎浩『中国共産党成立史』、岩波書店、二〇〇一年、二〇三～二一三頁。

（11）「籌辦群報縁起」、『広東群報』一九二〇年一〇月二〇日付け、蔡徳金『汪偽二号人物陳公博』、河南人民出版社、一九九三年、三一頁より引用。

（12）陳公博「教育独立的真義」、『広東群報』一九二一年一月一三日付け。

（13）陳独秀「新教育是什麼」、任建樹他編『陳独秀著作選　第二巻』、上海人民出版社、一九九三年、二三一、二三三頁。初出は『広東群報』一九二一年一月三日付け。

（14）陳独秀「平民教育」（一九二一年三月五日執筆）、前掲、任建樹他編『陳独秀著作選　第二巻』、三二九頁。

（15）陳独秀のこの時期の教育観については、村田雄二郎「陳独秀在広州（一九二〇～一九二一）」、『中国研究月報』Vol. 43 No. 6（No. 496）、一九八九年六月を参照。

（16）陳公博「工会法能不能成立?」、『新青年』九巻一号、一九二一年五月、七～八頁。

（17）陳公博「対於批評群報者的批評」、『広東群報』一九二一年一月三日付け。

（18）陳公博「変乱的高圧下的民意」、『広東群報』一九二一年五月一九日付け。

（19）前掲、陳公博「工会法能不能成立?」、八頁。

（20）陳公博「為取締工会条例事警告当局」、『広東群報』一九二一年五月三一日付け。

（21）ところで陳公博はマルクス主義の受容とともに、中国を資本主義社会と見なすに至り、先に見た『政衡』誌上の議論における督軍に代表される「勢力階級」と入れ替わるように、「有産階級」を主敵に見立て上げた。では陳公博は、『政衡』誌上で自ら工業が未熟な段階にあると認めていた中国において、いかなる資本主義の矛盾を見出したのであろうか。この時期に陳公博が資本主義の矛盾の現れとして批判したのは、上海を中心とした各地での証券・先物取引所の叢生であった。陳公博は、取引所の主催者が証券・先物取引によって経済を発展させ、金融を調節し、物価を安定させることができると主張していることに対して、次のように真っ向から反論を加えた。経済の発展に関しては、特に生産が停滞気味で、対外貿易が皆無であり、かつ地域で孤立した経済圏をなしている地方において、取引所を開設したところで、物価を高騰させるほかには何らの効果もなく、かえって経済の低下を招くだけであろう。また金融の調節については、まずその前提条件として、市場に相当な活動資金があり、銀行に豊潤な貯蓄がなければならない。しかしながら上海では取引所開設後、貯蓄が取引所に流れた結果、銀行の預金が半減し、上海の金融界は日々動揺のなかに置かれることとなったのであり、こうした現象を前にすれば、取引所が金融市場のリスク管理機能をむしろ損なっていると言えよう。物価の安定に関しては、本来、物価とは使用・交換面における効力、及び供給・需要間の最適値によって決定される。しかし先物取引では半年、一年先の物価を「当て推量」で決めており、名目は投機であっても、実態は賭博と変わらず、物価を益々混乱させているだけであると。陳公博「我対於交易所的意見」、『新青年』九巻五号、一九二一年九月、三〜五頁。

(22) 陳独秀「社会主義批評」、『新青年』九巻三号、一九二一年七月、一一〜一三頁。

(23) 前掲、陳公博「工会法能不能成立？」、八頁。

(24) 前掲、石川禎浩『中国共産党成立史』、二三〇頁。

(25) ドイツ社会民主党を理想視する張君勱に近い立場としては、ギルド社会主義を主張する張東蓀、ビスマルク型の「国家社会主義」を主張する彭一湖等がおり、いずれも中国共産党から距離を置いていた。蔡韋編著『五四時期馬克思主義反対反馬克思主義思潮的闘争』、上海人民出版社、一九七九年、六三〜六四頁。

(26) なお陳独秀の革命観は、一九二二年一月のモスクワで開催された極東諸民族大会で批判され、「二回革命論」へと転換を遂げた。陳独秀の「二回革命論」については、江田憲治「陳独秀と『二回革命論』の形成」、『東方学報』六二号、一九九〇年三月を参照。

(27) 前掲、石川禎浩『中国共産党成立史』、二八六〜二九五頁。

(28) 陳潭秋著、佐藤慎一郎訳「中国共産党第一回全国代表大会の回顧」、日本国際問題研究所中国部会編『中国共産党史資料集第一巻』、勁草書房、一九七〇年、五九〜六〇頁。

(29) 孫文評価の問題は共産党員の公職就任の是非に関する論争とも絡んでいた。というのは、陳独秀や陳公博をはじめとする広東の共産党員には孫文の広東護法政府の下で公職に就いていた者がいたからである。前掲、石川禎浩『中国共産党成立史』、二九九

〜三〇〇頁。

(30) ただし孫文批判を盛り込んだ宣言の発表については、中央執行委員会の決定に委ねることで回避することができた。Ch'en Kung-Po, edited with an introduction by C. Martin Wilbur, *The Communist Movement in China : an essay written in 1924*, Reproduced for private distribution by the East Asian Institute of Columbia University, 1960, p. 84.

(31) 前掲、陳潭秋著、佐藤慎一郎訳「中国共産党第一回全国代表大会の回顧」、六一頁。

(32) 陳公博「党！」、『広東群報』一九二一年九月三日付け。

(33) 陳公博「我與共産党」、陳公博、周仏海『陳公博周仏海回憶録合編』、春秋出版社、一九六七年、三一〜三二頁。

(34) 前掲、石川禎浩『中国共産党成立史』、三〇二頁。

(35) コミンテルンが水面下で国共合作を推進していたにもかかわらず、一全大会での決定は国民党排斥というものであったが、その間の事情の詳細については、同上、二九八〜三〇五頁を参照。

(36) 横山宏章『陳独秀』、朝日新聞社、一九八三年、一五六頁。

(37) 陳公博著、岡田酉次訳、松本重治監訳「苦笑録」、陳公博著、岡田酉次訳、松本重治監訳『中国国民党秘史』、講談社、一九七五年、六九〜七〇頁。陳公博『苦笑録』、東方出版社、二〇〇四年、五四〜五五頁。日本語訳にはコミンテルン代表の名を「スネーフリート」と記しているが、「スニーブリエ」の誤りかと思われる。「スニーブリエ」はマーリンの別名である。

(38) 前掲、陳潭秋著、佐藤慎一郎訳「中国共産党第一回全国代表大会の回顧」、五九頁。

(39) 前掲、陳公博「我與共産党」、四一〜四三頁。

第八章　陳公博における反共主義の確立
――渡米から改組派結成にかけて――

序

陳公博は、第七章で見てきた経緯を経て中国共産党を脱退すると、米国留学に赴き、帰国後には国民党左派領袖の廖仲愷、汪精衛の強い勧めで同党に加入し、一時、国共合作を堅持する左派の有力政治家として活躍した。だが、その後しばらくすると共産党を敵視し始め、第一次国共合作が崩壊すると、改組派のリーダーとして反蒋介石と並び反共産党を唱えるという軌跡をたどった。

本章では、陳公博の反共主義がどのようにして確立されたのかについて論じるものである。[1]まず第一節において、共産党を脱退して米国に留学していた時期について、先行研究を改めて検証することにし、第二節において、帰国後に国民党左派、並びに改組派の指導者の一人として活躍していた時期について考察する。さらに第三節において、陳公博の反共主義を他の政治グループのそれと比較し、その反共主義の特色を析出する。

第一節　米国留学

反共主義者への転向？

陳公博は一九二二年一一月に日本を経由して渡米し、一九二五年四月に帰国するまで、コロンビア大学で留学生活を送ることになった。石源華は、陳公博が組織上中国共産党から離脱しただけでなく、留学期間中に思想上においても反マルクス主義者になったと述べる[2]。石源華が、陳公博の反共主義者への転向の傍証として引用したのは、汪政権時代に発表された陳公博の回想録「我與共産党」である。回想録には、留学中にたどり着いたとされるマルクス主義理論――中等階級消滅の理論、弁証法、剰余価値説――に対する批判が書き記されていた[3]。

だが、ここで我々は一つの疑問に突き当たらざるを得ないであろう。すなわち、留学中にマルクスの理論構成の重大な過誤を見出し、原理的な反共主義者に転向した陳公博が、なぜ帰国後、国共合作に反対する西山会議派等に加わらずに、国共合作を堅持する廖仲愷や汪精衛等の国民党左派グループの一員になったかということである。これに対して、石源華の著作をはじめとする先行研究は、陳公博の国民党左派グループ入りに当たっては、共産党員時代からの彼と廖仲愷や汪精衛等との間の人間関係こそが決め手であったとしている[4]。実際、陳公博自身も、「我與共産党」や汪政権の樹立に先立つ和平運動に従事しているさなかに執筆した回想録「苦笑録」で繰り返し記していたように、帰国直後、廖仲愷が訪ねてきて、大学教授職を志望する陳公博に対し、「拒否しようものなら決闘も辞さない気迫」で政治に従事するよう勧め、ついに陳公博は国民党加入を決意したとのことである[5]。しかしながら以下でその回想録の記述が偽りで、滞米中に陳公博が原理的な反共主義者に転向した事実はなく、むしろ国共合作を堅持する国民党左派グループ入りをするに当たって、その理論的根拠を準備していたことを見ることになろう。

ニアリングの影響――「新資本主義」批判――

さて、上述の「我與共産党」において、滞米中に陳公博と交流があった米国人として、唯一名前が挙がっているのはスコット・ニアリングである。ニアリングは社会主義的経済学者、文明批評家として著名である。米国留学から二〇年近く後になって執筆された回想録において、唯一その名が挙がっている事実からしても、当時の陳公博へのニアリングの影響の大きさを推測することができるであろう。陳公博が渡米した当時、ニアリングは米国社会党執行部の対ソ批判に抗議して、社会党から脱退しており、新たに組織された米国共産党を、いくらかの留保はつけながらも、「米国の状況に対して活発に対処しようとしている唯一の集団である」と評価していた。しかし米国共産党に正式に加入することに対しては、そのセクト的な論争や個人的な権力争いに明け暮れる体質故に、ためらいを見せ、独立の立場から活発に言論活動を行なっていた[6]。

陳公博のニアリングからの影響を端的に示しているのは、帰国直後の一九二五年五月から六月にかけて『広州民国日報』に連載された「新大陸三年回憶録」における、セリグマン批判の箇所である。ニアリングはセリグマンと陳公博の渡米の前年に、*Debate between Prof. E. R. A. Seligman and Prof. Scott Nearing* という表題の下で公開討論を行ない、その記録を出版したが、そのなかでニアリングは社会主義的な観点から、セリグマンの資本主義の発展性や進歩性という主張を批判していた。一方、陳公博は「新大陸三年回憶録」において、*Debate between Prof. E. R. A. Seligman and Prof. Scott Nearing* におけるセリグマンの発言の要旨を紹介して、それが米国における「新資本主義」の考え方であるとして、セリグマン批判を展開した。陳公博は、「新資本主義」が「従来からの資本主義の欠点を矯正して、救済の方法を案出しようとしたもの」であるとするが、要は修正資本主義を指すものと思われる。もっとも陳公博によれば、「新資本主義」は「労働者の側から着想されたのではなく」、あくまでも資本家の側から「資本主義の自然崩壊を恐れて」、やむを得ず構想されたのであった。では、「新大陸三年回憶録」において言及された、セリグマンの列挙する「新資本主義」の成功の諸要因を次に見ることにしよう。

第一には「富の増加」、すなわち鉄道等の物質的な資本が拡大し、また図書館、博物館等の精神的な資本が拡充したことである。第二には「消費の分配」、すなわちかつては自給自足社会であったが、工業革命により地域や国家を越えて、相互に物資を供給し合うといった経済的な依存関係が構築されたことである。第三には「デモクラシーの実現」、すなわち奴隷制に基づく古代ギリシア、及びいわゆる賢人政治が幅を利かす建国当初の米国が、本物のデモクラシーとは言えなかったのに対して、工業革命と資本主義が発展した今日の米国においてはじめて、労働者が政治に対する発言権を強め、真のデモクラシーが実現したことである。第四には「自由な運動」、すなわち資本主義が発達した後に、人民は生産や消費の自由だけでなく、政治面や社会面においてもあらゆる自由を手に入れることができるようになったことである。(7) 第五には「教育や科学の発達」、すなわち資本主義が発展してはじめて、幼稚園から大学までの教育施設が充実し、かつ科学も進歩したことである。(8)

さて、セリグマンの「新資本主義」の発展性や進歩性という主張の論拠を紹介した上で、陳公博は次のように批判を展開した。第一の「富の増加」に対しては、資本と資本主義とを分けて考えるべきである。前者は生産の手段となり、善であるのに対し、後者は労働者搾取の手段となり、悪である。富の増加に伴う資本の集中は、経済の必然的な趨勢であって、社会主義国も富を減少させるべきであると主張しているわけではない。富の増加は人類の進歩の自然な帰結であって、決して資本主義の功績ではないのである。(9) 第二の「消費の分配」は工業革命以後に非常に発展したものの、我々は資本主義が工業革命の不幸な異常状態であることを理解するべきである。もし工業革命以後、生産手段が少数の人々に掌握されなかったなら、我々は工業革命の利益を享受するばかりで、その苦痛を感じないで済んだであろう。今日の消費の分配は少数の人々を益するに過ぎない以上、そこには資本主義の失敗が認められるばかりである。

第三の「デモクラシーの実現」は根拠のないことである。米国の大統領選であれ、上院議員選挙であれ、いかなる選挙においても、大会社やトラストといった財閥に操られていないものはない。米国の労働者は政治に対する発言を許されているとはいうものの、米国の教育や新聞は財閥に操られている。そのために、スコット・ニアリングが語ったように、米国の労働者は「資本主義の哲学を迷信している」状態に陥っている。ギリシアのデモクラシーは奴隷を拠りどころとしていたが、米国のデモクラシーもやり方を変えて、弱い民衆を拠りどころとしているのである。第四の「自由な運動」についてだが、共和・民主両党以外の政党の集会に対しては、政府の態度に相違が見られる。社会党や労働党の集会はいつも不当に解散させられたりするが、一方で極端な反動のＫＫＫに対しては、政府も賛同を寄せている有様である。(10)

第五の「教育や科学の発達」については、米国が成功していると自負するものは、教育経費の増加と独立であるが、一方で教育全体が財閥によって支配されているという大きな問題がある。学生も教師も校内で財閥に反対する言行をとれば、即退学や辞職を迫られる。米国の教育が資本主義の成功に基づいていることは確かだが、こうした教育は資本主義の維持に役立っているに過ぎないのである。科学の発達については、資本主義がその要因ではないことを理解するべきである。元来、発明や秘密の探求は人類の本能であり、決して単純に金銭欲に基づいているわけではないのである。ダーウィンやニュートンは功績への報いを求めるという動機などには決して基づいていなかったであろうと。(11)

このように、陳公博はセリグマンの「新資本主義」擁護の主張に対して、セリグマンの論敵のニアリングと同様に、マルクス主義的な観点から批判を展開していたのである。また一九二三年七月の留米学生小クラブでの講演でも、陳公博は自らの見聞を基に、米国の「新資本主義」を批判して、次のように述べた。米国は資本主義が最も発達した国であり、いわゆる「新資本主義」を提唱することにも最も尽力しているからには、労働保障に関しても他国より整備されてしかるべきである。だが現在、労働問題の解決については、米国はドイツに及んでいないのみならず、カナダ、オーストラリアにさえ及んでいない。米国の失業者は現在、全体で三〇万人を下っておらず、全国の資本はわずかに幾人かの手に握られている状況である。日本滞在中に東京の貧民窟の家屋を調査したが、ニューヨークの家屋の状況は東京以上に悲惨であった。これでいわゆる「新資本主義」が成功していると言えるだろうかと。(12) このように見てくると、陳公博が、先述の滞米中にたどり着いたとされるマルクス主義批判とは、全く正反対の理論的立場に立っていたことが明らかとなるだろう。

ニアリングの影響——国民革命と中国共産党の路線転換に対する評価——

ニアリングの国民革命に関する評価から見ることにしよう。陳公博はニアリングに対して、三民主義の問題を提起して議論しようとしたところ、ニアリングが「意外にも中国革命に際しての確実な主義として承認した」と回想していた。(13) 実際、ニアリングは行動によっても国民党支持を示していた。ニアリングにとって「かつての教え子」であった陳公博が帰国後、国民党の要職を歴任するようになり、一九二七年にニアリングを国民政府鉄道部の経済顧問として招聘したところ、ニアリングも「中国革命に協力する」べく中国へ旅立った。ただし太平洋を航海中に四・一二クーデターが起き、その話は立ち消えになってしまったが。(14) 同年に刊行された *Whither China* は、まさにニアリングが中国革命に協力するに当たって、中国問題に関する資料を収集し、調査した成果であるが、そこでは少なくとも国共が分裂する一九二七年以前の段階においては、三民主義に基づく国民革命路線の正当性を確認していた。以下において、ニアリングの所説を詳しく見てみよう。

まず、中国の経済状況について次のように分析した。一九二五年の中国は動的な世界である。諸変革が重要な経済的・社会的諸関係全体で起こっている。中国におけるこの変革は、西欧文明がもたらしたものである。新しい経済は各開港場等で、古いものに取って代わりつつある。しかし中国人の大部分は古い経済的・社会的諸制度の下で生活している。古い経済のなかに新しい経済が浸透しつつあるが、なおも古い経済は支配的地位を維持している。この支配的な経済とは農村村落の経済であると。

ニアリングは続いて、中国においてなおも村落経済が支配的であることに関連して、中国の社会構造の特徴を次のように説明した。中国には多くの都市があるが、それぞれ経済面では自律的である。いずれの都市にも手工業が備わり、隣接した食糧供給地域が控えている。また各都市は独自の地方的な財政制度を設け、課税を行なっている。経済面において、中世後期のヨーロッパと現代の中国との間には、大変多くの類似点が存在している。かくして中国の分立主義と地方主義とは、普及した村落経済において見事に打ち立てられていると。

さらに、ニアリングはこのような分立主義と地方主義が辛亥革命後にもたらした現象について、次のように描写した。名目上、中国は一九一二年に共和制となったが、現実には中華民国を構成する一八省の各々は行政上の自治を享有し、主権国家化している。これら各省の統治者は軍隊を組織し、租税を賦課し、貨幣を発行し、条約を締結するなどヨーロッパの主権国家の特徴となっている多くの機能を担っている。こうした政治組織形態に必然的に伴うものは、公務の処理に際しての個人支配である。各指導者は部下を集め、軍隊を組織しようとするが、もし軍隊が少なければ土匪となり、多ければ省長となる。米国の見張政治屋や地方の政治ゴロは中国のこうした官吏に酷似していると。

ニアリングは国民党を、まさに上述の辛亥革命後の政治状況を打破するべき、中国史上初めての西欧的な政党組織として捉えていた。指導者の孫文は「その生涯の大半にわたって、西欧の政治制度と接触し続け、明確に定義された主義、同時に大衆にも理解できるほど単純な主義、かつ中国の新たな社会秩序の土台となる主義を併せもった政治組織の必要性を主張していた」。三民主義のうち、民権主義と民生主義については、前者を「政治における民主主義」、すなわち人民による公的な問題に対する大衆的コントロールであると解釈し、後者を「産業における民主主義」、すなわち鉄道のような経済にとって重要な社会資本の国有化であると説明した。そして村落経済への資本主義経済の浸透という、中国の新たな秩序にふさわしい公的な組織において、「国民党という規律ある政党の発展以上に、社会的な観点から重要なものはない」と述べ、国民党の歴史的意義を高く評価したのである(15)。

次に、第七章で触れた陳公博のコロンビア大学提出の修士論文、*The Communist Movement in China* から、在米期間中の彼の国民革命観を見ることにしよう。まず陳公博は、国共合作やソ連への接近によって、国外で社会主義者と見られる向きもあった孫文を、「民主主義者」であると断言した。そして国共合作に踏み切り、孫文の国民革命支援に着手した中国共産党の政策転換の契機を、客観的に分析することを通して、国民革命の中国における歴史的な必然性を次のように浮かび上がらせた。共産党の政策転換の契機としては、第一に、中国が経済的に立ち遅れている国であり、西欧諸国と異なっているということがある。現代の社会主義は工業の発達を前提にしている。工業経済への転換は西欧で数百年かかったが、片や中国では転換が始まって間がない。国民党でさえ、その主義が経済状況よりも早熟なため挫折していることから、共産党もまたその綱領を余りに早くに着手に移せば、挫折することになるであろう。第二に、中国が名目上共和国に過ぎず、封建主義の残滓が一掃されていないことがある。民主主義はプロレタリアートを社会主義革命のために成熟させる手段として不可欠である。第三に、中国はソ連とは異なっていることがある。後者は完全な独立国家であるのに対して、前者は一九世紀半ば以降、半植民地となっており、主要な港湾が列強によって占領され、経済や政治がそのコントロール下に置かれている上に、軍事力が弱体である。もし中国で社会主義革命が起これば、帝国主義の支援を受けた軍閥により鎮圧されることは明々白々であると。(16)

このように陳公博はニアリングと同様に、国民革命の目標が西欧近代の政治システムの理念である「民主主義」を実現しようとすることにあると見なしていたのである。またその歴史的必然性も、中国が近代化の途上にあり、依然として封建的かつ半植民地的な状況に置かれているという現状認識から導かれていたのであって、ニアリングの分析と軌を一にしていたと言えよう。陳公博はそもそも第七章で触れたように、中国共産党一全大会での孫文評価をめぐる議論で、三民主義に一定程度の評価を与えていたが、渡米を経て評価がさらに高まったようである。陳公博の孫文評価が高まった背景として、論旨の類似からも、ニアリングの影響を推測することは可能であろう。

ところで、中国共産党の路線転換に関する陳公博の分析で注目するべきことは、共産党の転換の動機として、後年のように「国民党分子を吸収し、国民党の看板を借りて、共産党の活動を発展させるという陰謀」(17)を見ていなかった点である。陳公博は共産党の路線転換を、あくまでも中国の内外の情勢に適応するための合理的な選択の結果と見なしており、国民革命を支援する共産党を一定程度評価していたのである。渡米の道中、日本に立ち寄った際、陳公博は廖仲愷とヨッフェに会うが、二人との会話を通して、陳公博は「私は共産党が国民革命に大いに尽力する動機を信頼して、共産党に対しても相応の希望を抱くに至った」と回想していたことも、(18)それを裏付けるだろう。陳公博が帰国後、共産党員との間に軋轢を感じながらも、国民党左派陣営に与するに当たっての、思想上の障壁はなかったものと思われる。ただし国民党がブルジョアジーを代弁し、私的所有を認め、国際資本を受容し、国家規模の革命を目指しているのに対し、共産党がプロレタリアートを代弁し、私的所有を否認し、国際資本を拒否し、国際規模での革命を目指しているというように、両党の基盤が元々異なっていることを、陳公博も認めていた。それ故、彼も国共合作が一時のものでしかなく、最終的には解消されるであろうと見ていたが、それはあくまでも国民革命が成就された後であった[19]。陳公博もよもや数年後、国民革命のさなかに国共が分裂するとは、修士論文執筆時点では夢想だにしなかったであろう。

以上の分析から、渡米時期の陳公博の共産主義、及び中国共産党に対する態度が明らかになったことであろう。陳公博はこの時期から原理的なマルクス主義批判に達したわけではなく、ニアリングの影響の下にあって、資本主義が高度に発達した欧米諸国においては、マルクス主義が有効性をもっていることを認めていたのである。ただし資本主義が未発達で、封建的な社会経済体制が残存し、半植民地状況を余儀なくされている中国では、孫文の三民主義が時宜に適ったものと見なしていた。また共産党を排斥することもなく、同党が一全大会における共産主義革命路線を放棄して、国共合作を受容し、国民革命を志向したことに対しても一定の評価を与えていたのである。このように陳公博は滞米中に、後に国共合作を堅持する国民党左派入りするに当たっての思想的準備を行なっていたと言い得るであろう。次節では、帰国後における陳公博の反共主義の確立について見ていくことにしよう。

第二節　反共主義の形成

反中国共産党の契機

さて先述の通り、陳公博は帰国後、廖仲愷や汪精衛の誘いを受けて国民党に加入し、同党左派のホープとして、たちまち中央党部書記長、党軍事委員会政治訓練部長等の要職を歴任することとなった。とりわけ、反中国共産党の契機という観点から注目に値するのは、一九二五年八月の廖仲愷暗殺後に、その地位を引き継いだ党中央農民部長の役職であろう。周知の通り、当時、国共合作の下で共産党主導の農民運動が隆盛しつつあり、党中央農民部長は形式上運動を総括的に指導する立場にあった。

陳公博は党中央農民部長として、一九二六年一月の国民党第二次全国代表大会において、「農民運動報告」を行なった。同報告では、国共合作を堅持する左派の立場から、国際資本主義の侵略や軍閥間の内戦によって、農民は破産や失業に追い込まれ、革命の重要な構成要素となるに至ったと指摘し、農民運動の意義に関して概ね肯定的に評価していた。また陳公博は、毛沢東が所長を務めることになる農民講習所に関しても、革命指導の前衛となるべき農民運動の幹部の養成という点で、成果を挙げていることを具体的に示したほか、農民協会、農民自衛軍の成立状況についても、その拡大ぶりを列挙して賞賛していた[20]。

だが、党中央農民部長の職にあり、国共合作を維持する立場にありながらも、陳公博は共産党主導の農民運動に対する警戒感を隠そうとしなかった。まず農民運動に対する反対派の拡大の要因として、当時の農民運動の方法に穏当ならざるところがあることを指摘し、次のように農民運動従事者を前に注意を喚起した。すなわち「君達のなかの中農は革命的になり得る。もし今、中農を捨て去れば、中農をともに立たせることはできず、反動は容易に起こるであろう[21]」と。これは、農民暴動による土地没収の対象が中農にまで及ぶなど、共産党主導の農民運動が行き過ぎていることに対する警告であった。また陳公博は後年の回想で、党中央農民部長在職当時、共産党が共産党籍の農民運動の特派員に対して、重要な報告は共産党にのみ上げ、国民党には報告に及ばないと訓令していたことを知り、ボロディンに厳重な抗議を行なったとのことである[22]。

第二次全国代表大会閉幕後の同年三月に中山艦事件が起こった結果、蔣介石が実権を掌握し、汪精衛が外遊を余儀なくされると、陳公博は蔣介石の北伐にしばらく従い、国共合作維持政策を推進する左派の立場を公然と捨て去ることになった。陳公博は回想録「苦笑録」において、中山艦事件当時、蔣介石の強引なやり方に不満をもちながらも、その共産党を抑えようとする意図に関しては理解を示していたとのことである。[23] その後、陳公博は国民政府の移転先をめぐって蔣介石と対立し、それから間もなく汪精衛が外遊から戻り、国民政府が武漢と南京に分裂すると、再び陳公博も武漢政府の汪精衛の側近に戻った。南京政府に続いて、武漢政府も共産党との決別の意志を固めつつあるなかで、陳公博も積極的に分共を推し進めようとした。そして公の席で、暴動による土地没収政策を推進していた「農民協会は農村での唯一の独裁者である」と批判し、農村自治を施行することにより、農民協会の権力を削って、その弊害をなくすよう提案していた。[24]

共産党の土地没収政策に代わる、陳公博の土地問題解決案については、武漢政府から共産党が正式に離脱した一九二七年七月一三日の夜に交わされた、北京大学の同級生にして共産党員時代の同志でもあった譚平山との議論の回想のなかで明らかにされている。陳公博は共産党の土地没収政策を批判しつつ、次のような土地問題解決策を提示した。黄河以北の河套甘新、察哈爾、張家口辺りでは土地が有り余っており、ただ同然である一方で、黄河以南では、農業人口が土地の面積に比して過剰となっており、長江以南ではさらに甚しい状況となっている。長江流域の代表的な農業地帯である江西省での調査によると、一，〇〇〇畝は全省で数戸、一〇〇〜五〇〇畝は各県で数戸あるばかりで、共産党のやり方のように、そうした地主の土地を没収して貧農に分配したところで、各人の土地は一〇畝に満たず、解決にはならないであろう。そこで、長江以南の土地問題を解決するに当たっては、国民革命完成後に過剰な人口を北方に移送し、次いで速やかに国営企業を設立して、土地なし農民を労働者として吸収するべきであると。[25]

また、陳公博は農民運動のみならず、共産党主導の労働組合活動に関しても、武漢政府の公の場で批判を行なった。すなわち湖北省の店員工会（労働組合）に対して、その存在そのものを禁じるか、商民協会に吸収するか、その存続を許した上で改善を施す必要があると発言したのである。[26] 上述の発言の背景には、回想録「苦笑録」によると、共産党主導の組合が年季奉公で働く丁稚等の店員を扇動して、中小企業である商店の店主といざこざを起こさせ、店主は店を開けようにも開けられない状況が続いた。その上、毎週開催される集会とデモには店員全員が参加しなければならず、店員を参加させない店は反革命と見なされたなどの状況があったということである。(27)

上述の農民運動、労働組合活動をめぐる問題は階級闘争問題に帰着するが、陳公博は一九二六年七月にボロディンを前に行なった批判を、後年回顧して次のように記していた。マルクスによれば、階級闘争の要件とは、中等階級が消滅して、有産階級と無産階級に両極化することである。一方、中国は半植民地の国家であって、中国を支配しているのが依然として外国の有産階級であり、また産業労働者が二七〇万人に過ぎないことから、中国国内の有産階級も無産階級も、組織や訓練などなく無力と言える。そして社会に最も影響を及ぼし得るのは、中立を宣言している中等階級だけである。もし中国で階級闘争を提唱するなら、多数の階級による混戦をもたらす結果となろう。階級間の混戦の結果は、第一に民族主義を破壊し、国民革命を危機に陥れる。第二に小資産階級を革命戦線から離脱させ、社会の生産力の低下を招く。第三に階級間で相互に仇敵視するようになり、民権主義を実施し得なくする。第四に生産の低下に伴い、無産階級の労働力も減じて、国家資本の建設が不可能となり、民生主義の芽を摘むことになると。(28)ここでの中等階級や小資産階級が、先に見たように具体的に、農民運動が土地没収の対象とした中農、及び店員工会が闘争目標とした商店主を指していることは言を俟たないであろう。

陳公博は回想録「苦笑録」で、共産党が中等階級や小資産階級に対して階級闘争を行なった背景として、次のように共産党が二回革命論という当初の路線を変更したことを挙げていた。共産党がその党員を国民党に入党させた理由は、中国で共産主義革命を実現するには、まず国民革命を達成しなければならないと考えたからである。中国はなおも封建段階にとどまり、国民の階級分化は鮮明になっていなかったが、今後工業化を進めれば、そこに資産階級と産業労働者階級が生まれ、相互の階級闘争が起こって、自ずと共産主義革命が促進される、そのためにはまず国民革命をやり遂げなければならない。しかし共産党は、自分たちの力がすでに一つの流れを形成しており、国民革命の完遂を待つことなく、一足飛びに共産主義革命を開始するべきだと判断してしまい、国民革命軍が北京に到達した時点で、共産主義革命に切り替えることができると信じ込んだと。(29)

先述のように、陳公博はコロンビア大学留学中に書き上げた修士論文において、国民党と共産党の主義の根本的な相違故に、国共合作がいずれ崩壊するであろうと予見していたが、共産党は少なくとも国民革命の完遂までは国民党の方針に従うものと見越して、国共合作を支持していた。しかし共産党が国民革命から共産主義革命に路線転換し、農村や都市の中等階級や小資産階級に対してまで階級闘争を行なったことを契機に、陳公博は共産党の裏切りを断じて、反共の蔣介石に従い、後に蔣介石と袂を分かつことになっても、武漢政府において分共を積極的に推進することになったのである。以下で、武漢政府による分共後の改組派結成時期における本格的な反共主義理論の構築について見ていくことにしよう。

反共主義理論の構築

陳公博をはじめとする、かつての武漢政府時代の左派分子を中心にして、一九二八年に反蔣介石・反中国共産党を唱える改組派が結成された。陳公博は国民党の改組を提唱することによって、蔣介石の独裁に抵抗する一方、党の階級基礎論を主張して、共産党の政策に対抗しようとした。ここでは主に陳公博の反共の言説を見ていくことにしよう。

陳公博の階級基礎論に関する主張の要点は、国民党の同盟者が労働者、農民、及び小資産階級というものであった。この階級基礎論に対して、山田辰雄は次の三点を指摘した。第一に、陳公博の小資産階級の役割に対する高い評価は、当時瞿秋白の指導下に共産党のとっていた中間勢力、特に小資産階級を排除し、武装暴動を積極的に推進するという急進的路線に対する対応として生まれてきた。第二に、小資産階級の定義の曖昧さは、現実の組織的基礎との関連において、それを明確にする必要性がなかったことを意味するのと同時に、将来状況の変化に応じて、どのような勢力をもそこに内包する余地を残していたことから、改組派内の階級を否定する顧孟餘系と妥協することができた。第三に、党の指導権、すなわち党の独裁によって、労働者、農民、小資産階級という三者の衝突を回避し、ひいては共産党式の階級闘争を拒否して、国家資本の建設と不平等階級の消滅を実現させようとした(30)。以上の分析からも分かるように、山田は陳公博の立論のうち、専ら共産党に対してどのように対抗するかといった実践的な戦術面に焦点を当てていると言えよう。

だが、陳公博の所論を追って行くと、当時の彼が単に戦術的に共産党に対抗することを意図していただけでなく、次のように欧米の現実に照らして、マルクスの共産主義革命理論そのものの破綻を提示しようとしていたこともうかがえるのである。すなわちマルクス主義学派は、資本主義が最高度にまで発展すると、小資本は大資本に吸収され、小資産階級は必然的に消滅して、無産階級に化するとしている。もしこの推論が正しいのなら、英米の小資産階級は決して存在し得ないであろう。ところが英米両国の調査統計によれば、「ここ二〇年もの間、小資産階級は増加傾向にあり、概ね二〇年前に比べて、一対一二の比率となっている」と。また陳公博にとって小資産階級の不滅性は、その固有の経済・社会的機能からも明らかなことであった。小資産階級にのみ属する固有の経済的機能として、商業等を指すものと思われる「交換」を、固有の社会的機能として、生産者に対する教育や衛生といった「補助」を、それぞれ挙げた。そして仮に共産主義社会に向かって合作制度が確立されても、「交換」や「補助」といった機能も減少、もしくは消滅に至るとは言い得ず、小資産階級が一時的にでも消滅することなどあり得ないとしたのである(31)。

さらに陳公博は、「今日のあらゆる資本主義国家が社会主義の影響をしかと受けている」ことを指摘し、次のように述べた。もし資本主義国家が全く社会主義の影響を受けていないとすると、おそらく今日、各国が労働問題に取り組んだりすることも、労働法を制定することも、労働保険等の制度を確立することもあり得ないだろうと。[32]すなわち陳公博が、「欧米の資本主義がここ二〇年近くの営みによって、専ら中等階級を作り出してきた」と言う時、[33]その中等階級には、単に上述の「交換」と「補助」等を担う小資産階級のみならず、社会政策の恩恵を受けた労働者階級も含まれていたのである。ところで、陳公博の評価する「社会主義の影響をしかと受けている」資本主義が修正資本主義にほかならず、かつて批判したところのセリグマンの「新資本主義」と同義であることは明らかであろう。陳公博が「新大陸三年回憶録」で参照した *Debate between Prof. E. R. A. Seligman and Prof. Scott Nearing* において、セリグマンは次のように述べていた。

……多くの一般の社会主義者は諸君に向って言うでありましょう。富者は益々富み、貧者は益々貧しくなると。これはカール・マルクスによって社会の窮乏化理論として述べられたものであり、常套文句となっております。しかしながら、事実は全くこの説の虚偽であることを立証しておりまして、富者はなるほど富みましたが、一方、貧者ももはやかつてのように貧者ではないのであります。このような状況が現れてきた結果、ほかならぬドイツではベルンシュタイン、ロシアではツガン・バラノウスキーのような社会主義者の巨頭が、「社会主義のかのような議論を断念しよう」と述べるに至ったのであります。[34]

かつて陳公博はニアリングに与して、その論敵たるセリグマンの修正資本主義擁護の言説を批判していたが、その後、国共分裂を受けて、中国の青年の間に大きな影響力を及ぼし始めていたマルクスの共産主義革命理論そのものを否定する必要に迫られた時、かつての批判対象であったセリグマンの論を採り入れるに至ったと推測されるの

である。(35)

陳公博は、欧米における中等階級の増大に着目していただけでなく、中国においても実践的なプログラムを提起して、党の指導の下に労働者と農民の中等階級化を企図していた。労働者に関しては、例えば、組合主導の合作事業を興すことによって、労働者の生活費を低減させる。労働者に対するボーナス制を奨励し、まず国有の営利事業体から確立し、民営工場にも普及させる。労働者強制保険法を施行し、国家法人の強制によって、工場主に保険金の一部を負担させる。政府は工場の生産及び余剰を精査することを通して、労働者がボーナス以外に政府による強制的な賃上げを享受できるようにするなどであった。こうした対労働者政策の提言が、当時の欧米資本主義諸国の社会政策からヒントを得ていることは明らかであろう。他方、農民に関しては、例えば、土豪劣紳の勢力を消滅させ、封建的思想を一掃する。合作事業を積極的に組織し、大規模な農業生産の建設を計画する。二五％の減租を実施し、規定を超過する高利貸しを厳禁するなどであった。農民に対する施策に比べると、労働者に対するそれがより具体性に富んでいることが分かるが、それは後で触れるように、改組派が労働組合に一定程度の基盤を有していたことと関連があるだろう。

また陳公博は小資産階級についても、あくまでも中等階級の枠内に留めておくべきであると主張した。すなわち国家資本建設の大黒柱として、小資産階級の発展を援助しなければならないとする一方で、将来的に小資産階級が大資産階級と化して、革命の基本を動揺させたりするようなことがあってはならないとしたのである。そして陳公博は小資産階級、特に「商民」に限定して、次のような党の指導の下での実践的プログラムを提起した。例えば、交通と対外貿易に関しては、政府は独占政策をとる一方で、全資本の四〇％までは商人の投資を奨励する。電気と水利に関しては、当面民間資本を保護・奨励するが、一定の年限を設ける。労働組合主導の合作事業に関しては、商人を部分的に参加させ、労働者と商人間の格差を解消する。国営企業が存在しているところでは、民間企業の拡大に制限を加えるなどであった(36)。

上述のように、党の指導によって、労働者や農民を中等階級化させ、小資産階級を中等階級の枠内に留めるよう主張する一方で、さらに陳公博は、党の指導権を脅かす大資産階級を排斥するように訴えていた。陳公博によれば、大資産階級は農村と都市とに分類され、前者が宣教師に付き従うか、あるいは封建制度の維持を希っている地主であり、後者が帝国主義の副産物たる買弁階級であった(37)。そして後者に関しては、より具体的に党の指導権に対する阻害振りを次のように描写した。北伐のさなかに上海に南京政府の中央銀行が設立されたが、大資産階級の反対に遭い、開業できなかった。北伐によって、北京政府が倒れて、大資産階級もようやく南京政府の中央銀行の設立を認めた。だが、中央銀行の銀行公会加盟や大資産階級の中央銀行理事就任という附件を政府に突きつけ、政府は従うしかなかった。大資産階級、すなわち上海の中国銀団の許諾がなければ、紙幣の流通もままならない状況だからである。要するに「今日の政府は事実上、上海銀団によって支配されているのである」。ところが、大資産階級は今なお外国の大資産階級を敵とはなし得ず、結果的に奇形的に発展を遂げるばかりである。大資産階級は「政府を支配し、官僚を奴隷扱いする」ものの、上海租界の「華董」に選ばれると、「外国人のあごの指図に従うばかりである」と。このように陳公博によれば、大資産階級は国民革命に参加することなどあり得ず、「革命の利益から彼等を除外しなければならない」とされたのである(38)。

以上、陳公博の改組派時期の立論が、戦術的な反中国共産党にとどまらず、かつての批判対象であったセリグマンの議論から借用して、原理的な反マルクス主義にまで及んでいたのを見てきた。すなわち欧米資本主義諸国が社会政策の施行によって、中等階級を増大させてきたことなどをもって、マルクス主義理論の破綻の例証としたのである。さらに陳公博は、中国においても中等階級を増大させるべく、自ら国民党の同盟者と見なした労働者、農民、小資産階級の中等階級化政策をも提言するに至り、同時に党の指導権を脅かす大資産階級の排斥をも訴えた。

以下では、コミンテルンの陳公博を中心とした改組派に対する批判を取り上げることにしよう。

コミンテルンの批判

反共を掲げた陳公博等の改組派に対して、コミンテルンはどのような分析をしていたのであろうか。コミンテルンは中国共産党中央に宛てた書簡で、改組派を「中国民族資産階級の中等階層の利益を代表する資産階級民族改良主義の中間派、すなわち工商資産階級の一部」が結成した独自の政治グループと規定した。改組派は、政権を掌握している蔣介石等に対して、反対派の態度を堅持しており、「中小の資本主義的企業家、不満を抱く小地主、都市・農村の小資産階級の上層分子（搾取分子）に対して、自己の影響力を広めている」とした。このようにコミンテルンは改組派を、陳公博が措定したように労働者、農民、小資産階級に基盤を置いているのではなく、あくまでも小資産階級のみに依拠した政治グループとして見なしていたと言えるであろう。

他方、コミンテルンは政権を掌握している蔣介石派、並びに西山会議派、安福派、馮玉祥、閻錫山、広西派等の階級的基礎を次のように述べ、改組派との相違を浮き彫りにした。「このグループは軍閥、封建地主、及び土着の大資産階級（圧倒的多数は、買弁資産階級と銀行資産階級であるが、当然ながら買弁資産階級と銀行資産階級ばかりではない）を含んでいる」。ただし中国の経済構造が複雑であり、かつ地域により資本主義の発展が不均衡であることから、グループ内の各派は、その階級的性質にそれぞれの特徴を有しており、様々な組み合わせによって、地主と土着の大資産階級の利益を代弁していると。

もっとも、改組派と蔣介石派等の階級的基礎は一見相違するものの、コミンテルンは、両者が本質的に一致していると見なしていた。すなわち帝国主義への妥協という点において一致しているほかに、改組派が反蔣戦争で張発奎や馮玉祥と提携したことを例にとって、「軍閥式の軍事行動」という点においても一致しているとした。さらには労働者・農民による革命運動が将来高揚すれば、改組派が早々に蒋介石派等と合体して、「統一の反革命的な地主・資産階級連合を結成するであろう」と予測したのである。こうした改組派と蒋介石派等との間に、換言すると、その階級的基礎である小資産階級と大資産階級との間に、本質的な差異を認めないコミンテルンの観点が、当時の瞿秋白の中間勢力排除といった急進的路線に反映されていたことは論を俟たないであろう。

コミンテルンは、改組派を本質的に大資産階級に依拠する蒋介石派等と同類であるとしたが、他方で改組派の労働者への影響力にも次のように注視していた。共産党系の「赤色労働組合はなおも大衆的な組織にはなっていない」一方で、「黄色（御用）労働組合や国民党系労働組合の影響が依然として大きい」。そして「国民党『改組派』の黄色（御用）労働組合に対する影響力はとりわけ大きなものがある（北方において）」と。このコミンテルンの指摘から、陳公博等の改組派が小資産階級のみならず、労働者階級においてもある程度の地盤を有していたことが推察できるだろう。そしてそれは、先述の陳公博の党指導による労働者階級の中等階級化構想が、労働者階級から一定程度の支持を得ていたことを意味しているであろう。このようにコミンテルンの分析を通して、陳公博の労働者、農民、小資産階級との同盟という主張が、少なくとも労働者と小資産階級に関してはそれなりの成果を挙げていたことが見て取れるであろう。

本節では、陳公博の反共主義の確立のあり方について見てきたが、次節ではさらに国民党右派と第三党との間の反共路線をめぐるイデオロギー的な異同について分析することにしよう。

第三節　反中国共産党・反共主義をめぐる比較

国民党右派

まずは、陳公博の反共主義と国民党右派に属する戴季陶等のそれとの間の共通点から見ていくことにしよう。戴季陶は、民生主義と共産主義との間の実行方法の相違に関して、次のように主張した。共産主義は「無産階級の直接的な革命行動を実行方法とすることから、階級専政による階級の打破を主張する」。一方、民生主義は「国民革命の形式によっており、政治建設の工作においては国家権力によって実行の目的を達成する。それ故に革命専政を主張し、各階級の革命勢力によって階級勢力の拡大を抑止し、国家権力によって社会的共同経済組織を建設する」と。陳公博も戴季陶と同様に、共産党式の労働者や農民が主体となった階級闘争を否定し、「以党治国」の体制の下で、党の指導の下にある国家権力によって、国家資本の建設と不平等階級の消滅を実現させるよう唱えていた。このように両者はともに階級格差の解消のために、強力な党・国家の権力の行使を実行方法とする点では共通していたと言えよう。

次に相違点について見てみよう。第一の相違点は、三民主義解釈に当たっての哲学的基礎に関してであった。戴季陶は、民生主義と共産主義との間の哲学的基礎が「完全に相違する」とし、次のように述べた。共産主義は「極めて単純にマルクスの唯物史観を理論的基礎としている」。それに対して、民生主義は「中国固有の倫理哲学および政治哲学の思想を基礎としている」と。一方、陳公博は共産党粛清以降、知識青年がイデオロギー的な煩悶に陥っていると指摘した上で、戴季陶の民生主義解釈に対して、次のように批判を行なった。戴季陶等の「南京の国民党中央部は孫文先生を持ち出し、また堯舜禹湯等のいにしえの聖人君子の道を説く普遍的な学問を奨励したが、彼ら（知識青年）はこれにも懐疑的であった(40)」と。陳公博は、「私は私の思想が社会主義の影響を受けていることを決して否定しない(41)」と言明していることからも明らかな通り、その思想は共産主義と完全に相違するものではなく、共産主義の要素を部分的に取り入れた、同時代の欧米の修正資本主義に近い立場であった。

第二の相違点は、国民党の大衆的基盤に関してであった。戴季陶は次のように述べた。中国の社会では一般に「明白な階級対立は存在しない」。中国の「革命及び反革命勢力の対立とは、覚醒した者と覚醒しない者との対立であって、階級の対立ではない」。確かに孫文は、中国革命が「各階級連合の革命」であると主張した。だが、それは「治者階級を覚醒させて、被治者階級の利益のために革命を行なわせるのであり、資本家階級を覚醒させることで、労働者階級の利益のために革命を行なわせるのであり、地主階級を覚醒させることで、農民階級の利益のために革命を行なわせようとする」ことを意味している。また他方で、「被治者階級、労働者階級、および農民階級に自己の利益のために革命を起させようとする」ことでもあると(42)。戴季陶は階級対立の存在を否定し、国民各層の「覚醒した者」による革命を主張したが、その革命観は、同じく国民党右派に属する呉稚暉の主張する、国民党が「全民」の利益を代表するべきであるという論と重なり合ってくることは論を俟たないであろう。

当時、改組派批判を繰り広げていた呉稚暉は、陳公博に対して次のように論難した。陳公博の「『国民党は小資産階級及び労働者、農民の利益を代表している』という主張は、事実に即して言えば正しいが、おそらく理論的には欠陥があるだろう」。党が「いかなる一階級であれ、代表するや、階級闘争を引き起こしかねないのである。全民を代表して、はじめて民生を中心とし得るのである(43)」と。それに対して、陳公博は次のように反論した。呉稚暉は「『全民』という美名を盲信し過ぎているために、結果的に小資産階級及び農工階級をさえ否定しようとしている」。呉稚暉は「小資産階級や農工階級と称することが、階級闘争を引き起こしていると考えているが、ならば、今日我々はすでに何年もの間、全民革命を叫んでいるのに、どうして社会にはなおも絶え間なく階級間の小さな混戦が起こっているのだろうか」[44]と。このように陳公博と戴季陶、呉稚暉等の国民党右派との間には、国民党の大衆基盤に関して、特定の階級に依拠するか、もしくは国民全体に依拠するかをめぐって、対立があったことがうかがえるであろう。

第三党――中華革命党――

国共合作崩壊直後に誕生した、いわゆる第三党と比較するに当たって、ここでは特に譚平山が主導となって組織した中華革命党を取り上げることにしよう。まず共通点から見ていくことにしよう。周偉嘉は共通点として、両者がともに労働者、農民、小資産階級の利益を代弁したこと、国民党の腐敗、反動を激しく批判すると同時に、中国共産党の急進化にも反対したことを挙げている[45]。

このように両者の政治主張に多くの共通点が見られたこともあって、陳公博と譚平山等の第三党関係者とが、陰で相互に提携し合っているという風聞が、しばしば国民党右派や共産党から流されるに至った。国民党右派の論客と思われる景明は、「陳公博の輩が国民党の改組を主張しているのは、ブハーリンの命を奉じてのことであり、かつ右派共産党兼第三党首領の譚平山と通じ合った大策略である」と断じた[46]。またコミンテルンは次のように批判した。改組派がその利害を代弁するとされた「中等資産階級にして民族改良主義の一翼」が、蔣介石等の国民党右派がその利害を代弁するとされた「大資産階級と地主の連盟」から分裂してきた。こうした分裂に対して、譚平山等の「中国共産党内の右傾化分子」は、「小資産階級による独立的な動き」、あるいは「民族改良主義的な資産階級による革命的な動き」として評価していると[47]。

次いで両者の相違点について見てみよう。周偉嘉は相違点として、譚平山等の第三党が蔣介石の南京国民政府を革命的手段で覆すことを主張したのに対し、陳公博等が国民党改組運動によって、蔣介石に取って代わることを唱えたことを挙げている[48]。だが両者の最も根本的な差異は、政権を掌握していた蔣介石派をいかに打倒するかという方法論の点にあるのではなく、革命後にいかなる経済体制を建設するべきかという点にあったと見るべきであろう。譚平山は、中華革命党が「民族独立革命から社会主義の建設を達成しようとするものである」と宣言していた。すなわち譚平山の究極的な目標は、社会主義体制の確立であり、その点では共産党と際立った違いはなかったのである。

それ故に、譚平山の共産党批判の矛先は、瞿秋白路線の戦術面のあり方に集中しており、次のようにその批判点を列挙していた。①共産党の農民暴動政策そのものは支持するが、その「無計画、無系統なゲリラ式農民暴動」は、敵により各個撃破されるだけでなく、農民の革命に対する反感を引き起こしている。②農村ソビエトは労働者ソビエトの指導の下にあってこそはじめて成功し得る。だが共産党は農村暴動を重んじ、都市の産業労働者の運動を軽視してきた。③共産党は都市の小資産階級を排斥したために、広範な大衆の支持を失った。④共産党は他の左翼的傾向をもった運動を潰すことによって、かえって反動的な統治の状況をもたらすのに一役買っていると[49]。

一方、陳公博は先に見た通り、中等階級の没落と階級闘争を経て、資本主義から社会主義、共産主義に移行するというマルクスの革命観に疑義を唱えており、国民革命の体制モデルとして、同時代の欧米の修正資本主義体制に着目していた。それ故に、陳公博の共産党批判は原理的なものとなっており、より徹底していたと言えよう。さらに陳公博は、上述の中華革命党の共産党批判が載せられている「中華革命党宣言草案」が発表された後にもかかわらず、中華革命党の「連ソ連共暴動」の三大主張の誤りを批判し、「第三党と共産党との相違がどこにあるのか、実際に見分けがつかない」と断じた[50]。陳公博のこうした断定には、おそらく上述のような改組派と中華革命党とを同一視しようとする中傷への対処という側面もあったろうが、中華革命党の方針と共産党のそれとの差異が戦術面に限られ、社会主義・共産主義という究極的な目標を両者が共有していたことに対する論難という側面もあっただろう。

また、譚平山の最終的な目標が社会主義の建設であったことから、陳公博と同様に小資産階級を労働者・農民の同盟に加えていても、同盟のあり方にはやはり陳公博の立論とは相違があった。譚平山は改組派を批判する文章のなかで次のように述べた。労働者、農民及び小資産階級の同盟は、「革命連合戦線の意味であって、党の組織の代替であってはならない。党の組織化の最重要条件とは、特定の階級の利益に立脚して建設することであり、各階級の連合であってはならない(51)」と。すなわち中華革命党はあくまでも労働者・農民階級に立脚して組織されるべきであるとしたのである。一方、陳公博は小資産階級に対して、革命後の国家資本建設において大きな役割を発揮することを期待していたために、将来的に小資産階級の大資産階級化を阻止する必要があるとは認めながらも、現状では「ロシア革命においては農民に譲歩したが、中国革命では小資産階級に譲歩しなければならない」としていた(52)。すなわち陳公博は、コミンテルンの指摘のように小資産階級の利益を専ら代弁していたとは極論できないまでも、少なくとも労働者、農民、小資産階級のうち小資産階級を相対的に重視していたと言い得るであろう。

小　結

本章は、陳公博の反共主義がどのようにして確立されたのかについて論じてきた。陳公博の回想録「我與共産党」によれば、彼は中国共産党脱退後の米留学時代に、原理的な反共主義者になったと述べ、先行研究もそれを引用する。しかし実際には、陳公博は在米中から帰国直後にかけては、社会主義的経済学者のニアリングの影響を受け、帰国直後に連載された「新大陸三年回憶録」において、ニアリングの論敵でもあったセリグマンの修正資本主義の立場を、ニアリングと同様の立場から批判していた。また、おそらくはニアリングの影響の下に、陳公博はコロンビア大学に提出した修士論文において、資本主義が未発達で、封建的な社会経済体制が残存し、半植民地の下にある中国では、孫文の三民主義が時宜に適ったものであると見なしていた。同時に陳公博は、共産党が一全大会の共産主義革命路線の決議を放棄して、国共合作を行ない、国民革命を志向したことに対しても、共産党の路線転換の意図に猜疑の目を向けることなく、肯定的に評価していた。このように陳公博は在米中に原理的な反共主義者になったのではなく、むしろ帰国後に国共合作を推進する国民党左派入りをするに当たっての思想的準備を行なっていたと言えるのである。

国民党左派のホープとしてたちまち頭角を現した陳公博ではあったが、党中央農民部長在職中に早くも、共産党主導の農民運動の行き過ぎを機に反共産党に傾いた。そして中山艦事件以後は明確に反共産党の立場に立ち、武漢政府においても積極的に分共を推進する側に立った。その際に陳公博は、農民運動による暴動を通しての土地没収政策が中農を標的にしていること、また店員工会（労働組合）が中小企業である商店の店主に圧力を加えていることなどを取り上げ、共産党のこれら中等階級に対する階級闘争が階級間の混戦をもたらすだけであると批判した。

国共分裂後に、反蔣介石・反共産党を唱える改組派が結成されると、陳公博は単なる共産党の戦術面に対する批判にとどまらず、マルクスの共産主義革命理論そのものの破綻を、かつて自ら批判したセリグマンの議論から借用して主張するという挙に出た。すなわち同時代の欧米が修正資本主義の立場から、社会政策の実施によって中等階級を増大させてきたという事実そのものが、マルクス主義理論における中等階級消滅論の反証であるとしたのである。そして陳公博は、中国においても中等階級を増大させるべく、自ら国民党の同盟者と見なした労働者、農民、小資産階級の中等階級化政策を提言し、同時に国民革命に敵対的な大資産階級を排除するよう唱えた。コミンテルンの分析を通して、陳公博のそうした提言は、少なくとも小資産階級と労働者階級からはある程度の支持を得ることができ、両階級において改組派が大衆的基盤を築いていたことがうかがえるのである。

陳公博の反共主義理論をめぐる比較についてだが、国民党右派のそれとの間には、階級格差の解消のために、強力な党・国家の権力の行使を主張するという点では共通点があった。一方、相違点として次の二点を指摘した。第一に、陳公博がマルクス主義を部分的に取り入れた、同時代の欧米の修正資本主義に近い立場に立っていたのに対して、右派はマルクス主義を完全に否定して、中国の伝統的な思想を理論の拠りどころとしていた。第二に、陳公博が労働者、農民、小資産階級を国民党の階級的基礎と見なしていたのに対して、右派は階級対立の存在を否定して、党が全国民の利益を代弁するべきであるとしていた。

また、陳公博の反共主義理論と第三党である中華革命党のそれとの間には、労働者、農民、小資産階級を同盟者と見なしていることのほかに、国民党右派と共産党を厳しく批判しているという点で共通点があった。一方、相違点としては次の二点を指摘した。第一に、陳公博が革命後の体制モデルとして、同時代の欧米の修正資本主義体制に着目していたのに対して、中華革命党は究極的な目標として社会主義建設を唱えていた。そこから両者の共産党に対する批判にも差異が生じるに至り、前者がマルクス主義理論そのものに異を唱える原理的な反共主義の立場に立ったのに対して、後者は専ら共産党の戦術面に対する反対に終始した。第二に、陳公博が小資産階級を相対的に重要視したのに対して、中華革命党は労働者と農民をより重視し、党建設に当たっての直接的な基盤と見なした。

（1）　先行研究について言及すると、前掲、山田辰雄『中国国民党左派の研究』、So Wai-Chor, *op. cit.* は、陳公博の反共主義を取り上げているものの、あくまでも改組派の理論の一部として扱っており、対象時期も限られている。一方、中国共産党離脱直後にまで遡って、陳公博の反共主義の形成過程を追った研究は、中国や台湾で出版された各種の評伝に俟たなければならず、近年における代表作としては、前掲、石源華『陳公博全伝』を挙げることができる。だが、同書は陳公博のリアルタイムのテキストにではなく、後年の回想録に全面的に依拠しているために、その反共主義の形成過程を誤って記述している。そこで本章では、陳公博自身のリアルタイムのテキストに基づいて、反共主義の確立過程を見ることにし、さらにその反共主義を国民党内外の諸潮流のなかに位置付けるものとする。

(2) 前掲、石源華『陳公博全伝』、八八頁。

(3) 前掲、陳公博「我與共産党」、四八～五〇頁。

(4) 前掲、石源華『陳公博全伝』、九二頁。陳公博は中国共産党員だった頃、教育会評議員になったが、それを機に教育会長の汪精衛や財政庁長兼評議員であった廖仲愷と行き来するようになった。李珂『陳公博』、河北人民出版社、一九九七年、五六頁を参照。

(5) 前掲、陳公博著、松本重治監修、岡田酉次訳『苦笑録』、一九～二〇頁。前掲、陳公博『苦笑録』、六～八頁。前掲、陳公博「我與共産党」、五九～六二頁にも同様の内容のことが書かれている。

(6) Scott Nearing, *The making of a radical : a political autobiography*, Harper & Row, 1972, p. 146.

(7) 陳公博「新大陸三年回憶録（八）」、『広州民国日報』一九二五年六月二日付け。

(8) 陳公博「新大陸三年回憶録（九）」、『広州民国日報』一九二五年六月三日付け。なお、陳公博がその主旨を引用したセリグマンの原文は、E. R. A. Seligman, Scott Nearing ; introd. by Oswald Garrison Villard, *Debate between Prof. E. R. A. Seligman and Prof. Scott Nearing*, Lexington Theatre, 1921, pp. 11-13. セリグマン、ニアリング共著、佐藤克己訳『資本主義か社会主義か』、新思想社、一九四八年、一四～一七頁。

(9) 陳公博「新大陸三年回憶録（九）」、同上。

(10) 陳公博「新大陸三年回憶録（十）」、『広州民国日報』一九二五年六月四日付け。

(11) 陳公博「新大陸三年回憶録（十一）」、『広州民国日報』一九二五年六月五日付け。

(12) 陳公博「新大陸三年回憶録（四）」、『広州民国日報』一九二五年五月二八日付け。

(13) 前掲、陳公博「我與共産党」、五〇頁。

(14) ニアリングの一九二七年の中国訪問については、Scott Nearing, *op. cit.*, pp. 140-145.

(15) Scott Nearing, *Whither China?*, International Publishers, 1927, p. 93, 97, 104, 105, 112. ニアリング著、秋月民一訳『支那は何処へ?』、同人社、一九三八年、一一七、一二三、一三六、一四六~一四七頁。

(16) Ch'en Kung-Po ; edited with an introduction by C. Martin Wilbur, *op, cit.* p. 93, 68, 69.

(17) 前掲、陳公博「我與共産党」、三三頁。

(18) 陳公博『国民革命的危機和我們的錯誤』、待旦書局、一九二九年、四~五頁。

(19) Chen Kung-Po, *op. cit.*, pp. 100–101.

(20) 陳公博「本党第二次全国代表大会農民運動決議案：附　農民運動報告」、『中国農民（復刻版）』、大安、一九六四年、一一五~一一六、一一八頁。初出は、第二期、一九二六年、発行月は不明。

(21) 陳公博「農民運動在中国国民革命的地位」、同上、七〇二頁。初出は、第六七期合刊、一九二六年、発行月は不明。

(22) 前掲、陳公博『国民革命的危機和我們的錯誤』、五~六頁。

(23) 前掲、陳公博著、松本重治監修、岡田酉次訳『苦笑録』、四七頁。前掲、陳公博『苦笑録』、三四頁。

(24) 「中国国民党中央執行委員会政治委員会　第三十次会議速記録（一九二七年六月二〇日、漢口中央党部）」、中国第二歴史档案館編『中国国民党第一、二次全国代表大会会議史料（下）』、江蘇古籍出版社、一九八六年、一二五九頁。

(25) 前掲、陳公博『国民革命的危機和我們的錯誤』、一三~一七頁。

(26) 「中国国民党中央執行委員会政治委員会　第三十一次会議速記録（一九二七年六月二二日、漢口中央党部）」、前掲、中国第二歴史档案館編『中国国民党第一、二次全国代表大会会議史料（下）』、一二七六~一二七七頁。

(27) 前掲、陳公博著、松本重治監修、岡田酉次訳『苦笑録』、九八頁。前掲、陳公博『苦笑録』、七八~七九頁。

(28) 前掲、陳公博『中国国民革命的危機和我們的錯誤』、七~九頁。

(29) 前掲、陳公博著、松本重治監修、岡田酉次訳『苦笑録』、六八~七二頁。前掲、陳公博『苦笑録』、五三~五六頁。

(30) 前掲、山田辰雄『中国国民党左派の研究』、二二九~二三〇頁。

(31) 陳公博『中国国民党所代表的是什麼』、出版社不明、一九二八年再版、一一〇~一一二頁。ちなみに、陳公博は同上において、中国の小資産階級に含まれるものの一例として、雑然と小地主、小商人、自由職業者、手工業者、学生等を列挙していた。

(32) 陳公博「答彭学沛先生論国民党代表是什麼」、孟明編『陳公博先生最近論文集』、復旦書店、一九二八年、一四四頁。

(33) 前掲、陳公博『国民革命的危機和我們的錯誤』、九頁。

(34) E. R. A. Seligman, Scott Nearing ; introd. by Oswald Garrison Villard, *op. cit.*, p. 10. 前掲、セリグマン、ニアリング共著、佐藤克己訳『資本主義か社会主義か』、一二一〜一三頁。
(35) 陳公博は一九二八年四月にロンドンに赴いて、総選挙の最中にあった労働党本部を訪問し、数人の責任者と意見交換をしたと回想しているが、こうした行動も当時彼がイギリス労働党の綱領に代表される修正資本主義の立場に立っていたことを裏付けるであろう。前掲、陳公博著、松本重治監修、岡田酉次訳「苦笑録」、一六〇頁。前掲、陳公博『苦笑録』、一二九頁。
(36) 陳公博「今後的国民党」、前掲、孟明編『陳公博先生最近論文集』、二五〜二八頁。
(37) 前掲、陳公博『中国国民党所代表的是什麼』、七〜九頁。
(38) 陳公博『中国国民革命的前路』、待旦書局、一九二九年、二〇〜二一頁。
(39)「附録　一、共産国際執委給中共中央関於国民党改組派和中共任務問題的信（一九二九年十月二十六日）」、査建瑜編『国民党改組派資料選編』、湖南人民出版社、一九八六年、六七四〜六七八頁。
(40) 前掲、陳公博著、松本重治監修、岡田酉次訳「苦笑録」、一四五頁。前掲、陳公博『苦笑録』、一一四頁。
(41) 前掲、陳公博「答彭学沛先生論国民党代表是什麼」、一四四頁。
(42) 以上、戴季陶の言説の引用は、抱恨生「孫文主義之哲学的基礎（復刻版）」、『民国叢書』編集委員会編『唯生論：上／陳立夫講、生之原理／陳立夫著、孫文主義之哲學的基礎／抱恨生著』、上海書店、一九九一年、（初版は、中山主義研究会、一九二七年）、一四〜一五、三〇〜三一、三四頁。戴季陶著、中山志郎訳『孫文主義の哲学的基礎』、生活社、一九三九年、一七、三〇〜三一、三三頁。
(43) 呉稚暉「書汪先生最近言論後」、呉稚暉先生全集編纂会編『呉稚暉先生全集』、中国国民党中央委員会党史史料編纂委員会、一九六九年、九五七頁。
(44) 陳公博「対於『評国民革命的危機和我們的錯誤』的回答」、陳公博『陳公博先生文集　上冊』、達仁書店、一九二九年、七六〜七七頁。
(45) 周偉嘉『中国革命と第三党』、慶応義塾大学出版会、一九九八年、一〇〜一一頁。
(46) 景明『用真凭実拠証明陳公博輩是灰色共産党』、革命週報社、一九二八年、七四〜七五頁。
(47) 前掲、「附録　一、共産国際執委給中共中央関於国民党改組派和中共任務問題的信（一九二九年十月二十六日）」、六七六頁。
(48) 前掲、周偉嘉『中国革命と第三党』、一一頁。

(49) 譚平山「中華革命党宣言草案」、前掲、『譚平山文集』編輯組編『譚平山文集』、四八五、四六九頁。
(50) 前掲、陳公博『中国国民革命的前路』、八六〜八七頁。
(51) 前掲、譚平山「中華革命党宣言草案」、四六三〜四六四頁。
(52) 前掲、陳公博『国民党所代表的是什麼?』、一一六頁。

第九章　陳公博の対外認識と対内政策構想
――改組派時期から蔣汪合作政権時期にかけて――

序

第八章では、陳公博の中国共産党離脱後の軌跡を、その反共主義の確立を軸に見てきた。すなわち陳公博は米国留学から帰国して、しばらくは国民党左派のホープとして国共合作を支えてきたが、やがて反中国共産党に転じ、武漢政府内で積極的に分共を推進することになり、国共合作崩壊以後も改組派の指導者として、反蔣介石とともに反共を主張したのである。さて、ここで蔣介石との関係を軸に陳公博の政治活動を概観すると、改組派時期には反蔣介石の言論活動にとどまらず、一九二九年から翌一九三〇年にかけての三度にわたる反蔣戦争にも参加した。だが満州事変の勃発を受けて、蔣介石と汪精衛が和解し、蔣汪合作政権が成立すると、汪精衛の側近であった陳公博も実業部長として同政権の中枢に参与し、「民族主義」を提唱して、独自の経済政策構想を披瀝した。そして、この章では触れないが、日中戦争が勃発し、汪精衛が重慶から脱出して、新たに南京に汪政権を樹立すると、陳公博も行動を共にし、再び蔣介石と和平か抗戦かをめぐって対立を深めた。このように汪精衛の側近である陳公博と蔣介石の関係は対立から提携、そして対立へと振り子のように揺れ動いていたのである。

さて、従来の日本や米国の中華民国史研究において、汪政権樹立以前の陳公博に関して注目されてきたのは、改組派時期の反蔣介石・反共を含意する国民党改組の構想か、あるいは蔣汪合作政権時期における経済政策の構想であるが、両時期を通して蔣介石との関係が対立から提携へと、大きく変化するにもかかわらず、両時期の対内政策構想の相互連関には、注意が払われてこなかった。また両時期には、済南事件や満州事変が起こったが、陳公博の対日観を含む対外認識やその対内政策構想との関係についても、先行研究では触れられてこなかった(1)。そこで本章では、改組派時期から蔣汪合作政権時期にかけての、陳公博の対内政策構想や対外認識をめぐる様々な諸連関がどのようなものであったかについて究明することにしよう。

第一節においては、済南事件当時の対日観を中心とした対外認識について明らかにする。第二節においては、対内政策たる反蔣介石を含意する国民党改組の構想を概観して、改組の構想と対外認識との関係を分析する。また満州事変を機に蔣介石との提携に転じるが、その際に国民党改組の構想の放棄を正当化した理論である「動的物観」や新たに提起された経済政策構想ついて論じる。第三節においては、満州事変後の対外認識を取り上げ、その経済政策構想との関係について考察する。

第一節　済南事件に際しての対外認識

陳公博が国民党の改組を提唱していたさなかの一九二八年五月に、済南事件が起こるが、事件当時に執筆された諸論説を基に、その対日観を見ていくことにしよう。まず陳公博は次のように山東出兵を日本の一貫した大陸政策の一段階として説明していた。日本の大陸政策は、その第一段階が朝鮮の併合であり、第二段階が満蒙の強奪であり、第三段階が中国北部の独占であり、第四段階が中国南部の略奪である。日本は日露戦争での戦勝によって、第二段階までを実現し、第一次大戦において第三段階を実行するために、英仏による暗黙の了解の下でドイツの勢力圏であった山東を奪取した。しかし戦後、ワシントン会議で山東問題の解決が図られ、日本の大陸政策が挫折を被った。その結果、日本の軍閥は外交の軟弱さをそしり始め、この度の山東出兵に及んだのであると[2]。また陳公博は、民政党内閣が山東出兵を行なった政友会内閣よりも穏健であると決して誤解してはならないと述べ[3]、民政党の幣原外交を政友会の田中外交と区別せずに、前者をも日本の大陸政策の推進を担っているものとして考えていた。

一方、陳公博は終始一貫した大陸政策の角度からとは別に、次のように日本の経済情勢の観点から田中義一内閣について分析していた。第一次大戦を契機に、日本は国外に勢力を拡大しただけではなく、国内においても工業が飛躍的に発展したが、それに伴って労働者の数も増加の一途をたどり、「無産者に対して政治上相当の譲歩をなさざるを得なくなった」。この田中内閣の下で、無産者に対する「譲歩」の結果、一九二八年二月に初の全国普通選挙が実施されたところ、与党の政友会が全得票数の半数を占めたに過ぎなかったことから、資産階級が動揺するに至った。だが、もしこの度の選挙で田中が組閣していなければ、与党はさらに惨敗したであろうし、治安維持法を強化し、三・一五事件や四・一六事件などの全国的な大検挙を行なわなければ、資産階級は一層動揺したであろう。それ故に、田中の組閣は「日本の資本主義全体の要求」だったのであり、山東出兵は「日本の資本主義を安定させ、野党や未成熟な無産政党の目標を転移させる」ための唯一の手段だったのであると[4]。

また陳公博は、田中内閣の性質が同時期のボールドウィン英保守党政権のそれと似通っていることをも指摘していた。陳公博によれば、世界の覇権国である英国において、その資本主義は第一次大戦に際して動揺したが、崩壊に至らず、戦後になって復活した。こうした資本主義の復活に当たっては、「極端に反動的な保守党を擁立することなしには不可能であった」。このようにボールドウィン政権を「極端に反動的」と批判する背景には、一九二六年の同政権によるゼネラル・ストライキの非合法化や、労働組合の労働党への献金に対する制限立法があったものと推察される。さらに陳公博は、英国の資本主義社会が、その存続のためにボールドウィン政権を誕生させたように、世界の資本主義社会も、その存続のために「ボールドウィンの綱領」を受け入れざるを得なくなっていると し、その事例として、日本の田中内閣と並んで、フランスのポワンカレ政権、ドイツのヒンデンブルグ大統領を挙げた。(5)

さて、日本のもたらす危機に対して、陳公博はどのように対処するべきであると主張したのであろうか。対処の鍵は何よりも国民革命の成功にあるとされ、陳公博は次のように述べた。国民革命が成功すれば不平等条約はただちに撤廃され、不平等条約が撤廃されれば、日本は「山東と満蒙の利権を失う」であろう。さらには国民革命の成功に刺激されて、「東方民族」が立ち上がれば、日本の「台湾や朝鮮における基盤も即座に動揺する」であろう。また三民主義のうち、民族主義は日本の「大陸政策の遂行を激しく攻撃し」、民権主義は日本の「皇室と貴族の安寧に影響を及ぼし」、民生主義は日本の「すでに十全に発展した資本主義を死滅させる」ほどの衝撃を与えることになるだろう。すなわち中国の国民革命によって、英国の帝国主義はただ「在華特権や一切の租借地と租界を喪失するに過ぎない」が、日本の帝国主義は「成熟したばかりの土台が根本的に覆されてしまうことになりかねない」のであった。それ故に、田中内閣は第二次大戦の惹起も恐れずに、山東出兵に踏み切ったのであると。(6)このように陳公博は、日本の一貫した大陸政策にもかかわらず、その帝国主義と資本主義に脆弱性を見て取り、国民革命の成功によって、その死命を制することができると考えていたのである。

陳公博の対日観をこれまで見てきたが、ここで対日外交を中心とした対外政策構想に関して、当時彼の批判の対象であった南京国民政府外交部長の黄郛・王正廷と比較することにしよう。まず共通点としては、陳公博も南京国民政府の外交当局者と同様に、反帝国主義政策を具体化した外交目標として、中国の政治的・経済的な自由を奪ってきた租借地・租界、関税協定、領事裁判権といった一連の不平等条約の撤廃を主張していたことが挙げられる。(7)

次いで相違点について見ていこう。第一に、対日政策に関してだが、満蒙問題や山東出兵問題への南京国民政府の対応は、同政府の最重要課題が北伐による全国統一にあったことから、北伐の対象となる張作霖の背後にある日本との関係を静謐に保つ必要があり、そのために満蒙における日本の特殊地位・権益への理解や尊重を示し続けたほか、反日運動を取り締まることで、日本との関係改善を図り、衝突を避けようとするものであった。そのような親日の姿勢は、山東出兵によって一時的に挫折したものの、その後も南京国民政府は対日改善を図り続けた。(8)一方、陳公博は上述のように日本の帝国主義と資本主義に脆弱性を見出していたために、中国が国民革命を成功させ、三民主義を実現することができるのならば、日本社会は動揺から崩壊に至るであろうと予測していた。逆に、「もし中国が軟化すれば、田中はその地位を維持し、その基盤を強化することができるばかりではなく、さらには中国の革命勢力を転覆させて、中国を朝鮮や台湾のようにしてしまうであろう」と警告していた。(9)このような対日強硬策を披瀝していた陳公博は、当然ながら南京国民政府外交当局の「軟弱さ」を非難していた。(10)後年の回想録によると、その時とりわけ外交部長の黄郛を厳しく批判したために、黄郛を義兄とする蔣介石に忌み嫌われたことが、当時陳公博が主宰していた雑誌『革命評論』の停刊処分の遠因になったとのことである。(11)

また陳公博は、当時の南京国民政府が余儀なくされていたような「同盟国のない独立外交は、ぜひとも民衆を基盤としなければならない」と主張し、民衆の反日運動を取り締まるのみならず、民衆の秘密裏に交渉を進める南京国民政府当局の姿勢を北京政府式外交と痛罵していた。(12)このような民衆に基盤を置く外交の提唱は、国民党改組の構想における労働者・農民・小資産階級に党の階級的基礎を置くべきであるとする主張と重なっていると言えるだろう。

第二の相違点は、対日政策との関連における対米・英・ソ政策についてである。王正廷は外交部長就任前から、中国においてそれぞれ権益を拡大しようとしている米英日ソ相互間の矛盾を利用して、お互いを離反させるという列強分離政策を主張していた。(13) 例えば、王正廷は不平等条約の改正交渉に当たって、まずケロッグ米国務長官を動かして、一九二八年七月に関税自主権を認める中米条約の調印にこぎつけ、次いでボールドウィン政権との間でも、同年一二月に関税自主権を承認する中英関税条約を締結した。こうして日本を孤立に追い込むことで、対日関係においても関税自主権の回復に成功したのである。(14)

一方、陳公博も王正廷の列強分離政策の前提とも言うべき、帝国主義諸列強間の矛盾の存在を認めていた。彼は、米国が太平洋で日本と利害が衝突していることから、欧州経済を安定させるために米国との提携を必要としている英国が、日本と軍事協調を行なうのは一時的なことに過ぎないとし、さらには日本が大陸政策を完遂すれば、長江流域の英米の権益は排斥されるだろうとした。(17) しかしながら、陳公博は王正廷のように列強分離政策の採用を主張しなかった。すなわち日本が「中国の革命にとっての最大の障害」になっていることを認めつつも、対米・英関係を対日牽制に利用するのではなく、なおも米・英の帝国主義に対する警戒を呼びかけていたのである。米国については、国民革命に同情を寄せたりしているが、それには中国が民生主義を実行して、米国の在華資本に決して害を及ぼしてはならないという条件があるとした。また英国については、軍事的鎮圧の手段から「軟化」の手段に変更したことを認めつつも、日本の山東出兵に対して「何等の声明も出さずに、中国人民の標的が英国に集中していたのを、日本に向かうように企てた」りしており、依然として既得権益を維持し、中国の割拠を助長しようとしているとした。(18) ちなみに陳公博は第三インターナショナルに関しては、中国共産党を用いて、国民革命を破壊しているほかに、モスクワが日独との提携を図ろうとして、朝鮮の独立と中国の国益を犠牲にし、さらに外モンゴルを奪取したことを批判していた。(19)

陳公博の見解を要約すると、英、米、日、第三インターナショナルは、前二者が「軟化戦略」を、後二者が「進攻戦略」を採るという違いを除くと、国民革命に対する妨害という点では、全く異なるところがなかったのである。ここで陳公博があえて第三インターナショナルと呼び、ソ連と呼ばないのは、ソ連との提携の余地を残すためであった。陳公博の対列強外交戦略は、日本に対しては攻勢を行ない、英国に対しては防衛態勢を敷き、米国を中立化させ、ソ連とは共産主義化を企てたりしないという条件の下で、反帝国主義戦線の結成を求めて、国交を回復するというものであった。(20)このような陳公博の日英米のいずれとも提携を求めることなく、三ヶ国を同時に敵視する戦略は、上述のように最大の脅威である日本の帝国主義や資本主義の脆弱性への認識に支えられていたと言ってよいであろう。

ここで、陳公博が国民党の年来の被抑圧民族との連帯というスローガンを一歩踏み出して、「東方」インターナショナル、あるいは「三民主義」インターナショナルの設置を謳っていることが注目に値するであろう。陳公博は国民党の改組の一環として、党の統一と拡大を主張したが、拡大に関して、その意味するところは、国内における拡大ではなく、国外における拡大であるとした。陳公博によれば、一九二四年の改組の精神とは、国内の民衆の振起と世界における我等を平等に遇する民族との連帯であるが、後者に関しては、実際には連ソに重きを置くばかりで、我等よりもさらに弱小な民族を忘れているとした。そこで改組の精神に立ち返り、「東方民族を指導することが国民党の重大な使命である」ことを個々の同志が銘記するように求めつつ、「東方」インターナショナルの設置を提唱したのである。(21)言わば陳公博は「東方」インターナショナルを通して、「東方」の被抑圧民族と連帯し、日本、英国、米国等の帝国主義諸列強に対して斉しく抵抗するといった、革命的な外交政策を追求していたのである。

第二節　満州事変の衝撃と対内政策構想の変容

陳公博の対内政策構想、とりわけ改組派時期の主要なスローガンであった国民党改組について概観することにしよう。先述のように陳公博は、日英米の帝国主義や第三インターナショナルといった国外の勢力によって、国民革命が危機に瀕していると認識していたが、国内においても国民党の破壊によって国民革命が危機に陥っているとしていた。国民党の破壊振りについては、「党に地域主義や個人主義が蔓延しているために、党組織はとうにないに等しい」程度にまでなっており、このような事態を前にして、党の統一が党員のみならず、国民革命全体の要求として出てきているとした。そして党の統一のためには、「改組以外に方法はないであろう」と主張したのである[22]。ここで「地方主義や個人主義」を体現している代表が、当時権力を集中させつつあった蔣介石であるのは言を俟たないであろう。

周知のように、陳公博による国民党改組の主張には、反蔣介石の契機が反中国共産党の契機とともに含まれていた。一九二八年八月に起草された「党的改組原則」に即して見ると、反蔣介石の契機とは、「党の権威を高め、党の独裁を実行する」、「党の組織を厳格にし、党の規律を厳重にする」といった項目に見られるような党の指導性、及びそれを前提とした「現在の党の民主化・青年化を促し、少数幹部の独裁に反対する」といった項目に反映される党内民主主義であった。他方、第八章で見たように、反共産党の契機とは党の指導性と、それを前提とした「党の農民・労働者階級の基礎を強固にし、農民・労働者・小資産階級の連合戦線を確固たるものにする」といった項目に見られる階級基礎論であった[23]。

ところで、国民党改組の構想における反蔣介石と反共産党という二つの契機のうち、より重視されたのはどちらであろうか。陳公博は、一九二七年一二月の共産党による広東コミューンの後、一九二八年一月に上海に来た折のことを回想して、当時「どのようにすれば清党する以外に、共産主義理論を一掃することができるのか」ということを熟考していたと記していた。だが「党が健全でなければ、共産党を殲滅しようとしたところで、不可能であろう」という結論を得て、「やはり国民党自体から検討する」ことにしたとのことである。[24]「国民党自体から検討する」ことが反蔣介石を含意しているのは言うまでもないだろう。

さらには、国民党改組による反蔣介石の実行は、国民革命の究極の目的である、国家資本の建設と不平等階級の除去からなる民生主義の実行のための大前提でもあった。すなわち「我々は民生主義を実行するに当たっては、党の独裁を主張するものであり、党の独裁を主張するに当たっては、中国国民党の組織を健全化しなければならず、中国国民党の組織を健全化するに当たっては、本党を破壊する地方主義や個人主義を一掃し、党の改組を主張しなければならない」のであると。[25]「地方主義や個人主義」の体現者が蔣介石を指しているのは先に見た通りである。

陳公博の反蔣介石政策としての党内民主主義の主張は、一九二九年三月に開催された国民党第三回全国代表大会（以下、三全会と略記）において尖鋭化した。三全会の代表の選出は、蔣介石の党中央の指名に依拠していたが、陳公博は大会開催を前にして、それらの代表の大半が「農民や労働者や小市民」を代表するのではなく、「いくつかの軍事集団」を代表しているに過ぎないことを指摘した上で、「代表大会が開催される時が、革命的な国民党が永眠する時なのである」と厳しく批判した。[26]また陳公博は、単に言論の上で三全会の非合法性を非難するだけではなく、汪精衛や他の改組派の同志とともに、一九二九年から一九三〇年にかけての第二戦から第四戦にわたる反蔣戦争に参加した。第四戦の反蔣戦争における北京国民党拡大会議の開催過程で、従来から批判していた西山会議派との提携等もあり、陳公博は国民党改組の主張の貫徹は断念しながらも、少なくとも反蔣介石という点だけは依然として堅持していた(27)。

ここで、陳公博が前節で見たように、日本をはじめとする帝国主義の脅威に中国がなおもさらされ続けていると認識しながらも、あえて反蒋戦争という内戦への参加に踏み切った判断の根拠がいかなるものなのかということを、問うべきであろう。先述のように、当時、陳公博は日本については、その首尾一貫した大陸侵略計画の存在を認識しながらも、その帝国主義と資本主義の脆弱性を指摘し、国民党改組を端緒とする国民革命の成功によって崩壊に導くことができると主張していた。また英国については、関税自主権を承認するなどの「軟化」政策の採用によって、その軍事的脅威が遠のいたことを認めていた。すなわち陳公博は、中国の対外的脅威に関して極めて楽観的な認識をもっていたが故に、反蒋介石政策を、内戦をも辞さずに追求し得たのだと言うことができよう。実際、こうした内政優先の政治的実践は、国民党改組の構想段階から顕著であり、例えば前出の「党の改組原則」における「目下の政治に対する主張」では、全一七項目中、対外政策に関する項目は第一四項目の「革命的な外交政策を確立する」のみであり、他の項目のほとんどが内政に関するものであった(28)。このことからも、当時の陳公博の政策構想全体における対外政策の相対的な優先度の低さがうかがえるだろう。

次に、満州事変が陳公博の対内政策構想やその政治的実践に与えた影響について見ることにしよう。陳公博は反蒋戦争参加の過程で、汪精衛との関係に齟齬を来たしたために、満州事変前後には海外に渡っていた。そしてベルギーで胡漢民が蒋介石によって軟禁されるという報道に接し、その後、広東非常会議が成立して、同志から催促されて、ようやく帰国の途に着いたところへ、船がセイロンのコロンボに寄港した折に、満州事変の勃発を知った。その時、陳公博は次のような感想を抱くに至ったという。「私は改組を提唱してからというもの、党がもしうまくやれなければ、国家もそれに従ってなす術がなくなるだろうという信念を抱いていた。……第三回全国代表大会での蒋介石の党中央による代表派遣は党規の破壊と考えたので、反対した。しかしあにはからんや、こうした正義感が数年にわたる非常に大きな災いを招いてしまった」[29]と。このように陳公博は満州事変の報に接して、反蒋活動の停止を誓うに至り、その後には蒋汪合作政権に参加し、一九三二年から一九三五年まで実業部長の地位に就くことになる。

では、陳公博が国民党改組の提唱に対して、どのようにイデオロギー的に総括したかを、『革命與思想』を中心に見ることにしよう。『革命與思想』の執筆はベルギー滞在中に着手され、一九三三年に陳公博自らが主宰する雑誌『民族』に連載された。まず陳公博は「動的物観」を披瀝して、次のように述べた。人類の生存にとって最も重要な条件は衣食住であるが、この三条件は「物」からできている。一方、衣食住に関する自然からの供給が減少するに従い、衣食住に関わる「物」の生産のための分業、及び分業のための団結、団結のための制度が必要とされてくるが、こうしたことは、制度という「事」が「物」から生じることを意味しており、この「動的物観」の法則に則って、「事」たる制度が部落、封建、近代国家へと進化してきたのであると。

「動的物観」の観点から、当時の世界や中国の情勢はどのように捉えられていたのであろうか。陳公博は当時の世界には、人々の慣習や生活様式が同一化する方向性と、人々の矛盾や衝突が複雑化する方向性という、相反する二つの潮流が並存していると指摘した。前者の出現については、工業革命以後の電気、汽船、汽車、飛行機といった「物」の新たな発明によって、世界の距離が短縮されたからであるとしたが、後者の出現については、「物」の新たな発明にもかかわらず、経済的組織という「事」がなおも世界を単位とするには及んでおらずに、国家を単位としている、すなわち国民経済にとどまっているからであるとした。陳公博によれば、欧州の一八世紀の民族運動により民族という経済単位、すなわち国民経済が確立された。だが民族運動が最高潮にまで達すると、各国相互間で軋轢が起こり、第一次大戦後にはさらに民族運動に拍車がかかって、世界恐慌のさなかにあって第二次世界大戦の気運が醸成されてきているのであった。他方で、当時の中国については、幣制や度量衡制の不統一に見られるように、なおも国民経済成立以前の封建的経済という「事」の下にあるとしていた。

上述のような中国の現状に対する把握を前提として、陳公博は、中国の過去の革命が全て「士大夫」の指導によっていたと断じた。「士大夫」は特定の職業に従事しておらず、伝統的な慣習によって、その地位は農民、労働者、商人を超越しており、大衆を指導しなければならないという思想をもっていて、一度異変が発生すると、決まって指導的地位に就こうとするものであるとされた。例えば、春秋戦国の時代には諸子百家の学説が入り乱れたが、そうした様々な流派の背景には、「士大夫」が異変の時にあって、指導し、働きかけるという共通の行動様式があった。同様に辛亥革命から今日までも、「復辟であれ、立憲であれ、また社会主義や共産主義においても、いずれも士大夫が提唱し、指導し、揺り動かそうとしているのである」とされた。ここで陳公博が自らの改組派をも「士大夫」の範疇に含んでいたことは言うまでもなかろう。

また陳公博は、国民党改組に際して唱えた労働者・農民・小資産階級との連合という階級基礎論についても、次のような再検討を行なって否定した。労働者については、産業労働者は僅少に過ぎない上に副業が多く、手工業者ももとより組織化されていない。農民については、人口の圧倒的多数を占めながらも、小農制の下にあって組織化することができない。小資産階級の代表である商人については、商業資本ばかりで、工業資本が形成されていないために、革命の任務を担うことができない上に、租界や租借地のなかにいて逃避の機会があることから、時の政権と闘争してまで自己の利益を確保しようとはしないと。このように封建的経済の社会にあっては、労働者や農民等の「職業性を備えたものが革命を指導することがなかったために、士大夫が時に乗じて立ち上がり、一切を指導した」と結論付けたのである(30)。

国民党改組の主張を否定的に総括した上で、陳公博は新たに「民族主義」を提唱した。民族の自由と平等を目指す運動の最大の目的は、民族的経済によって封建的経済を破壊すること、すなわち国民経済を確立することにあり、一方、民族運動は工業革命の産物であって、工業革命がなければ、近代国家が完成されることなどあり得ないとした(31)。そして具体的な国民経済確立のための方策として、実業部長の立場から、長江下流域を中心地域に策定した工業建設を模索した。陳公博が国民経済確立や工業建設を強調した背景には、政治革命はただちに経済面での変化がなければ、革命の道から逸脱して、上述の「士大夫」による政治指導のような歴史的な循環に陥ってしまうという認識があった(32)。このような認識は、改組派時期において、国民革命の進展の過程で「民族主義」が自然に完成されると考え、工業化といった生産力の発展よりも、先述の階級基礎論に象徴されるように、専ら民生や分配に配慮したことに対する反省からもたらされていた(33)。

また注意を要することとしては、陳公博はその自ら提唱する「民族主義」について、蔣介石が当時傾斜していたファシズムとは異なると主張していた点が挙げられる。蔣介石は満州事変以降、国家的危機と「訓政独裁」という体制イデオロギーの弱体を克服する意図から、藍衣社といったファッショ的秘密団体を結成し、ファシズムに傾斜していった。樹中毅は、国民党のファッショ化が従来のコミンテルンや中国共産党による、資本主義の危機から生じた反動としての大地主・大ブルジョア階級支配といった解釈からは捉え切れないと主張する。樹中は、蔣介石のファシズム論がイデオロギーと党組織の強化、囲剿戦の遂行、国家分裂の克服といった当時の政治課題との関連で唱えられており、ファシズムと孫文主義の伝統的側面との結合、一切の軍事化、領袖に対する絶対的信仰という特徴を有していたと指摘する。とりわけ最後の領袖に対する絶対的信仰という特徴は、ナチス・ドイツの指導者原理を模倣したものであって、効率的な国家統治と社会動員を図るのと同時に、蔣介石自身のために孫文の後継者としての地位を確定する意図が込められていたとしている(34)。

一方、陳公博はファシズムに対してどのような見方をしていたのであろうか。陳公博は資本主義と社会主義とファシズムとの関係を次のように説明した。工業革命後、平民が工業により得た経済力により、貴族に対して革命を起こし、議会政治を確立するなどしたが、現代の資本主義が表徴する政治とは、このような「民治主義」である。この「民治主義」は有産の平民を解放したものの、広範な下層民衆を解放しなかったために、社会主義が勃興した。社会主義は一時社会に動揺を与えたものの、多くの国々では社会主義に移行する条件になかったことから、実現していないが、代わりにイタリアで「ファシズムが社会主義のなかから立ち上がり興ってきた」。ファシズムは決してイタリア古代への回帰ではなく、フランス革命以降におけるイタリアの民族自立運動の一類型として捉えるべきであると。(35) 陳公博はファシズムを資本主義や社会主義と同様に、工業革命がすでに実現された社会の所産と措定することで、工業化が未成熟な中国では、ファシズムの実践など不可能だとしたのである。陳公博がファシズムの実践に異議を唱えた背景には、蒋介石がファシズムの導入を通して、権力基盤を固めようとすることに対して、牽制する意図があったことは間違いないであろう。

さらに付言するべきこととして、第一〇章で詳しく触れるが、陳公博の「民族主義」には反中国共産党の契機も含意されていた。当時、共産党は土地革命を推進して、農村に根拠地を拡大しようとしていたが、陳公博は、国民経済確立のための工業建設が農村の余剰労働力を吸収することから、農村の救済をもたらし、結果的に共産党の農村における地盤を掘り崩すことになると主張したのである。このように陳公博の「民族主義」の提唱には、かつての国民党改組の構想と同様に、反蒋介石・反中国共産党の契機が伏在していたのである。

本節では済南事件当時、陳公博が国民党改組を主張し、反蒋介石政策を最重要視していたものの、満州事変を契機として、反蒋介石政策を撤回し、「民族主義」を提唱して、国民経済確立のための長江下流域の工業化計画を唱導するに至った軌跡を見てきた。次節では満州事変後の対外認識を見て、その経済政策構想との関係を考察することにしよう。

第三節　満州事変以後の対外認識

満州事変以降における東アジアの国際関係の焦点は、中国・日本・ソ連間の関係であった。まず陳公博の実業部長在任期間に当たる一九三二年から一九三五年までの中国の対ソ連・日本関係について、鹿錫俊の論稿を基に整理しておこう。一九三二年から概ね一九三五年前半までは、以下のように四段階に分けることができる。第一段階は満州事変勃発から一九三二年一〇月の対ソ国交回復の決議に至るまでであり、中国は日本と対決しながらも、ソ連とも外モンゴル問題や中東鉄道問題、中国共産党問題等をめぐって対立関係にあった。第二段階は一九三二年一〇月の対ソ国交回復の決議から一九三三年五月の塘沽停戦協定に至るまでであり、国民政府は日本による熱河省占拠、長城作戦という対中侵略の拡大に抵抗するため、対ソ接近による日本牽制を試みた。第三段階は一九三三年五月の塘沽停戦協定から一九三四年四月までであり、ソ連側から日本への中東鉄道売却の提案に加えて、新疆問題が新たに浮上したために、対ソでは「冷淡」を基調とした政策をとり、一方、対日関係では塘沽停戦協定を機に妥協政策を行なうようになった。第四段階は一九三四年五月以降であり、ソ連がナチス・ドイツと日本からの挟撃を避けるために、対中関係の改善を求めたことに応えて、再度ソ連に接近したものの、蒋介石の外交政策の基本は「連ソ制日」ではなく、「日ソ相互牽制」であって、中国は中立を保ちつつ、日ソ戦争を促進して、日ソの共倒れを期するというものであった。蒋介石はこうした「日ソ相互牽制」を華北分離工作が深刻化する一九三五年前半まで模索していた(36)。

陳公博は上述の第四段階において顕著となった、「日ソ相互牽制」に基づく日ソ戦争待望論に対して、どのような見方をしていただろうか。彼は一九三四年一月に発表した「中国與一九三四年」という論説で、日ソ戦争に関するシミュレーションを行なった。まず日ソ戦が勃発した場合については、次のように予測した。日露戦争に際しての東三省での戦いや、また第一次大戦に際しての青島での日独の戦いでは、いずれも太平洋のヘゲモニーを掌握していた英国の支持や米国の黙認があったから、日本は後方への憂慮なしに大陸での戦争に専念することが可能であった。しかし来るべき日ソ戦では、英米の支持や黙認を得られていないために、日本は中国の北部や沿海部において、英米に対して防衛態勢をとらざるを得なくなってくるであろう。そのような事態になれば、北部や沿海部は脅威を受けたり、場合によっては蹂躙されたりするであろうと。一方、日ソ戦が勃発しない場合については、少なくとも日本は、フランスが第一次大戦後に東欧諸国を独立させ、対独戦略に組み込んだという先例に学んで、対ソ戦略のために、満州国に続いて華北地域にも傀儡政権を樹立するであろうと予測した(37)。

ここで、上述のシミュレーションと、当時陳公博が提唱していた長江下流域の工業化計画との関係について見てみよう。蔣介石が待望するように日ソ戦が勃発すれば、陳公博は、日本が英米の介入に対する防御のために、華北のみならず、その工業化計画の中心地である上海周辺の沿海部にも軍事行動を起こしかねないと危惧していた。一方、日ソ戦が勃発しない場合には、少なくとも華北に傀儡政権が樹立されるとしても、工業建設が進められている華中にまでは被害が及ぶことはないと考えていたようである。陳公博が長江下流域の工業建設を首尾よく推進するためにも、むしろ日ソ戦争の回避を願わしいとしていたことが推測されよう。

さらに、陳公博は「日ソ相互牽制」における日ソ共倒れという期待を斥け、日ソのどちらが勝利しようとも、中国は犠牲に供せられると述べた。日本が勝利した場合については次のように予測した。日本が占領し得るのは、バイカル湖以東及び沿海州までであろうが、その結果、東三省の回収の見込みがなくなるだけでなく、内モンゴルから青海、イリにかけても日本の占領下に置かれてしまうであろう。そうなれば、中国本土が不安を覚えるのみならず、世界の平和も脅威にさらされるであろうと。一方、ソ連が勝利した場合には、北部の辺境地域で赤化の可能性が出てきて、ハルピンからウルムチまで有形無形の圧力を被るであろうとした。こうした予測を提示した上で、陳公博は一九三六年危機説を「他人にとっての瀬戸際」であるとし、一九三四年を「我々にとっての生死の要」であると強調した(38)。ちなみに陳公博は「日ソ相互牽制」における中国の中立政策に対しても、その有効性に疑問を呈していた。そしてその論拠として、日露戦争、並びに第一次大戦時の日本の青島攻撃に際して、中国は中立を宣言していたが、交戦国が自国領内を自由に通過するに任せただけの結果に終わったという史実に言及した(39)。

要するに、陳公博は長江下流域の工業化計画を、日ソ戦の回避を前提に立案していたのであり、かつ工業建設を灰燼に帰しかねない日ソ戦争を促進しようとする蔣介石の試みに対しても、日ソ共倒れよりも、日ソのどちらかが単独で中国を支配することになる可能性の方が、はるかに高いことを指摘して批判したのである。陳公博は他力借用ではなく、「中国が自ら奮起すれば」、中国自体がその元となっている「火薬庫は爆発するまい(40)」、すなわち長江下流域の工業建設が首尾よく進捗し、「民族主義」の目的である国民経済が十全に形成され、中国が自力更生の実を挙げれば、日本やソ連の侵略を自力で阻止し得るという見通しを立てていたのである。

他方で、第一〇章で詳しく触れるが、実業部と対立していた蔣介石派の資源委員会の翁文灝は、陳公博の長江下流域工業建設論に対して、奥地建設論を唱え、その理由を次のように述べていた。東アジアの大勢はあたかも大きな暖炉の上にかざした絨毯のようであり、燃え上がる日も間近に迫っている。もし日本がソ連と開戦すれば、日本はきっと天津、青島、上海を占拠することだろう。それ故に中国に開戦の意図がなかろうとも、完全な中立は容易ならざることであると言えよう。そして沿海地域が占領、あるいは封鎖されてしまうと、兵器やガソリンの供給に事欠くだけでなく、米や麦さえも供給し得なくなってしまう。それ故、奥地の建設は中国自身の建設でもある。つまり、我々にどうにか必需物資について自給するに足るだけの奥地があれば、危機に至ろうと、奥地に立てこもり、徐々に国力の回復を待つことができるのであると。[41] 翁文灝の立論と蔣介石の「日ソ相互牽制」政策が表裏一体のものであることは言を俟たないであろう。

ところで、汪精衛は連ソを含む他力借用も、また自力抵抗も断念し、対日譲歩を重ねるという対外方針を堅持していたが、[42] 陳公博の日ソ戦回避論は汪精衛の外交政策と一面通じ合うところがあったであろう。一九三五年初頭の中日両政府による親善ムードのなかで、陳公博も一九三五年三月に発表した「当前三大問題的検討」という論説で、汪精衛の推進する中日交渉に賛意を示していた。しかし仔細にその立論を見ていくと、次のように対日交渉の有効性への懐疑や日本の要求に対する非妥協の姿勢が垣間見えてくる。すなわち満州事変以後、日本当局が「政出多門（政治が多数の会派によってなされて、煩雑であること）」に陥っていると指摘し、日本側で意思統一ができていない以上、「いわゆる交渉では、畢竟何から話し合えばよいのであろうか」と述べ、交渉の成果に疑問を呈したのである。また「中国にはさらに譲歩を重ねてもよいような余地がもはやない以上、日本が真の和平を求めるのならば、……日本側から最大限の譲歩をするべきである」と主張し、交渉を行なっても、非妥協の態度を貫くべきであるとしたのである。[43]

また回想録によると、陳公博は私的な場では、汪精衛に対して率直にその対日外交に対する不満をぶつけていたようである。彼は一九三四年夏ごろから、汪精衛に対して再三にわたり行政院長と外交部長の辞職を勧め、さらに梅津・何応欽、土肥原・秦徳純両協定が結ばれた後の翌一九三五年夏になると、汪精衛の面前で「今日の中国の場合は、国を売るというよりも国を贈呈すると言った方が適切だ。国を売ったのなら代償が残るが、贈呈したのでは何も残らない」と述べ、「なにも汪先生の手を煩わして国を贈呈することもないでしょう」と直言したとのことである。[44] 上述のように中国の自力更生による自力抵抗に希望をもっていた陳公博の立場は、汪精衛の親日外交とも一線を画するものであったが故に、内々とはいえ、汪精衛の対日外交に対しても、厳しい批判を行なったのだと言えよう。

最後に、陳公博が一九三五年一一月の汪精衛狙撃事件に伴い、実業部長の職を辞してからの対外認識を見ることにしよう。一九三五年後半以降、華北分離工作が深刻化するなかで、一九三六年に入ると、中国情勢と欧州情勢との連動性という認識の上に立って、同年初頭以来、欧州情勢の急激な悪化が見込まれることから、中国が日本の侵略の前に孤立を余儀なくされ、危機がより一層深刻化するであろうと予測した。[45] 一九三七年に入ると、陳公博は中国の孤立を避けるべく、当時、リースロスの幣制改革を支えていた英米との軍事同盟の可能性について検討したが、「英米の中国援助には限界があり、いわゆる限界とは経済的な援助がせいぜいのところだということである」と述べ、その可能性を否定せざるを得なかった。そこでついに、「フランスはソ連との軍事協定をよしとし、英国もソ連との海軍協定をよしとしているのに、なぜ中国は連ソしてはならないのか？」と主張して、中ソ軍事同盟の締結に同意し、日ソ戦の勃発を容認するに至り、かつての日ソ戦回避論という立場から方向転換したのである。ただしソ連との軍事同盟による対日抵抗の限界を認識し、かつ第二次国共合作への反対姿勢を依然として堅持していたが。[46] 上述のように、陳公博の長江下流域の工業建設計画の対外的な前提は、日ソ戦争の回避であったが、中国内外の情勢悪化による中国の孤立状況を前にして、ついに中ソ軍事同盟論に転向して、自らその対外的な前提条件を否定することで、結果的にその工業化計画そのものの破綻をも示すことになってしまったのであると言えよう。

小　結

済南事件前後の陳公博の対日観及び対外認識について整理しておこう。陳公博は、日本が近代以降、首尾一貫してその大陸政策を推進していると認識していた。また田中内閣を英国のボールドウィン保守党政権と同様に、極端な反動と見なして、その成立と施策の背景に日本の資本主義の危機を認めていた。日本の侵略への対処については、ただ国民革命の成功のみでこと足りるとしており、不平等条約の撤廃等によって民族主義が実現し、日本の植民地支配下の諸民族が刺激を受けて立ち上がれば、日本の帝国主義は崩壊に至るであろうし、また民権主義や民生主義が実現されれば、日本にも影響を及ぼし、その天皇制や資本主義制度をも突き崩すであろうと予測した。陳公博はこうした日本の帝国主義と資本主義の脆弱性に対する認識に依拠して、対日強硬論を唱え、南京国民政府中央の対日妥協政策を厳しく批判していた。また英米の帝国主義に対しても警戒を喚起し、「東方」インターナショナルを設立して、日英米等に対して斉しく革命外交を行なうように主張しており、南京国民政府中央が列強分離政策を採用して、英米を利用しつつ、日本との交渉を有利に進めるという手法に異議を唱えていた。英米を日本と同時に敵視することの背景には、最大の脅威とされた日本の帝国主義に対する過小評価があると言ってよかろう。ちなみにソ連に対しては、中国の共産主義化を企てないという条件付きで、国交の回復を求めていた。

済南事件前後当時、陳公博の対内政策構想における最大の焦点は、国民党改組であったが、改組の有する反蒋介石と反中国共産党という二つの契機のうち、より重視されたのは前者であった。また反蒋介石の実行は、国民革命の究極の目的である民生主義を実現するための大前提でもあった。陳公博は反蒋介石を実践に移して、三度にわたって反蒋戦争に参加したが、対外的な危機を認識しながら、あえて内戦に踏み切った判断の根拠としては、日本帝国主義に対する過小評価が挙げられるだろう。だが反蒋戦争のさなかに勃発した満州事変によって、陳公博は反蒋介石を主要な契機とする国民党改組の構想に対する全面的な見直しを迫られることになった。陳公博は「動的物観」という一種の唯物主義の立場に立って、同時代の欧米列強では民族運動が隆盛し、国民経済が確立されているにもかかわらず、中国ではなおも国民経済成立以前の封建的経済の下にあるとした。さらにその中国に関する認識の上に立って、国民党の改組運動を含む中国近代の一切の政治運動が、封建的経済の社会の産物たる「士大夫」によって担われてきているなどとして、理論的にも党の改組という構想を否定した。そして新たに「民族主義」を提唱して、国民経済の確立を目標に定め、かつその具体的な方策として、蔣汪合作政権の実業部長の立場から、長江下流域を中心地とした工業建設計画を立案した。一方、陳公博は、当時蔣介石が唱えていたファシズムを、資本主義や社会主義と同様に、工業革命が成就された社会の所産のものであると指摘し、「民族主義」の差異化を図ったが、そこには蔣介石に対する牽制の意図もあったことだろう。またその工業化推進の主張には、農村の余剰労働力を吸収して、農村を救済し、土地革命を推進していた中国共産党の農村根拠地の地盤を掘り崩すという狙いも含意されていた。

陳公博の立案した工業建設計画の対外的な前提とは、建設の中心地たる長江下流域への日本軍の侵攻を招きかねない日ソ間の戦争を回避するというものであった。そのため、特に一九三四年以降に顕著となった蔣介石の「日ソ相互牽制」、すなわち日ソ戦を促進して、両国の共倒れを期するという外交方針に対して、日ソ間の戦争の結果はどちらかによる単独での中国支配の確立であるとして反論を企てた。他方、蔣介石派の資源委員会の翁文灝による奥地の工業建設の提唱は、日ソ戦の勃発と沿海部への日本軍の侵略を前提としたものであり、「日ソ相互牽制」政策と一体の関係にあった。しかしながら陳公博は、実業部長辞任後の一九三六年初頭以降の世界情勢の緊迫化の故に、日本の華北分離工作を前にして、中国が孤立を強いられるであろうと推測した。そこで孤立状況を打破するべく、中ソ軍事同盟に対して、その限界をわきまえ、第二次国共合作を拒否しつつも、基本的に同意するに至り、日ソ戦を容認するようになった。こうして陳公博は、長江下流域の工業化計画の対外的前提とした日ソ戦の回避という主張を捨て去ることで、同計画の事実上の破綻を自ら示すこととなったのである。

(1) 陳公博の改組派時期を扱った先行研究は、前掲、山田辰雄『中国国民党左派の研究』。So Wai-Chor, *op. cit.* また陳公博の蔣汪合作政権時期を扱った先行研究は、久保亨「国民政府の輸出促進政策と中華工業国外貿易協会—一九三〇年代中国における輸出志向工業化の模索」、『東洋文化研究所紀要』一〇三号、東京大学東洋文化研究所、一九八七年三月。ちなみに前掲、石源華『陳公博全伝』では、当該時期の陳公博の対外認識と対内政策構想をめぐる様々な諸連関が構造的に把握されているとは言い難い。

(2) 陳公博「中国国民革命和田中的背景」、前掲、孟明編『陳公博先生最近論文集』、二七三～二七四、二七七頁。

(3) 前掲、陳公博『中国国民革命的前路』、一二～一三頁。

(4) 前掲、陳公博「中国国民革命和田中的背景」、二七七～二七八、二八〇～二八一頁。

(5) 前掲、陳公博「今後的国民党」、一～二、六頁。

(6) 前掲、陳公博「中国国民革命和田中的背景」、二七一～二七二頁。

(7) 前掲、陳公博『国民革命的危機和我們的錯誤』、二〇～二二頁。

(8) 高文勝「南京国民政府成立初期の対日政策」、『情報文化研究』第一八号、名古屋大学情報文化学部／名古屋大学大学院人間情報学研究科、二〇〇四年三月、九二頁。

(9) 前掲、陳公博「中国国民革命和田中的背景」、二八四～二八五頁。

(10) 陳公博「我們対於田中暴行的主張」、前掲、孟明編『陳公博先生最近論文集』、二九四～二九五頁。ちなみに陳公博は強攻策の具体案として、以下の項目を列挙した。①全国での自衛の準備　②軍事力を背景とした済南の日本軍の監視と北伐の継続　③中国領土内からの軍撤退までの対日交渉の拒絶　④中日間の不平等条約の廃棄宣言　⑤全国での対日経済絶交の実行　⑥日本の工場・商店でのストライキ　⑦民衆運動の回復　⑧外交当局の萎縮と軟化の防止　⑨日本の罪状を世界に向けて通電　⑩農民・労働者・商人・学生・軍人の再結集と革命勢力の団結。同上、二九七～二九八頁。

(11) 前掲、陳公博著、松本重治監修、岡田酉次訳『苦笑録』、一四八～一四九頁。前掲、陳公博『苦笑録』、一一六～一一七頁。

(12) 前掲、陳公博「我們対於田中暴行的主張」、二九五頁。

(13) 高文勝「王正廷外交について」、『現代と文化』第一〇九号、日本福祉大学福祉社会開発研究所、二〇〇三年一〇月、一一六頁。

(14) 服部龍二『東アジア国際環境の変動と日本外交　一九一八—一九三一』、有斐閣、二〇〇一年、二二四～二二六頁。

(17) 前掲、陳公博「中国国民革命和田中的背景」、二八四頁。

(18) 前掲、陳公博『中国国民革命的前路』、九～一〇、七～九頁。陳公博はまた王正廷の列強分離政策に関して、外交の目的が「外国の力の援護によって、個人の地盤を保持することとなっている」とし、英日米の三ヶ国に対応して、「国内も顕著に三派に分かれてしまっている」状況では、将来の軍閥の混戦も、帝国主義に依存した形でなされるであろうとした。同上、五五頁。
(19) 前掲、陳公博「今後的国民党」、五～六頁。
(20) 前掲、陳公博『中国国民革命的前路』、一五、五五頁。
(21) 前掲、陳公博「今後的国民党」、二〇～二一頁。
(22) 同上、一七～一八頁。
(23) 陳公博「党的改組原則」、前掲、孟明編『陳公博先生最近論文集』、四二頁。ちなみに、山田辰雄は改組派全体の基本的構想が「反蒋・反共を契機とし、党の指導権強化と党内外の民主主義の主張からなっていた」と述べている。前掲、山田辰雄『中国国民党左派の研究』、二四〇頁。しかし陳公博は後年の回想録で、自ら主宰した「『革命評論』が民生主義に重点を置くべきだと主張したのに対し、（顧孟余の主宰する）『前進』は民主政治に重点を置くべきだと主張していた」と述べていたように、彼自身は党外の民主主義には重点を置いていなかったと見られる。前掲、陳公博著、松本重治監修、岡田酉次訳「苦笑録」、一五三頁。前掲、陳公博『苦笑録』、一二四頁。
(24) 陳公博「改組派的史実」、前掲、民国叢書編輯委員会編『寒風集／陳公博著　往矣集／周佛海著』、甲二七一頁。
(25) 前掲、陳公博「今後的国民党」、一八～一九頁。
(26) 前掲、陳公博『中国国民革命的前路』、七八～七九頁。
(27) 前掲、陳公博著、松本重治監修、岡田酉次訳「苦笑録」、一七九～一八二頁。前掲、陳公博『苦笑録』、一四三～一四五頁。
(28) 前掲、陳公博「党的改組原則」、四三～四五頁。
(29) 前掲、陳公博「改組派的史実」、甲二八一～甲二八二頁。
(30) 陳公博「革命與思想（五続完）」、『民族』第一巻第七期、民族雑誌社、一九三三年七月、一一七四、一一七七～一一八一頁。
(31) 陳公博「序四年実業計劃初稿」、陳公博『四年従政録』、商務印書館、一九三六年、一二一～一二二頁。初出は『民族雑誌』第一巻第八期、一九三三年八月。
(32) 前掲、陳公博「革命與思想（五続完）」、一一七七頁。
(33) 陳公博「ISM 的基本観念」、『民族』第二巻第二期、一九三四年二月、一六九頁。

(34) 樹中毅「レーニン主義からファシズムへ」、『アジア研究』第五一巻第一号、二〇〇五年一月、八〜一一頁。
(35) 前掲、陳公博「ISM的基本観念」、一六七〜一六九頁。
(36) 鹿錫俊「日ソ相互牽制戦略の変容と蔣介石の『応戦』決定」、『軍事史学』一七一・一七二号、錦正社、二〇〇八年三月、二四〜二八、五五頁。
(37) 陳公博「中国與一九三四年」、『民族』第二巻第一期、一九三四年一月、四〜五頁。
(38) 同上、五〜六頁。
(39) 陳公博「到了DILEMMA的英国」、『民族』第二巻第七期、一九三四年七月、九五二〜九五三頁。
(40) 前掲、陳公博「両年来我的観察和意見（一続）」、『民族』第一巻第二期、一九三三年二月、一二八頁。
(41) 翁文灝「怎様建設内地」、中国国民党革命委員会中央宣伝部編『翁文灝論経済建設』、団結出版社、一九八九年、八四〜八五頁。初出は『独立評論』第一二四号、一九三四年一〇月二八日。
(42) 鹿錫俊「『連ソ』問題を巡る国民政府の路線対立と『二重外交』」、『北東アジア研究』第一号、島根県立大学北東アジア地域研究センター、二〇〇一年三月、三六頁。
(43) 陳公博「当前三大問題的検討」、『民族』第三巻第三期、一九三五年三月、四〜五頁。
　ちなみに陳公博は中日の「直接交渉」を支持する理由として、国家は個人と異なっており、国家を個人のように永遠に敵視することはできないこと、また「直接交渉」も国際連盟への提訴同様に、解決の道を追求しているのであるから、独立した国家として、それを選択する自由があることを、それぞれ挙げた。一方、日本側が提起していた日中経済提携に関しても、「政治的な意義を含まない」限りにおいて、容認する姿勢を示した。その判断の根拠としては、当時の国際経済の趨勢であったブロック経済に基づく自給自足政策が、一時的な現象であり、世界の衰退の原因になっていることから、やがて国際経済が相互依存の状況に回帰するであろうという予測を示していた。
(44) 前掲、陳公博著、松本重治監修、岡田酉次訳「苦笑録」、二七六〜二七九頁。前掲、陳公博『苦笑録』、二一五〜二一八頁。
(45) 一九三六年初頭の時点で、陳公博は次のように欧州情勢の変化を予測していた。①一九三五年初頭におけるナチス・ドイツに対抗するための仏伊の外交戦線が英仏のそれに取って代わる。②英仏の外交戦線の下で、欧州の脆弱な平和を保つために、エチオピアを犠牲にしてイタリアに妥協する。③英国はフランスの欧州における安全を保障する一方で、フランスは地中海での英国海軍への援助を承認する。④ドイツへの対抗に対するさらなる代償をイタリアに迫られるのを恐れて、英仏はドイツのオーストリア併合を認め、またそのためにフランスはドイツに対する譲歩を要求されると。その上に、上述の予測が実現した際には、次のような中国を孤立させるような事態を導く結果が生じるであろうとした。①ドイツは矛盾錯綜した欧州の外交関係において自由と力を獲得し、東方への発展を黙認される。②かつての仏ソの了解事項は維持し得なくなり、ソ連は欧州において孤立に陥ることから、東方で日本に対して速やかに妥協を図る。③米英は海軍会議において、力によって日本を威嚇することができなくなり、東アジアの政治問題を取引材料にして、若干優位な建艦比率を維持するにとどまる。④英国は欧州全域にわたって顧慮しなければならないことから、東アジアにおける歴史的な特権を放棄し、ただ日本と取り引きを行なって、対等関係の維持を希望するばかりになると。陳公博「已経過去的一九三六年」、『民族』第四巻第一期、一九三六年一月、四、七～八頁。

(46)　陳公博「国際形勢的重新測勘（下）」、『民族』第五巻第二期、一九三七年二月、二二五、二二七～二三二頁。

第一〇章　汪政権の経済政策構想——政経関係を中心に——

序

上海が戦前、中国経済の心臓部とも言うべき位置を占め、上海経済の帰趨が中国全体に大きな影響を及ぼしてきたことは周知の通りである。そのために、戦前期の国民政府において、上海経済を支える民間資本家層といかなる関係を構築するべきか、また上海地域においてどのような経済政策を推進するべきか、ということは非常に大きな政治的テーマとなっていた。他方で、そうしたテーマは汪政権にも引き継がれた。戦火を逃れて上海の租界に依拠していた民間資本家層といかなる関係を構築するべきか、また政経一体となって上海地域においてどのような経済政策を推進するべきか、ということは汪政権に課せられた大きな課題でもあったのである(1)。

本章では、汪政権における対上海民間資本家層政策とはどのようなものであったのか、またそれに関連した同政権の経済政策の特徴とはどのようなものであったのかということを、主テーマとして追究するものである。第一節では、汪政権初期の経済政策構想の特徴とは何かを明らかにする。まず、日中戦争下の上海民間資本家層の動向について見ることとする。次いで、汪政権の対上海民間資本家層取り込み政策に関連した経済政策構想が、対日批判・対重慶政権批判を通じて、どのように形成され、展開されたかを論じる。また第二節では、汪政権の経済政策構想と戦前の国民政府における汪精衛派の経済政策構想とを比較し、その関係性とはどのようなものであったのかについて考察する。その際、例として汪政権内では汪精衛に次ぐ地位にあり、戦前期には汪精衛の側近として蔣汪合作政権の実業部長に任じていた陳公博の蔣汪合作政権期、汪政権期の経済政策構想をそれぞれ確認した上で、相互に比較することにする。第三節では、汪政権初期の経済政策構想が対華新政策以降になると、全国商業統制総会（以下、商統会）の結成という形で結実するにもかかわらず、蹉跌する状況を見て、その要因とはいかなるものであったのかについて分析する。まず汪政権の対民間資本家層政策の転換の実態を明らかにし、その後、転換の要因の一つとして考えられる、民間資本家層の内部構成変化のメルクマークとしての「新興企業財団」を取り上げる。また同じく転換の要因として考えられる、汪政権による対重慶政権合流への模索を背景とした、重慶政権の戦後の経済政策構想について見ることにする。

第一節　汪政権初期の経済政策構想

日中戦争下の上海民間資本家層

汪政権の経済政策構想を見るに当たって、まず戦前における上海経済の中国全体に占める位置を確認することにしよう。周知のように、戦前の上海への経済的集中度は異常なまでの高さにまで達しており、それは工業生産、海外投資、金融、貿易、民国時期の主要財源である関税といったいくつかの指標からも確認することができる。例えば工業生産に関しては、一九三三年の全国一二大工業都市において、工場数の占有率は三六％ながらも、資本は六〇％、減価償却後の生産額は六六％を占めるといった具合であった(2)。

さて日中戦争の勃発とともに、上海を中心とする沿海地域からの民間資本の奥地移転が、喫緊の政策課題に上った。上海周辺からの工場の奥地移転は、すでに上海戦の前から計画されており、盧溝橋事件が起こると、上海や無錫等から二百数十の工場が武漢に向けて移転を開始した。行政院所属の中央遷廠委員会が中心となって、これらの工場をさらに奥地に第二次移転させるとともに、なお一層の工場の移転が図られた。だが一九四〇年末までに沿海部より奥地に移転した工場数は四五〇にとどまった(3)。上海だけに限ると、重慶政権当局の発表によれば、一九三九年五月までに移転した工場数は一五三に過ぎなかった(4)。

また戦前の中国において、工業の極めて遅れていた西南・西北の奥地で、新たに工業建設を進めるに当たっては、金融網の整備が不可欠であり、そのため金融機構の奥地移転も図られた。その結果、一九三七年から翌年にかけて、国家四銀行のみならず、金城銀行や上海商業儲備銀行等の民間銀行も移転の要請に応えて、奥地に九三の分支店を展開するに至った。しかし一九三八年に漢口が陥落し、安全と見られていた湖南省、江西省にも戦火が迫るに及んで、民間銀行は動揺を見せ、漢口から上海に逆流する現象を顕在化させた(5)。さらに欧州大戦勃発後のポンド不安や英国の為替管理強化のために、香港や東南アジア各地域から、資金が上海に還流し出した。これらの資金に、武漢・広東作戦後に中国各地から上海に流入した資金を合わせると、三〇億元とも五〇億元とも言われるほどの膨大な額に上った(6)。

民間資本の主力が、度重なる重慶政権当局の移転要請にも関わらず、上海に留まり、あるいは戻ってきた要因は何であろうか。当時、抗日派ブルジョアジーの劉鴻生はその要因として、海外や国内内陸部との交通網、内外の金融資本、広大な市場、多種にわたる諸工業間の相互依存、外資の発展といった上海の工業立地の「経済環境」の利点を挙げていた。そして工場内遷に伴う費用の損失よりも、奥地がこうした「経済環境」を欠いているが故に、内遷を拒否するものであるとした(7)。一方、当時の日本の官民関係者が一同に会した東亜経済懇談会の刊行物『東亜経済要覧』はその要因について、「資本性」の観点からのみならず、政治的な観点をも加味して、次のように分析していた。第一には、「民族資本」が国共合作の重慶政権の政治的前途に対して不安をもっている。第二に、長江流域、特に上海・南京を結ぶデルタ地帯は、地理的・経済的に「民族資本」にとって最も重要であり、この拠点を失うことは、「民族資本」にとり決定的打撃になる。第三に、上海港、特に租界のもつ国際的かつ特殊的地位が、「民族資本」に絶好の逃避場所を提供すると同時に、その遊資の活動舞台をも提供している。第四に、奥地が地理的に不便であり、経済的投資にも適していないために、また戦時下における重慶政権の下では、種々の経済立法に制限されて、資本の自由性が奪われるために、「民族資本」が奥地投資を好まない(8)。

上海民間資本家層の大半は、重慶政権に対して非協力的態度をとっていたが、他方で、占領地において経済的収奪をほしいままにする日本側に対しても、協力関係の樹立を拒んでいた。日本当局が華中地区の工業に対して採った方針は、日中合弁を建前とした中支那振興株式会社を設立して、「公共ノ利益ニ関スル事業」や「産業振興上必要ナル事業」を統制するというものであった。そうした「事業」としては交通・運輸・通信・電気・ガス・水道・鉱産・水産等を想定していたが(9)、後にその傘下に華中蚕糸株式会社を設立して、上海民間資本家層の資本が大きな比重を占めている製糸工業までをも統制下に置いた(10)。このような経済的搾取を厭い、上海民間資本家層は重慶政権のみならず日本側との協力をも拒んだのである。先の『東亜経済要覧』は上海民間資本家層の重慶政権、及び日本軍・親日政権に対する非協力的態度を「相互敵性」と形容していた(11)。

次に、上海の遊資が「相互敵性」という中立的立場によって、資本の自由を発揮し、一九三八年から一九四一年にかけてもたらした、戦時工業の鮮やかな復興、いわゆる租界における「孤島の繁栄」を見ることにしよう。[12] 八・一三事変以後の戦闘によって、上海は壊滅的な打撃を蒙った。[13] しかし潤沢な遊資の供給もあり、一九三九年以後には、租界に依拠した上海の工業生産は表1のように、ゴム製造業を除く製造業については、戦前の旧観を取り戻した。工業の復興ぶりについては、工業電力消費量の推移からも確認することができる。表2のように、一九三九年、一九四〇年になると、上海の工業電力消費量は戦前の水準を回復したのみならず、それを超過しさえした。

さて、戦時工業が復興した要因をここで見ておこう。上述の膨大な遊資の調達のほかに、次のようなことが挙げられる。第一に、江蘇・浙江両省は真っ先に戦争の要地となり、主だった都市が相次いで陥落し、各地の住民が上海租界へ避難のために殺到した結果、上海の居住人口が急増し、それに伴い各種の消費量も益々大きくなってきた。このため上海戦の影響を受けて、工場の操業を中止していた業者が、そろって需要の急上昇を当て込んで操業を再開した。第二に、上海に隣接している京滬・滬杭両沿線の工場が、前後して上海租界に移転し操業したために、上海における工業は一層隆盛したかのような現象を呈した。第三に、上海租界の奥地に対する輸送がまだ完全に切断されてはおらず、また奥地は物資が欠乏していて、巨大な需要があり、そうしたことが上海の工場生産に相当な刺激を与えていた。第四に、欧州大戦が勃発し、欧州諸国からの工業製品の輸入が日増しに減少し、同時に法幣が為替相場において切り下げられたため、輸入商品の買い占めが日増しに増大していった。こうしたことが間接的に工業界を刺激し、奇形的な発展を促した。第五に、欧州大戦の戦線が拡大した結果、アジアの各地域、例えばインド、ベトナム、タイ、蘭領インドネシア等の地域では、欧州からの工業製品の輸入が日増しに減少し、相対的に上海からの輸入が増加するに至り、上海の工業界に大いなる刺激を与えた。[14] もっとも、こうした工業復興を支えた諸条件も、太平洋戦争の勃発と日本軍の租界進駐により失われ、それ以降、工業生産は麻痺状態に追い込まれてしまった。

表1　上海工業生産指数歴年比較表

業種別	1936年	37年	38年	39年	40年	41年
綿紡績業	100%	81.7%	69.8%	104.5%	99.0%	63.3%
絹織物業	100%	72.6%	95.5%	116.8%	104.2%	97.3%
製粉業	100%	77.5%	72.5%	112.1%	49.0%	22.3%
毛紡績業	100%	89.1%	59.5%	164.8%	173.1%	149.5%
ゴム製造業	100%	65.9%	25.3%	42.1%	45.9%	50.9%
染織業	100%	81.9%	73.0%	213.9%	232.9%	196.0%
機械製造業	100%	99.6%	56.0%	112.1%	153.9%	125.0%
製糸業	100%	115.6%	147.4%	242.5%	380.5%	396.0%

『民国三十三年度　申報年鑑』、715頁より作成。

表2　工業電力消費統計

1936年	37年	38年	39年	40年	41年
100%	82.4%	72.5%	102.9%	105.5%	80.0%

『民国三十三年度　申報年鑑』715頁より作成。1936年度は59,600kw。

日中戦争下の上海民間資本家層は、奥地移転の要請に冷淡に対応しつつ、日本軍への屈服をも拒み、租界に逃避して、言わば「相互敵性」の立場を貫いていた。そして租界をとりまく諸種の好条件に恵まれて、工業復興に裏付けされた「孤島の繁栄」を謳歌していた。次に、汪精衛等が和平運動の推進や政権の運営に当たって、上海民間資本家層に対してどのようなアプローチを試みたかを見ることにしよう。

対日批判

当時の日本における代表的なチャイナ・ウォッチャーの一人であった尾崎秀実は、一九三九年一〇月に発表した評論「汪精衛政権の基礎」において、次のような見解を提示した。汪精衛等の和平運動と来るべき政権樹立が成功するか否かは、ひとえに「浙江財閥」、つまり上海民間資本家層の確固とした支持を調達し得るか否かにかかっている。汪精衛派がかつて蒋介石派との抗争において、旗色の悪かった所以は、「浙江財閥」の支持が後者に傾いていたからである。「浙江財閥」はいったん壊滅状態にまで破壊されたが、今や再び息を吹き返し、統一した地盤を形成しつつある。息を吹き返した「浙江財閥」は、未だ日本に対する敵性から脱却したとは言い難い。一方、戦争は否応なしに蔣介石をその長年の経済的地盤から引き離し、重慶政権が奥地に退き、経済的実力を低下させるに伴い、上海の経済界に対する統御力をも失いつつある。現在のところ、「浙江財閥」は「第三者性」の殻の中に閉じこもっている状態である。汪精衛等の和平運動の進展が約束されるなら、「浙江財閥」が「第三者性」の殻を破り、やがて汪政権の有力な支柱になるであろうことは、かつての蔣介石政権の場合と同様であると。(15)

ただし、上海民間資本家層が尾崎の望むように、汪政権の有力な支柱に進んでなるためには、当然和平の経済的果実が保障されなければならないだろうが、(16)先述のような日本側による華中経済の独占によって阻まれていた。そこで尾崎は、日本人の「深い同情と理解」が何よりも切実に求められていると指摘し、さらに次のように続けた。汪精衛等の和平運動が上海民間資本家層の支持を得るためには、その階級的利益を尊重し、何よりもまずその「経済的自立を可能ならしめ」る必要がある。その際、戦前から存在し、戦争を機に「特殊の圧力」によって進出してきた日本資本との関係を「規正」することが絶対的条件となっている。それなくしては、来るべき汪政権と上海民間資本家層との合作や協力は、ほとんど不可能な状況に陥ってしまう。汪政権は、一方で強力な日本の軍事力に依拠することを必要としながら、他方でその存在と発展のために、日本資本の要求を抑制しなければならないという困難な立場に置かれるであろう。そのため、率先して現地総軍司令部が「妥当なる指導」を行ない、日本資本家に「自己抑損」を受容させるべきであると。(17)

尾崎の述べるところの日本人の「深い同情と理解」とは、汪精衛にとっては、第三次近衛声明のなかで言及された「平等互恵」の原則の遵守にほかならなかった。汪精衛は一九三九年一一月に発表した「所望於産業界諸君」において、上海民間資本家層を含む「産業界」に、またおそらくは同時に日本側にも、自らの期待を次のように表した。和平運動の最大の目的は、いかにして産業を復興させるか、またいかにして「平等互恵」の原則に基づいて、中日の経済提携を図るかということである。だが依然として産業界においては、「中日経済合作とは、合作の名を借りて、独占の実を挙げようとするものではないか？」という懐疑が渦巻いている。そうした懐疑に対しては、第三次近衛声明が軍事的な征服のみならず、経済的な独占をも放棄すると言明している点を挙げて、反論することができる。さらに反論として、次のような自明の理、すなわち日本が経済的に中国を独占しようとすれば、軍事的に中国を征服する必要が出てくるが、その結果は両者がともに敗れ、傷つくばかりである、一方、両国が経済的に合作し、有無を相通じ、長短を相補うなら、ともに繁栄し、中日の永久平和の基礎を築くことができるということを説けば、こと足りるであろうと。(18)

さて、前出の『東亜経済要覧』によれば、「平等互恵」を掲げて発足した汪政権は、上海民間資本家層にとって協調的とされる、次のような諸施策を実施していった。まず、全面和平後という条件付きながら、旧債償還履行を「旧国民政府」に代わって行なうことを表明し、「旧政権」との間に財政を通じて利害関係の深かった上海民間資本家層に対する基礎的課題を解決しようとした。第二に、還都以来再三声明してきたところの、日本軍の臨時管理に属する二百余の中国側工場の返還を実現した。第三に、一九四一年に中央儲備銀行を設立し、儲備銀行券を発行したが、その際、儲備銀行券の法幣リンク制を実施して、上海民間資本家層に対して極めて協調的な経済的地盤を確立した。第四に、中支那振興株式会社と中央儲備銀行との間に、当座貸越勘定を設定した。従来、同会社への中国側の出資は現物出資にとどまっていたが、中央儲備銀行を通して、中国民間資本による「日支合弁」の生産企業への参加が可能になったなどである。

だが、以上のような汪政権の経済政策にもかかわらず、『東亜経済要覧』も認めるように、中国の民間資本は「未だ懐疑的態度を持し、積極的動きを見せない」のであった。そして、同書は次のようにその原因を分析していた。第一に、占領地内の治安が回復せず、交通も全く安全とはいえない状況にある。第二に、「国際金融資本」の意向が未だに判然としていないために、それに依存してきた中国民間資本が迷っている。第三に、幣制がなおも不安定で、資本の安定が完全に保障されていない。第四に、正常な資本主義諸国に見られるような証券市場の発達が欠如しているという歴史的特徴に加えて、「銀行資本」とその他の民間資本産業との連関が僅少であり、そうしたことが民間資本産業を脆弱にしていると同時に、民間資本を不健全かつ浮動化させていると。

上述の『東亜経済要覧』の原因分析に欠けているのは、日本側が結局、大勢として第三次近衛声明の「平等互恵」の原則を顧みず、依然として華中経済の独占を図ろうとしたことが、上海民間資本家層の汪政権への失望感をもたらしたという視点であろう。事実、同上の原因分析を行なった『東亜経済要覧』では、同時に華中経済の独占に関する提言をも次のように行なっていた。一九四一年七月における米国の資産凍結令の実施に伴い、東亜ブロック経済建設が急務となっているが、ブロック化の観点から、改めて日本経済と華中経済との関係を問い直す必要がある。華中は日本の重工業の原料供給地と輸出市場になるべきであるが、上海民間資本家層と利害の衝突する軽工業についても同様である。資産凍結令により、日本の第三国向け輸出産業の首位にあった綿紡績業については、原料の綿花の購入が阻止されるに至った。ここにおいて当時、華中産の綿花は「中支綿業」の需要さえ満たし得ない程の生産高に過ぎなかったが、華中における治安回復と農村復興後には、増産が見込まれるはずであり、注目に値しよう。また綿紡績業を含めた日本の軽工業の輸出市場としても、膨大な人口を擁する華中の潜在的な購買力には多大なものがあると。(19) 一九四一年には、前出の表1にもあるように、上海の綿紡績業の生産高は前年度よりも大幅に低減しており、それだけに華中産綿花への着目等の提言は、一層日本側の独占の意図が露骨になったことの表れであると言い得よう。

日本側が経済的独占をはばからない態度をとったことは、汪政権内に強い不満を招いたが、さらに太平洋戦争開戦とともに、軽工業の生産に裏付けされた「孤島の繁栄」が終息したことも、その不満をさらに強める要因となった。開戦以降、工業生産は、原料の輸移入と電力の供給が激減し、製品の販路が断たれたことによって、極度の困難に陥った。一方、開戦から半年ほど経過し、混乱が鎮静化するとともに、戦前よりさらに増加傾向をみせた上海の遊資は、商品・不動産・株等の投機的売買に投資先をシフトするに至り、株式市場は空前の活況を呈した。だが、その活況はほとんど実体経済の発展を伴わない危うい状況下にあった。[20]

汪政権内では、こうした開戦以後の工業等実体経済の不振や投機の盛況を作り出した元凶として、日本の占領地経営に対して改めて批判の矛先が向けられるようになった。汪政権発足後、財政部長、中央儲備銀行総裁の要職に任じ、経済政策の責任者であった周仏海の対日批判の言説を見ることにしよう。周仏海は一九四二年七月に来日し、首脳会談をこなすかたわら、各種の座談会や講演会等の催しにも参加していた。その一つである『読売新聞』の座談会では、周仏海は太平洋戦争に突入し、重工業中心の軍需生産が急務となっている日本に対して、中国側が無条件で必要な国防資源を供給する旨を承諾する一方で、中国の軽工業発展の必要性について、日本側の再認識を喚起した。[21]

次いで周仏海は日本銀行での講演で、次のように日本の華中における経済政策に対して批判を行なった。第一に、汪政権の対日協力は、中国側の生産増加に基づくべきである。だが生産の増加の必要条件である物資の流通について言うと、同政権は県と県の間はおろか、街と街の間でさえ自由に実施できない状況にあるために、生産を発展させられなくなっている。第二に、日本の華中における物資買い付け価格が過度に低く設定されているために、以下のような三つの現象を引き起こしている。①農民が農産物を、代価の比較的割高な敵区域に運搬して販売をする。②物資の一部が日本側に低価格で買い叩かれることにより、売り手は残余物資の価格を吊り上げることによって、損失を補塡しようとするために、和平地域内の物価の高騰を引き起こす。③しかしながら、残余物資の価格を吊り上げても、損失を補塡できない場合が起こるに至り、そうした際には、売り手が損失を避けるべく生産をストップさせようとするために、生産が下落する。綿花の生産が一九四〇年から連続して下落していることが、その証左である。第三に、在華日本商人の組合が和平地域内の一切の商業を牛耳っているために、野菜の類に至るまで、中国商人は国内で全く自由に営業できないようになってしまった挙句に、その多くが投機事業に従事するようになった。その結果、重慶政権が発行した債券が、なおも上海の市場に出回り、かつ価格も上向きという奇怪な現象まで発生する有様となっていると。[22] なお軍管理工場の返還問題については、汪精衛、周仏海等が一九四二年一二月に訪日した際に、上海民間資本家層が汪政権に協力しないのは、日本が接収した中国側工場を返還しないことに原因があると訴え、東条首相から理解を勝ち得た。[23]

汪政権は日本の華中経済独占に対して、一貫して公開の場で改善を求めてきたが、太平洋戦線における戦局の悪化に伴い、同政権の一層の協力が必要となったことから、一九四三年以降、同政権の年来の主張は日本側に一定程度受け入れられるようになった。すなわち対華新政策の実施である。例えば、軍管理工場の一層の返還が推し進められたほか、国策会社の華中蚕糸株式会社が解散されることになり、金融・通貨面でも、汪政権のかねてからの主張が容れられて、法幣の流通禁止、軍票の新規発行の停止による中央儲備銀行券の統一通貨化が決定された。とりわけ注目に値することは、上述の周仏海の指摘にあるような、日本側の流通独占が中国側の生産低下を招いているという事態の改善策として、経済封鎖と物資流通の権限を汪政権に委ねることにしたことである。そして同政権の指導・監督の下で、華中の一元的な物資管理を実施する機関として、上海の経済界の有力分子からなる商統会が発足した。このように日本からの譲歩を勝ち得た結果、商統会には上海民間資本家層の重鎮の参加を得ることができ、懸案であった汪政権の支持基盤に上海民間資本家層を取り込むという課題は、一定程度の進展をみることができたのである。

対重慶政権批判

汪政権は上海民間資本家層の間に堅固な地盤を築くに当たって、日本を批判するだけでなく、上海民間資本家層になおも抗戦路線への支持と協力を呼びかけていた重慶政権に対しても、非難の矛先を向けていた。汪政権は対民間資本政策をめぐる重慶政権との相違を強調することによって、「相互敵性」とも「第三者性」とも形容された上海民間資本家層の支持を勝ち取ろうとした。

まず、重慶政権の対民間資本政策の特徴について見てみよう。端的に言えば、それは「官僚資本」と呼ばれる公営企業による民間資本の併呑であった。一九三〇年代半ば以降、宋子文を中心とするいわゆる四大家族の大「官僚資本」が金融統制や軽工業支配を通して、中国経済の国家資本主義的再編成に着手した。政府系銀行による金融支配の確立は、大銀行資本が重要な政治的影響力をもった唯一のビジネス・グループであっただけに、独立した圧力団体としての民間企業家の終末を意味した。また紡績業等の工業資本も日本の中国進出を前に、当時の南京国民政府の政治的庇護を必要としていたために、国家資本主義的な経済の再編成に組み込まれていくことによって、自己の活路を見出すよりほかなくなっていた(24)。

さらに日中戦争が勃発し、沿海部が陥落するに及んで、自給自足経済体制構築のための重工業を中心とした奥地建設が急務となるが、それにつれて公営企業による民間資本の吸収にも一層拍車がかかった。戦前、西南（四川・西康・貴州・雲南・広西・湖南六省）と西北（陝西・甘粛・寧夏・青海・新疆・綏遠六省）の二大奥地は、工業が極めて遅れており、近代工場は全国の八%、発電量はわずかに二%に過ぎなかった(25)。また先述のように、上海民間資本家層の多くは重慶政権の奥地移転の要請にもかかわらず、上海租界に避難して留まる道を選択した。その結果、いきおい奥地の経済建設は、抗戦の当初より公営企業主体とならざるを得なかった。さらに移転した一部の民間資本も、後に重慶政権の統制強化と奥地経済の破綻によって経営危機に追い詰められ、次第に公営企業に併合されていった。

併呑はまず金融面から始まった。一九三九年の欧州大戦勃発後、法幣が一層の危機に陥ると、重慶政権は「戦時健全金融機構弁法」を公布した。これは中央・中国農民・中国・交通の四大国家銀行の上に戦時中央銀行たるべく四行連合弁事総処を設立して、従来相互連絡の弱かった四行を一元的に統轄することを企図したものであり、四行連合弁事総処の主席には蔣介石自身が就任した。そして財政部との連絡の下で、あらゆる金融政策がこの四行連合弁事総処で企画、実施された。さらに危機の深まった翌一九四〇年八月には法定支払準備制を敷き、民間銀行の預金準備金の一定割合を四行に集中させることとし、民間銀行にも強い統制を加えていった。

続いて、金融の独占を背景として、公営企業による民間企業所有の工場等の併合も進められた。公営企業としては、この時期には資源委員会等国家機関直営の企業のほかに、省営企業があった。戦前から、例えば資源委員会によって、国防を理由として強制的に民間企業の併呑、吸収が行なわれていたが、欧州大戦や太平洋戦争の勃発以後には、公営企業による民間企業の併呑が顕著になっていった。[26] そして奥地の工業生産中に占める公営企業の比重は、その一工場あたりの資本規模に現れるようになった。例えば、一九四四年の時点で工場数の点から見れば、公営工場は五〇二、民営工場は四，七六四を数えており、前者は後者の九分の一にも及ばなかったが、一工場あたりの資本規模は公営工場が三七万六千元に対して、民営企業は六万一千元に過ぎなかった。[27]

次に公営企業と外資との関係を見てみよう。[28] 中国の民間資本工業の主力は軽工業であったため、公営企業が国防を主目的とした重工業を興そうとする場合、民間資本工場を併合するだけでは不十分であった。それは文字通りゼロからのスタートであったために、公営企業は欧米の外資の資本と技術に依拠せざるを得なかった。他方で、一九三〇年代半ばを境に、欧米外資の対中国関係には質的な変化が起こった。すなわち英米独をはじめとする欧米諸国は世界大不況を経て、国内の経済・産業構造の調整を進めると、対中貿易に関しても、国民政府や中国資本との関係強化を図りつつ、軽工業製品から重工業製品、重工業関係資本へと輸出品目の転換を行なった。例として、英国について見ると、中国協会（The China Association）に属する在華大資本は対中国輸出品を消費財から生産財に転換する必要性から、国民政府や中国資本に接近を図った。一九三五年になると、その在華大資本グループは英大蔵省とともに積極的な対中国政策の推進役を担い、リースロス使節の派遣によって、中国の幣制改革を首尾よく導き、中国における英国の経済的地位を高めることに成功した。

中国側からこの変化を見ると、一九三〇年代半ばより国防体制の構築が大目標となり、軍事関係の重工業の建設が本格的に開始されるに至り、輸入品目の優先順位も消費物資から工業原料や機械に移行するという貿易構造の根本的変化が起こったということになる。[29]それを資源委員会の事例に即して見ると、戦前、同委員会はタングステンとアンチモニーの採掘と販売管理を独占し、これを米独等に売却して、見返りに武器・機械類を購入した。また一九三六年から重工業三カ年計画を着手するに当たって、同委員会は英米独を中心とする欧米の資本と技術に全面的に依拠するという方針を固め、実行に移していった。

さて、汪精衛等の重慶政権の経済政策に対する批判を見てみよう。汪精衛等の和平運動のパンフレットに掲載された「中日経済合作與中国経済改造」という論説では、公営企業による民間資本の併呑を次のように厳しく批判していた。中日経済合作は各々が健全な経済体制であることが前提となる。日本は第三次近衛声明を遵守して、その侵略的な経済体制を放棄することが必要であり、中国は蔣介石独裁下の巨大な官僚機関により腐敗させられた経済体制を改革しなければならない。蔣介石のやり方は民間と利を争い、「官僚資本」により民間資本を強奪しようとするものである。とりわけ金融面での蔣介石の罪悪は格別に重いものになっている。中国の銀行界はもとより分散のきらいがあって、再編の必要性があった。だが蔣介石は当初より中央・中国農民・中国・交通の四行によって他行を排斥した挙句、ついには自ら四行の総裁を兼ねることになり、四行を私産とし、底なしの抗戦の犠牲としてしまった。こうした蔣介石のやり方は「統制」というよりもむしろ「独占」と言うべきであると。

続けてさらにその論説は、中国の民間資本を窒息させる元凶として、蔣介石の「官僚資本」と並んで「国際資本」の存在を挙げ、次のように批判を展開した。蔣介石は北伐終了後、汪精衛等の民主化の要求を踏みにじって、独裁政治を行ない、国内は内乱に陥った。そして独裁政治を支える巨大な官僚機構を維持するために、また内乱の戦費を調達するために、外債依存を深めていき、外資が流入するようになり、中国外交は植民地化の様相を呈していった。その結果、中国は英国の支配から抜け出す術がなくなってしまい、中英の正常な親善関係も未だ確立できないでいる。こうした従属的な関係は外交において、さらには経済合作においても現れるに至った。「官僚資本」の対内独占により活力を弱められた民間資本を外資と合作させたところで、民間資本は衰退、萎縮して外資に埋もれる結果となり、「平等」は空文句になってしまうだろう。他方で「官僚資本」を外資と合作させると、「官僚資本」は国内の産業界においてと同様に、外資との合弁事業においても汚職や私利を図るに至り、外資によって権益を喪失することになっても、糾問すらできなくなってしまっていると。

では、汪政権の目指す経済政策とは何か。その論説は蔣介石の民間資本の併呑という手法と対比して、汪精衛の「国家資本主義及び資本管理・運用に関する教説」における対民間資本政策の骨子を二点挙げた。第一に、民間資本を組織化し、その集団的力量を強化する。第二に、民間資本の活動を軌道に乗せ、その生産効率を向上させる。また外資については、外資利用の唯一の目的は外資導入を契機として、「民族経済」の発展を促すことにあり、「民族経済」の発展を俟って、現代国家の独立と自主は完成すると説いた。要するに汪政権は「民族経済」を窒息させる対内的な「官僚資本」と対外的な「国際資本」の各々の独占を排除し、対内的には民主を、対外的には自主独立を各々求めるものであるとした。そうしてこそはじめて、中日経済合作において日本と平等な資格を確立することができると主張したのである。(30)

重慶政権と汪政権の間の民間資本に対する基本政策の相違を確認しておこう。それは何よりも、前者が既存の民間資本を公営企業に次々と併合しつつ、欧米外資の資本と技術に依拠していたのに対して、後者が民間資本の基盤を侵食しようとする公営企業と欧米外資を排斥しようとしていたことであろう。ただし、ここで断っておかなければならないことは、汪政権が民間資本の立場や利益を代弁しようとしたからといって、同政権が決して資本の自由な活動を容認する経済体制を肯定していたわけではなかったことである。重慶政権と同様に、汪政権も統制経済を志向していた。問題は統制の手法であり、重慶政権が公営企業による民間資本の併呑という直接的な統制を施行したのに対し、汪政権は上述のように民間資本の組織化等に向けた行政指導という間接的な統制を企図していたのである。汪政権の統制経済に関する年来の主張が実現したのは、日本の対華新政策に伴い、一九四三年に同政権が参戦と同時に戦時経済体制に移行してからである。そして同政権の指導・監督の下で、物資管理の実施に当たった中心機関こそが、有力な上海民間資本家層を組織して結成された商統会であった。商統会はあくまでも「商業自治団体」という理念を掲げ、政府の統制をも「自発」的に受け入れるように参加企業に呼び掛けるなどして[31]、統制の強制的な色彩を弱めようとしており、重慶政権の併合を伴う直接的な統制手法との相違を際立たせるものとなっていたのである。

第二節　汪政権の経済政策構想の源流——陳公博を例に——

蔣汪合作政権時期の陳公博の経済政策構想

陳公博は一九二〇年代後半の蔣介石独裁反対闘争においては、汪精衛の側近として、改組派の指導者に任じていた。その後、満州事変を経て、翌一九三二年にいわゆる蔣汪合作政権が成立すると、実業部長に就任し、一九三五年までその職位にあった。そして実業部は汪精衛の息のかかった経済政策の立案・執行機関となり、蔣介石派の翁文灝指導下の資源委員会と経済政策や権限をめぐり衝突を繰り返すことになった。陳公博は在任中に自ら主宰する『民族』誌に発表した「序四年実業計画初稿」等の論文を辞職後に編集し、『四年従政録』（商務印書館、一九三六年）と題して出版した。ここでは、この『四年従政録』に収録された諸論文を中心に彼の経済政策構想を見ることにしよう。

まず、第九章で詳述したが、改めて経済政策構想の前提となる一九三〇年代前半の中国をめぐる国際情勢の焦点となった日ソ関係について、陳公博がどのように見ていたかを確認することにしよう。陳公博の立場は、工業建設の中心地として選定された長江下流域を含む沿海部を、戦火に巻き込みかねない日ソ戦争の回避が望ましいというものであった。一方、蔣介石は特に一九三四年以降には、「日ソ相互牽制」政策を追求し、日ソ戦争を促進して、両国を共倒れさせることにより、両国がもたらした危機を一挙に解決しようと企図していた。そこで陳公博は日ソのどちらが戦勝しようとも、結果はいずれもどちらかによる単独での中国支配になるであろうと指摘し、「日ソ相互牽制」政策を批判していた。

では、日ソの不戦を前提とした陳公博の経済政策構想は、いかなる究極的な目標をもっていたのであろうか。第九章で触れたが、陳公博は「民族主義」を提唱した上で、その最大の目的が、民族的経済によって封建的経済を破壊すること、すなわち国民経済を確立することにあるとした。そして具体的な国民経済確立のための方策として、長江下流域を中心地域に策定した工業建設を提起した。また国民経済の確立の意義としては、「国際資本」の侵略に抵抗するということをも挙げていたが、[32]「国際資本」が主として日本の在華資本を指していたことは明らかであろう。こうした「民族主義」の提起は、当時の「安内攘外」政策を補完するものでもあった。陳公博は、中国を統一する方法には軍事力・政治・経済の三種があるが、軍事力は統一の「手段」に過ぎず、政治は統一の「方案（方策）」に過ぎず、ただ経済こそが統一の「基礎」になり得ると主張した。[33]「安内攘外」政策は日本と開戦するのに先立って、中国国内を統一しようという戦略であったが、陳公博の「民族主義」の提唱の下での工業化による国民経済の確立という構想の究極的な目標には、確固とした国内統一を実現し、自力更生の実を挙げて、自力で日本を、延いてはソ連を中国から排除するということがあったと言えよう。

ところで、当時、国民政府による中国統一を阻んでいた最大の政治勢力は、広範な農村根拠地に依拠していた中国共産党であり、「安内譲外」政策の「安内」の対象もほかならぬ共産党であった。陳公博の「民族主義」の主張には反中国共産党も含意されており、共産党の勢力伸張の要因である農村恐慌に対して、「以農立国是対的嗎？」という論説で次のような救済策を唱えた。経済の不安定化は、農民が全人口の七五％を占めるに至り、農村人口が過剰になったことに起因している。第一に、農業人口が過剰なために、土地の分配が必然的に減少し、その結果一人当たりの農地面積は自給できる水準にさえ至ってはいない。第二に、農業人口が過剰なために、農業生産の機械化が実現できない。というのは、農民が過剰なため、必然的に労働力が安価となる結果、機械化の必然性が薄れるからである。一方、機械化が進まないと、必然的にまた農業生産も向上する術がなくなってしまう。こうして農村経済は疲弊し、全国の経済も不安定となるに至る。また経済の不安定化は政治の不安定化にも連動する。辛亥革命を除くと、中国の歴史上の革命は農民暴動から起こらないものはなかった。こうした農民人口の過剰に起因する問題を解決するためには、農民人口を減少させるべく、「以農立国」という中国に根強い立国観を是正して、「以工農立国」にしなければならないのであると。(34)すなわち陳公博は、共産党による土地革命に代わって、長江下流域の工業化の推進を図り、工業生産に農村の余剰労働力を振り向けることによって農村救済を行ない、さらには共産党の農村における地盤を掘り崩すことを、ねらいとしていたのである。

陳公博は緊迫した国際情勢や国内の内戦を睨んで「民族主義」を唱えたが、では工業建設を具体的に実施するための方法や手順については、どのように考えていたのだろうか。まず、問題となってくるのは工業建設の中心地の策定であった。陳公博は資本、労働力や産地、市場の諸問題から、全国規模での経済建設は難しいとして、上述のように長江下流域を中心地に選定した。そして次のようにその理由を挙げていた。第一に、中国の首都は長江沿岸の南京であり、政治の中心を強化しようとするのなら、最も有効な方法は経済の中心と政治のそれとを一つに結び付けることだからである。第二に、長江の水路交通は少なくとも六省を貫通しており、そこには二億の人口が存在し、国内最大の市場を形成しているからである。第三に、長江下流域の毎年の対外貿易額は中国の対外貿易総額の六〇%を占め、中国と国際経済とを結び付ける全体の中枢となっているからである。第四に、そもそも水運は陸上運輸よりもコストが安い上に、長江は三，二〇〇マイルもの河川距離があり、浅瀬の黄河や河川距離の短い西江よりも水運面で天然の恩恵に浴しているからであると。(35)

次いで、工業建設に当たって問題になることは生産物資の優先順位の策定であった。(36)陳公博は中国の立国の条件として、防衛の近代化とともに食糧・石炭・綿花・鋼鉄の最低限度の自給を挙げた。陳公博の実業部長在任当初の経済政策構想は「四年実業計画」に結実されるが、そこでは上記四品目を中心に、四年間を目処に、鉱工業から農漁業にまたがる、あらゆる分野の生産計画が立案されていた。工業生産だけに絞って見ると、上記四品目において工業生産品が鋼鉄のみであることからも明らかなように、工業生産の優先度は軽工業よりも鋼鉄を中心とした重工業にあった。こうした重工業建設計画は前任の実業部長であった孔祥熙から引き継いだもので、いずれも国営企業が主体であり、英独等の外資の援助に依存していた。実業部の関わる国営工場としては、国立鋼鉄工場のほかには、国立硫酸アンモニウム製造工場、中央機械製造工場等があった(37)。

ところが、上述の工業生産の優先度は後に大きく変化することになった。陳公博は実業部長に就任してから最初の二年間ほどは「四年実業計画」に基づいて、外資と提携した国営企業の重工業建設に比重を置いていたが、在任後半期の一九三四年から一九三五年にかけては、軽工業を優先的に発展させる戦略に転換した。陳公博は決して重工業建設の意義を軽視したわけではなかったものの、現実的に建設の困難に突き当たり、構想の転換を余儀なくされたのである。彼は軽工業を優先した理由について次のように述べた。第一に、軽工業分野であるならば、中国自身に技術的基礎が存在していること。第二に、軽工業分野であるならば、すでに民間資本が進出していること。第三に、重工業分野であると、国家による財政投資が必要であるが、中国政府にはその資力がないことなどである(38)。また軽工業を優先的に建設するという構想の背後には、東南アジアへの軽工業品輸出を促進することにより、当時深刻な問題となっていた貿易収支の不均衡を是正しようという意図もあった(39)。

さて、ここで蒋介石配下の資源委員会の経済政策構想と比較することにしよう。戦前期における実業部と資源委員会との経済政策をめぐる最大の相違点は、工業建設の中心地に関する策定にあった。陳公博は長江下流域を経済建設の中心地にするように唱えていたが、第九章で紹介したように、資源委員会の責任者であった翁文灝は、蒋介石の「日ソ相互牽制」政策を受けて、日ソ戦に巻き込まれかねない沿海部を避けて、奥地を中心地に据えるように主張していた。さらに翁文灝はソ連の工業化を例に出して、次のように自説の補強を行なった。帝政時代のサンクト・ペテルブルグ付近は工業が発展した地域ではあったが、その付近には目ぼしい炭鉱がなく、英国から輸入した石炭に依存していたために、ソ連時代に入っても発展に限界があった。一方、モスクワ周辺等のロシア中部は四方の海岸から遠く離れてはいるものの、炭鉱に恵まれているために工業の中心地となった。また第一次五カ年計画では、中央から僻遠の地にあるウラル山脈地方に非常に大規模な工業施設を建設したが、その地方は金属・鉱産資源のほかに森林にも恵まれ、冶金工業、化学工業を建設するには好立地となっている。さらに第二次五カ年計画では、巨大な埋蔵量を誇る炭鉱のあるシベリアにおいて工業建設を企図している。このことから工業の中心地が必ずしも海岸や河岸にあるとは限らず、奥地にも工業を建設し得ることが理解できようと。(40)

奥地を工業建設の中心地として策定するべきであるとする翁文灝の議論に対して、陳公博は次のように反論した。翁文灝の論点は、奥地が長江下流域に比べて安全であり、かつソ連の重工業基地がウラル山脈に置かれていることを取り上げて、中国も重工業基地を奥地に移す必要があるとするものである。だが、そうした主張にはソ連の現実が見落とされていると言えよう。第一に、ソ連が重工業基地をウラル山脈に置いたのは、敵国の侵入を避けるためではなく、前線への物資供給を容易にするためである。ソ連の国防はかねてから西欧重視で、東アジアを重視してこなかった。というのは、東アジアはソ連の中心部から遠く、日本以外には強力な国家が存在しないからである。もっとも近年、ソ連と日本との関係が緊張するに及んで、シベリア地方の工業化に着手したが、その意図も前線への物資供給を円滑にするためである。第二に、重工業の理想的な立地条件は原料産地に近接していることであるが、ウラル山脈に重工業基地を建設したのは、同地方が奥地であるためではなく、あくまでも資源が豊富だからである。長江沿岸もウラル山脈地方同様に石炭や鉄に恵まれており、重工業建設の好立地となっている。第三に、ソ連は社会主義国家であるから、一切の生産は国家によってなされるが、中国では資本主義経済の要素も大きいために、各産業の損益についても考慮せざるを得ない。重工業を奥地に建設するに当たっての、輸送路の遠大な距離や巨額の建設費用等については問わないとしたところで、工場設立以後も、製品をやはり沿海部の市場に供給して、輸入品と競争しなければならないので、コストがかさみ、工場は自ずと倒産してしまうことになると。(41)

実業部と資源委員会との間には、上述のような経済建設の中心地の策定に関する論争のほかに、経済政策の権限をめぐって常に摩擦が絶えず、結果的に陳公博の経済政策構想の頓挫を招くことになった。実業部と資源委員会との勢力争いは、当時の国民政府内で起きていた汪精衛派と蔣介石派との激しい派閥争いの一環であり、最終的には蔣介石派が汪精衛派を圧倒して、政権内でヘゲモニーを握るに至った。(42)

後年、陳公博は実業部での経験を顧みて、その経済政策失敗の最大の要因は理論にあるのではなく、機構が健全に機能していなかったことにあると総括していた。(43)陳公博は実業部長就任後、早くも機構の機能不全を見て取り、「統制経済與組織」という論説で、次のように警告していた。いかなる組織機構であれ、少なくとも独立性と他機構との連関性という二種類の機能があるが、政府内にはそれらが欠けている。ある一つのことを行なおうとすると、全員が行なおうとして、誰一人行政上の系統を理解していないかのようであり、ある一つのことを行なわないとなると、全員が行なわず、政府内にそれを担当する機構が設置されていないかのようであると。(44)陳公博の目には、資源委員会こそが実業部の独立性を侵し、機能不全を引き起こした最大の元凶と映ったのである。

その他の陳公博と翁文灝との間の対立点について付け加えると、上述のように陳公博が実業部長在任の後半期に軽工業・民間企業重視に転換したことから、重工業・国営企業に終始重点を置いていた翁文灝との間で、さらに経済政策をめぐる溝が広がった。実業部長在任後半期に現れ始めた両者のこうした差異は、先述のように日中戦争後に南京と重慶に分かれて、軽工業の民営企業主体か重工業の公営企業主体かを争点にして、対立するに至る前触れになったと言えよう。(45)

陳公博は満州事変後に成立した蔣汪合作政権において実業部長の地位に就き、経済政策構想を定めた。それは、日ソ戦の回避を前提にして、「民族主義」の提唱の下に国民経済の確立を主目標に定め、長江下流域を工業建設の中心地に策定し、当初は国営企業と外資による重工業の開発を、後には民間企業を中心とする軽工業の発展を企図したものであった。以下において汪政権時期における陳公博の経済政策構想を扱うが、蔣汪合作政権時期の構想との間の関係如何についても見ることにしよう。

汪政権時期の陳公博の経済政策構想

汪政権時期における陳公博について見てみよう。陳公博は戦後のいわゆる漢奸裁判に提出した陳述書において、逡巡を重ねながらも、最終的に汪政権参加を決意したのは、長年にわたって側近として仕えてきた汪精衛個人に対する忠誠心からであったと回顧した(46)。陳公博は汪政権に参画すると、同政権内で立法院長、上海市長等の要職を兼務し、汪精衛に次ぐ序列二位の地位にあり、一九四四年の汪精衛の死後には、主席代理兼行政院長に就任した。陳公博は汪精衛や周仏海とともに、汪政権の政局全般の運営に大きな影響力をもっていたのである。

では、陳公博の戦時期における経済政策構想の前提となる、日中戦争をめぐる国際情勢認識について見ることにしよう。陳公博は一九四一年一月に、子息の陳幹に宛てた書簡において次のように述べた。蔣介石は、中国が日本と戦争をすれば敗北は必至であることを理解しているにもかかわらず、米・英・仏・ソの各国が中国を助けてくれるであろうと夢想している。上海が陥落すれば、英・米・仏が干渉するだろうし、綏遠と察哈爾が失陥すれば、ソ連が出兵するだろうと私に語ったものだ。だが、上海や綏遠、察哈爾が陥落しても、これら各国はいささかも慌てたりはしなかったと。すなわち陳公博は、日中戦争が中国の孤立状態において帰趨するものと見ていたのである。また第九章で触れたように、彼は一九三六年以降、国際情勢の緊迫化によって、日本のさらなる侵略と中国の孤立の可能性を予測していたが、その予測を日中戦争勃発以後も一貫して堅持していたと言えよう。

一方、対日観については陳幹に次のように述べていた。第三次近衛声明により、日本に中国を滅ぼす意図のないことを知り、汪精衛とともに対日和平に賛同した次第である。だが、果たして日本に第三次近衛声明を遵守する誠意があるだろうか。この点に関して、国家は個人と異なり、そもそも感情など有していないということに注意を喚起したい。日本は中国を滅ぼしたいと望んだところで、結局、滅ぼしおおせなかったのである。その要因として、第一に、日本には中国を制御し得るに足る兵力がないこと、第二に、日本には海上において英米という敵があり、陸上においてソ連という敵があるので、全国力を対中国戦で消耗させるわけにはいかないこと、第三に、とりわけ中国において民族主義や愛国主義が全国人民にあまねく広がり、敗戦しても誰一人として進んで日本の奴隷になろうとする者がいなかったことなどが挙げられる。そこで日本は和平路線に転換し、中国と友好関係を築くことを余儀なくされた。我々もそのことを理解して、はじめて自信をもって戦局を収拾する道を探るに及んだのであると。

陳公博が日本に対して、全幅の信頼感を寄せていない以上、彼にとって和平は「人格による抗戦」にほかならなかった。同じく陳幹に宛てて次のように述べていた。日本軍占領下の人民は塗炭の苦しみをなめているが、蔣介石一族は戦争成金になる一方、一群の漢奸は日本人と結託して和平成金となっている。そこで私は意を決して、和平交渉という「人格による抗戦」を行なうことにしたのである。現在、国民政府は南京に還都し、日本が占拠していた鉱山・工場も中国に返還されたが、これは交渉の第一歩目の成果である。今後とも我々は富貴にして淫せず、威武を以ても屈せざる精神と人格によって、日本軍の銃刀が取り巻くなかで、領土と主権を少しずつ取り戻すつもりであると。(47)

さて、汪政権期の陳公博の経済政策構想の究極的な目標は、上述のように中国の孤立と敗戦を認めた上での「人格による抗戦」と密接な関係があった。陳公博は、日中戦争を含むアヘン戦争以後の対外戦争において、中国が敗戦を重ねたことについて、もとより軍事力が劣っていた故であるが、最大の原因はやはり中国に「民族主義」が成熟しておらず、真の近代国家にはなっていなかったことにあると結論した。そして「民族主義」については、次のように解説を行なった。中国の伝統的な「大一統」という観念には「民族主義」的傾向があるとはいうものの、少数の士大夫や知識人に共有されているばかりで、民衆に広く行きわたっていないために、「民族主義」とは言えない。「民族主義」とはそもそも民衆の間に普及し、深く入り込み、さらに一種の宗教的なものに転じて、はじめてそれと認められるものなのである。では「民族主義」の起源とは何だろうか。近代の「民族主義」は一八世紀の欧州において初めて勃興し、一九世紀に入って発展し、二〇世紀に至って大成した。「民族主義」は初期には血統・言語・宗教・風俗を基幹としていたが、現代ではこうした基幹はあまり重要ではなく、「経済単位」、すなわち国民経済をその生命の根源としている。現代では米国やスイスのように、異なる血統・言語・宗教・風俗を併せもつにもかかわらず、強固な「民族主義」を形成している国家が存在しているが、それは今日の「民族主義」が国民経済を基幹にしているからにほかならないと(48)。このように汪政権期に提起された「民族主義」も、戦前の蔣汪合作政権期に提唱された「民族主義」と同様の定義がなされており、工業化を介した国民経済の確立と表裏一体のものとして捉えられていたのである。陳公博の汪政権期における経済政策構想の究極的な目標とは、工業建設を通した国民経済の確立によって、中国の敗戦の原因となった「民族主義」の未成熟さを克服するというものであったが、こうした経済政策構想はまた「人格による抗戦」の一環であり、蔣汪合作政権期のそれと同様に対日抵抗という契機を備えていたのである。

ところで、汪政権は政策の根本的な柱として「和平反共建国」を唱えていたが、反中国共産党に関わる大きな課題として、陳公博は農村問題の解決を挙げており、汪政権特使として一九四〇年に訪日した際にも、この問題に対する日本側の注意を喚起しようと努めた。同年六月の九州帝国大学での講演を見てみよう。陳公博にはしばしば自著を引用する癖があるが、ここでもまず先述の論説「以農立国是対的嗎？」を引用して、経済の不安定化は、農民が全人口の七五％を占めるに至り、農村人口が過剰になったことに起因しており、それが延いては政治の不安定化にもつながっていると述べた。そして次のように共産党を批判した。共産党は農村問題の重要性に着目することで、近年その勢力を伸ばしたが、その解決方法は当を得ていない。地主の土地没収とその再分配という手法は役に立たないであろう。というのは、農民の人口が多過ぎて、土地が少な過ぎるために、再分配をしても無意味だからである。農村問題の解決には、農民人口の減少が必要であるが、それには工業の発展により、農村の余剰人口を吸収するに如くはない。すなわち我々の希望と計画は工業と農業をともに重んじる国家になることであると。[49]

陳公博は「民族主義」を支える国民経済の確立のためにも、また農村問題の解決のためにも、工業化を主張したが、対日占領下という所与の条件の下で、具体的にどのような発展戦略を唱えたのであろうか。先述のように、当時、日本資本は軍の支持の下に、中国における工業生産を独占する勢いを見せていたが、陳公博は一九四〇年の訪日時に、中国の工業発展により日本の工商業が阻害される恐れはないと述べ、その根拠を次のように提示した。日本の重工業は自給自足というレベルにまで達してはいないが、日本は既に軽工業から重工業の段階へと飛躍的に発展している。一方、中国の軽工業はなおも萌芽時期にあり、十分に自給し得るのは絹織物とマッチのみであって、ほとんどの品目で自給できる段階には至っておらず、国内消費量は国内生産量を大きく上回っている。さらに綿織物、メリヤス織製品、毛織物、製粉、砂糖、タバコについては、外資系の生産高が大きな比重を占めている有様である。ここで、もし中国の軽工業が発展するならば、国民経済の確立に向けた第一歩となり、延いては人民の購買力も増大するために、ただ日本の重工業のみならず、その軽工業に対しても市場を提供することができ、その発展にも資するであろうと。[50]すなわち陳公博は在華日本資本と共存する道を探りつつ、軽工業主体の発展戦略を描いておりこれは先述のように、当時の汪政権が軽工業主体の上海民間資本家層をその支持基盤にしようとしていたこと軌を一にしていたのである。

もっとも既に第一節で説明したように、陳公博等の要望にもかかわらず、日本側の独占政策が容易に改まらなかったために、陳公博も汪政権の最高指導者の一人として、厳しい対日批判を行なわざるを得なかった。陳公博の対日批判の特徴として、かつて戦前の実業部長時代に資源委員会等を批判したロジックが、敷衍されているということを挙げることができる。陳公博は一九四一年の東亜同文書院での「統制経済之理論與実際」と題された講演で、中国における最初の統制経済の提唱者だと自己紹介しつつ、実業部長の職務経験を通して、統制経済の実行には原理の確定以外に、最も緊要なこととして健全な組織体系が必要とされるということを知るに及んだと述べた。そして先述の論説「統制経済與組織」を引用し、当時の国民政府内には独立性と他機構との連関性という二種類の機能が欠けていたために、実業部の統制経済は失敗を余儀なくされたと述べたが、具体的に実業部の機能不全を引き起こした最大の元凶が資源委員会であったことは、既に説明した通りである。一方、日本軍占領地域の統制経済については、陳公博は原理や機構といった観点から、統制経済の趣旨に合致しているとは言い難く、ただの物資の「分管」であると断言して、次のように続けた。例えば原理の観点からすると、統制経済とは本来、国家を統制の単位として、国家の自給自足政策に基づいたものであるが故に、国家を離れてしまっては問題とならないが、中国においては地方を統制の単位としていて、ある県の物資が他の県に行き渡らないという現象が起きており、まさに統制経済の原理に背いていると言えると。(51)

さて、ここで汪政権期における陳公博の経済政策構想と翁文灝指導下の資源委員会のそれとを比較してみよう。第一節で詳述したように、汪政権は民間企業、軽工業に立脚する旨を再三表明していた。陳公博自身も汪政権の最高指導者の一人として、上述のように軽工業主体の発展を唱えていたが、これは延いては上海に依拠する民間資本を重視する立場にも自ずとつながってこよう。一方、資源委員会は戦時中重慶政権において、重工業建設を担う主要機関として急成長を遂げたが、その立場とはまさしく公営企業、重工業重視に立脚したものであった。先述した通り、両者のこうした対立は、蔣汪合作政権期の陳公博の実業部長在任後半期にまで遡ることができる。また戦前の陳公博と翁文灝との経済政策構想をめぐる最大の争点とは、経済建設の中心地を長江下流域にするか奥地にするかということであったが、戦前のこの争点は戦時中になると政治・軍事面での対立をさらに加味して、長江下流域を地盤とする汪政権と奥地に依拠した重慶政権の対立へと発展することになったのである。

最後に、陳公博の経済政策構想における蔣汪合作政権期と汪政権期との関係性と、その意義について見ることにしよう。両時期の経済政策構想の間には、明らかに継承性や連続性が確認されることだろう。第一に、経済政策構想の趣旨は「民族主義」を支える国民経済の確立にあり、かつそれは抗日の前提条件でもあった。蔣汪合作政権期には「安内攘外」政策を補完する形で、対日国防の前提である中国統一を確固たるものにするために、「民族主義」を下支えする国民経済の確立が何よりも緊要であるとした。汪政権期には、中国敗戦の原因を「民族主義」の未成熟さに求め、「民族主義」を発展させるためにも、その根幹とされる国民経済を確立する必要があるとした。両時期を貫く「民族主義」の基盤をなす国民経済の確立という目標の連続性こそ、陳公博、延いては汪政権の経済政策構想における対日抵抗の契機が確固たるものであったことの一証左であると言うことができるだろう。

第二に、国民経済確立のための工業建設という方策に反共的契機が含まれていた。両時期を通して、陳公博は工業化を推進することによって、工業生産に農村の余剰労働力を吸収し、農村の窮乏化問題を解決することを提唱したが、これは農地の再分配を通して、農村問題の解決を志向していた中国共産党の立場と真っ向から対立するものであり、共産党の農村における基盤を掘り崩すことを意図していた。陳公博や汪精衛等が重慶脱出に踏み切った理由の一端は、対日問題のみならず、対共産党問題に関しても、反共か容共かをめぐって蔣介石と対立したことにあった。陳公博の反共理論の両時期を通しての連続性は、西安事件を機に容共政策へと転じた蔣介石に比べ、その反共の根深さを物語るものであろう。

第三に、工業化の具体案については、長江下流域を経済建設の中心地として選定し、民間企業による軽工業の発展を重視していた。陳公博や汪精衛等が、日本軍非占領地域で政権を設立するという当初の計画が頓挫しながらも、占領下の長江下流域を地盤とした親日政権をあえて樹立した動機の一端も、陳公博が持論として、奥地建設論に反対し、長江下流域建設論を唱えていたことと関係があろうと推測される。第四に陳公博は、かつて蔣汪合作政権期に実業部主導の経済政策を阻害した、蔣介石派の資源委員会を批判したロジックを敷衍して、汪政権期の日本軍当局の物資管理をも批判しており、この点にも両時期の連続性を認めることができよう。

第三節　汪政権の経済政策構想の蹉跌

汪政権と商統会

ここでは、特に汪政権と商統会との関係について見ることにするが、それに先立って、商統会設立前後における華中の経済状況について一瞥しておこう。先述のように、太平洋戦争の勃発により、工業生産が原燃料の入手難と製品の販路喪失によって大きなダメージを被る一方で、開戦後しばらくすると金融業が活況を呈し、商品、不動産、株等に対する投機的売買が過熱し出した。一九四三年五月の商統会設立前後においても、そうした趨勢に歯止めが掛かるどころか、ますます拍車が掛かった。工業生産は表3のように、一九四三年から一九四四年にかけてさらに落ち込むに至った。一方、金融機関は新たな創業のラッシュが続き、上海における華商銀行は一九四三年九月までに一四四行を数えるに至ったが、そのうち九五行は日中戦争後の一九三七年以降に設立され、さらにその約三分の一に当たる三三行が、一九四三年一月から同年九月までの間に開設されるという有様であった。また銭荘についても、一九四三年一〇月までに一六二店舗を数えるに至り、一九四二年中に設立されたものは計四二店舗、一九四三年中においては九月までに開設されたものだけでも八六店舗に達した。このほかに、信託、投資、保険等の金融機関の設立も相次いだ。こうした小規模な金融機関の創設ラッシュは、投機や買い占めの風潮をより一層助長し、物価の暴騰を引き起こしており、「その前途は非常に重大な危機をはらんでいる」と予測されていた。(52)

さて、汪政権は上述のような経済状況の下で、日本の対華新政策における同政権強化の一環として、経済統制の権限を日本軍から委譲されると、一九四三年二月に「戦時経済政策綱領」を策定して、商統会に結実することになる経済機構の改造に着手した。従来の中国の民間経済機構の代表である同業公会は、中心人物を核に自由意志で結成され、同一業界に複数の公会があることもまれではなかった。(53)「戦時経済政策綱領」はこうした任意団体のネットワーク的な性格の同業公会を念頭に置き、経済機構の改造に当たって、産業界の「自治」よりも政府の「指導・監督」を強調した次のような要綱を提示していた。(甲)戦時経済体制に適合しない既存の経済機構は一律に調整ないし改組する。(乙)各種の産業部門は生産から配給に至る各段階で、首尾一貫した機構となるように編成し、計画的な運営を行なう。(丙)健全化された各種の産業機構は政府の指導・監督下で自治的な統制を行なう。(丁)各種の主要産業は政府の指導・監督下で団体化された経営制度を施行する。(54)

さらに、政府の「指導・監督」を明確にするべく、三月の最高国防会議において、次のような趣旨の決議が行なわれた。あらゆる各種の工商団体は従来のように独自の政治活動を行なってはならず、純粋な経済機構として規定されるべきであり、一意専心して政府に協力して物資統制及び物価政策を推進するべきであると。その後、その決議の趣旨を受けて、統制機構としての商統会の設立が決定された。(55)そして商統会の下に、従来の同業公会を一業一

表3　業種別操業率・操業停止率　単位％

	1943年		1944年	
業種	操業率	操業停止率	操業率	操業停止率
木工	82	18	60	40
家具製造	68	32	45	55
金属	86	14	65	35
機械金物	78	22	62	38
船舶車両	60	40	55	45
煉瓦陶器ガラス	65ママ	34ママ	50	50
化学	82	18	82	18
紡績	75	25	60	40
服飾	74	26	62	38
皮革ゴム	77	23	60	40
飲食料タバコ	70	30	62	38
製紙印刷	86	14	60	40
計器楽器	78	22	60	40
その他	65	35	60	40

李達「上海経済的動態」、『申報月刊』復刊第2巻第8号、1944年8月、9頁

種の原則に基づいて、ハードで画一的かつ上意下達的な組織に再編成した。(56)

一方、上海民間資本家層は商統会に対して、どのような態度をとっていたのであろうか。ここでは、理事長の唐寿民と並んで指導的地位にあった上海実業界の「三老」、聞蘭亭、袁履登、及び林康候を例に挙げて見てみよう。

彼等は当初、商統会の役職に就任することを拒んでいたが、ほどなくして考えを改めた。そうして聞蘭亭は商統会の下に設置された棉花統制委員会の主任委員となり、袁履登は米粮統制委員会の責任者となり、林康候は商統会の秘書長となった。就任に至った理由として、汪政権が日本に没収された中国企業の返還に成功を収めたことに対して、彼等が良好な印象を抱いたことが挙げられる。その他の理由としては、日本当局が汪政権のみならず中国商人とも相携えて、共同で長江下流域の経済を管理することを応諾したことに、彼等が大きな興味を覚えたことがあるだろう。彼等はこの機会をつかんで上海の民間資本家層の利益を保護しようと決心したのである。(57)

このように聞蘭亭、袁履登、林康候の商統会への参加の動機には、上海民間資本家層自らが主体となって、自己の利益を擁護しようという側面があり、当然ながらそこには汪政権の「指導・監督」に対して、参加した民間資本家層の「自治」が声高に叫ばれる必然性があった。商統会の機関誌は、同会が「商業自治団体」であり、中国で最初に企画され、世界でも先例が少ない機構であるとした。そして今後、政府の統制と齟齬を来たさないためにも、同会に参加した民間資本家が、「公正廉明」の四字に集約される商業「自治」の精神を発揚することが重要であると強調した。(58) こうして商統会は上海民間資本家層の意向をも受けて、「監督・指導」と並んで、それとはしばしば相矛盾する「自治」という理念をも掲げて発足したのである。

ところで、日本側の商統会に対する施策の意図とはどのようなものであったのだろうか。対華新政策にはそもそも相矛盾した二つの側面があり、一つは「国民政府ノ政治力強化」であり、もう一つは「戦争完遂上必要トスル物資獲得ノ増大」であった。後者の実施に当たっては、「日本側ノ独占ヲ戒ムルト共ニ支那側官民ノ責任ト創意ヲ活用シ、其ノ積極的対日協力ノ実現ヲ具現セシム(59)」ということが謳われていた。すなわち日本側は汪政権の「政治力強化」の趣旨から、物資流通統制の現場での裁量を商統会に一部譲渡する一方で、「物資獲得ノ増大」の方策として、商統会に取り込んだ上海民間資本家層を動員することによって、各地における日本の軍・商による収買活動の限界を打破し、日本に対する物資のより安定的な供給を実現しようとしたのである。このように日本側の商統会に対する指針には、対華新政策に内包された矛盾を反映して、物資流通の裁量譲渡と物資獲得の増大という二つの相矛盾した側面があったのである。

だが、日本側の商統会に対する二つの相矛盾した施策の間では、しばしばバランス関係が崩れ、ともすれば物資流通の裁量譲渡の側面がなおざりにされ、物資獲得の増大の側面が突出する傾向があった。例として紡績業について見ることにしよう。日中双方の紡績工場は綿花収買同業組合を設立し、南京、上海、寧波、杭州等に綿花公庫を設けて、収買に当たった。収買した綿花の六〇％は軍用と対日輸出に充てられ、残りは日中双方の紡績工場で分配された。だが日中の分配率は三対一で、中国側工場は綿花不足が著しく、そのために紡績機械を分散して、封鎖線外の原綿供給地に運び、小規模の紡績工場を建てる動きが盛んになった。収買についても、長江以北は日本側が、長江以南は中国側が担当することになったが、日本側は長江以南につくった収買機構を撤収しようとはしなかった。[60]

こうした日本側の態度は、当然ながら中国側に強い不満と批判を呼び起こした。周仏海は日記に、「日本政府は中国の独立尊重、経済互恵を声明してはいるが、事務当局、民間商人と産業家はまだ経済侵略思想を改めていず、嘆かわしいことだ」と記した。[61]また周仏海は不満を行動にも移しており、一九四四年に日本の興亜院が占領地域における綿布の全面的収買案を提出すると、彼は商統会の理事長唐寿民と計らい、その案の阻止を図った。そして「中日間の公平を示すために、中国商人に日本商人が日本政府の政策を擁護している事実を示す」べきであるという大義名分を立てて、収買をまず日本商人から、次いで中国商人から行なうべきであると要求した。[62]

また、一九四四年に周仏海は陳公博の訪日に際して、経済に関する意見具申を起草し、次のように改善点を列挙した。①軍需と民需を調整し、これまでの軍需偏重の弊害を糾す。②和平区域内の物資の自由流通。……④経済統制を名実共に中国が自ら行なうよう引き渡し、日本は協力するものとし、有名無実で、実権は日本人に握られている商統会の弊害を是正する。[63]まさに陳公博が回顧するように、汪政権と日本は「くる日もくる日も争わない日はな」く、「初めの頃は南京が日中協力の名の下に日本にとられた物資を取り返すようにし、大東亜戦争が勃発してからは参戦の名の下にさらに物資を取り戻し」たという状況であった。[64]

ところがこの時期になると、汪政権は実務的な交渉の場では別としても、少なくとも内外に向けた公式声明では、経済破綻に関して日本側を批判することを控えていた。第一章で触れたように対華新政策によって、汪政権発足以来の悲願であり、東亜聯盟運動発動の趣旨でもあった、不平等条約の撤廃や日華基本条約の破棄といった「国民政府ノ政治力強化」の諸措置が、形式的であれ、実行されたことに対して、汪政権は高い評価を与えていた。それ故に、「戦争遂行上必要トスル物資獲得ノ増大」を目論む日本側による経済収奪に対しては、勢い批判を抑制するようになったとしても何ら不思議はないであろう。日本に代わって、公式声明において経済崩壊の責を問われたのは、汪政権がこれまで一貫して擁護してきた商統会傘下の民間資本家層であった。

例えば、汪精衛は一九四四年元旦の施政演説「粛清思想保障治安増加生産」で、政府の政策の指針として思想の粛清、治安の保障、生産の増加を掲げ、対日戦争協力を実施するためのみならず、商統会設立後もますます悪化する経済破綻を救済するためにも、生産の増加が急務であると唱えた。国家の経済と人民の生活にとって最も切迫化している需要とは、衣料と食糧であるが故に、農業では食糧と綿花の増産が、軽工業では製粉・紡績業の改善が、それぞれ最も優先的に求められ、過剰な遊資は本来ならばこうした増産に用いられるべきであるとした。一方、生産の増加を阻害し、経済を破綻に追いやった元凶としては、規制をかいくぐっての利益本位の投機活動を行なっていた民間資本家層を槍玉に挙げた。そして上述の施政演説における思想の粛清の項目で、買い溜めし、売り惜しみして利益を図る商人は、民生に害毒を流す寄生虫であるとして、激しい非難を加えた[65]。すなわち上海民間資本家層による投機行為を「腐敗の自由」[66]、すなわち英米の有害な思想の現れと見なし、思想の粛清の一環として批判の対象に据えたのである。

周仏海や陳公博も同様に公式声明において、経済破綻の責任に関して、対日批判を抑え、民間資本家層を厳しく批判した。周仏海はある談話で次のように述べた。一般商人は政府の意図や人民の生計について理解するべきであって、暴利に欲を張り、商品を買い占め、値上がりを待つようなことがあってはならない。もし依然として金融機関がみだりに融資を行なったり、不正商人が物価を吊り上げるならば、政府は厳しい制裁を課すであろうと[67]。他方、陳公博は一九四四年元旦の演説で、物価の暴騰の原因は、第一に物資の欠乏のためであり、第二に個人の買い占めのためであり、第三に評定機関の不統一のためであると述べた。そして買い占めについては、各業の公会がただ目前の暴利を目の当たりにして、将来を計ろうとしないでいる様を見るが、ある業種の暴利の結果はその業種の物価暴騰に加えて、他業種の物価の高騰をも招くものであると、民間資本家層に警告を与えた(68)。

商統会傘下の民間資本家層に対する汪政権の批判は、両者の対立を示唆するものである。そしてその対立は、個人的に友人同士であった周仏海と商統会理事長の唐寿民との決別にまで発展した。一九四四年五月に唐寿民は理事長を辞任するに至るが、その背景には周仏海に対する不満があったということである。かくして、発足当初より政府の「指導・監督」と民間資本家層の「自治」との間のバランスの上に成り立っていた商統会は、政府と民間資本家層との対立の結果、二進も三進も行かなくなり、再度の機構改革を迫られるようになった。そして唐寿民辞任の翌月、政府側の主導の下で、商統会管轄下の各種の専門委員会が行政院に直属することが決定され、ここに至って、商人の自治団体としての商統会は名ばかりの存在になってしまった(69)。言わば、政府の「指導・監督」という側面が民間資本家層の「自治」という側面を圧倒する形となってしまったのである。

第一節で見たように、汪政権は成立前後にかけて、上海民間資本家層の強力な支持を求める目的から、その利益を擁護するべく、日本の苛酷な経済統制や搾取に対して、公式の場で内外に向けて度々抗議の意を表明し、段階的ながら日本側の譲歩をも勝ち取ってきた。一九四三年になって、上海民間資本家層が商統会に参加するに至ったのも、汪政権の尽力を一定程度評価したからにほかならなかった。だが皮肉なことに、商統会が結成されてからというもの、日本側の実質的な経済支配が終焉していなかったにもかかわらず、汪政権は公式声明において経済破綻を日本の責に帰するような言動を控え、かえって民間資本家の投機活動の結果であるとして、その非を声高に批判するようになっていき、民間資本家層との対立を表面化させていった。このような顕著な政策転換を促した背景とは何だったのであろうか。以下で見ることにしよう。

新興企業財団の勃興

汪政権が商統会の成立後に、かえって民間資本家層との間で対立を深めるに至った背景を探るに当たって、まず上海民間資本家層の内部構成の変化について見ることにしよう。日中戦争前夜の上海経済界における主要な企業財団の内訳は、①啓新華新系、②永利久大系、③茂新福新申新系、④劉鴻記系、⑤天廚系、⑥大生系、⑦通孚豊系、⑧美亜系、⑨永安系、⑩銀公司系であった。総称していわゆる「浙江財閥」と呼ばれ、紡績業と製粉業が中心的な基幹産業となっていた。

しかしながら、商統会が設立された翌年の一九四四年には、上述の企業財団に代わって、「新興企業財団」が上海民間資本家層の主力を占めるに至り、その内部構成には大きな変動を見るに至った。「新興企業財団」の内訳は、①新亜集団、②久安集団、③永安集団、④国貨集団、⑤中法集団であり、さらに準主要財団としては、①興華系、②国華系、③新新系、④三楽系、⑤華影系、⑥美綸系が台頭してきた。「新興企業財団」の五大集団の母体産業は紡績と製薬であり、このうち紡績を母体産業としているものは、②久安集団、③永安集団、④国貨集団であり、いずれも戦前の企業財団から発展を遂げたものである。久安集団は啓新華新系を、永安集団は永安系を継承しており、国貨集団は美亜系を一部含んでいた。一方、①新亜集団と⑤中法集団は製薬業を母体としており、日中戦争、太平洋戦争を通して経済状況が激しく変動するさなかに、急速に事業を拡大し、五大集団の一つに数えられるに至った。

では、「新興企業財団」の事例として、五大集団のなかで事業拡大が最も急速であった新亜集団について見ることにしよう。その急成長振りは、日中戦争前夜には新亜薬廠が資本金五〇万元にも満たない企業に過ぎなかったのが、数年で三五余りの公司、工場、商店を擁し、資本総額が中儲券で一〇億元以上に上るグループに成長したこと

表4　新亜集団体系図

新亜集団	新中系	新中地産	金融・投資・不動産業
		新地実業	金融・投資・不動産業
		新亜酵素	化学・製薬・食品工業
		新中第一染廠	メリヤス紡績・紡績・捺染工業
		新中第二染廠	メリヤス紡績・紡績・捺染工業
	新亜系	新亜聯合地産	金融・投資・不動産業
		新益地産	金融・投資・不動産業
		中国工業保険	金融・投資・不動産業
		新亜信託	金融・投資・不動産業
		中国工業銀行	金融・投資・不動産業
		新亜建業	金融・投資・不動産業
		香港新亜薬廠	化学・製薬・食品工業
		新亜薬廠	化学・製薬・食品工業
		新亜衛生材料	化学・製薬・食品工業
		新亜血清	化学・製薬・食品工業
		新亜営養薬品	化学・製薬・食品工業
		新亜毛業	メリヤス紡績・紡織・捺染工業
		新亜科学	印刷・製紙業
		新亜機器	金属機械工業及び販売業
		中国医療器械	金属機械工業及び販売業
		大中保険	金融・投資・不動産業
	新亜副系	恵工実業	金融・投資・不動産業
		天豊地産	金融・投資・不動産業
		西湖地産	金融・投資・不動産業
		大漢薬廠	化学・製薬・食品工業
		大華魚油	化学・製薬・食品工業
		中国奶粉	化学・製薬・食品工業
		仁豊染織	メリヤス紡績・紡織・捺染工業
		宏甡織造	メリヤス紡績・紡織・捺染工業
		海馬毛織	メリヤス紡績・紡織・捺染工業
		利用造紙	印刷・製紙業
		生生美術	印刷・製紙業
		湘記彩印	印刷・製紙業
		九豊搪瓷鋼精	金属機械工業及び販売業
		杭州紗廠　原注	メリヤス紡績・紡織・捺染工業

原注…国華集団との投資合作経営

石灝「上海新興企業財団底輪郭與批判」、『中国経済』第2巻第11期、1944年11月、5頁

からもうかがえる。[70] 新亜集団の総帥は許冠群であるが、彼は孤島時期の上海に大量に流入してきた遊資を、積極的に新亜薬廠に吸収し、一九四一年から一九四二年にかけて、新亜薬廠を中核として、次々と系列工場・公司を設立した。新設された工場・公司には新亜衛生材料廠、新亜酵素工業公司等の医薬品企業のほかに、新益地産公司等のような他業種の企業も含まれていた。次いで、許冠群はグループのより一層の拡大を求めて、一九四二年一〇月に中儲券一千万元を資本金として、投資持株会社である新亜建業股份有限公司を設立し、新亜薬廠が多年にわたって投資してきた他企業の株式を新たな投資持株会社に移した。そして新亜建業股份有限公司を新たな中核企業として、次々に投資を行なって新亜集団の膨張をもたらし、ついに一九四四年には上海経済界の五大集団の一つに数えられるに至った。また許冠群は各方面とのコネクションの形成にも秀でており、商統会設立後には同理事に就任し、また日本軍に対しても各種の薬品を委託生産する一方で、重慶政権に対しても、戦後の事態を睨んで地下工作員を援助するなどしていた。[71]

五大集団の一つに数えられた一九四四年の時点における新亜集団内の企業は、表4のように大きく三つのサブ・グループに分けることができる。新亜系は新亜建業股份有限公司の設立以前からある企業群を、新亜副系は新亜建業股份有限公司の投資を受けている企業群を、それぞれ網羅しており、後者は「新亜集団の拡大時期に収容された不正規軍」とも言うべき存在であった。新中系に含まれる企業群は新亜集団において、一つの独立したグループのようになっていた。また新亜集団傘下の企業については、大きく五業種に大別することができた。第一は金融・投資・不動産業であり、第二は化学・製薬・食品工業であり、第三はメリヤス紡績・紡織・捺染工業であり、第四は印刷・製紙業であり、第五は金属機械工業及び販売業であった。

ところで、こうした新亜集団に代表される「新興企業財団」の病態として、当時、①速成性、②烏合性、③重複性、④争強性、⑤囤積（買い占め）性、⑥投機性が指摘されていた。囤積（買い占め）性について見ると、汪政権が物資統制政策を強調し始め、買い占めを厳しく取り締まり出すと、企業財団は投資企業の部門を拡充して、抜け道を探るようになった。例えば、染織廠を買収すると、「綿布や綿糸の投機を営むことが可能になるだけでなく、さらには染料及び必要な各種の工業原料を買い占めることが可能になり、工場そのものを操業し得るか否かはまた別の事柄となり、全く重視していない」という有様となった。そして、「たとえ企業財団側が、工場買収の目的が物資の買い占めにはないということを言い張ろうとも、物資や電力の供給が日増しに減少している状況下で、こうしたことを行なう必要性はないであろう」と、企業財団側の工場・企業買収の口実が厳しい批判にさらされるようになった。[72] 新亜集団における本業で、日本軍に各種薬品を納入していた製薬業以外の業種の工場や企業はいずれも、上述の指摘にあるような囤積（買い占め）性に基づいた買収によって、グループ傘下に組み入れられたものと推測される。

さて、ここで汪政権と「新興企業財団」との関係について考察しよう。汪政権は還都前後から商統会設立以後まで一貫して、軽工業、特に紡績・製粉業の生産力拡大と発展を至上命題にしてきた。同政権が上海の民間資本家層の利益擁護に熱心であった理由の一端として、こうした民間資本家層の支持を得て、政権地盤を強化するという狙いのほかに、彼等が中国の軽工業の主たる担い手であり、少なくとも太平洋戦争前までは、「孤島の繁栄」と呼ばれる軽工業の生産拡大に寄与しており、同政権の軽工業発展戦略に必要不可欠だったからにほかならなかった。こうした民間資本家層こそ、上述の日中戦争前夜における一〇系統の主要財団であり、いわゆる「浙江財閥」であった。

だが、太平洋戦争とともに実体経済に裏付けられた「孤島の繁栄」が失われ、金融業が活況を呈してくるにつれて、上海民間資本家層の内部構成にも変化が生じ、新亜集団を代表とする「新興企業財団」が頭角を示すようになった。新亜集団は元来製薬業を母体としており、その紡績業への進出は決して紡績生産のためではなく、紡績関連の物資の買い占めのためであったと考えられる。日中戦争前夜の企業財団、いわゆる「浙江財閥」の企業行動の原則を実体経済に即した生産力や販路の拡大とすると、戦時中の「新興企業財団」のそれは実体経済を無視した投機的なマネー・ゲームであって、両者は全く異質の企業行動の原則に基づいていたと言うことができよう。そのことはまた、汪政権の経済政策の支柱である軽工業の生産力発展という方針と「新興企業財団」の企業行動の原則とが合致しないことをも意味するであろう。ここに至って、例えば新亜集団の総帥許冠群が商統会の理事に就任するなどのことがあったとはいえ、その買い占め、投機等の企業行動は、上述のように汪政権から名指しこそないが、厳しく批判されるに至ったのである。商統会設立後の汪政権と民間資本家層との対立の背景には、民間資本家層の内部構成変化に伴う質的変容があったと言うことができよう。

重慶政権の戦後の経済政策構想

汪政権と民間資本家層との対立には、上記の民間資本家層自体の質的変容という要因とともに、商統会設立後に浮上してきた汪政権の重慶政権への合流という課題から派生してきた、重慶政権の戦後の経済政策構想という要因がある。ここではまず汪政権の重慶政権への合流という課題が提起された経緯やその意義について、日中双方の側から見てみよう。

太平洋戦争開戦以来、日本中央当局の重慶政権に対する工作は「諜報路線」、すなわちほぼ情報収集に限られていた。対華新政策を確定した一九四二年一二月の御前会議決定は、「帝国ハ重慶ニ対シ一切ノ和平工作ヲ行ハズ」というものであった。その理由とは、同御前会議席上での杉山元参謀総長の説明によると、重慶政権が「抗戦力逐次低下スベキモ米英ノ最後的勝利ヲ信ジ依然継戦意志ヲ放棄セザルベシ」と判断されたからである(73)。それ故、この時期の対重慶和平工作は、迂遠なものとならざるを得なかった。第一章で触れたが、対華新政策の推進者である重光葵によれば、新政策の柱の一つである「国民政府ノ政治力強化」は、「重慶抗日ノ根拠名目ノ覆滅」を視野に入れたものであり、重慶政権の抗日戦争遂行の必然性がなくなれば、将来的に蔣介石と汪精衛との間の妥協の道が開かれ、日本と重慶政権との和解も達成されるという展望が描かれていた。さらに対華新政策と米英両国の主張との間に、大きな開きがないことが確認されるならば、必然的に米英両国との妥協の糸口も見出されるというものであった。

ところが、一九四三年五月の御前会議の「大東亜政略指導大綱」において、従来の「諜報路線」は汪政権をして「対重慶政治工作ヲ実施セシムル如ク指導ス」という路線へと修整されるに至った。すなわち日本政府が直接関与しないで、汪政権に委ねるという形で、対重慶政治工作を実施すると決定したのである。また「和平工作」ではなく「政治工作」とされたのは、汪政権の「建国理論ハ帝国ノ強固ナル決意ニ基ク支援ノ具現ニ依リテ発展シ将来民心ヲ更ニ把握スルニ至ルベシ」と評価され、「従ツテ重慶陣営ノ切崩ハ時日ノ経過ト共ニ其ノ可能性ヲ増大セン」と見通されたからであった(74)。同年における政策変更の背景としては、イタリアの戦線離脱等、枢軸諸国側の弱体化が顕著になったことが挙げられる(75)。

ここで注意するべき点は、対華新政策と対重慶政治工作とが相互に異なる基盤に立っていたということである。重光外相にとって対華新政策は、日本が正式承認した汪政権の立場を尊重し、日華同盟条約を基礎とするものであり、他方、東条首相の後を継ぎ、対重慶政治工作に特に熱意を示した小磯国昭首相にとって、同工作は「全面和平」のための方途であり、汪政権の解消をも想定するものであった(76)。

一方、汪政権側においても、日本側の対華新政策と対重慶政治工作という政策矛盾を反映するかのような動きが見られた。すなわち、同政権の強化や民生の安定のために日本側との更なる折衝等に努めつつも、日本の敗戦を見通して、独自に重慶政権との合流を探る試みがなされるようになったのである。例えば、周仏海は谷大使のような日本側当局者に対しては、「国民政府の強化を主とし、重慶工作を従とすべきなのに、日本側は本末転倒してきたようだ」と非難し、日本側の注意を「和平区の民生を安定させること」に向けさせようとした[77]。ところが、周仏海は早くも一九四二年に重慶政権に自首を申し入れ、重慶側の工作員と頻繁に会合を重ね、一九四四年七月には工作員との間で、前途に自信を欠きながらも、次のような決定を行なった。重慶政権の要人に対して、「中国が世界戦局から退出して中立の立場を採り、日本軍と米軍をいずれも中国から退出させるようにするとともに、一方で南京、重慶の統一を促進させるよう働きかける」と。すなわち「対外中立、対内統一が我々のスローガンである」としたのである[78]。また汪精衛の死後に主席代理に就任した陳公博は、今後の汪政権の政策課題として、「どのようにして国家の統一をはかるべきか」ということを考慮したとのことである[79]。そして「主席」ではなく「代主席（主席代理）」と称して、重慶政権に「宁渝（南京・重慶）合流」のシグナルを送った[80]。

汪政権における同政権強化と対重慶政権合流という二つの相矛盾する政策課題は、太平洋戦線における日本軍の敗色が濃厚になるに従い、日本側の汪政権への対重慶政治工作の要望も相俟って、後者の比重が高まっていった。ことに、かねてから汪政権が自らなぞらえていた、ヴィシー政府がパリ解放後に崩壊し、多数の政府関係者が逮捕されるという報に接すると、汪政権側の動揺も隠せなくなった。周仏海は日記に次のように記した。「新聞にドゴール政権がヴィシー政府の官吏を大量に逮捕したとの報道があり、大いに感ずることあり。南京はヴィシー政府と境遇も、意図も同じであり、将来の境遇もきっと同じであろう[81]」と。汪政権の要人が遠からぬ将来の日本敗戦後に、重慶政権により逮捕されることを予測するに至っては、汪政権の基盤拡充・強化という年来の課題は二義的な意義しかもち得なくなっても当然であろう。

では、重慶政権への合流が模索されるなかで、重慶政権の戦後の経済政策構想が、汪政権と民間資本家層との関係に及ぼした影響について考察することにしよう。重慶政権の奥地建設における公営企業の民間企業に対する優越性は第一節で見た通りだが、戦争の帰趨が明瞭になる太平洋戦争の末期においても、戦後における経済復興の主体としては公営企業が想定されていた。蔣介石は一九四三年に発表した『中国之命運』において、次のように述べていた。民間資本を主体とする経済運営を主唱する「自由主義者」は、かつて中国が不平等条約下に置かれていたことや、第一次世界大戦後の世界経済が自由競争から独占・集中の趨勢にあることを無視していたために、中国経済の不振をもたらした。中国の経済建設に当たっては、やはり国父孫文の提唱した「資本の国家化、享受の大衆化」を軸にした民生主義に則るべきであると。(82)

こうした蔣介石の大方針に基づき、重慶政権は日本や汪政権、並びにその協力者の資本に関する処理案をまとめた。一九四三年一二月に「敵産処理条例」を公布し、行政院に敵産処理委員会を設置し、接収の準備を進め、さらに一九四五年三月には資源委員会が主導して、「淪陥区工礦事業整理計劃」を立案し、「敵産」の鉱工業資本を同委員会傘下に収め、国営事業の基礎を樹立するべきであるとし、矢継ぎ早に様々な措置を採った。(83)実際、日本降伏後に接収した資本の処分については、重慶から南京に復帰した国民政府は、低能率且つ小規模な企業を民間に払い下げたほかは、国営企業として再出発させることとし、例えば旧在華日本紡績資本を基盤として、経済部が中国紡織建設公司を設立した。(84)また商統会等を通して汪政権に協力した聞蘭亭等の民間資本家に対しても、漢奸として法廷での審問に付し、資本・財産没収のみならず、懲役刑までをも課した。(85)このように重慶政権の戦後に向けた経済政策構想においては、上海の民間資本家層の資本は没収されるか、もしくは仮に没収を免れても、国営企業中心の経済体制にあっては、微々たる経済活動しか許されないと予想されるものであり、現実に戦後その通りになった。汪政権が日本の敗北を前提に重慶政権への合流を模索している状況下では、同政権において日本側と激しく争ってまで、戦後の没落が必至な民間資本家層の利益を代弁し、その支持を勝ち得ようとする動機が薄らいできたとしても何ら不思議はないだろう。汪政権は民間資本家層と対立に至ろうと、その投機、買い占め等の活動がもたらす民生への悪影響の責任を問うことに対して、何ら躊躇はなかったはずである。

小　結

本章によって次のようなことが明らかになったであろう。日中戦争下の上海民間資本家層は、重慶政権による奥地経済建設の要請に冷淡に対応しつつ、日本側への屈服も拒み、戦火の及ばない租界に経済活動の拠点を移していた。そして租界を取り巻く様々な好条件に恵まれて、軽工業復興等の実体経済に裏付けられた「孤島の繁栄」を謳歌していた。汪政権の経済政策構想の骨子は、こうした上海民間資本家層を政権基盤に取り込むことを至上命題とし、民間資本家層の利益擁護を任じることで、その目的を達成しようとした。汪政権は上海民間資本家層の主要産業である軽工業を発展させることを謳い、日本側の軽工業をも含む華中経済独占に対して、公式の席で内外に向けて度々批判を行なった。他方、上海民間資本家層の支持をめぐって、汪政権は重慶政権と敵対関係にあった。汪政権は、重慶政権の資源委員会等傘下の公営企業による民間企業併呑に対して批判を行なう一方で、自らの民間企業擁護の姿勢をアピールした。こうした対日・対重慶政権批判は、一九四三年より実施された対華新政策の下で、上海民間資本家層の参加を得て結成された商統会に具現化されていった。すなわち対日批判の結果、日本側が従来掌握していた物資流通の権限を中国側が回収し、商統会が新たにその裁量を行使することとなった。一方、重慶政権の民間企業併呑と対照的に、汪政権は商統会を指導・監督しつつも、参加民間企業家の「自治」を重視する姿勢を示した。

上述のような汪政権の経済政策構想と戦前の国民政府における汪精衛派の経済政策構想との関連性如何について

は、陳公博を例に取り、次のようなことを明らかにした。陳公博は戦前、汪精衛の側近として国民政府の実業部長の職にあり、国民政府の経済建設プランを起草し、その実施の任に当たった。また汪政権樹立後には立法院長や上海市長等の要職を歴任し、汪精衛や周仏海等とともに汪政権の国政全般を司る地位にあり、経済政策についても折に触れ、声明や談話を発表していた。陳公博の経済政策構想には戦前期と戦中期とを通して連続性があり、それは以下のようである。

第一に抗日の前提条件として、「民族主義」の提唱の下に工業化を通して国民経済を確立することを志向していたことが挙げられる。戦前期には、「安内攘外」政策に沿って、対日国防の前提である中国統一を確固たるものにするために、「民族主義」の主張の下に、工業化を介して国民経済を確立することが何よりも喫緊の課題であるとした。戦中期には、中国敗戦の原因を「民族主義」の未成熟さに求め、「民族主義」を発展させるためにも、工業の再建によって、その土台とされる国民経済を確立する必要があるとした。言わば、陳公博は戦前期における対日戦争を視野に入れた工業化の進展、延いては国民経済の確立という戦略を、日本軍占領下という新たな環境の下で、再度展開しようとしたのであり、そういった意味では抗日的契機を含意したものであった。また「民族主義」には反共的契機も含まれていた。戦前・戦中を通して、工業化を推進することによって、工業生産に農村の余剰労働力を吸収し、農村の窮乏化問題を解決することを目指したが、これは農地の再分配を通して、農村問題の解決を志向していた中国共産党の方針と真っ向から対立するものであり、中国共産党の農村根拠地の基盤を掘り崩すことを企図していた。このように「民族主義」の提唱の下での工業建設による国民経済の確立という戦略は、抗日・反共という二つの契機を併せもっていたのである。

第二に、工業建設の中心地として、上海を中心とする長江下流域を選定し、かつ軽工業を担う民間企業を一貫して重視していたことが挙げられる。一方、蔣介石派の資源委員会の翁文灝は、戦前・戦中と一貫して、奥地における公営企業による国防重工業建設を唱えており、そこには陳公博の「民族主義」を支える国民経済の確立という主張に見られるような、迂遠な構想はなかった。汪政権の経済政策構想の雛形は戦前期の汪精衛派のそれにほかならず、翁文灝等の経済建設プランとは既に戦前期から対立し合っていたのである。汪精衛、陳公博等の重慶脱出、長江下流域を地盤とした新政権の樹立といった行動の動機の一つとして、かねてから長江下流域こそ中国の工業建設の中心部と見なしていたことが挙げられよう。

では、汪政権初期の経済政策構想が、一九四三年の対華新政策以降、なぜ蹉跌したのであろうか。汪政権は樹立前後にかけて、上海民間資本家層の強力な支持を得る目的から、その利益を擁護するべく、日本の苛酷な経済統制や搾取に対して、公式の場で内外に向けて度々抗議の意を表明し、段階的ながら日本側の譲歩をも勝ち取ってきた。一九四三年になって、上海民間資本家層が商統会に参加するに至ったのも、汪政権の尽力を一定程度評価したからにほかならなかった。だが皮肉なことに、商統会が結成されてからは、日本側の実質的な経済支配が終焉していなかったにもかかわらず、汪政権樹立以来の宿願であり、かつ東亜聯盟運動発動の趣旨でもあった、不平等条約の撤廃や日華基本条約の破棄が曲がりなりにも実現したことを受けて、同政権は少なくとも公式声明においては、経済破綻の責を日本に帰するような発言を控えるようになった。そして経済崩壊は民間資本家による投機活動の結果であるとして、内外に向けてその非を声高に批判するようになっていき、民間資本家層との対立を表面化させていった。その要因については、次のような推論を得た。

第一の要因は上海民間資本家層の内部構成の変容である。そもそも太平洋戦争勃発以前の「孤島の繁栄」を担ったのは、いわゆる「浙江財閥」と言われる紡績・製粉業を中心とする民間企業家であり、こうした民間企業家の利益擁護は汪政権の掲げる軽工業の推進という基本政策とも合致していた。一方、「孤島の繁栄」後に、工業生産の衰微と反比例して現出してきた金融業活況の時期を通して、一九四四年頃には新亜集団に代表される「新興企業財団」の台頭を見るに至った。「新興企業財団」の経済活動は実体経済を無視した投機的なマネー・ゲームであって、「浙江財閥」のそれとは異質であり、延いては汪政権の工業生産力拡大という基本経済政策とも相容れず、同政権が対華新政策以降、上海民間資本家層の利益擁護の姿勢を放棄した所以と考えられる。第二の要因は、対華新政策と同時期に浮上した汪政権の重慶政権への合流という課題からもたらされた、重慶政権の戦後の経済政策構想である。重慶政権の戦後の経済建設プランにおいては、公営企業が主体となることが打ち出され、また汪政権に協力した上海民間資本家層の資本を日本関連資本とともに接収することが決定されるなど、まさに民間資本家層の没落は必至の状況であった。このような状況下では、汪政権において日本と激しく争ってまでして、民間資本家層の利益を擁護する必然性が低下するのも当然と言えよう。汪政権は民間資本家層と対立しようとも、その投機活動が引き起こした経済破綻の責任を追及することに対して、逡巡することはなかったのである。

（1）　汪政権と上海民間資本家層との関係、及びそれに関連した同政権の経済政策に関する先行研究については、前掲、古厩忠夫「日中戦争と上海民族資本」。同「『漢奸』の諸相―汪精衛政権をめぐって―」。同「日中戦争と占領地経済」。同「日中戦争末期の上海社会と地域エリート」。同「戦後地域社会の再編と対日協力者」。同「対華新政策と汪精衛政権―軍配組合から商統総会へ―」。Wang Ke-Wen, Collaborators and Capitalists : The Politics of 'Material Control' in Wartime Shanghai, *Chinese Studies in History*, Fall 1992. なお上記論文は著者自らが中国語に訳している。王克文「通敵者與資本家―戦時上海『物資統制』的一個側面」、前掲、同『汪精衛・国民党・南京政権』。

古厩と王克文の研究の特色を挙げると、いずれも一九四三年の日本の対華新政策により設立された商統会の活動に着眼していることである。従来、物資の流通については日本側が独占的に統制していたが、商統会が汪政権の監督の下、上海民間資本家層の参加を得て設立されてから後は、同会が日本側に代わって統制を振るうこととなった。商統会の結成が汪政権初期の経済政策構想の実現であった以上、汪政権における政経関係、並びにそれに関連した経済政策の特質を把握しようとするのならば、商統会をめぐる動向に着目することは妥当であろう。両研究の結論を概括すると次のようになる。汪政権発足以来、同政権は上海民間資本家層の利益擁護のために、日本側に対して、工場返還、経済封鎖、中央銀行設立等の問題で要求を突きつけてきた。だが一九四三年の対華新政策に伴う商統会設立以降も、それらの懸案問題について、実質的に日本側の譲歩が得られなかったにもかかわらず、かえって汪政権は従来の対日抵抗と民間資本家層の利益擁護という政策を放棄して、商統会に参加した民間資本家層との間で対立を深めるに至ったと。ただ汪政権が商統会設立以後、対上海民間資本家層敵視に至った要因については、古厩と王克文の分析には若干の相違がある。古厩は、汪政権がそもそも中国「ナショナリズムの磁場ヴェクトルに逆行」していたために、政権が弱体であり、対日依存せざるを得なかったことに、その要因を求めている。一方、王克文は戦前の国民政府と民間資本家層との冷淡な関係という連続性を、汪政権も引き継いでいたことに、その要因を求めている。こうした両者の要因分析が自ずと行き着く結論とは、対華新政策以前における汪政権による民間資本家層の利益擁護、対日抵抗は単なるポーズであったか、あるいは仮に真剣に考慮された言行であったとしても、ほんの一時的なものであり、重視するには足りないものであるということとなろう。古厩と王克文の研究の問題点について触れると、両者が重視している時期は、対華新政策が実施された一九四三年以降であるが、対華新政策は汪政権の強化を謳ってはいるものの、皮肉なことにその実施以降には、同政権の存在意義自体が著しく薄れるに至っていた。一例として、政権内の実力者、周仏海がこの頃、日本の敗戦と汪政権の解消を見越して、重慶政権に対して自首を申し入れていたことが挙げられよう。まさに古厩の述べる通り、「中華民族にとって汪政権がその存在意義を持ち得るのは、抗日を続ける国民党と共産党の政権が崩壊するか、日本に屈服した場合」であるが、一九四三年以降は、その日本の敗戦と重慶国民党及び共産党の抗戦勝利がほぼ確実視されていたのである。それ故、汪政権の経済政策の特徴について考察するに当たって、同政権の存在意義が揺らぎ始めた時期にのみ専ら焦点を当てるのならば、不十分を免れないであろう。やはり汪政権の存在意義が確固としていた時期、すなわち日中戦争から日本の破竹の勝利に始まった太平洋戦争緒戦までの時期における同政権の経済政策構想を考察の対象とし、さらに戦前期の汪精衛派の経済政策構想にまで遡り、それとの関連性如何をも検討することなくしては、同政権の経済政策の特徴を把握することは困難なことと思われる。そこで本章では、汪政権初期の経済政策構想、並びに戦前期の汪精衛派のそれを主として論じ、併せて汪政権が商統会設立以降、対上海民間資本家層敵視に至った要因についても再考するものである。

なお、近年発表された今井就稔の諸論稿は、綿紡績業の資本家を事例に取り上げて、戦時期における上海の民間資本家による独自の日本側との折衝の実態を検証したものである。今井就稔「戦時上海における敵産処理の変遷過程と日中綿業資本」、高綱博文編著『戦時上海――一九三七～四五年』、研文出版、二〇〇五年。同「日中戦争後期の上海における中国資本家の対日『合作』事業――棉花の買付けを事例として――」、『史学雑誌』第一一五編第六号、史学会、二〇〇六年六月。

（2）　厳中平他編『中国近代経済史統計資料選輯』、科学出版社、一九五五年、一〇六頁。なお引用の統計表は『中国工業調査報告（下冊）』（一九三三年）より作成された。一二大工業都市は上海のほかには天津、青島、北京、南京、漢口、広州、重慶、西安、福州、汕頭、無錫である。工場数、資本、減価償却後の生産額の全国及び上海が占める具体的数値はそれぞれ、九，六七九／三，四八五、三三二〇，五六九（千元）／一九〇，八七〇（千元）、一，〇九四，八五二（千元）／七二七，七二六（千元）である。

（3）　河合俊三『戦後中国経済の分析』、慶友社、一九四九年、四五頁。

（4）　「抗戦下に於ける奥地工業建設」、『東亜』一三巻四号、東亜会、一九四〇年四月、六三～六四頁。なお移転した工場の内訳は、紡績工場が三七、化学工場が三〇、製紙印刷工場が一三、金属製造工場が一一、機械製造工場が九、電気器具製造工場が八、皮革工場が八、衣服製造工場が七、金属精錬工場が六などであり、全般的に軽工業の割合が高いと言えよう。

（5）　前掲、菊池一隆「国民政府による『抗戦建国』路線の展開」、一三八頁。

（6）　東亜経済懇談会調査部編『東亜経済要覧 昭和一七年』、東亜経済懇談会出版、一九四一年、五三八頁。

（7）　上海社会科学院経済研究所『劉鴻生企業史料（下）』、上海人民出版社、一九八一年、四頁。

（8）　前掲、東亜経済懇談会調査部編『東亜経済要覧 昭和一七年』、五三七頁。なお、東亜経済懇談会については、白木沢旭児「日中戦争期の東亜経済懇談会」、『北海道大学文学研究科紀要』第一二〇号、二〇〇六年を参照。

（9）　JACAR：B02130137100（第三画像目から）、執務報告昭和十三年度東亜局第一課、外務省外交史料館。

（10）　JACAR：B02130137200（第三九～四二画像目から）、執務報告 昭和十三年度東亜局第一課、外務省外交史料館。

（11）　前掲、『東亜経済要覧 昭和一七年』、五三八頁。

（12）　久保亨「戦時上海の物資流通と中国人商」、前掲、中村政則、高村直助、小林英夫編著『戦時華中の物資動員と軍票』、三一一頁。なお同論文は、籥観耀「一年来之上海工商企業」、『銀行週報』第二九巻第九～一二合併号、一九四五年三月を基にして戦時上海の経済動向を次のように整理している。第一期：戦乱期一九三七年八月～一九三八年二月、第二期：景気回復期一九三八年三月～一九四一年一二月、第三期：短期後退期一九四二年一月～一九四二年五月、第四期：金融業活況期一九四二年六月～一九四三年六月、第五期：全般的衰退期一九四三年七月～一九四五年八月。

（13）　例えば、上海金城銀行の調査によると、八・一三事変から翌一九三八年三月までの上海及びその近郊の工業の被害総額は、一五五，七六四，〇〇〇元に上り、八・一三事変が勃発してからの三カ月間に限ると、直接戦火に晒されたことによる物質的損害総額は一五，四八四，〇〇〇元に上ったという。しかし上海社会局の統計によれば、損害規模はもっと甚大であり、被害に遭った工場数は二，二七〇、被害総額は八億元であった。大阪貿易調査所の統計によってもほぼ同様の数値が見込まれるとされていた。陳真、姚洛編『中国近代工業史資料　第一輯（影印）』、大安、一九六七年、（原本は、生活・読書・新知三聯書店出版、一九五七年）七八頁。

(14)　前掲、申報年鑑社編『民国三十三年度 申報年鑑』、七一五頁。

(15)　尾崎秀実「汪精衛政権の基礎」、尾崎秀実『尾崎秀実著作集　第二巻』、勁草書房、一九七七年　、三七六～三七七頁。なお、一九三九年から一九四一年にかけての尾崎の汪政権観に関しては、田中悦子「尾崎秀実の汪兆銘工作観」、『日本歴史』第五九二号（一九九七年九月号）、吉川弘文館を参照。

(16)　汪精衛等の和平運動のパンフレットも、日本との和平によってもたらされる経済的利益や効果を次のように宣伝し、和平運動に対する上海民間資本家層の支持を求めていた。第一に、沿海地域における日本軍の各種の不合理な占領、合弁等について、合理的な解決を求めることができ、財産の所有権が保障される。第二に、非占領地域内においては、軍需様式の下での経済性を超越した浪費から免れて、生産建設を諸々の合理的な基礎の上に置くことができる。第三に、国内秩序が回復し、交通網が旧に復すると、国産の原料及び製品の国内販路が開け、都市と農村の経済が相互に刺激し合うことが可能となる。第四に、交通網が改善されることによって、不必要なコストが減少し、国産の金属や農産品の海外輸出が増加する。第五に、戦時状態の下で混乱していた幣制に合理的な解決を求めることができ、かつ銀行に公債や軍需への融資をやめさせ、新たに工商業のために融資を振り向けさせることができると。「当前中国経済之出路」、中国国民党中央執行委員会宣伝部編『経済合作問題』、中国国民党中央執行委員会宣伝部、一九四〇年、四一～四二頁。

(17)　前掲、尾崎秀実「汪精衛政権の基礎」、三七七～三七八頁。

(18)　前掲、汪精衛「所望於産業界諸君」、一〇九～一一二頁。さらに汪精衛は中日経済合作のあり方に関して、「平等互恵」の原則の確認にとどまらずに、より踏み込んだ提言をも行なっていた。一九四〇年元旦のラジオ演説「和平運動之前途」において、上海民間資本家層の主力産業である軽工業について、次のように述べた。戦後、紡績を中心とする軽工業の回復を図らなければならないことは言を俟たない。しかし、そうなると日本の在華紡と衝突が起きないだろうか。普通に考えてみると、必ずや一方が他方を駆逐する展開となり、衝突が避けられないかのようである。だが、ここで中日両国は有無相通じ、長短相補うという原則を適用できないだろうか。顧みれば、中国の「民族資本」は有限な資本を元に、各種の工業を経営してきたが、分散的かつ弱小なために、対外的には競争し得なかった。また資本が少なくなればなるほど、ますます利潤を追い求めることに焦慮して、そのために自ら破減に陥るといった有様であった。こうしたことこそ実際に、数十年来の中国工業不振の原因であった。そこで上海資本家層は在華紡の商品との重複を避けて、いくつかの品種に絞って生産を集中するべきである。そうして、その他の品種については、日本商品の低価格を利用して、買値の負担を軽減させるという方策を採るべきであると。他方で、重工業については、汪精衛は次のように述べていた。発展の順序は当然ながら、軽工業の後になる。しかし、もし中国が重工業を興そうとするなら、例えば鉄工所等では、外国からの投資や人材を受け入れざるを得ないことは当然であると。汪精衛「和平運動之前途」、前掲、中国国民党中央執行委員会宣伝部編『汪主席和平建国言論集 上巻』、一六二～一六四頁。ここで外資導入の問題が出てくるが、汪精衛は一九四〇年一月に発表した「共同前進」で、次のように言及していた。日本が中国の「民族資本」と提携し、先進国の資格で援助を行なうなら、民族主義や民生主義の目的でもある植民地主義勢力の一掃を実現することができよう。だが、ここでの植民地主義勢力の一掃ということには、「第三国」の正当な権益まで排斥することは含まれていない。中国の実業計画の完成は、「第三国」を含む外国の資本や技術に俟たなければならないのであり、こうしたことと、中日経済提携とは全く矛盾しないのであると。同「共同前進」、同上、一五五～一五六頁。

(19)　前掲、東亜経済懇談会調査部編『東亜経済要覧 昭和一七年』、五三九～五四二、五五八～五五九頁。

(20)　前掲、久保亨「戦時上海の物資流通と中国人商」、三一八～三二〇頁。

(21)　「新中国建設座談会記録―七月二十四日在東京読売新聞社」、中央儲備銀行編『周仏海先生訪日紀念冊』、中央儲備銀行、一九四二年、八〇頁。

(22)　周仏海「今日中国経済情形―七月十六日在日本銀行講―」、同上、四一～四二頁。

(23)　袁愈佺「日汪勾結掠奪中国資源概述」、黄美真編『偽廷幽影録―対汪偽政権的回憶紀実』、中国文史出版社、一九九一年、一六七頁。ところで、太平洋戦争緒戦の時期には、汪政権は上海民間資本家層の立場に立って、対日批判を繰り広げる一方、中国自身の自助努力に基づき、太平洋戦争以降の生産の大幅な縮小の局面を乗り越えようともしていた。汪精衛は、敗戦国フランスが頭髪を羊毛の代用品にすることに成功したという事例を紹介し、その成功の要因として、三点を挙げた。①科学精神、②断固とした愛国心、③組織化の能力、の以上である。つまり愛国心がなければ、科学的な発明があったところで無駄であり、また組織化されなければ、たとえ愛国心があろうとも、ばらばらな砂に過ぎないから、刈り取った頭髪を集めて、無用なものを有用なものに変えたりすることはできない。そしてフランスと同様な境地にある中国も、フランスを見習って、四億の同胞が科学的精神を備え、愛国心をもち一丸となって、組織化されるなら、必ずや中国を救うことができると訴えた。こうした汪精衛の主張は、第一章で触れた、一九四一年末から汪精衛自ら指導力を発揮して発動した新国民運動の綱領と密接につながっていた。汪精衛の意図するところは、工業不振故に投機事業に流れ込んだ遊資を、再び工業生産への投資に振り向けようとするものであったと言うことができよう。汪精衛「如何挽救中国」、『政治月刊』第四巻第六期、一九四二年一二月、七～八頁。

(24) 石島紀之「南京政権の経済建設についての一試論」、『茨城大学人文学部紀要文学科論集』第一一号、一九七八年二月、六四頁。

(25) 前掲、菊池一隆「国民政府による『抗戦建国』路線の展開」、一三七～一三八頁。

(26) 奥村哲「抗日戦時経済と『官僚独占資本』の形成」、池田誠他『中国工業化の歴史』、法律文化社、一九八二年、一三九頁。

(27) 前掲、河合俊三『戦後中国経済の分析』、五八～五九頁。

(28) 以下の記述は、石島紀之「国民党政権の対日抗戦力」、野沢豊、田中正俊編『講座中国近現代史 第六巻』、東京大学出版会、一九七八年、三六～四〇頁に依拠している。

(29) 例えば、一九三〇年における輸入総額に占める生産財の割合は約二七％であるが、一九三六年には約四四％に上昇した。前掲、厳中平他編『中国近代経済史統計資料選輯』、七二～七三頁。

(30) 「中日経済合作与中国経済改造」、前掲、中国国民党中央執行委員会宣伝部編『経済合作問題』、二九～三二頁。ちなみに陶希聖も和平運動から離脱する以前に、「論中日経済関係之新趨向」、同上において、中国「実業界」の弱点及び病的な点として、官僚政治に従属していて、その改造に無力であること、西洋の資本主義に依存していて、そこから抜け切れないことなどを指摘していた。

(31) 「如何発揚商業自治集団的精神」、『商業統制会刊』第二期、一九四三年九月、一頁。

(32) 陳公博「両年来我的観察和意見（続完）」、『民族』第一巻第四期、一九三三年四月、四九二頁。

(33) 前掲、陳公博「序四年実業計劃初稿」、一二一頁。

(34) 陳公博「以農立国是対的嗎？」、前掲、陳公博『四年従政録』、一六九～一七一、一七三頁。初出は『民族』第三巻第七期、一九三五年七月。

(35) 前掲、陳公博「序四年実業計劃初稿」、一二二～一二三頁。

(36) 陳公博「両年来我的観察和意見（二続）」、『民族』第一巻第三期、一九三三年三月、三一七～三二〇頁。

(37) 前掲、陳公博「序四年実業計劃初稿」、一二七～一二八頁。

(38)　陳公博「一般和特殊的困難」、前掲、陳公博『四年従政録』、九一頁。前掲、久保亨「国民政府の輸出促進政策と中華工業国外貿易協会」、九五頁を参照。

(39)　前掲、久保亨「国民政府の輸出促進政策と中華工業国外貿易協会」、九四～九五頁。ちなみに久保は「四年実業計画」を輸入代替工業化戦略、その後の軽工業優先発展構想を輸出志向工業化戦略と意義付けている。

(40)　翁文灝「経済建設中幾個重要問題」、前掲、中国国民党革命委員会中央宣伝部編『翁文灝論経済建設』、七七～七八頁。初出は『独立評論』第六九号、一九三三年九月二四日。

(41)　陳公博「自己的批評」、前掲、陳公博『四年従政録』、九～一〇頁。

(42)　前掲、陳公博著、松本重治監修、岡田酉次訳「苦笑録」、第十五章に両派の抗争が詳細に記されている。

(43)　陳公博「統制経済之理論與実際」、地方行政出版社編『陳公博先生三十一年文存』、地方行政出版社、一九四四年、一一一頁。

(44)　陳公博「統制経済與組織」、前掲、陳公博『四年従政録』、一七四～一七五頁。初出は『民族』第一巻第一一期、一九三三年一一月。

(45)　もっとも陳公博が実業部長在任前半期には、翁文灝との間に以下のような共通点もあった。第一に、中国が近代国家化し、防衛力を強化するためには、工業化、特に重工業化を推進して、「以農立国」から「以工農立国」に移行するべきであるとした。翁文灝「中国経済建設的前瞻」、前掲、中国国民党革命委員会中央宣伝部編『翁文灝論経済建設』、一〇九頁。初出は『経済建設季刊』創刊号、一九四二年七月。第二に、工業化を推進するに当たって、国営企業が中心的役割を果たすべきであるとした。実際、両者の計画は一部重複しており、実業部は「四年実業計画」で挙げられていた国立鋼鉄工場、中央機械製造工場、国立硫酸製造工場、国立アルコール製造工場、国立製糸工場の五大工場を一九三四年から逐次建設し始め、陳公博辞任と前後して、資源委員会が実業部のこの計画を引き継いだ。前掲、石島紀之「南京政権の経済建設についての一試論」、五〇頁。

(46)　陳公博著、松本重治監修、岡田酉次訳「八年来の回顧」、前掲、同『中国国民党秘史』、三一九～三三一頁。陳公博「陳逆公博自白書―原名八年来的回憶―」、陳公博『陳逆公博自白書』、人文出版社、出版年不明、三～六頁。詳しい経緯は以下のようである。そもそも一九三八年一二月に汪精衛が重慶を脱出するに当たって、陳公博は最後まで反対していた。その後、汪精衛や周仏海等が和平運動を展開し、来るべき汪政権樹立に向けて日本側と交渉を進めていた際にも、陳公博は政権樹立に反対してその交渉からは距離を置いていた。だが、一九四〇年一月に陶希聖と高宗武が和平運動から突然離脱し、新政権に関する汪精衛等と日本当局との間で締結された基本条約に関する草案を暴露するという挙に及び、汪精衛の側近中にもはや友人と呼び得る者がいなくなったのを見て、陳公博は汪政権に深く関与する決意に至ったとのことである。

(47) 陳公博「幹児同覧」、陳公博『苦笑録：陳公博回憶（一九二五―一九三六）』、香港大学亜洲研究中心、一九七九年、四四三～四四四頁。

(48) 陳公博「三民主義與科学」、中国国民党中央執行委員会宣伝部編『陳公博先生二十九年文存』、中国国民党中央執行委員会宣伝部、一九四二年再版、二四～二五、二一～二二、二七～二八頁。

(49) 陳公博「在九州帝国大学演講詞」、同上、一七一～一七二、一七四～一七五頁。

(50) 陳公博「大阪官民招宴席上答詞」、同上、一五一～一五二頁。

(51) 前掲、陳公博「統制経済之理論與実際」、一二一～一二五、一一〇頁。

(52) 李達「上海経済的動態」、『申報月刊』復刊第二巻第八号、一九四四年八月、八頁。

(53) 前掲、古厩忠夫「日中戦争末期の上海社会と地域エリート」、五一二頁。

(54) 前掲、申報年鑑社編『民国三十三年度 申報年鑑』、六一二頁。

(55) 居衡『商業統制機構及其法規』、全国経済委員会経済調査研究所、一九四四年、一～二頁。

(56) 前掲、古厩忠夫「日中戦争末期の上海社会と地域エリート」、五一二頁。

(57) Wang Ke-Wen, *op. cit.*, p. 51.

(58) 『商業統制会刊』第二期、一九四三年九月、一頁。

(59) 「大東亜戦争完遂ノ為ノ対支処理根本方針」、前掲、参謀本部編『杉山メモ（下）』、三二一～三二二頁。

(60) 前掲、古厩忠夫「対華新政策と汪精衛政権」、三四三頁。より詳細な事の顛末については、前掲、今井就稔「日中戦争後期の上海における中国資本家の対日『合作』事業―棉花の買付けを事例として―」を参照。

(61) 前掲、蔡徳金編、村田忠禧他訳『周仏海日記一九三七―一九四五』、一九四四年三月三日、金曜日、六五三頁。

(62) 金雄白著、池田篤紀訳『同生共死の実体』、時事通信社、一九六〇年、一二四頁。原題は『汪政権的開場與収場』、春秋雑誌社、一九五九年。

(63) 前掲、蔡徳金編、村田忠禧他訳『周仏海日記一九三七―一九四五』、一九四四年一二月七日、木曜日、七三一頁。

(64) 前掲、陳公博著、松本重治監修、岡田酉次訳「八年来の回顧」、三六七頁。ただし、引用箇所が含まれている「七、結論」の部分が、前掲、陳公博「陳逆公博自白書―原名八年来的回憶―」にはない。

(65) 汪精衛「粛清思想保障治安増加生産」、『東亜聯盟（広州）』第四巻第一期、一九四四年一月、一〜三頁。
(66) 汪精衛は太平洋戦争開戦後、「英米人が中国人に与えた自由」とは「堕落の自由と腐敗の自由」であると述べていた。汪精衛「新国民運動與精神総動員」、『東亜聯盟（広州）』第二巻第二期、一九四二年二月、八頁。
(67) 『申報』一九四四年一月二二日付け。
(68) 陳公博「告上海市民書」、同上、一九四四年一月一日付け。
(69) Wang Ke-Wen, *op. cit.*, pp. 53-55.
(70) 石灝「上海新興企業財団底輪郭與批判」、『中国経済』第二巻第一期、一九四四年一月、二〜一〇頁。
(71) 張忠民「冠群：在国難中崛起」、沈祖煒、杜恂誠編著『国難中的中国企業家』、上海社会科学院出版社、一九九六年、二四一〜二四二、二四七〜二四九頁。
(72) 前掲、石灝「上海新興企業財団底輪郭與批判」、五、一二頁。
(73) 前掲、参謀本部編『杉山メモ（下）』、三二二、三二九頁。
(74) 同上、四一一、四一六頁。
(75) 前掲、戸部良一「対中和平工作一九四二—四五」、八頁。
(76) 前掲、波多野澄雄『太平洋戦争とアジア外交』、二四六頁。
(77) 前掲、蔡徳金編、村田忠禧他訳『周仏海日記』、一九四四年一一月四日、土曜日、七二一頁。
(78) 同上、一九四四年七月五日、水曜日、六八二頁。
(79) 前掲、陳公博著、松本重治監修、岡田酉次訳「八年来の回顧」、三四二頁。前掲、陳公博「陳逆公博自白書—原名八年来的回憶—」、九頁。
(80) 巫蘭渓「汪偽政府末日記」、前掲、黄美真編『偽廷幽影録—対汪偽政権的回憶紀実』、三三五頁。
(81) 前掲、蔡徳金編、村田忠禧他訳『周仏海日記』、一九四四年九月六日、水曜日、七〇二頁。
(82) 蔣介石著、波多野乾一訳『中国の命運』、日本評論社、一九四六年、八二〜八三、一一五〜一一七頁。
(83) 虞宝棠編著『国民政府與民国経済』、華東師範大学出版社、一九九八年、三九七〜三九八頁。
(84) 前掲、河合俊三『戦後中国経済の分析』、七〇頁。
(85) 民間資本家の漢奸裁判に関しては、前掲、古厩忠夫「戦後地域社会の再編と対日協力者」を参照。

第三部　汪政権とヴィシー政府との比較

第一一章　汪精衛とフィリップ・ペタン

序

日本軍の関与の下で、汪政権が一九四〇年三月に樹立されてから三ヵ月後の六月に、フランスがドイツに降伏し、第三共和制に代わってヴィシー政府体制が成立した。本章では、ヴィシー政府国家主席のフィリップ・ペタンと汪精衛が各々演説等で披瀝した諸構想を比較検討し、その異同とは何か、及びその異同をもたらした背景とは何かを明らかにしていきたい(1)。なお本章で取り上げるペタンの演説等は、ペタンがラヴァルに憲法制定権を除く全ての権限を委譲した一九四二年一一月までのものとする。ペタンと汪精衛の外政観を第一節で、体制観を第二節で、新しい国民精神のあり方を第三節で、それぞれ比較分析し、それぞれの枠組みにおける異同を明らかにした上で、さらにその異同をもたらした背景に関しても考察するものである。

第一節　外政観

ペタンと汪精衛の外政観に関する共通点から見ることにしよう。まずペタン、汪精衛ともに抗戦によってではなく、協力を通して独日の占領軍から主権や権益の回復を図ろうとしたことを挙げるべきだろう。両者の協力の範囲は政治、経済、軍事等の多岐にわたった。ペタンは一九四〇年一〇月に対独協力の意義について、次のように国民に説明した。

フランスの運命を引き受けた者は国益の擁護に当たって、最も有利な環境をつくり出す義務を負っているのである。私が本日協力の道に進んだのは、ヨーロッパ新秩序の建設の枠組みにおいて、名誉の下にフランスの統一、――一〇世紀にわたる統一――を維持せんがためである。協力することによって、〈近い将来において〉我が国の苦悩の重荷を軽減し、我が捕虜の運命を改善し、占領費の負担を低減することができるのである。協力することによって、占領地帯と自由地帯を隔てる境界線の封鎖を緩和し、国土行政と補給を容易にすることができるのである。(2)

また汪精衛は一九四〇年四月に、対日協力、すなわち日本の東亜新秩序建設への協力と中国の主権回収との関係について、次のように説いた。

例えば主権の回収については、中国が東亜建設の責任を分担し得るのなら、日本は中国の主権を尊重するのみならず、中国が独立自主の国家になるための必要条件を完備するよう援助するものであると度々声明してきた。…しかし中国はただ日本の返還を望むばかりであってはならず、日本にどのようにすれば安心して返還させられるのか、どのようにすれば喜んで返還させられるのか、ということについて理解するべきである。全ての中国人は精神を奮い起こして、あらゆることについて中日両国の関係改善と東亜の復興の観点から考え、あらゆることに新たな精神が表れるようにするべきなのである。こうした新たな精神によって、中日両国は迅速かつ着実に共存共栄の道を歩むことができるようになり、そうなれば日本は安心し、かつ喜んで返還するであろう。(3)

上述の共通性故に、ヴィシー政府の成立当初には、汪政権は「我々の参考に最も値する国家はフランスである」と認識し、特に「フランスがどのようにしてドイツの威圧の下でその独立を保持しようとしているのか」などについて着目するべきであるとしていた。(4)

さらに付言するべきことは、汪精衛にとってペタンの登場が、徹底抗戦を唱えていた蔣介石やその支持者に対して、自らの対日和平政策の正当性を証する格好の事例となったことである。汪精衛は、ヴィシー政府が発足したばかりの頃、中国の同胞に対して、ペタンが「フランスが敗戦すると、敗戦したと正直に述べて、世界と自国民に対して一言も欺瞞を口にしなかったことをご覧いただきたい」と注意を喚起した。ペタンが蔣介石と違って、「軍隊を失い、国土を失うたびに、民衆に無理やり祝勝の爆竹を鳴らさせたりしない」ことを、失陥前に長沙や広州等の都市を「すっかり焼き払ったり」せずに、「パリをそっくり保全した」ことを、「しきりに国際援助をもち出して、民衆を空想させるだけで満足させ、名のみで実のないことはしない」ことを賞賛した。またフランス国民がペタンの対独講和に対して、「口を極めて売国奴、漢奸などと耳に入れるのもはばかるような汚らわしい言葉を奉ったり

しない」ことを指摘し、当時、汪精衛等を「漢奸」と批判していた世論に対して見直しを求めた。(5)

次いで相違点について見ることにしよう。ボイルが指摘するように、ヴィシー政府と汪政権にはともに反英的傾向が存していたが、その対英米政策には大きな相違点があった。それは、前者が植民地において英国軍や「自由フランス」軍と局地的戦闘を交えていたにもかかわらず、公的には連合国に対して宣戦布告をせずに、あくまでも中立を守っていたのに対して、汪政権が実際に英米軍と戦闘を交わすことはなかったにせよ、確固として枢軸陣営に与して、英米に対して宣戦布告をしたという点である。例えばペタンは太平洋戦争勃発後に次のような声明を発表した。

フランス人よ、

戦争は今日、五大州に及んでいる。地球は炎に包まれているが、フランスは紛争の外側に留まっている。フランスはそれでもなお六大国の戦闘を苦悩とともに目撃している。フランスは諸情勢に対して、精神的にも物質的にも無関心たり得ないのである。

ヨーロッパの大国たるフランスはヨーロッパに対する義務を心得ている。

海軍と植民地の大国たるフランスは自由ではあるが、大変な危険にさらされた帝国を有している。

啓蒙の大国たるフランスは敗戦にもかかわらず、世界において特別な精神的地位を保持している。

フランスのこうした特殊な状況をドイツは無視し得ないのである。ドイツは勝利の後に、我々に課した条約の緩和を提案してくるだろうし、我々もそれを期待している。政府や国民によって望まれている両国の心からの和解は、そこから生まれるだろう。そこにおいて我々の尊厳は回復され、我々の経済情勢は改善されるだろう。(6)

ペタンの上述の声明は、ドイツの戦勝後、フランスの大国としての立場にふさわしい待遇を求めて、ドイツから休戦条約の緩和を引き出したいという希望を述べつつも、「フランスは紛争の外側に留まっている」という言葉から明らかなように、あくまでもドイツとの同盟を否定し、中立の維持を言明していたのである。

一方、汪精衛は太平洋戦争が始まると、日露戦争時の清朝政府の対応を引き合いに出して、次のように汪政権の立場を打ち出した。

…日露両国が死闘を演じていた折、中国はどうしていただろうか？　中立を守っていたのである！　これは前代未聞と言うべきだろう。他人が自分の領土内で戦争をしていながら、自分は中立を守る。このように中立を守ることは何に等しいだろうか？　運動会の賞品さながらだろう。他人は球技をしたり、あるいは競走したりし、我々は銀杯もしくは銀盾を賞品にするといった具合で、勝利した者が持って行ってしまうのである。中国は当時そのような状態であって、東三省を賞品にし、勝利した者が持って行ってしまったのである。…目下、国民政府は日本が英米と開戦した事態に対してどうあるべきだろうか？　日本と苦楽を共にすると決定したのである。(7)

汪精衛は清朝政府の中立政策への批判を通して、太平洋戦争下の汪政権の中立政策を否定し、事実上「苦楽を共にする」という言葉によって、日本と同盟関係に入ることを宣言したと言えよう。そして太平洋戦争勃発から二年後の一九四三年一月に、汪精衛は正式に英米への宣戦布告を決定し、参戦を通して、「百年来、英米の包囲や侵略を被り、半植民地の地位にすっかり陥ってしまった」状況から、「中国を復興させる」と決意を披瀝したのである。(8)

このように太平洋戦争後に顕著になった、中立か参戦かという外交政策の分岐によって、汪政権の対ヴィシー政府観も、後者の成立当初の「我々の参考に最も値する国家」から大きく変化することになった。ラヴァルが首相の座に返り咲いた一九四二年四月の汪政権機関紙『中華日報』の社説では、治安悪化、食糧不足等の事態の下にあって、「かつてフランスの統治階級であった保守派は、意思が益々動揺を来たし、英米の勝利を夢想して」いるとして、ヴィシー政府の中立政策がフランスの一部で日和見主義の温床になっていると批判を加えた。そしてフランス人が「祖国を救おうとするのなら、実際には対独協力を措いては、その他に道はないのである」として、再登場したラヴァル内閣による積極的な対独協力の遂行に期待を寄せた(9)。

さらに、ドイツ軍による自由地帯進駐が敢行された一九四二年一一月には、『中華日報』の社説は次のように主張した。フランスの中立政策は「ドイツに対しては容易に維持されてきたけれども」、英米からは度々植民地を攻撃されて、破られてきた。そしてヴィシー政府はその都度正式な宣戦布告をしないまま、局地的抵抗を行なってきたものの、結局は局地的な譲歩をなし得るのみであった。こうした局地的解決は、フランスの軍事拠点を連合国軍の利用に供するものであり、特にフランス領北アフリカへの連合国軍の上陸は欧州への上陸に直結する以上、ドイツは遂に同月にフランスの自由地帯を占領下に置くこととした。ドイツ軍の進駐は「フランスに代わって、英米の侵略に対して防衛を行なう」ものであり、英米がフランスを侵略し得なければ、フランス本土で戦争が起きることもないので、フランスのそもそもの「対独講和の目的と一致するだろう」。だが、仮にこのまま中立政策を維持することができたとしても、戦後「孤立した弱国」に過ぎないフランスにとっては、「どちらの陣営が勝利しようとも、フランスにとって何らの益するところはない」ことが見込まれるであろう。そうである以上、フランスは「今改めて奮起して、その消極的な中立を放棄し、その元来の友邦たるドイツやイタリアと確固として同盟し、対英米戦争に参加するべきである(10)」と。

ここで、ヴィシー政府と汪政権との間の中立か参戦かをめぐる分岐の背景について探ることにしよう。第一に、ヴィシー政府が自由地帯、すなわち非占領地域に樹立された上に、広大な植民地を領有していた一方で、汪政権が江南一帯の被占領地域内でしか実質的に活動できなかったという相違に着目するべきだろう。こうした相違故に、必然的に後者は前者よりも、主権の自由度が相対的に低くなったのである。

さらに、一九四〇年六月に締結された独仏休戦条約と一九四〇年一一月に調印された日華基本条約を参照しながら、両政府の主権の自由度に関して、もう少し詳しく比較することにしよう。[11] まず軍事についてだが、フランスでは海軍が温存されることとなり、また陸軍兵力も一〇万まで擁することが可能であった。[12] そして、第十条に「仏蘭西国政府ハ其ノ残存セル国防軍ノ何レノ部分ヲ以テシテモ又他ノ如何ナル方法ニ依リテモ独逸国ニ対シ今後敵対行動ヲ執ラザルノ義務ヲ有ス」とあるように、ヴィシー政府は上述の休戦軍を動員して、ドイツに対し攻撃を再開しないことを義務付けられていたに過ぎなかった。また第八条にドイツ側が「独逸国ノ監督ノ下ニ在ル港湾ニ在ル仏蘭西国艦隊ヲ戦争ニ於テ自国ノ目的ノ為ニ転用スルノ意思ナキコトヲ厳粛ニ声明ス」とあるように、フランスが誇る海軍をドイツに供する義務も負っていなかった。一方、汪政権は、その軍事力の保有に関する制限が特に定められていなかったものの、例えば第三条に「両国政府ハ両国ノ安寧及福祉ヲ危殆ナラシムル一切ノ共産主義的破壊工作ニ対シ共同シテ防衛ニ当ルコトヲ約ス」とあるように、汪政権軍を動員して、日本軍の防共作戦に協力することなどが義務付けられていた。

次いで、占領軍当局による指導についてであるが、少なくともヴィシー政府が管轄する自由地帯においては、第二十二条に「休戦条約ノ実行ハ独逸国司令官ノ指示ニ従ヒ行動スル独逸国休戦委員会之ヲ規律シ且監視ス」とあるように、休戦委員会による休戦条約の履行状況に対する監視があるばかりであった。しかもフランスを戦争の圏外で従順にさせるために、またパリでドイツの政治指導部が組織されるのに時間がかかったために、その監視もしばらくの間は緩やかなものであった。[13] 一方、汪政権では、秘密交換公文（甲）第五で「中華民国政府ハ日本国政府トノ間ニ別ニ協議決定セラルル所ニ従ヒ華日協力事項ニ関シ日本人技術顧問及軍事顧問ヲ招聘シ」とあるように、日本人顧問による軍事をはじめとする諸分野での指導が定められていた。

このように汪政権は軍事占領下で発足した故に、ヴィシー政府よりもはるかに主権の自由度が低かったが、逆にそれだけに一層、主権の範囲を拡大するべく日本の譲歩を引き出すためには、より密接に対日協力し、日本と一体化しなければならなかったであろう。そこで太平洋戦争勃発後に、汪政権は早々に「苦楽を共にする」と事実上の日本との同盟を宣言し、一九四三年一月に正式に宣戦布告するに至ったのである。そしてその結果として、少なくとも二国間関係を規定する条約の上では、日本の譲歩を引き出すことに成功した。すなわち同年一〇月に新たに日華同盟条約が調印され、汪政権の主権を事実上奪っていた日華基本条約はついに「効力ヲ失フモノトス」と宣せられたのである。(14)

仏中両政府間の中立か参戦かという分岐の背景の第二点目として、双方の国際的な正統性の有無を挙げるべきだろう。両政府が発足した一九四〇年の時点で、国際的にフランス政府として承認されていたのはヴィシー政府であり、中国政府として承認されていたのは重慶政権であった。ヴィシー政府は、ド・ゴールの「自由フランス」と提携していた英国を除くと、米国やソ連からさえも承認を受けていた。片や汪政権の場合には、その樹立に大きく関与した日本からさえ、一九四〇年三月の発足に際して承認を見送られ、結局同年一一月の日華基本条約締結によって、ようやく承認の運びとなる有様であり、ドイツ、イタリア等からの承認はさらに翌年の六、七月にまでもち越された。こうしたヴィシー政府と汪政権との間の国際的な正統性をめぐる対照的な状況は、両政府の発足の経緯に由来していると言えよう。ヴィシー政府は、フランス第三共和制の国民議会におけるペタンへの全権付与の議決を経て、少なくとも当時の観点からすると、「合法的」に誕生した政権であり、ロンドンに亡命して「自由フランス」を設立したド・ゴールに死刑を宣告し得る立場にあった。一方、汪政権は、重慶政権から汪精衛等が一方的に離脱して国外に逃れ、「還都」という形をとりはしたものの、実質的に超法規的に樹立した政府であり、逆に彼等は重慶政権から「通敵禍国」の罪に問われる身であった。

ヴィシー政府が対独協力を遂行し、植民地で英国軍等と局地的な戦闘を行ないつつも、あくまでも公的には中立政策を維持しようとしたのは、中立に国益を見出したからにほかならなかった。すなわち、仮にドイツと同盟し、フランスと米国との間で戦争状態になれば、米国は在米フランス資産を凍結し、海外植民地の多くを押さえることができたからである。[15] 一方、発足当初より連合諸国より承認を拒まれていた汪政権が、国際的な足場を固めるためには、日本をはじめとする枢軸諸国においてその存在感を高めるよりほかなかったであろう。そこで独伊の承認後の一九四一年一一月に国際防共協定に加入し、太平洋戦争開始後早々に「苦楽を共にする」と言明して、日本との運命共同体関係をアピールし、参戦へと至ったのである。そして参戦の見返りとして、汪政権の国際的な立場はより強化されたものとなり、日本やイタリアとの間で在中租界の返還や治外法権の撤廃に関する調印をみた。また日本の圧力も与って、長らく国益に関する考慮から、重慶政権から汪政権への承認の変更を拒んできたヴィシー政府とも、在中特権の放棄に関する調印を通して、事実上の外交関係を構築するに至った。[16]

本節では以下のことを確認した。ヴィシー政府同様に、汪政権も占領軍に対する協力を通して主権や国益を回収しようとしつつも、両政府の樹立時においては、主権の自由度に大きな差があり、かつ国際的な正統性の面でも対照的であったために、前者は中立をあくまでも維持することに国益を見出した一方で、後者は日本との同盟関係を強くアピールし、参戦にまで踏み込むことで、主権や国益を回収しようとしたと。次節では両者の体制面での再建構想を比較することにしよう。

第二節　体制観

敗戦した国家の再建に当たって、ペタンと汪精衛がどのような政治体制を構想したかを見ることにしよう。両者の共通点として、議会制民主主義を否定し、独裁を志向したことを挙げることができる。まずペタンから見ていこう。ペタンはフランスの第三共和制こそが敗戦を招いたとして次のように非難した。

〈フランスの〉敗北には数多の要因があるが、その全てが技術的なものというわけではないのである。〈災厄は実のところ〉旧政治体制の弱点と〈欠陥〉に基づいた軍事計画に反映されたものにほかならないのである。

…

あなた方は四年毎に投票を行なうことで、自ら自由な国家の自由な市民であると思い込んできた。だから私が、〈フランスの歴史において〉国家がここ二〇年間ほど隷属的だったことは一度たりともなかったと言えば、あなた方を驚愕させることだろう。

経済的利害を共有するものの合同、及び労働者階級を代表すると偽って主張するものの政治的、組合的な組織化といった様々な出来事によって、隷属化は相次いで、時には同時になされてきたのである。それら二つの隷属化における一方の他方に対する優越に基づいて、多数派は次々と政権を襲ったが、あまりにもしばしば対抗的な少数派を打倒しようとする念に駆り立てられてきたのである。こうした闘争が災厄をもたらしたのである。…

…

以上のような内政にとらわれていたために、その体制はフランスにふさわしい対外政策をほとんどいつも実行に移すことができなかったのである。[17]

一方、第二章で見たように、汪精衛はその政治家としての出発の時点から民主政治を希求しており、日中戦争勃発までは、一貫して憲政期のモデルを欧米の議会制民主主義に求めていた。しかし南京での親日政権樹立を経て、ナチス・ドイツにフランスが降伏するのを目にした後、議会制民主主義における多党制の具体例として、フランスの第三共和制を挙げ、その制度上の欠陥と敗戦とを結び付けて、次のように述べた。

例えばフランスの国会では小党が乱立しており、一党で過半数を獲得し得る内閣は一つとしてないことから、各党各派の支持を取り付けることに依らない内閣は一つとしてないのである。そうした支持の取り付けは全然確たるものではなく、随時に支持を取り付けたり、見切ったりすることがあり得るのである。それ故に、フランスの内閣は世界で最も短命と称されており、二四時間で内閣が交代しているような具合である。第三共和制以降、その弾力性によって、国内の激烈な政争を緩和してきたが、対外的には牽制が過剰で、建設的要素が少な過ぎる有様となったのである。その破綻は先の大戦の時にすでに現れていたが、僥倖な戦勝のおかげで依然として維持されることができた。しかしこの度の大戦になると、ついに崩壊を免れることができなかったのである。[18]

ここで汪精衛が、第三共和制がフランス敗戦の元凶になったと批判するまでの経緯について見ることにしよう。

上述のように汪精衛は元来民主主義の旗手を自認し、フランス第三共和制に対しても好意的であり、第一次大戦直後には「軍国主義」のドイツに対してフランスが勝利した要因を、次のようにその議会制民主主義に見出していた。

…フランスはドイツと異なり、平時には軍国主義に依拠することはない。民主主義によってその社会的基礎は築かれ、人民の生命、自由、財産は確実な保障を受けている。そのような社会環境にあることから、人々はその能力を完全に発揮することができ、また人々は好学心に溢れるようになって、学術思想が日々更新され、科学的知識が実用に応じたものとなっている。こうしたことのおかげで、非常事態になっても適応し、行き詰まることなどあり得ないのである。そのために開戦当初にはなおも平時の弛緩した社会的風潮の下にありながら、事態の急転に臨んで、しばしの間十分にもちこたえることができた。そして大いにその戦闘力を見せ付け、ドイツに及ばないなどという恐れを抱かなかった。(19)

さらに汪精衛は「学術的な意味において西欧文化のサロンのみならず、欧州政治革命の震源地である」フランスに強い憧憬を抱いて、辛亥革命後に度々渡仏しては、社会学や文学を学ぶなどしていた。(20)このように第三共和制下のフランスに一方ならぬ思い入れを抱いていただけに、第二次大戦でナチス・ドイツにフランスがあっさりと敗戦した事実は、当時のフランス国民に対してと同様に、汪精衛に対しても大きな衝撃を与えたものと思われる。そしてペタンと軌を一にするように、かつては讃えていた第三共和制に敗因を求めて、中国の反面教師にすると同時に、独裁への志向を強めていったのであろう。

もっともペタンと汪精衛との間では、その独裁のあり方について相違点も見られた。ペタンは、ヴィシー政府下の新たな秩序がファシズムやナチズムといった「外国の経験の卑屈な模倣であってはならない」として、「各国民はその風土や特質に適合した体制を構想するべきである」と考えていたことから、(21)デアア、モンティニー、ティジエ・ヴィニャンクール、スカピニの共同書簡による単一政党創設の要望を却下した(22)。そして新たな秩序として、単一政党支配が想起させるような、指導者の前における平等という社会よりも、より保守的な「階層的社会」を新たに構築するよう提唱した。もっともその「階層的社会」は、「〈奉仕〉に対して才能を示す全てのフランス人に与えられる〈機会〉の平等という必要なる思想」の上に打ち立てられるとされているように、アンシャン・レジームみたく身分制に依るものというよりは、あくまでも「〈労働と才能〉」に基づくものとされた(23)。

一方、汪精衛には単一政党支配への志向があり、第二章で見たように汪政権樹立直後には、「一つの党、一つの主義を中心として、その他の各党各派が連合して、共同で国家社会の責任を負担する」べきであると主張した。この場合の「一つの党」、「一つの主義」は国民党、三民主義に相当し、「各党各派」は、汪政権成立当初になおも日本軍の後援を受けて、一定の実力を有していた旧中華民国臨時政府・維新政府関係者を指していた。だが太平洋戦争後に対華新政策が実施され、国民党の強化が図られると、「各党各派」との提携が抜け落ち、イタリアのファシスト党、ドイツのナチス党、日本の大政翼賛会と同様に、「一つの党、一つの主義によって中心勢力をなす」ことのみが強調されるようになった。ただし、汪精衛は民権主義の名の下の単一政党支配の構想に関して、その最初の提唱者たる孫文の活動時期がそもそもファシズムやナチズムの誕生に先行していたことを挙げて、中国独自のものであることを強調していた(24)。

次いで、経済体制について見ることにしよう。ヴィシー政府と汪政権の共通点として、両者がともに社会主義や共産主義に対してのみならず、資本主義に対しても否定的であったことを挙げるべきだろう。ペタンは、ヴィシー政府下の新たな社会組織が「『社会主義』とはならないだろう」、「『資本主義』とはならないだろう」と述べ(25)、汪精衛もまた、民生主義が「社会主義や共産主義とは異なる」とし(26)、さらにいわゆる資本主義を指す「私人資本主義」とも異なるとした(27)。このように両者は資本主義と社会主義、共産主義を否定し、第三の道を追求していた点において共通していた。

ただし両者の間には相違点もあった。第一に、ペタンはコルポラティスムを志向して、「同一職業の全ての人々、すなわち経営者、技術者、労働者を包含する諸団体を設立する」ことを訴えていた[28]。片や汪精衛は第一〇章で見たように、短期的な政策においては軽工業主体の民間資本を擁護しつつも、長期的な政策目標においては国家管理主義の立場から、少なくとも基幹産業に関して「国家資本を発展させる」ように主張していた[29]。二点目として、ペタンは農本主義への共感を示し、学校教育において農民に対する「新たな尊重の意識」を養成するよう指示していた[30]。他方、汪精衛は工業建設のために、第四章で触れたように政府の方針として「科学教育」を唱えていた[31]。こうした見解の相違の背景には、フランスにあってペタンは、「外国の所産」とされた自由主義や資本主義の行き詰まりを認めて、フランス「本来の姿[32]」、すなわちコルポラティスムや農本主義等に回帰しようとした一方で、中国にあって汪精衛は、侵略された究極の要因の一つに「経済が発展していない」ことを挙げ[33]、長期的には国家管理主義の下で資本蓄積と工業化を推進しようとしたことがあると言えよう。

本節ではペタンと汪精衛の政治・経済体制の構想を比較した。両者の間には、議会制民主主義を否定して独裁を志向し、社会主義、共産主義や資本主義とも異なる第三の道を追求するという共通点があったことを確認した。他方、単一政党支配を目指すか否か、コルポラティスムか国家管理主義か、農業重視か工業重視かという相違点が存在したことをも指摘した。次いで、次節で両者の新たな国民精神に対する観点を比較することにしよう。

第三節　新たな国民精神観

ペタンと汪精衛は、フランスと中国の再建を担うに足る、新たな国民精神の育成を図った。ヴィシー政府が新たな国民精神の練成に本格的に着手したのは、政府の発足とほぼ同時に発動した国民革命においてであり、一方、汪政権が本格的に新たな国民精神の育成を図ったのは、太平洋戦争勃発前後に開始した新国民運動においてであって、前者の方が時期的に先行していた。新たな国民精神の確立に当たって、汪精衛はしばしばヴィシー政府の動向について言及し、その影響を受けていることを示していた。

例えばデカダンスに関して、ペタンは敗戦と結び付けて、フランス国民に次のように述べていた。

我々は敗戦から教訓を引き出すことにしよう。戦勝以来、享楽の精神が犠牲の精神よりも勝ってしまったのである。人々は仕えるよりも一層求めるようになってしまったのである。人々は努力を惜しむことを望んだのである。そして人々は今日悲劇に立ち会うこととなったのである。(34)

汪精衛も次のようにペタンの言葉を引用しつつ、中国国民に蔓延するデカダンスを指弾した。

…フランス人は最も自由を愛するが、ペタンはフランス人に向かって、「あなたがたには現在どのような自由があるのだろうか、苦しみを受ける自由があり、飢餓の自由があるばかりだ」と述べた。私は中国人に向かってはより厳しく、「あなたがたにはどのような自由があるのだろうか、堕落の自由があり、腐敗の自由があるばかりだ」と言わざるを得ないのである。(35)

次いで青年運動に関して見てみよう。ヴィシー政府下で「フランスの仲間」や「青年練成所」等が設置されたことからも明らかな通り、ペタンは国民革命に当たって、青年への働きかけを重視していた。ペタンは、青年こそが率先して国民全般を蝕んできたデカダンスを克服するべきであると考え、青年に向かって次のように述べた。

〈諸君よりも年長者の多く〉が成長してきたところの不健全な雰囲気によって、彼等は〈気力〉が弛緩し、〈勇気〉が軟弱になってしまって、快楽の花咲く道を通って、我が国の歴史上最悪の破局へと至ったのである。〈諸君は〉若くして切り立った険しい道に引き込まれたわけであるが、諸君は安っぽい快楽よりも克服された困難より来る喜びを好むことを学んできている。(36)

他方、汪精衛は新国民運動における青年運動の展開に際して、日本やドイツのみならず、フランスにも注目し、ペタンの積極的な指導の下でデカダンスを克服するべく、青年が「奉仕によって刻苦耐労の習慣を養い、実行において知を求めている」と称えていた。また第一章で触れたように、当時、汪政権の中央宣伝部は、青年運動を通して一般民衆に新国民運動を普及させようと計画していたが、汪精衛はフランスの青年運動にその計画のあるべき姿をも見出していた。すなわちフランスの青年のように、「我々は田畑の耕作、植樹、除草、テント張りなど何であれ民衆と同じように行なわなければならず、そのようにしてはじめて民衆は信任し、我々の指導を受け入れ、ともに国家のために努力するようになるであろう」と説いたのである。(37)

汪精衛は中国国民に蔓延するデカダンスを否定し、青年運動のあり方を模索する過程で、ペタンの言行に注視していたが、汪精衛個人に限らず、政府機関紙の『中華日報』も新たな国民精神の育成に当たって、終始ヴィシー政府の国民革命の動向に注意を払っていた。国民革命が発動された当初から、『中華日報』の社説は次のようにその意義を理解していることを示していた。

…「自由・平等・博愛」というスローガンからの転換は、戦争に失敗した所以である精神的風潮について、フランスがはっきりと認識していることを示すものである。「享楽主義」によって、フランスの「人口」と「物質」の産出能力は大幅に減退した。ペタンの新スローガンが「労働」と「家族」を重視しているのは、まさに精神の新建設を意味しているのである(38)

また汪政権下で新国民運動が本格的に展開される一方で、フランスの自由地帯がドイツ軍の占領下に置かれ、国民革命及び青年運動が下火になった一九四三年になっても、『中華日報』の社説は次のようにそれらの意義を称え、フランスの情勢の変化にかかわりなく、それらに対する評価が一貫していることを示していた。

…フランスは目下まさに青年団体や民間の自衛団を組織し、労働奉仕を提唱して、一致団結した力によって、フランス復興の大業に従事しようと準備している。こうした様々な刻苦奮闘の状況から我々は、フランスが一時惨敗したものの、その復興が近い将来に期待し得るものと信じる(39)。

ただ新たな国民精神のあり方に関しては、ペタンと汪精衛との間に差異をも見出すことができる。何よりもペタンが国民各個人を家族に結び付け、家族を媒介にして国家に従属させようとしたのに対して、汪精衛が国民各個人を直接国家に服属させようとしたことを挙げるべきだろう。ペタンは家族の意義について、「家族の権利は実際、国家及び個人の権利に先立ち、より優位に置かれている」と説き、家族が「社会組織の基礎そのものである」とした。(40) ペタンの家族に対する重視は、キリスト教的伝統への尊重とも関連があることは論を俟たないところである。一方、汪精衛は「個人が国家に対するのは、細胞が身体全体に対するようなものである」として、「個人は国家に対して貢献するところが多くなり、享受するところが少なくなるようにしなければならない」と主張した。(41)

こうしたフランスと中国における新たな国民精神のあり方の相違の背景について見ることにしよう。フランスでは、フランス革命以来の自由・民主主義や反教権主義に基づく個人の解放の流れに対する反発から、ペタンは家族の復権を主張したのである。他方、元来儒教は何よりも孝といった徳目に象徴されるように、家族を重視する思想であるが、五四運動を契機に知識人層によって、儒教的家父長制度からの個人の解放が声高に叫ばれてきた。汪精衛は孔子生誕記念日を設けて、儒教の尊重を説いていたものの、孝等に対する言及は一切なく、孔子生誕を記念する意義を「中国民族の自覚を喚起する」ことに求めており、(42) 孔子を中国ナショナリズムの象徴以上に意義付けることはなかった。汪精衛は五四運動以来の儒教的家父長制度からの個人の解放の流れに与しながらも、解放された個人が個人主義に赴くことなく、国家に直接従属するように主張したのであると言えよう。

ここで、新国民運動の女子教育に対する立場についても、触れておくことにしよう。新国民運動は、近来女性解放が行なわれたものの、「不正常な教育」の結果、女性が自由を履き違えて自堕落してしまい、極端なまでに家庭を顧なくなってしまったことを非難していた。しかし、だからと言ってそうした女性の病弊への対処として、儒教的家父長制度への回帰を唱えたりはしなかった。同運動が期したのは、女性が中国の復興と東亜の解放が軌を一にしていることを認識し、参政権を付与されて組織化され、国家資本形成に関する啓発を受けて、国家のために自己を犠牲にする精神を修得するというものであった(43)。すなわち新国民運動は解放された女性に対して、その個人主義を否定しながらも、儒教的家父長制度にではなく、国家に直接服属するよう求めていたのである。

小結

本章では、ペタンと汪精衛の演説や著作で披瀝された諸構想を比較検討し、その異同とは何か、及びその異同をもたらした背景とは何かを明らかにしようとしてきたが、ここでその整理をすることにしよう。両者の共通点としては以下の点を指摘してきた。外政観では抗戦によってではなく、協力を通して独日の占領軍から主権や権益の回収を図ろうとした。体制観では、政治体制として、第三共和制に代表される議会制民主主義を否定して、独裁制を志向し、また経済体制として、社会主義、共産主義や資本主義を否定して、第三の道を模索した。新たな国民精神のあり方に関しては、国民に蔓延するデカダンスを批判し、青年運動を通して、その克服を目指してきた。こうした共通点の背景としては、汪政権と同じく敗戦により誕生した親枢軸国政権としてのヴィシー政府の動向を、汪精衛が終始一貫して注視しており、対日和平政策を正当化する根拠とし、かつその政治体制や国民精神等のあり方を模索するに際しての参考にしたなどのことがあった。

他方、両者の相違点として、以下の点を見てきた。外政観では、ペタンが英国との間に植民地において局地的な紛争を抱えつつも、あくまでも中立政策の維持に腐心したのに対して、汪精衛は太平洋戦争後に日本との運命共同体関係をアピールした挙句、一九四三年一月に英米に対して宣戦布告した。ちなみに両者の外交政策の相違をもたらした背景には、ヴィシー政府と汪政権との間には、独仏休戦条約と日華基本条約に見られるように、主権の自由度に関してかなりの格差があり、また両政府の発足時の国際的な正統性に関しても全く相反するような状況が存在していたといった事情があった。体制観では政治体制については、ペタンがナチズムやファシズムの模倣を戒め、単一政党の創設を拒んで、保守的な「階層的社会」の構築を主張したのに対して、汪精衛はイタリアのファシスト党、ドイツのナチス党、日本の大政翼賛会に倣った国民党一党支配の確立を志向していた。また経済体制については、ペタンがコルポラティスムや農本主義に好意的だったのに対して、汪精衛は国家管理主義、すなわち基幹産業の国家資本化、及び工業建設に力点を置いていた。新たな国民精神のあり方に関しては、ペタンがキリスト教倫理に基づいて、家族の復権を説き、諸個人を家族の媒介の下に国家に従属させようとしたのに対して、汪精衛は、儒教的な家父長制度から解放された諸個人が個人主義に赴くことなく、直接国家に服属するよう主張していた。

こうした両者の相違点から以下のように総括することができよう。ペタンがあくまでもフランスの中立にこだわり、ドイツやイタリアとの同盟を拒んだことと、ナチズムやファシズムの理念を忌避し、フランスの伝統とされた諸々のもの――「階層的社会」、コルポラティスム、農本主義、家族等――に回帰しようとしたこととは、表裏一体の関係にあるということである。一方、汪精衛が英米に宣戦布告し、日独伊の枢軸陣営の一角に足場を築こうとしたことと、ファシズム的な諸要素――単一政党支配、国家資本主義、工業化、家父長制度といった伝統的規範から離脱した諸個人の国家への従属――を採り入れようとしたこととは密接な関係をなしているということである。すなわちペタン、汪精衛の両者は占領軍への協力を通して、国家再建を行なおうとしたという共通性を有しながらも、外政、体制、国民精神の各面において、前者がファシズムと距離を置く伝統主義者であったのに対して、後者はファシズムに親和的な近代主義者だったと言えるだろう。

（1）　ボイルは、汪政権とヴィシー政府との間に以下のような共通点を見出せると示唆した。まず、汪精衛はヴィシー政府のラヴァル等と同じく「コラボレーター（collaborator）」であり、占領軍に協力しつつ、主権や国益を回収し、国家を再建しようとした。第二に、中国とフランスの両政府にはともに反英的傾向があり、反英の憤激が英国自体に対してのみならず、英国や米国に過度な軍事的、経済的依存をしてきた同国人に対しても向けられていた。第三に、中国とフランスの「コラボレーター（collaborator）」が日本やドイツに対して宥和政策を採るに至った要因には、中国における国共合作とフランスにおける人民戦線の成立に見られるような、モスクワから支配を受けていた左翼の台頭という脅威があった。第四に、性格面においても汪精衛やラヴァル、ペタンの間には、軽率で人騙しといった傀儡の通念に相反するような、豪胆さという共通性があった。John Hunter Boyle, *op. cit.* pp. 352-354, p. 358. 近年では土屋光芳が汪政権とヴィシー政府との比較をスケッチしている。土屋によれば両政府の共通点は、結果的に「傀儡」として否定されることになったものの、当初は「クライアント・レジーム」（従属政権）として占領軍に協力しながら、国益を擁護することを目的に成立したことである。一方、相違点としては、①汪政権が被占領地政権として、ヴィシー政府が非占領地政権として出発したこと、②「ヴィシー政権が『対独合作主義』のように当初からドイツへのイデオロギー的一体感を有していたため戦争継続の過程でさらなる従属の度合いを強めていったのに対して、前者の汪精衛政権は大亜洲主義という独自のイデオロギーから日中対等の対日合作を説き、その意味でヴィシー政権よりもイデオロギー的に自立していた」ことを指摘する。しかし、相違点の②における「対独合作主義」は、ヴィシー政府のものというよりは、同政府に批判的な在パリの対独協力主義者のものであり、両者は一体視されるべきではないというのが今日の学界の通説である。前掲、土屋光芳「汪精衛政権の対日合作と他の合作政権との比較考察」、六九〜七〇頁。

（2）Jean-Claude Barbas, *Philippe Pétain, Discours aux Français*, Albin Michel, 1989,《n°11 : Message du 30 octobre 1940 (mercredi)》, p. 95.

（3）汪精衛「罪己的精神」、前掲、中国国民党中央執行委員会宣伝部編『汪主席和平建国言論集　下巻』、二三一頁。

（4）『中華日報』MF、一九四〇年八月二〇日付け。

（5）汪精衛「再呼籲於同胞之前」、前掲、中国国民党中央執行委員会宣伝部編『汪主席和平建国言論集　下巻』、二四一〜二四二頁。

（6）Jean-Claude Barbas, *op. cit.*《n°60 : Message du 1er janvier 1942 (jeudi)》, pp. 211-212.

（7）汪精衛「為大東亜戦争告全国国民」、『大亜洲主義』第四巻第一期、一九四二年一月、六頁。

（8）汪精衛「踏上保衛東亜戦争」、『政治月刊』第五巻第二期、一九四三年二月、五頁。

（9）『中華日報』MF、一九四二年四月二三日付け。
（10）『中華日報』MF、一九四二年一一月一四日付け。
（11）独仏休戦条約については、外務省条約局編『第二次世界戦争関係条約集』、日本外政協会、一九四三年（クレス出版より一九九九年に復刻）、五二〇～五二九頁より引用。日華基本条約については、前掲、外務省編『日本外交年表竝主要文書　一八四〇―一九四五（下）』、四六六～四七四頁より引用。
（12）アンリ・ミシェル著、長谷川公昭訳『ヴィシー政権』、白水社、一九七九年、一四頁。
（13）ロバート・O・パクストン著、渡辺和行・剣持久木訳『ヴィシー時代のフランス』、柏書房、二〇〇四年、六八頁。
（14）前掲、外務省編『日本外交年表竝主要文書　一八四〇―一九四五（下）』、五九一～五九二頁。
（15）前掲、ロバート・O・パクストン著、渡辺和行・剣持久木訳『ヴィシー時代のフランス』、一三八頁。
（16）ヴィシー政府と汪政権の関係については、立川京一『第二次世界大戦とフランス領インドシナ』、彩流社、二〇〇〇年、第四章第二節（二）、（三）を参照のこと。
（17）Jean-Claude Barbas, *op. cit.*《n°10 : Message du 10 octobre 1940（jeudi）》, pp. 86-87.
（18）前掲、汪精衛「民権主義前途之展望」、二六三頁。
（19）汪精衛「人類共存主義」『巴里和議後之世界與中国』緒論」、前掲、「民国叢書」編輯委員会編『汪精衛著「汪精衛集」』、第二巻一六頁。汪精衛「巴里講和後の世界と中国」、河上純一訳『汪兆銘全集第一巻』、東亜公論社、一九三九年、二六一頁。
（20）雷鳴著『汪精衛先生伝』、「民国叢書」編輯委員会編『雷鳴著「汪精衛先生伝」／葉参、陳邦直、党庠周合編「鄭孝胥伝」』、上海書店、一九八九年（政治月刊社、一九四四年刊の複製）、一〇三頁。
（21）Jean-Claude Barbas, *op. cit.*《n°10 : Message du 10 octobre 1940（jeudi）》,p. 88.
（22）前掲、アンリ・ミシェル著、長谷川公昭訳『ヴィシー政権』、四七頁。
（23）Jean-Claude Barbas, *op. cit.*《n°10 : Message du 10 octobre 1940（jeudi）》, pp. 89-90.
（24）汪精衛「新国民運動綱要講授大意」、『政治月刊』第六巻第三・四期、一九四三年一〇月、八～九頁。
（25）Jean-Claude Barbas, *op. cit.*《La politique sociale de l'avenir》, p. 356. この論文の初出誌は、*La Revue des Deux Mondes*, 15 septembre 1940.
（26）汪精衛「三民主義之理論與実際」、前掲、中国国民党中央執行委員会宣伝部編『汪主席和平建国言論集　上巻』、一一八頁。

(27) 前掲、汪精衛「新国民運動綱要講授大意」、一一～一二頁。

(28) Jean-Claude Barbas, *op. cit.*《n°24 : Discours du 1er mai 1941 (jeudi)》,p. 129.

(29) 前掲、汪精衛「新国民運動綱要講授大意」、一一～一二頁。

(30) Jean-Claude Barbas, *op. cit.*《L'éducation nationale》, p. 353. この論文の初出誌は、*La Revue des Deux Mondes*, 15 août 1940.

(31) 汪精衛は学校教育の場だけではなく、官製国民運動である新国民運動においても、工業建設のために国民の「精神総動員」によってあらゆる物質を創造するよう訴えていた。前掲、汪精衛「新国民運動與精神総動員」、五～七頁。

(32) Jean-Claude Barbas, *op. cit.*《La politique sociale de l'avenir》, p. 356.

(33) 前掲、汪精衛「罪己的精神」、二二九頁。

(34) Jean-Claude Barbas, *op. cit.*《n°2 : Appel du 20 juin 1940 (jeudi)》, p. 60.

(35) 前掲、汪精衛「新国民運動與精神総動員」、八頁。

(36) Jean-Claude Barbas, *op. cit.*《n°17 : Message du 29 décembre 1940 (dimanche)》, p. 104.

(37) 汪精衛「於力行中求真知」、柳雨生編『新国民運動論文選』、太平書局、一九四二年、一八～一九頁。

(38) 『中華日報』MF、一九四〇年九月二二日付け。

(39) 『中華日報』MF、一九四三年四月六日付け。

(40) Jean-Claude Barbas, *op. cit.*《La politique sociale de l'avenir》,p. 355.

(41) 前掲、汪精衛「新国民運動綱要講授大意」、一二頁。

(42) 汪精衛「紀念孔子的意義」、前掲、中国国民党中央執行委員会宣伝部編『汪主席和平建国言論集　下巻』、二八四頁。なお王克文は、汪精衛が汪政権時期に強調した「罪己的精神」等には陽明学の影響が見られることを指摘している。前掲、王克文『汪精衛・国民党・南京政権』、三九九～四〇六頁参照。

(43) 時秀文「新国民運動與女子教育」、『教育建設』第三巻第四期、一九四二年一月、四二～四三頁。

第一二章　陳公博とジャック・ドリオ

序

第一一章では汪精衛とフィリップ・ペタンとの比較を論じたが、本章では陳公博とジャック・ドリオを相互に比較することにしよう。ドリオはペタン指導下のヴィシー政府とは距離を置き、ドイツ軍占領下のパリを活動拠点としていた、一群の過激な対独協力主義者を代表する人物にして、フランス人民党の党首でもあった。内外の先行研究では汪政権とヴィシー政府との比較については試みられたりもするが、管見の限り、パリの対独協力主義団体が比較の対象として言及されることは皆無であった。だが今日の通説として、ヴィシー政府とパリの対独協力主義団体とはドイツ軍に対する協力姿勢等の点から画然と区別するべきであるとされていることから、占領軍に対する協力の諸相をめぐって中仏の比較研究を行なうに当たって、ヴィシー政府主席のペタンのみを比較対象として取り上げるのでは、不十分を免れないだろう。

さて陳公博とドリオの間には、それぞれ中国とフランスで共産党の結成に参画したものの、後に転向すると終始一貫して熱心な反共主義者となり、戦時中には占領軍に協力したという共通点がある。本章では、陳公博とドリオそれぞれの日本・ドイツ占領軍に対する協力と反共主義との関係がどのようなものであったかについて、その起源にまでさかのぼった上で、比較分析するものである。第一節では、陳公博とドリオの共産主義からの転向の契機が、それぞれどのようなものであったかを見ることにする。第二節では、日本とドイツの脅威がそれぞれ中国やフランスに迫っていた戦前期の、陳公博とドリオの対ソ連・共産党観、及び日本・ドイツに対する認識について論じ、さらには両者のファシズム観についても言及する。そして第三節で、戦時中における、陳公博とドリオそれぞれの日本及びドイツの占領当局に対する協力と反共主義との関係について考察を加えるものとする。

第一節　転向の契機

第七章で触れたが、改めて陳公博のケースから見てみよう。陳公博は辛亥革命後、当時、中国の一流の知識人を教授陣に迎えていた北京大学で学び、五四運動にも消極的ながら参加していた。当時、陳公博は、対立を繰り返す南北両政府の黒幕である督軍を、「勢力階級」と規定し、痛烈に批判しつつ、督軍問題の解決に当たっては、中国を都市部と農村部に分けた上で、前者に関して、市民の選挙を経て構成される市政府及び市議会の設立を提言した。そのような市政府の設立は、何よりも民主主義、普通選挙、国内統一の第一歩となるべきものであった。陳公博は五四運動を通して、民主主義思想の洗礼を受けていたと言い得るだろう。またマルクス主義にも早くから関心を示していたが、イデオロギーの社会的・歴史的被規定性を重視していたことから、マルクス主義の直輸入には批判的であった。

北京大学の師であった陳独秀の広州赴任を機に、一九二一年初頭に広州で中国共産党の支部が設立されると、陳公博もそれに参加し、マルクス主義を受容するに至った。そして陳公博は、マルクス主義と五四運動当時の民主主義との接点を求めて、ドイツ社会民主党の路線に近似した、議会や労働組合に依拠する平和革命を唱えた。他方、最高指導者の陳独秀をはじめとする主流派はソ連共産党をモデルとした、プロレタリア独裁を志向する暴力革命を主張した。こうした陳公博と陳独秀等の主流派との間の革命観の相違は、一全大会での論争にも反映され、同大会での論争に敗れた陳公博は、やがて国共合作問題や陳炯明事件が重なったこともあり、離党を決意するに至り、渡米した。

もっとも陳公博は離党して、即座に反共主義に転じたわけではなかった。陳公博は在米中に米国共産党のシンパであったスコット・ニアリングの影響を受け、資本主義が未発達で、封建的な社会経済体制が残存する中国では、孫文の三民主義こそが最も妥当なものであると評価するようになった。同時に中国共産党が一全大会で決議した共産主義革命路線を放棄して、国共合作を行ない、三民主義に基づく国民革命を志向したことに対しても、肯定的な評価を与えていたことは注意に値するであろう。このように滞米中に陳公博は、国共合作を推進する国民党左派の立場に近い革命観を形成し、帰国後に廖仲愷、汪精衛等のグループに合流したのである。

陳公博が国民党左派に属しながらも、ほどなく明確に反共主義の立場に立つに至った契機とは、当時、中国共産党が中農を標的として、農民暴動により土地没収政策を推進したりするなど、中等階級や小資産階級に対する階級闘争を先鋭化させていたことにあった。陳公博は、中国が外国の有産階級に支配されている半植民地状態にあり、国内の階級が未分化であるという実情に鑑みて、共産党が中等階級や小資産階級に対する階級闘争を推し進めたところで、階級間の混戦をもたらすに過ぎないと批判していた。さらに共産党が二回革命論を放棄し、国民革命から共産主義革命に路線転換したことに対して、同党の国共合作への裏切りを見て取った。そこで陳公博は、蔣介石が四・一二クーデターに踏み切った際には、武漢政府の側に付いたものの、同政府において積極的に分共を推進したのである。

次いで、ドリオのケースについて見てみよう。ドリオは小学校、職業訓練学校を経て、工場の職工となり、フランス社会党に入党した。第一次大戦が終わり復員すると、フランス共産党の結成に加わり、急速に党内で頭角を現し、フランス共産主義青年同盟の指導者となり、下院議員に選出される一方で、スターリン派のコミンテルン執行委員会委員候補にもなった。ドリオの転向の遠因となった出来事は、興味深いことに、彼自身が中国で目の当たりにし、陳公博もその渦中に身を置いていた、国共の分裂であった。

ドリオはコミンテルンの国際労働者代表団の一員として、一九二七年二月から五月にかけてモスクワから中国に派遣されていた。代表団はまず広州や香港で宣伝活動を行ない、四・一二クーデターの直前には、南京で蔣介石側から清党を示唆されていた。クーデターのさなかには武漢におり、国民党右派を非難し、同党左派への支持を打ち出した中国共産党第五回全国代表大会に参加してから、五月にモスクワに戻った。ドリオは帰国後、フランス共産党機関紙『リュマニテ』に中国視察報告を掲載したが、四・一二クーデターに関して次のように述べていた。

我々が中国を見たのは、まさに中国革命史上のとりわけ重大な時期であった。蔣介石の指導や帝国主義の圧力の下で、民族ブルジョアジーは帝国主義の陣営に入ってしまい、昨日まで味方であった労働者階級や農民を残忍かつ暴力的な、冷笑的なやり口で裏切ったのである。その有様は、民族ブルジョアジーがそもそもの初めから、最も嫌悪するべきブルジョアジー、すなわちブルガリア、もしくはポーランドのコミューンにとってのブルジョアジーの仲間であったかのようである。(1)

中国の「民族ブルジョアジーがそもそもの初めから、最も嫌悪するべきブルジョアジー…であったかのようである」という表現が、暗に国共合作に固執して、悲劇的な結末を招いたスターリン及びコミンテルンの見通しの甘さや指導の誤りを非難していると言うのは、深読みが過ぎていようか。いずれにせよ、D・ヴォルフが述べるように、ドリオは中国を視察して、モスクワ経由でパリに戻ると、「モスクワの指導者たちの無謬性に対してもはやゆるがぬ信仰を抱くことができなくなっていた」のである。コミンテルン及び中国共産党に対して、陳公博が右から批判したのに対し、ドリオは言わば左の立場から暗々裏に批判を行なったと言えよう。

ドリオが転向した直接の契機について見てみよう。中国視察旅行からフランスに帰国した後、コミンテルンがフランス共産党に対して、社会ファシズム論に基づき、フランス社会党との選挙協力を一切拒絶せよという指令を押し付けてくると、ドリオはコミンテルンの極左路線に断固とした抵抗を示した。ドリオは、社会党と共産党との間の境界が、プロレタリアートとブルジョアジーの両階級間の境界とは一致しておらず、まさに社会党の内部において、両階級が対峙し合っている以上、共産党は総選挙に当たって柔軟に社会党に対処するべきであると主張した。(2) さらに隣国のドイツでヒトラーが政権を獲得し、フランス国内でも一九三四年二月六日に右翼団体による騒擾事件が起こると、ドリオはより一層コミンテルンや共産党の社会ファシズム論を批判し、社共両党の提携を唱え、後の人民戦線を先取りするような主張を行なった。そしてその結果、ドリオはコミンテルンのモスクワ召喚を拒否したことを理由に、同年六月に共産党から除名されてしまった。

一方、共産党内主流派のトレーズは、ドリオの除名と並行して、皮肉にもコミンテルンの路線転換に伴い、ドリオの年来の主張に沿うように、社会党との間で人民戦線を結成するべく布石を打ち始めた。そこでトレーズはドリオ除名に当たって、ドリオが社共両党の提携という「われわれの統一の旗をうばいとり、それにかくれて、分裂主義的、反統一的な政策をおし進めようとしている」と断罪する必要に駆られたのである。

陳公博の中国共産党脱退の契機は、その社会民主主義的な平和革命路線が、一全大会で否決されたことにあったが、一方、ドリオのフランス共産党除名の契機もまた、「共産主義を社会民主主義へ順応させようとやっきになっている」と見なされたことにあったのであり[3]、ともに共産党員時期には非主流派の党内右派の立場に立っていたと言うことができるだろう。

第二節　反共と日独脅威の狭間

対ソ連・共産党観

共産党から離脱して、反共という立場に転向した点においては、陳公博もドリオも共通しているが、日本とドイツの脅威が迫ってきた、一九三〇年代の戦前期における両者の対ソ連・共産党観は具体的にどのようなものだったのだろうか。中国では満州事変という危機を受けて、対立し合っていた蔣介石と汪精衛による合作政権が成立し、汪精衛側近の陳公博も同政権の中枢に実業部長として参画した。その際、陳公博がどのような対ソ連・共産党観を披瀝していたかを、アジアと欧州に分けて見ることにしよう。

第九章で触れたが、アジア方面では満州事変からほどなくして、日ソ関係が緊張するが、陳公博は仮に日ソ戦でソ連が戦勝した場合には、北部の辺境地域で共産主義化の可能性が出てきて、ハルピンからウルムチまで有形無形の圧力を被るであろうとした。しかし一九三六年以降、世界情勢が緊迫すると、日本の華北分離工作が進展するなかで、中国が国際的に孤立を余儀なくされていると判断するに至った。そこで方向転換し、仏英両国がそれぞれソ連と軍事協定を締結していることを引き合いに出して、中ソ軍事同盟論を肯定するようになった。もっとも陳公博は一九三七年初めの時点では、ソ連との軍事同盟による日本の対中国侵略を抑止する効果に関して、悲観的な見通しを述べていた。ソ連共産党内の闘争の先鋭化、及びシベリア工業化の未完成等の従来からの懸案の上に、日独防共協定の成立により、ドイツのみならず日本からの脅威も増大して、ソ連の対外環境が従来よりも一層深刻になったことから、ソ連の対日参戦が少なくとも五年間はあり得ないとしたのである。(4)

ところで、こうした状況に応じた柔軟な対ソ連提携論は、満州事変前の改組派時期に当たる一九二〇年代後半から一九三〇年代初頭にかけても見られた。当時、陳公博はソ連と第三インターナショナルとをあえて峻別し、後者が中国共産党を用いて、国民革命を破壊しているほかに、日独との提携を図ろうとして、朝鮮の独立と中国の国益を犠牲にし、さらに外モンゴルを奪取したと批判を行なった。一方、前者の国家としてのソ連に向かっては、共産主義の宣伝活動を行なわないという条件下で、国交回復を求め、反帝国主義戦線の結成を呼びかけていたのである。

中ソ軍事同盟論を肯定する一方で、欧州の人民戦線の影響を受け、一九三六年一二月の西安事件を機に醸成されてきた第二次国共合作に関しては、陳公博は中国と欧州との相違点を指摘し、その実現を拒否した。第一に、欧州の人民戦線とは、モスクワが「ファシズムの蔓延を阻止するために用いたものであり」、共産党と「民主左翼（急進社会党）や社会党との連合によって、現状の政権を維持する」ことが目的となっている。しかし中国にはそもそも「民主左翼も社会党もなく、政権は一体であって、決して人民戦線によって維持するには及ばない」としたのである。第二に、フランスが率先して人民戦線を受け入れたのは、「ドイツのナチス勢力に直面していたものの、小党が多数分立していたことから、力を集中させることができなかった」ためである。ナチス勢力に対抗するためには、フランスの「民主政治を強固にしなければならなかった」が、「民主制度に反対している」右翼勢力や共産党からの脅威によって、「民主政治は崩壊しかけているかのようであった」。しかし人民戦線を構築することで、すなわち「共産党がその主張を放棄し、合作することで、民主党派は敵を一つ減らすことができた」のである。一方、中国では「共産党は現状維持を主張しているだろうか?」、「数多の小党が戦線を結成して、政権を強固なものにしているだろうか?」と反語を発し、第二次国共合作を実行しなければならない客観的な必然性などないとしたのである。(5)

ちなみに欧州方面では陳公博は、ソ連ならびにその肝煎りで結成された人民戦線に対して、どのような見解を披瀝していたのであろうか。陳公博は上述のように人民戦線を、モスクワがファシズムの脅威に対抗するために「譲歩」を余儀なくされた一種の戦略と捉えていた。スターリンはソ連建国当初の世界共産主義革命路線を放棄し、ソ連自体の存続を目標とするに至っており、そのために各国の共産党に対して、「積極的に援助を行なおうとはしなかった」のみならず、さらに近年ではファシズムに対抗するために、かねてから批判してきた国際連盟へのソ連加入を決断し、リトビノフ外相に親欧米路線を採らせてきたとして、人民戦線政策の意義をもそうした一連の政策の文脈から解釈したのである。

しかし陳公博は、人民戦線に託したとされたソ連の自国防衛のための反ファシズムの意図にもかかわらず、フランスなどの人民戦線政府とドイツやイタリアなどの「国家戦線（ファシズム戦線）」政府との対立の結果、「国際的な戦争が惹起されるとは考えられない」と判断を下した。というのは、そもそも主義や戦術が異なっている政党が人民戦線を構成していることから、「人民戦線は長続きし得る戦線ではなく、常に崩壊の形勢をはらんでいる」からである。人民戦線も「国家戦線」もともに国内における政権奪取の手段であって、その対立は国内の政権をめぐるものに過ぎないとしていた。では、欧州大戦はいつ勃発するのであろうか。この問いに対して、陳公博は「一八世紀以来、国際的な戦争は一つとして民族運動を背景にしていないものはない」という史実を踏まえ、また「国家戦線」が「民族主義の熱狂者」の集団であることを指摘した上で、「各国で『国家戦線』が完成した暁に、必ずや勃発するであろう」と示唆するのみであった(6)。

次にドリオの対ソ連・共産党観を検討することにしよう。ドリオはフランス人民党を結成した一九三六年に、「フランスは改めてドイツやソ連の国境付近で徘徊している戦争を目の当たりにするようになった」と危機を認めた。そのような危機は、「外国が国家を分裂させようとしていることから、悪化する一方である」とし、それら外国のうち「もっとも大胆なもの」が、ほかならぬソ連であるとした。そしてソ連が「一九二〇年にフランス労働者の革命実践のために結成されたフランスの労働者政党を、完全にソ連外交の御しやすい道具に変えることに成功した」結果、フランス共産党は「我が国土に根を下ろした正真正銘の外国の軍勢になってしまった」とした(7)。

ドリオはフランスにおける内外の危機の最大要因として、フランス共産党を支配下に置くソ連を挙げたが、アジアと欧州に分けて、そのソ連の政策に対する分析を見ることにしよう。一九三七年にドリオは次のようにスターリンのアジア進出政策の意図を説明していた。

…世界革命という最初の計画――それは領土の併合を考慮することなくして、各国において革命運動を援助するものであるが――に代えて、スターリンはより的確な計画を採用した。すなわちアジアへの浸透計画である。…スターリンはかなり以前から、ソ連の未来がアジアにあるということを理解していた。彼の前にはツァーがそれを理解していた。彼は徐々にではあるが着実に、大いなる成功を伴いつつアジアに浸透した。数年前には独立の装いもほとんどなし得ぬままに外モンゴルを併合した一方で、日本による満州併合を非難する有様であった。次いで新疆を併合し、中国南部にソヴィエトを組織し、維持している。スターリンは巨大な力を手に入れようと切望しているが、それはまさにこの膨大な人口の貯蔵庫の征服からもたらされるのである。その巨大な力に依拠してはじめて、スターリンが欧州を支配下に置くべく、西欧への進出を再開することが可能となるのである。

陳公博は、ソ連が世界革命路線を放棄し、ソ連自体の存続を国家目標にしていると見なしていたのに対し、ドリオは、ソ連が中国征服を通して、西欧支配、ひいては世界革命を依然として企図していると見なしており、両者の対ソ連観は大きく隔たっていると言えよう。また陳公博は上述のように、ソ連の対日開戦への意志が消極的なものであり、当面あり得ないと見ていたが、ドリオは、ソ連のアジア浸透計画が「さしあたり日本によって強力に阻まれている」ことから、「日本とソ連のアジアの中心における衝突が差し迫っている」と見ており(8)、両者の分析結果はまさに正反対であった。

次いで、欧州方面におけるスターリンの政策に関するドリオの分析を見ることにしよう。ドリオによれば、スターリンは「欧州における安寧なくしては」、日本との戦争に勝利し、中国を征服することができないことを理解していた。そこでスターリンは「アジアでの紛争に際して、独日の対ソ同盟結成を妨害するべく、欧州全体を相互に敵対するように結集させた」、すなわち「ドイツの激昂を我々に向けさせ、ドイツの攻撃を西方に向けさせた」。こうして「仏ソ条約によって、ロシア人が東洋でのフリー・ハンドを得て、ソ連西方での紛争は欧州の中心地域に移されることになった」のであり、「フランスはスターリンの西欧における兵卒になってしまった」としたのである(9)。陳公博は仏ソ相互援助条約に端を発した、独仏間の戦争勃発の可能性に言及せず、またスターリンの思惑により成立したフランスの人民戦線政府の短命を見て取って、少なくとも人民戦線政府とドイツ・イタリアの「国家戦線」政府との間の対立に根差した、国際的な戦争は起こり得ないと判断を下していた。片やドリオは、スターリンの陰謀により仏ソ相互援助条約が火種となって、まさに陳公博の用語を用いるのならば、フランスの人民戦線政府とドイツの「国家戦線」政府との間で戦争が始まる可能性を見ていたと言えるだろう。

ドリオの反共のあり方は、反フランス共産党だけでなく、反ソ連という点でも一貫したものであった。一九三九年三月のナチス・ドイツによるチェコスロバキア併合から同年八月の独ソ不可侵条約の締結までの間の、対独戦を支持して、フランス人民党が挙国一致に参加し、経済面に限るとはいえ、ソ連との提携をさえ容認した一時期を除くと、ドイツとの「奇妙な戦争」のさなかにおいても、その反ソ宣伝を弱めることはなかった。(10) 陳公博が反中国共産党という姿勢を一貫させながらも、国家としてのソ連に対しては、警戒しつつも柔軟に対処し、提携への余地を残しておいたことに比べれば、ドリオの反ソ連の姿勢は際立って徹底したものであったと言うことができよう。

日本・ドイツによる脅威への対処

では、中国やフランスに脅威を与えていた日本やドイツに対して、陳公博とドリオはどのように対処するべきであると考えていたのであろうか。陳公博は周知のように、国民党入りして以来、ほぼ一貫して汪精衛の側近を務めてきたが、汪精衛が満州事変後の蔣汪合作政権時期に、政権内の有力な対日融和派であったことから、陳公博も公式の立場では基本的に汪精衛の対日融和策に理解を示してきた。一方、ドリオもファシズムに反対する人民戦線政府を批判し、ナチス・ドイツを仮想敵とした仏ソ相互援助条約を解消して、対独融和を図るべきであると一貫して主張してきており、両者の対日本・対ドイツ政策の共通点として、その融和策を挙げることができよう。しかし両者の融和論を検討していくと、そこには差異をも見出せるのである。

陳公博のケースから見ることにしよう。第九章で見たように、陳公博は少なくとも一九三六年以降の世界情勢の緊迫化によって、日本の華北分離工作のより一層の進展と中国の国際的な孤立を予測するまでは、日ソ戦に仮にソ連が勝利した場合には、中国の共産主義化を招くとして、汪精衛とともに蔣介石の「日ソ相互牽制」策、すなわち日ソ戦を促進するための対ソ接近政策に反対していた。一方、汪精衛の対日融和策については、一定程度理解を示しつつも、日本側で意思統一がなされておらず、多数のチャネルによって対中国政策が担われていること、また中国側の譲歩がもはや限界に達していることなどを指摘して、その限界を示唆する傍ら、内々に汪精衛に対して行政院長と外交部長の辞職を勧告していた。

陳公博の対日戦略とは、工業建設の中心地である長江下流域を戦火に巻き込みかねない日ソ戦争を回避し、工業化の推進を通して、国民経済を確立し、「民族主義」を十全に発展させるというものであった。それは「安内攘外」政策における「安内」の一環であり、国民経済の形成によって中国が真に統一されて、自力更生がなされれば、自力で日本によってもたらされた対外的な国家危機から脱することができるだろうと考えたのである。また注意すべきこととしては、長江下流域の工業化の主張には、中国共産党の土地革命への対抗措置という側面も含意されていたことである。陳公博は、農村恐慌の主要因が土地所有の不均等にあるのではなく、余剰労働力にこそあるとして、土地革命の有効性に疑問を呈し、工業生産に農村の余剰労働力を振り向けることによって、農村救済を行ない、延いては共産党の農村における権力地盤を掘り崩すべきであるとした。このように長江下流域の工業化という主張には、反日と反中国共産党の契機が含まれていたのである。

次いでドリオのケースを見ることにしよう。ドリオは対独融和の必要性を、一九三九年三月にドイツがチェコスロバキアを併合してミュンヘン会談の合意事項を反故にするまで、一貫して主張していた。特にミュンヘン危機では、ドリオがしぶしぶながらドイツへのズデーテン地方の割譲を認める発言をしたために、フランス人民党の多くの幹部がドリオの敗北主義を批判して同党を去り、同党に結党以来の危機を招いたほどであった。(11) ドリオが対独融和を提唱した背景には、ヒトラー及びナチス・ドイツを警戒しながらも、ヒトラー革命に対する次のような一定の評価と共感があった。

我々は今やヒトラーのドイツに直面している。ヒトラーがドイツに向けて放たれる大砲の最初の一撃で玉座を追われるとは、私は信じない。ヒトラー革命はドイツにその権威、威信、自由、力のみならず、往年の鉄面皮や軽はずみをもいくらか取り戻させた。すなわちボリシェビキに対する勝利、ナチスの政権獲得をもたらした重要な事柄を全く実現し得ていないかのようである。…フランスは、ドイツの伝統的な古い力に対する遅々としつつも決定的となった勝利、ヴェルサイユ条約とその擁護者に対する平和的な勝利。この三つの勝利こそが、ヒトラーとその党をドイツの不動の支配者にしたのであり、それは長期にわたるであろうと、私は確信している。(12)

ドリオがフランスの自由主義的な「古臭い政党」によって打ち立てられたヴェルサイユ体制の失敗を認めて、「勇気を奮って欧州を再建しなければならない」と主張していたことからも明らかなように、(13)ヒトラーが打ち勝ったとされるボリシェビキはもとより、「ヴェルサイユ条約とその擁護者」をも、ドリオは一貫して打倒の対象としてきた。ヒトラーとの間に共通の敵を見出したドリオが、ナチス・ドイツに脅威を感じつつも、ヒトラー革命に魅力を感じるのは当然の成り行きであったことだろう。

またその対独融和の姿勢は、フランス外交の再構築の主張の一環を成していた。すなわち仏ソ相互援助条約の破棄を要求する一方で、仏英同盟を外交政策の基礎とし、イタリアに対してもエチオピア征服を承認して同盟関係を再構築し、フランコのスペインとも新たな関係を樹立した上で、「ドイツに対して断固たる和平を提案する」よう提唱していた。(14)そして欧州四大国であるイギリス、フランス、イタリア、ドイツ間の平和問題の解決の鍵として、「我々が改めて東洋への道を切り拓く」ことを挙げていた。すなわち「団結した欧州の下でこそ、中国においてドイツは満足のできる、その植民地欲を鎮めることが幾分なりとも可能な販路を見出すことができる」と考えたのである。上述のように、ソ連にとって中国征服が西欧支配の鍵であることから、ソ連は中国をめぐって日本と対立していると見なされてきた。それ故に、ドイツに中国を与えることは、日中戦争を通して、日本が中国で膨張し続けることを阻止し得るだけでなく[15]、同時にソ連の西欧支配の野望をも挫くことを意味していたであろう。このようにドリオの外交構想には、反ソ連と親ドイツの契機が両立していたのである。換言すると、ドリオにおけるスターリン及びスターリンとの間の条約への警戒は、無原則ながら活力にあふれたヒトラーやムッソリーニといった独裁者との必要に応じた提携への主張と、表裏の関係にあったと言えるのである[16]。

ファシズム観

陳公博とドリオ各々の日本、ドイツの脅威への対処に関する提言に関連して、両者のファシズム観を見ていこう。第九章で触れたが、中国においてファシズムにいち早く着目したのは蔣介石であり、彼は蔣汪合作政権下において、国家的危機と「訓政独裁」という体制イデオロギーの弱体を克服する意図から、藍衣社といったファッショ的秘密団体を結成し、ファシズムに傾斜していった。蔣介石の動きに対して、陳公博は批判を行ない、ファシズムは資本主義や社会主義と同様に、工業革命が成就された社会の所産であり、工業革命が緒に就いたばかりの状況にある中国では、ファシズムの実践は尚早であるとした。陳公博によれば、中国の課題はファシズム体制を樹立することではなく、ファシズム体制のそもそもの前提条件である工業革命を遂行して、国民経済を確立し、「民族主義」を十全に発展させることであった。

片やドリオのフランス人民党は、戦前期において自らは否定していたにもかかわらず、ファシズム的傾向をもったフランスで唯一の大衆的政党であったという評価が定着している。フランス人民党は行動において、準軍隊式組織の形態を採らなかったものの、ファシズムから儀式や典礼の方式を借用しており、またイデオロギーにおいても革命的な側面を捨て去りながら、なおもファシズムの範疇に属していたのである[17]。

本節では、陳公博の政策提言において、反共＝反中国共産党の契機が反日の契機と、またドリオのそれでは、反共＝反ソの契機が親独の契機とそれぞれ関連し合っているのを見てきた。そして前者が反ファシズムを唱えたのに対して、後者がファシズムに傾斜していたのを確認した。次節において、両者の占領軍への協力と反共主義との関連を考察することにしよう。

第三節　占領軍への協力と反共主義

陳公博とドリオの対占領軍の協力における共通点から見ていこう。第一に、両者が占領地域で活動していたということが挙げられるであろう。汪精衛の当初の構想では、親日政権を日本軍の非占領地域で設立する予定であったが、結局は日本軍占領下の南京で樹立することとなった。ドリオとフランス人民党はドイツ軍の直接統治地域に組み込まれたパリを中心に活動していた。一方、ヴィシー政府が統治する地域は、少なくとも一九四二年までは休戦協定に基づきドイツ軍の非占領地域、いわゆる自由地帯とされていた。積極的な対独協力とフランスの全面的なアッショ化を要求するドリオは、微温的なヴィシー政府に批判的であり、同政府と距離を置いていたことから、パリに活動拠点を移したのである。第二に、戦後に売国奴として粛清された点が挙げられる。陳公博をはじめとする汪政権の高官はいずれも戦後に漢奸として粛清された。ドリオ自身は大戦末期に不慮の死を遂げるが、彼が率いたフランス人民党等の在パリの対独協力諸団体の構成員は、過激な対独協力主義者として戦後に粛清された。一方、ヴィシー政府の高官の場合、ペタンやラヴァルを除くと、その多くは秘密裏にド・ゴール派と接触を保っていたことから、対独協力が敵を欺く偽装と認められ、戦後も政財界で要職を占め続けた。汪政権の場合でも陳公博、周仏海等は大戦末期になると、日本軍当局と重慶政権との間でダブル・ゲームを行なってきたが、戦後の漢奸裁判では一切そのようなダブル・ゲームは顧慮されず、「通敵禍国」の罪に問われたのである。

では、次いで両者の相違点を見ることにしよう。第一〇章で触れた部分もあるが、陳公博のケースから見ることにしよう。まず汪政権参加の動機についてであるが、陳公博は戦後のいわゆる漢奸裁判において、汪精衛個人に対する忠誠心から、同政権に参画したと述べていた。一方、子息の陳幹に宛てた書簡で、国際情勢に関して、米国、英国、ソ連等が中国を助けるべく、日中戦争に軍事介入する可能性などなく、中国が抗戦力を欠如させたまま国際的に孤立に陥っていると分析していた。さらに同書簡で、それにもかかわらず日本が中国を降伏させ得なかった要因として、日本の軍事力の限界や米英ソといった仮想敵国の存在、中国の抗日ナショナリズムの強靱さを指摘し、日本は否応無しに近衛声明を遵守せざるを得なくなったとして、親日政権樹立による救国の正当性を説いていた。陳公博にとって、対日協力とは「人格による抗戦」であり、勝利の見込みのない戦闘に代わって、交渉により日本軍に奪われた領土と主権を取り戻すことにほかならなかったのである。

陳公博の戦中における経済政策構想は、まさに「人格による抗戦」を反映し、中国の敗因と目された「民族主義」の未成熟を克服するために、工業を再建して、「民族主義」の土台となる国民経済を確立することを目指していた。具体的には、上海民間資本家層の利益を擁護し、その軽工業を発展させることを企図しており、そのために日本側の独占政策に対して厳しい批判を行なった。他方でその工業化戦略は、汪政権のスローガンである「和平・反共・建国」のうちの「反共」を具現化するものでもあって、中国共産党の勢力伸張に対する抑止という側面をも併せもっていた。すなわち中国の経済・政治の不安定化の要因とされた農村の余剰人口を工業生産に吸収して、農村の窮乏化問題を解決することにより、地主の土地没収と再分配を通して、農村に根拠地を拡大してきた中国共産党の政権基盤を掘り崩すことを意図していたのである。陳公博の戦中における経済政策構想は、戦前の蔣汪合作政権での実業部長時代に提起した経済政策構想と明らかに連続性をもっており、その対日抵抗と反中国共産党の契機を継承していたと言えるであろう。

また、こうした陳公博の対日抵抗の契機の継承は、汪政権の体制イデオロギーが日本側の東亜新秩序や大東亜共栄圏といったイデオロギーに同化するに際して、一定程度の歯止めが存在していたことを示唆するものである。東亜新秩序や大東亜共栄圏の構想は元来、アジア解放を掲げながらも、日本の国益を主要目的としてきた。それに対して汪政権は日本を盟主に措定したアジアの新秩序形成に対する協力に際して、同政権の強化こそがその前提であるという姿勢を終始一貫して崩そうとしなかった。それは第一章で見たように、汪政権が日本国内では批判されていた石原莞爾の東亜聯盟運動をあえて採用し、かつその綱領を中国ナショナリズムに配慮したものへと改め、「政治独立」を前面に出したことにも見られるであろう。また東亜聯盟運動の推進に当たって、三民主義や大亜洲主義はその基礎とされたが、陳公博は三民主義について論じた際に、「我々が民族主義を実現しなければならないのは、中国を復興するためだけではなく、東亜を復興する必要があるからである」と述べ[18]、中国の復興の延長上に東亜の復興、すなわち東亜新秩序の形成が存在すると主張していた。

ところで、太平洋戦線において日本の敗色が濃くなってくると、日本当局は対華新政策を実行して、汪政権の参戦を認め、対日協力積極化と引き換えに、その権力地盤の強化に努めた。しかし他方で、それに逆行するかのような対重慶政治工作を汪政権に行なわせ、日中間の戦争終結のために、汪政権解消をも視野に入れ始めた。汪政権側でも、日本の政策矛盾を反映したかのように、汪政権強化を求める動きと、重慶政権との再合流を模索する動きが出てくるようになり、日本の戦況が悪化するにつれ、後者の比重が高まってきた。汪精衛の死後、主席代理に就任した陳公博は、反中国共産党こそ汪政権と重慶政権とを結び付ける接点であるとして、共産党軍に対する掃討を開始しつつ、重慶政権に再統合を呼びかけていた[19]。陳公博が共産党軍に対峙させるために動員した汪政権軍は、周仏海側近の金雄白によれば、内々に重慶政権から委任状を交付されていたとのことである。さらに驚くべきことは、重慶政権軍と米軍が日本軍に対して大反攻を開始したら、汪政権軍も敵日本軍の後方でこれに策応する手筈になっていたとのことである。[20] 汪政権軍の対日蜂起準備の実態については、なおも検討を要するであろうが、陳公博等が日本軍と重慶政権との間でダブル・ゲームを行なっていたことは間違いないであろう。

次にドリオのケースを見てみよう。ドリオが対独協力積極派になった背景とはどのようなものだったのであろうか。一九四〇年六月にフランスが降伏した後、ドリオは「ペタン元帥の第一の部下」を自認して、ヴィシー政府に接近し、自ら主導権を握って、ナチス党に倣った「唯一党」や「国民革命のための委員会」を結成しようとして奔走した。しかし、『『反ファシスト』である民主主義者たちの連合が我々に対して立ち上がり、我々によって圧倒されてしまうのを恐れて、この動きを解体させてしまった』。かくしてヴィシー政府が公認する唯一の政治組織である「在郷軍人団」が結成されたが、依然として「親英主義者ヴァランタンに率いられた『在郷軍人団』は、その組織全体を挙げて我々を押し潰し、最終的に我々を排除し、自分たちのために政治活動を独占しようとした」。[21]

こうしたドリオの「唯一党」結成の挫折の一因としては、フランス人民党が「ナチ精神をもった新生フランスを生みだしうる国民的神話をやがてつくり出しかねない」と、ヴィシー政府の実力者ラヴァルの後見人である駐パリ・ドイツ大使アベッツに警戒されていたこともあった。さらにヴィシー政府のダルラン首相が、ドリオと対立して袂を分かった元フランス人民党の幹部を政権に引き入れたり、北アフリカのヴィシー政府代表であるウェーガン将軍が、当地でのフランス人民党の党勢拡大に対して妨害を行なうといった事態が発生した。この二つの事件をきっかけに、一九四一年以降、ドリオはついにヴィシー政府と決裂し、ドイツ軍占領下のパリで対独協力積極派となることで、政治的活路を見出そうとしたのである。[22]

ドリオの積極的な対独協力に拍車を駆けたのは、一九四一年六月から始まった独ソ戦であった。ドリオは独ソ戦が始まると、その戦前における対独融和と反ソの主張の正当性を改めて強調し、戦前の情勢を回顧して、次のように述べた。

ヒトラーは政権の座に着くと、共産主義を粉砕し、フランスとの提携を提案してきた。だがスターリンにとって、その提携は我慢がならないことであった。西欧の強国がボルシェヴィズムに対抗して、社会的な基礎について意見が一致し合えるならば、それはソ連のゲームの終わりである。そこでスターリンは彼の性格を特徴付ける、その巧みなセンスによって、コミンテルンと共産党の一五年にわたるあらゆるプロパガンダを否認するのをためらうことなく、フランスの政界のおめでたい人々に向かって次のように言ったのである。「諸君もご存知の通り、私はヴェルサイユ条約と国際連盟と民主主義の最高の友人なのですよ！」と。これらの愚か者はその言葉を信じ、スターリンとの間で友好条約、相互援助条約に調印してしまったのである。何をスターリンはこの条約を通して望んでいたのだろうか？　大変単純なことである。すなわちフランスとドイツの提携の可能性を破壊することである。

ドリオは、戦前、ソ連とフランスの「おめでたい人々」によって破壊された反ソ連に基づくフランスとドイツの提携を、自らドイツ軍の制服を着て、フランス義勇軍団とともに東部戦線に従軍することで、象徴的に示そうとした。ドリオにとってこのフランス部隊の参戦は、ドイツのフランスに対する勝利の一年半後に、フランスの三色旗がドイツ国旗の傍らではためき、フランス人の血がドイツ人の血と同じ大儀のために流されたという結果をもたらしたことで、「最も重要な政治的偉業」となったのである(23)。またドリオは、ヴィシー政府が中立を保ち、「ボリシェヴィキ＝アングロ・サクソン同盟に対する戦争」に対してとにかく反対していると批判することによって(24)、その反ソに基づく留保のない対独協力の積極性を際立たせていた。このようにドリオの独ソ戦従軍は、戦前におけるドイツへの中国付与という外交構想と親独・反ソの点で連続性を有していたと言えよう。陳公博が戦時中の対日協力に際しても、戦前以来の反日と反共＝反中国共産党の契機を継承していたのに対し、ドリオは対独協力に際して、やはり戦前以来の親独と反共＝反ソの契機を保持していたのである。

ドリオの積極的な対独協力の背景には、ナチズムへのイデオロギー的な同化があり、「フランスには、ヨーロッパの偉大な革命に参加する以外に、破滅と敗北から救われる道はないであろう」と主張していた。そしてフランスをしてナチズムに代表される「ヨーロッパの偉大な革命」に参加させ得る政治主体は、その「親英主義と日和見主義」を断罪されるべきヴィシー政府ではなく、「ヨーロッパの主要国を変えた諸運動、すなわちイタリアのファシズム、ドイツの国家社会主義、スペインのファランへ主義と、創始以来、明らかに同じ本性をもってきた」フランス人民党であるとしたのである。[25] 陳公博は上述のように三民主義の民族主義を提起することによって、日本とのイデオロギー的な同化に歯止めをかけ、対日協力に際しても中国の復興を強調していたが、片やドリオはナチズムへのイデオロギー的な同化に基づいて、ヴィシー政府のようにフランスの国益のためにあえて汲々とすることもなく、積極的な対独協力を唱えていたのである。

ドリオの積極的な対独協力には、ヴィシー政府の少なからぬ要人、例えばドリオが批判してきたヴァランタンなどのように、枢軸国の勝利と連合国の勝利とを秤にかけ、ドイツ当局とド・ゴール派と間でダブル・ゲームを演じたりするような余地などはなかった。連合国によってフランスが解放されると、ドリオはドイツ軍と行動をともにして、ドイツへ亡命し、自らが主体となって、フランス亡命政府樹立を画策するのであった。大戦末期になると、陳公博は日本と重慶政権との間でダブル・ゲームを演じたが、一方ドリオは退路を断って、ナチスのみに賭けていたのである。

小　結

本章では、陳公博とドリオ各々の占領軍に対する協力と反共主義との関係如何について、その起源にまで遡及した上で、比較分析してきた。まず両者の転向に当たっては、中国国民革命における国共の分裂が——陳公博に関しては言うに及ばず、ドリオについても——大きな影響を及ぼしていたことを確認した。また両者がともに共産党内において、社会民主主義に好意的な非主流派の右派の立場を明確にして、コミンテルン及び党内主流派との間で対立を引き起こしたことが、離党・除名の契機になったことをも見てきた。もっとも陳公博の党員歴はごく短期間であり、ドリオの場合には十数年に及ぶものであったが。

次いで、満州事変とナチス党の政権獲得を機に、日本とドイツの脅威が焦眉となってきた戦前期における、陳公博とドリオ双方の対ソ連・共産党観と対日本・ドイツ政策との関係について比較考察した。陳公博の場合、国家としてのソ連に対しては、国際情勢の変化に応じて、警戒しつつも、共通の敵国である日本に対抗するために、柔軟に提携を模索していた。その一方で、第二次国共合作に反対を唱えるなど、反中国共産党という点では立場が一貫していた。陳公博が蔣汪合作政権の実業部長として提起した長江下流域の工業化計画は、中国共産党の土地革命を無化することをも含意していた。またその工業化計画は、「安内攘外」政策における「攘外」、すなわち抗日戦争の前提とされた「安内」、すなわち中国の真の統一の基礎となる国民経済の確立を志向していた。要するに陳公博の経済政策構想においては、反中国共産党と反日の契機が相互に結び付いていたのであり、その「民族主義」の主張も蔣介石の提唱するファシズムとは一線を画していたのである。ドリオの場合には、その反共の内実は反フランス共産党のみならず、反ソ連という点でも一貫しており、中国征服を通じて西欧支配を目論んでいるとされたソ連の野望を挫くために、植民地欲に駆られたナチス・ドイツに中国を与えるよう主張し、反ソ連と同時にドイツをも含むフランス、イギリス、イタリアの欧州四大国の協調を実現しようと考えた。換言すれば、ドリオの外交政策の提言においては、反ソと親独の契機が結合していたのであり、またその親独の背景にはファシズムに対する共感もあったのである。

陳公博とドリオは同じく占領軍の下で活動し、戦後の同国人による評価も売国奴というものであった。だが戦前に両者が各々主張していた政策の方向性——陳公博の場合には反共＝反中国共産党と反日、ドリオの場合には反共＝反ソ連と親独——を、戦争による対外環境の変化にもかかわらず、基本的に受け継いでいたことから、占領軍に対する協力の態度には大きな差異が認められた。陳公博は日本軍占領下においても、依然として反中国共産党と反日の契機を併せもつ長江下流域の工業化計画を唱えていた。また日本からの東亜新秩序形成に当たっての戦争協力の要請に対しても、三民主義の民族主義を掲げて、中国の国益を一定程度確保しようとした。さらには大戦末期には中国共産党軍に対する掃討を行なうなどしつつ、日本軍当局と重慶政権との間でダブル・ゲームを営んでいた。一方、ドリオは中立を保っていたヴィシー政府を尻目に、独ソ戦に従軍するなど、戦前以来の反ソ・親独の主張を極端にまで推し進め、フランスの国益の確保に汲々とし、その一部がドイツ当局とド・ゴールの抗戦派との間でダブル・ゲームを演じていたヴィシー政府を激しく批判して、その留保のない積極的な対独協力を際立たせていた。

両者の協力姿勢の差異には以下のような背景があったと言い得よう。ドリオがフランス共産党から除名されて以来、強烈な反共主義、すなわち反ソ意識を強く抱いていたことが、彼をして独ソ戦の従軍に赴かせ、フランス・ナショナリズムを忘却させるほどに過激な対独協力に邁進させたのに対して、陳公博は、その反共主義がソ連を対象とすることなく、専ら国内の中国共産党にのみ向けられ、比較的穏健であったが故に、中国ナショナリズムに基づく対日抵抗の姿勢を戦前から一貫して保持することができたのであると。またこうした両者の反共主義の強弱は、それぞれの共産党・コミンテルンに対するコミットメントの経験の深浅に関わりがあるものと思われる。すなわち陳公博に比して、ドリオは共産党・コミンテルンに非常に深く関わったが故に、それだけにいっそう転向後の反ソ意識も徹底したものになったのであろう。

（1）*L'Humanité*, 25 juin 1927.

（2）D・ヴォルフ著、平瀬徹也、吉田八重子訳『フランスファシズムの生成　人民戦線とドリオ運動』、風媒社、一九七二年、七二〜七三、七九〜八〇頁。

（3）フランス現代史研究会訳『トレーズ政治報告集　第一巻　人民戦線とその勝利』、未来社、一九五五年、五四、五二頁。

（4）前掲、陳公博「国際形勢的重新測勘（下）」、二二九頁。

（5）同上、二三〇〜二三一頁。

（6）陳公博「国際形勢的重新測勘（上）」、『民族』第五巻第一期、一九三七年一月、八〜一一、一三頁。

（7）Jacques Doriot, *La France ne sera pas un pays d'esclaves*, Les Œuvres françaises, 1936, p. 151.

（8）Jacques Doriot, *Le "Front de la Liberté" face au communisme*, Flammarion, 1937, pp. 20-21.

（9）Jacques Doriot, *ibid.*, p. 22.

（10）前掲、D・ヴォルフ著、平瀬徹也、吉田八重子訳『フランスファシズムの生成　人民戦線とドリオ運動』、二八三〜二八八頁。

（11）同上、二八一頁。

（12）Jacques Doriot, *Refair la France*, B. Grasset, 1938, p. 89.

（13）Jacques Doriot, *La France ne sera pas un pays d'esclaves*, p. 150.

（14）*Doriot et le Parti populaire français veulent refaire la France*, Parti populaire français, 1938, p. 7.

（15）Jacques Doriot, *Refair la France*, p. 92.

(16) Jean-Paul Brunet, *Jacques Doriot, du communisme au fascisme*, Balland, 1986, pp. 288-289.

(17) 竹岡敬温「フランス・ファシズムの一形態―ジャック・ドリオとフランス人民党―」、『大阪大学経済学』第五四巻第二号、二〇〇四年九月、三四～三七頁。なおフランス人民党をファシズムとして位置付けているフランスの先行研究の概要に関しては、同上、二〇頁、注1を参照。陳公博とドリオの間ではファシズムに対する態度に関して親疎がありながらも、その共産党の階級闘争路線に対抗した、階級問題へのアプローチについては共通点があった。国民党改組派とフランス人民党の綱領はともに、共産党に対抗するために国家権力による階級調和を主張していたのである。国共合作が崩壊した後、中国共産党は瞿秋白の指導の下で、小資産階級などの中間勢力を排除し、武装暴動を積極的に推進する急進的路線を採っていた。陳公博は瞿秋白路線への対抗から、国民党の階級基礎論を提起し、国民党の同盟者として小資産階級、ならびに労働者・農民階級を措定して、国民党＝国家の指導権によって、それら階級間の衝突を回避し、国家資本の建設と不平等階級の消滅を実現しようとした。一方、ドリオは、人民戦線政府の下で激化したストライキなどの階級闘争の解決策として、労使協調団体主義を提起した。さらに他の極右同盟の労使協調団体主義とは一線を画する独自の主張を打ち出し、国家権力によって資本家階級の利潤を制限し、社会的基金を通じて富を再分配するように要求していた。同上、三六頁。もっとも当時、中国とフランスの経済発展段階に大きな懸隔があった以上、両者の階級調和の内実に大きな相違のあったことは言うまでもないが。

(18) 陳公博「三民主義與科学」、前掲、中国国民党中央執行委員会宣伝部編『陳公博先生二十九年文存』、四九頁。

(19) 陳公博が汪精衛の死亡を受けて行なった一九四四年一一月の「六届中委臨時会為汪主席逝世発表宣言」では、次のように反中国共産党こそが南京と重慶とを結び付ける接点であることを強調していた。本党の同志が南京であれ重慶であれ、共産党から受けている脅威は互いに同じであるが、重慶の方が甚だしい。重慶の同志は共産党にいささかでも制裁を加えようものなら、共同戦線を破壊しようとしていると非難される。かといって誠意をもって共産党と一緒に事を運ぼうとすると、共産党側は陰険にも政権を奪い取ろうとし、軍備を掠め取ろうとする有様である。反共は本党の基本政策であり、一貫した精神である。本党の同志は一時、主張が異なりこそしたが、反共救国の志は南京において不変であり、重慶においても当然不変であるべきである。時と地は異なろうとも初志を変えることなかれと。『中華日報』MF、一九四四年一一月二七日付け。

(20) 前掲、金雄白著、池田篤紀訳『同生共死の実体』、二一七頁。

(21) Jacques Doriot, *Le Mouvement et les homes*, Les Éditions de France, 1942, pp. 9-10. ジャック・ドリオ著、柴田哲雄、田所光男訳「運動と人間」、『愛知学院大学教養部紀要』第五二巻第一号、二〇〇四年七月、一四九頁。

（22）前掲、D・ヴォルフ著、平瀬徹也、吉田八重子訳『フランスファシズムの生成　人民戦線とドリオ運動』、三三〇、三三八～三四〇頁。

（23）Jacques Doriot, *Réalités*, Les Éditions de France, 1942, p. 77, 120.

（24）Jacques Doriot, *Le Mouvement et les homes*, p. 9. 前掲、ジャック・ドリオ著、柴田哲雄、田所光男訳「運動と人間」、一四八頁。

（25）Jacques Doriot, *ibid.*, p. 5, 7, 1. 同上、一四六、一四八、一四五頁。

おわりに

本書では、ボイル等の「コラボレーター（collaborator）」という概念に基づいて、汪政権のイデオロギー、特に汪政権の諸政策の構想の分析を進めてきた。その際に、汪政権時期に汪精衛や陳公博が提起した政策構想について、縦軸として両者の生涯の各時期における政策構想を時系列的にたどることにより、その通時的位相を検討し、横軸として同時代のヴィシー政府主席のフィリップ・ペタンや対独協力主義者のジャック・ドリオの政策構想との比較を通して、その共時的な位相を分析してきた。

中国では今日に至るまで、汪政権は「偽政権」とされてきた。すなわち日本の侵略がもたらした例外状況と見なされ、現代中国史における中華民国国民政府—中華人民共和国政府という正統政権の系譜からは排除されたままとなっている。片やフランスでは、ヴィシー政府は敗戦という非常事態によってもたらされた例外状況ではなく、第三共和制下の反フランス革命の諸潮流を集大成させた存在であって、近現代フランス史の一つの帰結であると見なされている。だが我々は通時的位相の検討により、特に陳公博の経済政策構想が戦前と戦中を通して、沿海部を中心に民間企業主体の工業建設を推し進めることで、「民族主義」を支える国民経済を確立するといった青写真を描いていた点で、連続性があることを確認してきた。また汪精衛についても、少なくとも外交において勢力均衡政策に否を唱え、超国家的組織の設立を模索し、政治体制において民主主義的装いにこだわるといった点で、戦前と戦中を通して連続性が認められた。戦前の国民政府において汪精衛や陳公博等の国民党左派が担った役割や影響力を考慮するのならば、汪政権は戦前の国民党左派の政策課題を引き継ぐ国民政府の鬼子ともいうべき存在だったと言えはしないだろうか。汪政権は鬼子とはいえ、中華民国国民政府から中華人民共和国政府への系譜上に位置すればこそ、西村成雄が提起したところの、一政党が政府を創出し、国家として凝集させるという「政党国家」の理念を継承したのである。またそうであればこそ、例えばその経済政策構想にも、以下のように昨今の改革開放政策との連続性が見受けられるのである。すなわち内陸部中心の公営企業主体の工業化戦略が、戦時中の蔣介石や解放後の毛沢東によって採用されたのに対して、沿海部中心の民間企業主体の工業化戦略は、陳公博によって戦前・戦中を通して高唱されたところのものであり、かつ自覚的であったか否かは問わないとして、晩年の鄧小平により実行に移されるところとなったのである。

また、中国では汪政権はあくまでも「傀儡」政権であって、一群の漢奸のみが占領軍の命令に唯々諾々と従ってきたと考えられてきたのに対して、フランスではヴィシー政府は「コラボレーター（collaborator）」の政権であって、多くのフランス人が主体的に関与し、支持してきたと見なされてきた。だが我々は共時的位相の検討を通して、陳公博がドリオのような過激な対独協力主義者と同様に占領軍の支配下で活動を余儀なくされたものの、ドリオのように全面的に占領軍に帰依することはなかったことを確認した。汪精衛や陳公博はどちらかと言うと、非占領地域に樹立されたヴィシー政府のペタンに相似して、中国の国益を回収するために、日本軍政当局に対して「協力」と「抵抗」を織り交ぜながら対処してきたのである。ただヴィシー政府と汪政権の置かれた状況の相違から、汪精衛がペタンに比して「抵抗」よりも「協力」を一層余儀なくされた点は決して無視し得ないが。というのは、汪精衛がペタンよりも一層甚だしく占領軍に「協力」せざるを得なかったという汪政権内外の事情こそが、フランス大衆のペタンへの歓呼とはあまりにも対照的とも言い得るような、中国大衆の汪精衛の呼びかけに対する「沈黙」をもたらしたからである。

〈文　献　表〉

【一次資料】

①　日本語

未刊行史料

アジア資料センター所蔵資料

新　聞

『朝日新聞』
『日本経済新聞』
『日本青少年新聞』

雑　誌

『外交時報』
『支那』
『支那研究』
『青少年指導』
『青年（女子版）』
『中央公論』
『東亜』
『東亜聯盟』
『文芸春秋』

同時代の文書、回顧録等

伊藤隆、渡邊行男編『重光葵手記』、一九八六年、中央公論社
伊藤隆、照沼康孝編『続・現代史資料①　陸軍　畑俊六日誌』、みすず書房、一九八三年
今井武夫『日本和平工作　回想と証言1937―1947』、みすず書房、二〇〇九年
岩井英一『回想の上海』、「回想の上海」出版委員会、一九八三年
臼井勝美編『現代史資料⑬　日中戦争⑤』、みすず書房、一九六六年
江口圭一『資料　日中戦争期阿片政策』、岩波書店、一九八五年
汪精衛著、河上純一訳『汪兆銘全集　第一巻』、東亜公論社、一九三九年
尾崎秀実『尾崎秀実著作集　第二巻』、勁草書房、一九七七年
外務省編『日本外交年表竝主要文書　一八四〇―一九四五（上・下）』、原書房、一九六六年
外務省条約局編『第二次世界戦争関係条約集』、日本外政協会、一九四三年（クレス出版より一九九九年に復刻）
外務省百年史編纂委員会編『外務省の百年』、原書房、一九六九年
河合俊三『戦後中国経済の分析』、慶友社、一九四九年
金雄白著、池田篤紀訳『同生共死の実体』、時事通信社、一九六〇年
児玉誉士夫『児玉誉士夫著作集　風雲』、日本及日本人社、一九七二年
蔡徳金編、村田忠禧他訳『周仏海日記一九三七―一九四五』、みすず書房、一九九二年
参謀本部編『杉山メモ（上・下）』、原書房、一九六七年
重光葵『重光葵著作集　①昭和の動乱』、原書房、一九七八年
ジャック・ドリオ著、柴田哲雄、田所光男訳「運動と人間」、『愛知学院大学教養部紀要』第五二巻第一号、二〇〇四年七月
蔣介石著、波多野乾一訳『中国の命運』、日本評論社、一九四六年
杉浦晴男『東亜聯盟建設綱領』、立命館出版部、一九三九年
セリグマン、ニアリング共著、佐藤克己訳『資本主義か社会主義か』、新思想社、一九四八年
戴季陶著、中山志郎訳『孫文主義の哲学的基礎』、生活社、一九三九年
大日本青少年団本部編『第一回大東亜青少年指導会議会議録』大日本青少年団本部、一九四四年

陳公博著、松本重治監修、岡田酉次訳『中国国民党秘史』、講談社、一九八〇年
辻久一著、清水晶校註『中華電影史話』、凱風社、一九九八年
鄭振鐸著、安藤彦太郎、斉藤秋男訳『書物を焼くの記』、岩波書店、一九五四年
東亜経済懇談会調査部編『東亜経済要覧　昭和一七年』、東亜経済懇談会出版、一九四一年
東亜同文書院大学学生調査大旅行指導室編『東亜同文書院大学　東亜調査報告書　昭和一六年度』、東亜同文書院大学学生調査大旅行指導室、一九四二年
東郷茂徳『東郷茂徳外交手記』、原書房、一九六七年
ニアリング著、秋月民一訳『支那は何処へ?』、同人社、一九三八年
日本国際問題研究所中国部会編『中国共産党史資料集　第一巻』、勁草書房、一九七〇年
日本青年館編『大日本青少年団史』、財団法人日本青年館、一九七〇年
乃村工藝社　社史編纂委員会『70万時間の旅—II』、乃村工藝社、一九八三年第二版
林正義編『大東亜博覧会記念写真帖』、天津大東亜博覧会事務局、一九四二年
深井英五『枢密院重要議事覚書』、岩波書店、一九五三年
福田敏之『姿なき尖兵—日中ラジオ戦史』、丸山学芸図書、一九九三年
フランス現代史研究会訳『トレーズ政治報告集　第一巻　人民戦線とその勝利』、未来社、一九五五年
防衛庁防衛研修所戦史室編『北支の治安戦①』、朝雲新聞社、一九六八年
防衛庁防衛研修所戦史室編『北支の治安戦②』、朝雲新聞社、一九七一年
法政大学大学史資料委員会編『法政大学史資料集　第十一集』、法政大学、一九八八年
穂積重威編『穂積八束博士論文集』、有斐閣、一九四三年
堀場一雄『支那事変戦争指導史』、原書房、一九七三年
美濃部達吉『日本国法学　上巻上　総論』、有斐閣書房、一九〇七年
山口淑子、藤原作弥『李香蘭　私の半生』、新潮社、一九八七年

② 中国語

未刊行史料

上海市档案館所蔵資料
上海図書館所蔵資料
中国国民党党史館所蔵資料

新聞

『広東群報』
『広州民国日報』
『申報』
『新申報』ＭＦ
『中華日報』ＭＦ

雑誌

『大亜洲主義』
『大亜洲主義與東亜聯盟』
『東亜聯盟（北京）』
『東亜聯盟（広州）』
『教育建設』
『旅欧雑誌』
『民報』
『民族』
『上海影壇』ＭＦ
『商業統制会刊』

『申報月刊』
『新民叢報』
『新民週刊』
『新青年』
『政衡』
『政治月刊』
『中国経済』
『中国農民』

同時代の文書、回顧録等

蔡徳金他編『汪精衛偽国民政府紀事』、中国社会科学出版社、一九八二年
査建瑜編『国民党改組派資料選編』、湖南人民出版社、一九八六年
陳鋼編『上海老歌名典』、遠景出版事業有限公司、二〇〇二年
陳公博『陳公博先生文集　上冊』、達仁書店、一九二九年
陳公博『陳逆公博自白書』、人文出版社、出版年不明
陳公博『国民革命的危機和我們的錯誤』、待旦書局、一九二九年
陳公博『苦笑録』、東方出版社、二〇〇四年
陳公博『苦笑録：陳公博回憶（一九二五—一九三六）』、香港大学亜洲研究中心、一九七九年
陳公博『四年従政録』、商務印書館、一九三六年
陳公博『中国国民党所代表的是什麼』、出版社不明、一九二八年再版
陳公博『中国国民革命的前路』、待旦書局、一九二九年
陳公博、周仏海『陳公博周仏海回憶録合編』、春秋出版社、一九六七年
陳真、姚洛編『中国近代工業史資料　第一輯（影印）』、大安、一九六七年、（原本は、生活・読書・新知三聯書店出版、一九五七年）

地方行政出版社編『陳公博先生三十一年文存』、地方行政出版社、一九四四年
東亜聯盟中国総会上海分会宣伝科編『東亜聯盟論文選輯』、東亜聯盟中国総会上海分会、一九四二年
華東七省市政協文史工作協作会議編『汪偽群奸禍国紀実』、中国文史出版社、一九九三年
黄美真編『偽廷幽影録—対汪偽政権的回憶紀実』、中国文史出版社、一九九一年
江蘇省教育庁編『汪精衛主義読本（上・下）』、政治月刊社、一九四二年
金雄白『汪政権的開場與収場』、春秋雑誌社、一九五九年
景明『用真凭実拠証明陳公博輩是灰色共産党』、革命週報社、一九二八年
居衡『商業統制機構及其法規』、全国経済委員会経済調査研究所、一九四四年
郭秀峰「汪精衛涼亭撕字」、『鐘山風雨』二〇〇三年第二期、江蘇省政協文史委員会
林柏生編『汪精衛先生最近言論集　上下編（従民国二十一年到現在）』、中華日報館、一九三七年
林柏生編『汪精衛先生最近言論集　続編（由二十六年六月到現在）』、南華日報社、一九三八年
柳雨生編『新国民運動論文選』、太平書局、一九四二年
劉哲編『蘇青散文集』、安徽文芸出版社、一九九七年
孟明編『陳公博先生最近論文集』、復旦書店、一九二八年
「民国叢書」編輯委員会編『寒風集／陳公博著、往矣集／周仏海著』、上海書店、一九八九年
「民国叢書」編輯委員会編『雷鳴著「汪精衛先生伝」／葉参、陳邦直、党庠周合編「鄭孝胥伝」』、上海書店、一九八九年
「民国叢書」編集委員会編『汪精衛著「汪精衛集」』、上海書店、一九九二年
「民国叢書」編集委員会編『唯生論：上／陳立夫講。生之原理／陳立夫著。孫文主義之哲學的基礎／抱恨生著』、上海書店、一九九一年
南華日報社編輯部編『汪精衛先生最近言論集』、南華日報社、一九三〇年
南京市档案館編『審訊汪偽漢奸筆録（上・下）』　江蘇古籍出版社　一九九二年
任建樹他編『陳独秀著作選　第二巻』、上海人民出版社、一九九三年
上海歴史研究所教師運動史組編『上海教師運動回憶録』、上海人民出版社、一九八四年
上海社会科学院経済研究所『劉鴻生企業史料』、上海人民出版社、一九八一年

上海市档案館編『日偽上海市政府』、档案出版社、一九八六年
申報年鑑社編『国民三十三年度　申報年鑑』、申報年鑑社、一九四四年
『譚平山文集』編輯組編『譚平山文集』、人民出版社、一九八六年
汪精衛編著『巴黎和議後之世界與中国　第一編』、民智書局、一九二六年再版
汪精衛『帝国主義侵略中国的趨勢和変遷概論』、上海太平洋書店、一九二五年
汪精衛『汪副総裁莅湘四講』、湖南省政府、一九三八年
呉稚暉先生全集編纂会編『呉稚暉先生全集』、中国国民党中央委員会党史史料編纂委員会、一九六九年
謝遠達編著『日本特務機関在中国』、新華日報館、一九三八年
厳中平他編『中国近代経済史統計資料選輯』、科学出版社、一九〇五年
余子道他編『汪精衛国民政府「清郷」運動』、上海人民出版社、一九八五年
中国第二歴史档案館編『中国国民党第一、二次全国代表大会会議史料（下）』、江蘇古籍出版社、一九八六年
中国国民党革命委員会中央宣伝部編『翁文灝論経済建設』、団結出版社、一九八九年
中国国民党中央執行委員会宣伝部編『陳公博先生二十九年文存』、中国国民党中央執行委員会宣伝部、一九四二年再版
中国国民党中央執行委員会宣伝部編『和平反共建国文献』、中国国民党中央執行委員会宣伝部、一九四一年
中国国民党中央執行委員会宣伝部編『経済合作問題』、中国国民党中央執行委員会宣伝部、一九四〇年
中国国民党中央執行委員会宣伝部編『民主與独裁』、中国国民党中央執行委員会宣伝部、出版年不明
中国国民党中央執行委員会宣伝部編『汪主席和平建国言論集（上・下）』、中国国民党中央執行委員会宣伝部、一九四〇年
中華民国重要史料初編編輯委員会編『中華民国重要史料初編：対日抗戦時期　第六編：傀儡組織三』、中国国民党中央委員会党史委員会、一九八一年
中華民国重要史料初編編輯委員会編『中華民国重要史料初編：対日抗戦時期：第六編：傀儡組織四』、中国国民党中央委員会党史委員会、一九八一年
中華民国重要史料初編編輯委員会編『中華民国重要史料初編：対日抗戦時期　第四編：戦時建設四』、中国国民党中央委員会党史委員会、一九八八年
中華民国重要史料初編編輯委員会編『中華民国重要史料初編：対日抗戦時期　緒編三：中国政府之決策与抗日準備』、中国国民党

中央委員会党史委員会、一九八一年
中央儲備銀行編『周仏海先生訪日紀念冊』、中央儲備銀行、一九四二年

③ 英　語

新　聞

The New York Times
The Times

同時代の文書、回顧録等

Ch'en Kung-Po, edited with an introduction by C. Martin Wilbur, *The Communist Movement in China : an essay written in 1924*, Reproduced for private distribution by the East Asian Institute of Columbia University, 1960
E. R. A. Seligman, Scott Nearing ; introd. by Oswald Garrison Villard, *Debate between Prof. E. R. A. Seligman and Prof. Scott Nearing*, Lexington Theatre, 1921
Scott Nearing, *The making of a radical : a political autobiography*, Harper & Row, 1972
Scott Nearing, *Whither China?*, International Publishers, 1927

④ 仏　語

新　聞

L'Humanité

同時代の文書、回顧録等

Doriot et le Parti populaire français veulent refaire la France, Parti populaire français, 1938
Jean-Claude Barbas, *Philippe Pétain, Discours aux Français*, Albin Michel, 1989
Jacques Doriot, *La France ne sera pas un pays d'esclaves*, Les Œuvres francaises, 1936

Jacques Doriot, Le *"Front de la Liberté" face au communisme*, Flammarion, 1937

Jacques Doriot, *Réalités*, Les Éditions de France, 1942

Jacques Doriot, *Refair la France*, B. Grasset, 1938

Jacques Doriot, *Le Mouvement et les homes*, Les Éditions de France, 1942

【二次資料】

①　日本語

アンリ・ミシェル著、長谷川公昭訳『ヴィシー政権』、白水社、一九七九年

五百旗頭眞「東亜聯盟論の基本的性格」、『アジア研究』第二二巻第一号、アジア政経学会、一九七五年四月

石川啓二「党化教育論の成立・展開と教育独立論の敗北」、『山科大学教育学部紀要』第八号　一九九四年三月

石川禎浩『中国共産党成立史』、岩波書店、二〇〇一年

石島紀之「国民党政権の抗日抗戦力」、野沢豊、田中正俊編『講座中国近現代史／第六巻』　東京大学出版会　一九七八年

石島紀之「国民政府の『安内攘外』政策とその破産」、池田誠編著『抗日戦争と中国民衆』、法律文化社、一九八七年

石島紀之「南京政権の経済建設についての一試論」、『茨城大学人文学部紀要文学科論集』第一一号　一九七八年二月

今井就稔「戦時上海における敵産処理の変遷過程と日中綿業資本」、高綱博文編著『戦時上海―一九三七～四五年』、研文出版、二〇〇五年。

今井就稔「日中戦争後期の上海における中国資本家の対日『合作』事業―棉花の買付けを事例として―」、『史学雑誌』第一一五編第六号、史学会、二〇〇六年六月

上山安敏『憲法社会史』、日本評論社、一九七七年

D・ヴォルフ著、平瀬徹也、吉田八重子訳『フランスファシズムの生成　人民戦線とドリオ運動』、風媒社、一九七二年

江口圭一『日中アヘン戦争』、岩波書店、一九八八年

江田憲治「陳独秀と『二回革命論』の形成」、『東方学報』六二号、一九九〇年三月

大串隆吉「戦時体制下日本青年団の国際提携―ヒトラー・ユーゲントと朝鮮連合青年団の間（1）、（2）」、『人文学報』No. 270,

No. 279、東京都立大学人文学部、一九九六年三月、一九九七年三月
王紹海『「満洲国」の成立と教育政策の展開」、「満洲国」教育史研究会編『「満洲国」教育史研究』No. 1、一九九三年、東海大学出版会
小笠原強「汪精衛政権行政院からみた政権の実態について—機構・人事面から」、『専修史学』第三八号、二〇〇五年三月。
小笠原強「汪精衛政権の水利政策—安徽省淮河堤修復工事を事例として」、『中国研究月報』Vol. 61 No. 10（No. 716）、二〇〇七年一〇月。
奥村哲「抗日戦時経済と『官僚独占資本』の形成」、池田誠他『中国工業化の歴史』、法律文化社、一九八二年
香島明雄『中ソ外交史研究　一九三七—一九四六』、世界思想社、一九九〇年
桂川光正「東亜連盟運動史小論」、古屋哲夫編『日中戦争史研究』、吉川弘文館　一九八四年
河原宏「石原莞爾と東亜連盟—『近代日本におけるアジア観』の一」、『政経研究』第二巻第二号、日本大学法学会、一九六五年一〇月
菊池一隆「国民政府による『抗戦建国』路線の展開」、池田誠編著『抗日戦争と中国民衆』、法律文化社、一九八七年
樹中毅「レーニン主義からファシズムへ」、『アジア研究』第五一巻第一号、アジア政経学会、二〇〇五年一月
久保亨「国民政府の輸出促進政策と中華工業国外貿易協会—一九三〇年代中国における輸出志向工業化の模索」、『東洋文化研究所紀要』一〇三号、東京大学東洋文化研究所、一九八七年三月
久保亨「戦時上海の物資流通と中国人商」、中村政則、高村直助、小林英夫編著『戦時華中の物資動員と軍票』、多賀出版、一九九四年
高哲男『現代アメリカ経済思想の起源』、名古屋大学出版会、二〇〇四年
高文勝「王正廷外交について」、『現代と文化』第一〇九号、日本福祉大学福祉社会開発研究所、二〇〇三年一〇月
高文勝「南京国民政府成立初期の対日政策」、『情報文化研究』第一八号、名古屋大学情報文化学部／名古屋大学大学院人間情報学研究科、二〇〇四年三月
小林英夫、林道生『日中戦争史論　汪精衛政権と中国占領地』、御茶の水書房、二〇〇五年
小林英夫『日中戦争と汪兆銘』、吉川弘文館、二〇〇三年
櫻庭ゆみ子「蘇青論序説—『結婚十年』が書かれるまで—」、『東洋文化研究所紀要』第一二九冊、東京大学東洋文化研究所、一九

九六年二月
佐藤忠男『キネマと砲聲』、岩波書店、二〇〇四年
佐藤尚子「汪兆銘傀儡政権下の教育」、『大分大学教育学部研究紀要』第一六巻第二号、一九九四年一〇月
佐藤尚子「日本植民地時代における上海市政府下の教育」、『広島大学大学院教育学研究科紀要　第三部　教育人間科学関連領域』五四号、二〇〇五年
白木沢旭児「日中戦争期の東亜経済懇談会」、『北海道大学文学研究科紀要』第一二〇号、二〇〇六年
周偉嘉『中国革命と第三党』、慶応義塾大学出版会、一九九八年
徐敏民『戦前中国における日本語教育』、エムティ出版、一九九六年
曽支農「汪兆銘南京政府の地方政権に関する一考察―華中地域行政システムの再建過程をめぐって」、『近きに在りて』第四〇号、二〇〇一年一二月
曽支農「汪政権における教育事業の回復整頓のプロセスに関する考察」、『近きに在りて』第三六号、一九九九年一二月
曽支農「汪政権の中央組織の運営メカニズム―『党治』、『五権』及び行政効率促進をめぐって」、『東瀛求索』第一一号、中国社会科学研究会、二〇〇〇年四月
高田幸男「南京国民政府下の教職員運動―上海市教聯を中心に―」、『駿台史学』第七一号、駿台史学会、一九八七年一〇月
高橋久志「汪兆銘南京政権参戦問題をめぐる日中関係」、『季刊国際政治』九一号、日本国際政治学会、一九八九年五月
高柳信夫「梁啓超『開明専制論』をめぐって」、『言語・文化・社会』第一号、学習院大学外国語教育センター、二〇〇三年三月
竹岡敬温「フランス・ファシズムの一形態―ジャック・ドリオとフランス人民党―」、『大阪大学経済学』第五四巻第二号、二〇〇四年九月
立川京一『第二次世界大戦とフランス領インドシナ』、彩流社、二〇〇〇年
田中悦子「尾崎秀実の汪兆銘工作観」、『日本歴史』第五九二号（一九九七年九月号）、吉川弘文館
張小蘭「『民報』期の汪精衛の政治思想」、『思想研究』第二号、日本思想史・思想論研究会、二〇〇二年三月
土屋光芳『汪精衛と蒋汪合作政権』、人間の科学新社、二〇〇四年
土屋光芳「汪精衛と『政権樹立の運動』」、『政経論叢』第五七巻第五・六号、明治大学政治経済研究所　一九八九年三月
土屋光芳『汪精衛と民主化の企て』、人間の科学新社、二〇〇〇年

土屋光芳「汪精衛と『和平運動』―高宗武の視点から」、『政経論叢』第五七巻第一・二号、明治大学政治経済研究所、一九八八年八月
土屋光芳「汪精衛政権の対日合作と他の合作政権との比較考察」、『政経論叢』第七三巻第五・六号、明治大学政治経済研究所、二〇〇五年三月
土屋光芳「汪精衛の『和平運動』と『大亜洲主義』」、『政経論叢』第六一巻第二号、明治大学政治経済研究所、一九九二年一二月
寺下勍『博覧会強記』、エキスプラン、一九八七年
利谷信義「『東亜新秩序』と『大アジア主義』の交錯」、仁井田陞博士追悼論文集編集委員会編『仁井田陞博士追悼記念論文集　第三巻「日本法とアジア」』、勁草書房、一九七〇年
戸部良一「対中和平工作　一九四二―四五」、『季刊国際政治』一〇九号、日本国際政治学会、一九九五年五月
西村成雄「歴史からみた現代中国の政治空間」、毛里和子編著『現代中国の構造変動①　大国中国への視座』、東京大学出版会、二〇〇〇年
狭間直樹編『共同研究　梁啓超　西洋近代思想受容と明治日本』、みすず書房、一九九九年
波多野澄雄『太平洋戦争とアジア外交』、東京大学出版会、一九九六年
服部龍二『東アジア国際環境の変動と日本外交　一九一八―一九三一』、有斐閣、二〇〇一年
古厩忠夫「汪政権はカイライではなかったか」、藤原彰他編『近代史の虚像と実像　三』、大月書店、一九八九年
古厩忠夫「『漢奸』の諸相―汪精衛政権をめぐって―」、大江志乃夫他編『岩波講座近代日本と植民地　第六巻　抵抗と屈従』、岩波書店、一九九三年
古厩忠夫「戦後地域社会の再編と対日協力者」、姫田光義編『戦後中国国民政治史の研究』、中央大学出版部、二〇〇一年
古厩忠夫「対華新政策と汪政権―軍配組合から商統総会へ―」、中村政則、高村直助、小林英夫編著『戦時華中の物資動員と軍票』、多賀出版、一九九四年
古厩忠夫『日中戦争と上海、そして私』、研文出版、二〇〇四年
古厩忠夫「日中戦争と上海民族資本」、葉山禎作、古島敏雄編『伝統的経済社会の歴史的展開　下巻（外国編）』、時潮社、一九八三年
古厩忠夫「日中戦争と占領地経済」、中央大学人文科学研究所編『日中戦争　日本・中国・アメリカ』、中央大学出版部、一九九三年

年
古厩忠夫「日中戦争末期の上海社会と地域エリート」、日本上海史研究会編『上海—重層するネットワーク』、汲古書院、二〇〇〇年
古厩忠夫「日本軍占領地域の『清郷』工作と抗戦」、池田誠編著『抗日戦争と中国民衆』、法律文化社、一九八七年
堀井弘一郎「汪精衛政権下、総動員体制の構築と民衆」、『日本大学大学院総合社会情報研究科紀要』No. 9、二〇〇九年二月
堀井弘一郎「汪精衛政権下の民衆動員工作—『新国民運動』の展開」、『中国研究月報』Vol. 62 No 5 (No. 723)、中国研究所、二〇〇八年五月
堀井弘一郎「汪精衛政権の成立と中華民国維新政府の解消問題」、『現代中国』第八一号、日本現代中国学会、二〇〇七年
堀井弘一郎「新民会と華北占領政策（上）（中）（下）」、『中国研究月報』No. 539, No. 540, No. 541、中国研究所、一九九三年一月、一九九三年二月、一九九三年三月
堀井弘一郎「日中戦争期、汪精衛国民党の成立と展開」、『中国21』Vol. 31、愛知大学現代中国学会、二〇〇九年五月
松沢哲成『日本ファシズムの対外侵略』、三一書房、一九八三年
見田宗介『近代日本の心情の歴史』、講談社、一九六七年
三谷太一郎「独ソ不可侵条約下の日中戦争外交」、入江昭、有賀貞編『戦間期の日本外交』、東京大学出版社、一九八四年
宮沢恵理子「満州国における青年組織化と建国大学の創設」、『アジア文化研究』二一号、国際基督教大学アジア文化研究所、一九九五年三月
宮田光雄『ナチ・ドイツの精神構造』、岩波書店、一九九一年
村田雄二郎「陳独秀在広州（一九二〇～一九二一）」、『中国研究月報』Vol. 43 No. 6 (No. 496)、一九八九年六月
八巻佳子「中国の東亜連盟運動」、『伝統と現代』第三二号、伝統と現代社、一九七五年三月
山田辰雄『中国国民党左派の研究』、慶応通信、一九八〇年
横山宏章「『訓政』独裁をめぐる国民党の政争」、『明治学院論叢』第五一三号、明治学院大学、一九九三年三月
横山宏章『陳独秀』、朝日新聞社、一九八三年
吉見俊介『博覧会の政治学』、中公新書、一九九二年
四方田犬彦編『李香蘭と東アジア』、東京大学出版会、二〇〇一年

四方田犬彦『日本の女優』、岩波書店、二〇〇〇年
李暁東「制度としての民本思想—梁啓超の立憲政治観を中心に—」、『思想』九三二号、岩波書店、二〇〇一年一二月
鹿錫俊「日ソ相互牽制戦略の変容と蔣介石の『応戦』決定」、『軍事史学』一七一・一七二号、錦正社、二〇〇八年三月
鹿錫俊「『連ソ』問題を巡る国民政府の路線対立と『二重外交』」、『北東アジア研究』第一号、島根県立大学北東アジア地域研究センター、二〇〇一年三月
ロバート・O・パクストン著、渡辺和行・剣持久木訳『ヴィシー時代のフランス』、柏書房、二〇〇四年

② 中国語

蔡徳金『朝秦暮楚的周佛海』、河南人民出版社、一九九二年。
蔡徳金『歴史的怪胎』、広西師範大学出版社、一九九三年
蔡徳金『汪精衛評伝』、四川人民出版社、一九八七年
蔡徳金『汪偽二号人物陳公博』、河南人民出版社、一九九三年
蔡韋編著『五四時期馬克思主義反対反馬克思主義思潮的闘争』、上海人民出版社、一九七九年
費正、李作民他『抗戦時期的偽政権』、河南人民出版社、一九九三年
復旦大学歴史系中国現代史研究室編『汪精衛漢奸政権的興亡』、復旦大学出版社、一九八七年
居其宏『二〇世紀中国音楽』、青島出版社、一九九七年
李珂『陳公博』、河北人民出版社、一九九七年
梁茂春『百年音楽之声』、中国経済出版社、二〇〇一年
林闊編著『汪精衛全伝』、北京文史出版社、二〇〇一年
毛礼鋭、沈灌群編『中国教育通史　第五巻』、山東教育出版社、一九八六年
上海市青運史研究会、共青団上海市委青運史研究室編『上海学生運動史』、学林出版社、一九九五年
邵銘煌『汪偽政権之建立及覆亡』、中国文化大学史学研究所博士論文（一九九〇年）、未刊行
石源華『陳公博全伝』、稲郷出版社、一九九九年
孫蕤編著『中国流行音楽簡史（一九一七—一九七〇）』、中国文聯出版社、二〇〇四年

王克文『汪精衛 国民党 南京政権』、国史館、二〇〇一年
武錦蓮「汪偽政権的『新国民運動』剖析」、『上海師範学院学報』一九八三年第三期
楊奎松『失去的機会？──抗戦前後国共談判実録』、広西師範大学出版社、一九九二年
虞宝棠編著『国民政府與民国経済』、華東師範大学出版社、一九九八年
余子道、曹振威、石源華、張雲『汪偽政権全史』、上海人民出版社、二〇〇六年。
翟作君、蔣志彦『中国学生運動史』、学林出版社、一九九六年
張忠民「冠群：在国難中崛起」、沈祖煒、杜恂誠編著『国難中的中国企業家』、上海社会科学院出版社、一九九六年
中共上海市委党史資料征集委員会主編『抗日戦争時期上海学生運動史』、上海翻訳出版公司、一九九一年

③ 英語

Frederic Wakeman, Jr., *The Shanghai Badlands : wartime terrorism and urban crime, 1937–1941*, Cambridge University Press, 1996
Gerald E. Bunker. *The peace conspiracy : Wang Ching-wei and the China war, 1937–1941*, Harvard University Press, 1972
John Hunter Boyle, *China and Japan at War 1937-1945 ; the Politics of Collaboration*, Stanford University Press, 1972
So Wai-chor, *The Kuomintang Left in the national revolution, 1924–1931*, Oxford University Press, 1991
Timothy Brook, *Collaboration Japanese Agents and Local Elites in Wartime China*, Harvard University Press, 2005
Wang Kewen, Collaborators and Capitalists : The Politics of 'Material Control' in Wartime Shanghai, *Chinese Studies in History*, Fall 1992

④ 仏語

Jean-Paul Brunet, *Jacques Doriot, du communisme au fascisme*, Balland, 1986

あとがき

本書は、著者が二〇〇三年に京都大学大学院人間・環境学研究科に提出した学位請求論文『汪精衛南京政府の研究』に大幅に加筆修正を施したものである。以下に各章の初出を示すこととする。

第一章：「汪精衛南京政府下の東亜聯盟運動と新国民運動Ⅰ・Ⅱ」（『政治経済史学』第三七一・三七二号、一九九七年）
第二章：「汪精衛南京政府下の東亜聯盟運動の思想的起源：汪精衛の外交観・政治体制観において」（『愛知学院大学教養部紀要』第五二巻第一号、二〇〇四年）
第三章：「汪精衛南京政府下の青年運動：中国青少年団の成立と展開」（『社会システム研究』創刊号、京都大学大学院人間・環境学研究科、一九九八年）
第四章：「汪精衛南京政府の学校教育政策」（『社会システム研究』第二号、京都大学大学院人間・環境学研究科、一九九九年）
第四章附属資料：「資料：汪精衛南京政府下の学校教育経験者に対するインタビュー」（『日本文化環境論講座紀要』第二号、京都大学大学院人間・環境学研究科、二〇〇〇年）
第五章：「汪精衛南京政府下の大東亜戦争博覧会」（森時彦編著『20世紀中国の社会システム』、京都大学人文科学研究所附属現代中国研究センター、二〇〇九年）

第六章：「日本軍占領下の上海における流行歌」（『20世紀ポピュラー音楽の言葉：その文学的および社会的文脈の解明』、平成一六年度―平成一七年度科学研究費補助金基盤研究(C)(2)研究成果報告書　代表：田所光男、二〇〇六年）

第七章：「陳公博の中国共産党員時期前後における思想的変遷」（『愛知学院大学教養部紀要』第五二巻第四号、二〇〇五年）

第八章：「陳公博における反共主義の確立：渡米から改組派結成にかけて」（『愛知学院大学教養部紀要』第五三巻第四号、二〇〇六年）

第九章：「陳公博の対外認識と対内政策構想：改組派時期から蔣汪合作政権時期にかけて」（『愛知学院大学教養部紀要』第五四巻第二号、二〇〇六年）

第一〇章：「汪精衛南京政府の経済政策構想：政経関係を中心に」（『愛知学院大学教養部紀要』第五一巻第二号、二〇〇三年）

第一一章：「汪精衛とフィリップ・ペタン：協力と再建をめぐって」（『愛知学院大学教養部紀要』第五六巻第二号、二〇〇八年）

第一二章：「陳公博とジャック・ドリオ：枢軸国占領軍への協力と反共主義」（『Autres』第一号、名古屋大学大学院国際言語文化研究科、二〇〇八年）

さて、学位請求論文を執筆、提出し、本書を出版するまでの間、実に多くの諸先生、諸学兄・学姉からご指導、並びにご厚情を賜ってきた。本来ならばそのご氏名を一人一人列挙し、謝辞を述べるべきであるが、紙幅の関係上、ここではあえて四名の先生のご氏名を中心に面識を得た順に挙げるものとする。

最初にお会いしたのは、博士論文の副査になっていただいた池田浩士先生である。池田先生と初めて邂逅したのは、私が立命館大学文学部中国文学専攻在学中であり、当時先生は非常勤講師として、立命館大学文学部で文学概論の授業を担当されておられた。私は学部時代にホームレスの方々へのボランティアに少し携わっており、折しも池田先生も寄せ場研究に着手されておられたこともあり、先生の講義に特別の関心を抱いて毎年のように出席していた。また先生にはしばしば寄せ場を題材にした自作の小説や詩の批評を請うたものである。池田先生は「インテリ」と自負され、単にアカデミズムの枠内での実証研究に終始されることなく、研究を通して社会変革を希求するという姿勢を六〇年代から一貫して堅持されてこられた。多感な時期に池田先生（さらには竹内実先生）に私淑することで、改めて学問の凄みを感じ取ることができた。学部卒業後、池田先生とはやや疎遠になってしまったが、偶然にもその約一〇年後に学位審査を担当していただき、博士論文に対して詳細なコメントをいただいた。この場を借りて、若き日の学恩をも含めて、多謝申し上げる次第である。

次にお会いしたのは京都大学大学院の指導教官であり、博士論文の主査でもあった故宮本盛太郎先生である。宮本先生を初めてお訪ねした頃、私は大学五年生でありながら、人生のすべてを賭する意気込みで、西田幾多郎やアルチュセールの理論を援用して、「矛盾的自己同一としての阿Q試論」なる批評作品に取り組んでいた。しかし旧知の先生方や友人からは失笑を買うばかりで、行き詰ってしまった結果、大学院に進学し、一から社会科学の勉強をしようと決心した。私は当時西田幾多郎の著書を耽読していたことから、北一輝研究者の宮本先生を訪問することにし、上述の批評作品を携えて行った。すると私の凡作に対して、唯一宮本先生だけが「面白い」と仰って下さったことから（今にして思えば、単に元気のある若者で「面白い」くらいのニュアンスだったのだが）、この先生の指導を仰ごうと決め、学部を卒業すると、早速アルバイトをしつつ、政治学や英語を独学し始めた。結果的に博士前期課程については、京都大学大学院人間・環境学研究科の合格はかなわず、同志社大学大学院法学研究科に進学せざるを得なかったが、同志社大学大学院在学中にも宮本先生のゼミに参加して、ご指導をいただき、さらにはその後も博士後期課程編入を経て、学位取得に至るまでの間、多大な学恩を被った。宮本先生は日本の学界では数少ない比較政治思想史研究の第一人者であり、北一輝とカール・シュミットの鮮やかな比較思想分析のご業績は、今日になってもなお色褪せるものではない。本書における汪精衛とフィリップ・ペタン、陳公博とジャック・ドリオとの比較思想研究は、宮本先生の研究手法の顰に倣ったものである。

宮本先生はもとより学問的にも偉大な存在であったが、それよりも特筆するべきは、教育者としての器量の大きさである。宮本先生は温厚かつ謙虚なお人柄であり、ゼミの発表者にはよく冗談で「先生」と呼ぶなどして、院生が自由闊達に意見を述べられる雰囲気作りに気を配られていた。そのおかげで宮本先生のゼミや研究会には、今日論壇でも活躍している気鋭の院生や若手研究者も参加するようになり、梁山泊のような光景を呈していて、非才の私なども大いに刺激を受けたものである。ただ痛恨の極みとも言うべきことに、宮本先生は博士論文を審査していただいた二年後の二〇〇五年春に急逝されたために、本書をお見せすることがかなわなかった。本書を宮本先生のご霊前に捧げ、ご冥福をお祈りしたいと思う。

三番目に面識を得たのは、博士論文の副査であった中西輝政先生である。博士後期課程編入後には、中国に留学していた期間を除いて、中西先生のゼミに参加させていただいた。ゼミでの中西先生のご発言は、そのまま活字にして出版しても良いように思われるほど、様々な知的興趣に富んでおり、先生と出会うまでマルクス主義的な経済決定論に捉われていた私に、言わば上部構造の文明論的な観点から国際政治史を把握する面白みをご教示して下さった。愛知学院大学に奉職してから、先生の数多あるご著書のうちの代表的な三部作の一つ、『帝国としての中国』をテキストに講義を行なったが、先生の中国論のみならず、他の代表作の米国論、英国論も後世に古典として読み継がれるであろう。また今日でも保守系論壇誌の巻頭を飾る先生のご論説にはほぼ目を通しており、一市民として政治や外交の問題を考える際の材料とさせていただいている。博士論文に対して示唆に富むコメントをいただいたのと併せて、学恩に拝謝申し上げるものである。

最後にお会いしたのは、名古屋大学大学院国際言語文化研究科の田所光男先生である。私は愛知学院大学に奉職が決まると、いよいよヴィシー政府との比較研究に着手する決意をし、仏語の勉強を一から始めた。一通り文法書を読破した後、仏文和訳の講読授業に出席したいと願い、たまたま私自身の講義のない曜日に開講しておられた田所先生の仏語の授業を聴講させていただいた。本書で引用している仏語文献は決して多いとは言えないが、曲がりなりにも中国研究者だった私が、仏語文献を引用できるほどの実力を短期間で養成できたのは、ひとえに田所先生のお陰である。さらに田所先生には共同研究にもお誘いいただき、ともすると京都に比べて知的な刺激が乏しい名古屋での研究生活を活気あるものにしていただいている。本書の第六章の研究は、先生から共同研究のお誘いをいただかなければ、生まれなかったものである。この場を借りて、田所先生に厚謝申し上げるとともに、健康をお祈りしたいと思う。

その他にも、博士前期課程在学中から今日まで参加させていただいている京都大学人文科学研究所東洋班の狭間直樹・森時彦・石川禎浩の各先生の班会において、私の荒削りな実証研究に対して諸先生方より貴重なコメントを賜ると同時に、京大東洋史学の伝統の一端に触れることができた。この場を借りて、諸先生方に厚く謝意を申し上げたい。故宮本先生が主宰しておられた通称宮本研究会、京都大学人文科学研究所の竹内実先生の班が母体となって設立された現代中国研究会、中国現代史研究会、同研究会の東海例会の関係者の皆様に対しても、平素のご指導、及びご鞭撻に謝辞を述べる次第である。日本国際政治学会、日中関係学会、現代中国学会、「二〇世紀と日本」研究会、近代史研究会で拙論を発表した際に、貴重なコメントをお寄せいただいた方々にもお礼を申し上げたいと思う。華東師範大学法政系への留学中に、ご厚情いただいた師友に対しても謝意を表したい。また奉職以来、公私にわたってご高配を賜り、良好な研究環境をご提供いただいている愛知学院大学の教職員の方々にも深謝するものである。さらに昨今の就職難からもたらされる強い心理的なストレスの下にあった大学院在学中に、心からの交友関係を築いていただいた諸学兄、とりわけ手塚利彰・平井克尚・菅沼靖の諸氏には感謝したいと思う。

父母は中高大時代の私の怠惰振りを許してくれた上に、留年、フリーター生活を経て、大学院に進学するという我儘を認めてくれたばかりか、博士前期課程や中国留学に際しては資金援助までしてくれた。この場を借りて父母にも感謝を捧げたい。また余談になるが、私は医学・理系研究者の家系に生まれたものの、理数嫌いで、一人だけ文系研究者の道を歩んだことから、父、兄、従兄姉の研究にはこれまで特に関心を払ってこなかったし、理解のしようもなかった。しかし遠縁に当たる、父方の祖父の母親（私から見ると曾祖母）の弟の柴田常恵（評論家の樋口恵子の実父）に対してだけは、専門分野が近いということもあって、その研究に興味を抱いてきた。常恵は帝国大学の卒業生でないながらも、考古学・人類学研究者として名を成し、戦前から戦後にかけての該分野の発展に尽力し、我が国の文化財行政に大きな影響を与えてきた。そして死後五〇年余りを経た近年、国学院大学において常恵の研究業績のデータベース化が進められている。本書が五〇年後になおも価値があるなどとは思われないし、まして私の死から五〇年後にもなると、その存在すら危ぶまれると予測されるが、そう考えると、常恵の業績の卓越振りには脱帽する思いである。偉大な一族の先人に比べると、我が非才振りが改めて身に沁みるが、今後も先人を見習って精進したいと思う。

研究の開始から刊行まで、資金的援助に恵まれたことにも感謝している。華東師範大学での勉学に際しては、日中友好協会を通して、公費留学生に選抜された。愛知学院大学奉職後には古川学術研究振興基金研究費（平成一六年度）の支援を受け、本書の第一二章を執筆することが可能となり、また研究代表者として日本学術振興会の科学研究費補助金基盤研究（C）（平成一七～一九年度）の後援を受けたことによって、本書の第五章を完成させることができた。なお刊行に当たっては、平成二一年度科学研究費補助金（研究成果公開促進費）の交付をいただいた。

最後に、本書の出版に際してご高配を賜った成文堂編集部の石川真貴氏に厚くお礼を申し上げたいと思う。

二〇〇九年七月

尾張徳川藩主の旧大曽根屋敷、徳川園近くの寓居にて

柴田　哲雄

な行

は行

ま行

や行

ら行

わ行

人名索引

あ行

か行

さ行

た行

わ行

な行

は行

ま行

や行

ら行

た行

事項索引

柴田　哲雄（しばた　てつお）
1969年　　名古屋市に生まれる
1993年３月　立命館大学文学部中国文学専攻　卒業
1997年３月　同志社大学大学院法学研究科　博士前期課程修了
2001年３月　京都大学大学院人間・環境学研究科　博士後期課程単位取得退学
(1997年９月～1999年５月　中国の華東師範大学法政系に留学)
2003年５月　博士学位（京都大学人間・環境学）取得
京都大学総合人間学部　非常勤講師を経て、
2002年４月　愛知学院大学教養部歴史学教室　専任講師
現　　在　愛知学院大学教養部歴史学教室　准教授

協力・抵抗・沈黙
—汪精衛南京政府のイデオロギーに対する比較史的アプローチ—

2009年11月20日　初　版第１刷発行

著　者　柴　田　哲　雄
発行者　阿　部　耕　一

〒162-0041　東京都新宿区早稲田鶴巻町514番地
発行所　株式会社　成　文　堂
電話 03(3203)9201(代)　FAX 03(3203)9206
http://www.seibundoh.co.jp

製版・印刷　㈱シナノ　　製本　弘伸製本

ISBN978-4-7923-7085-5 C3022

定価(本体8096円＋税)